KB115630

고 대 법
(古 代 法)
Ancient Law

Henry Sumner Maine 저

정동호 · 김은아 · 강승묵 역

세창출판사

서 언

이 책을 펴낸 주된 목적은 인류 초창기의 여러 관념이 고대법(古代法; Ancient Law)에 어떻게 반영되고, 이러한 관념이 근대사상(近代思想)과 어떠한 형식으로 관계를 맺고 있는지에 대하여 밝히고자 하는 것이다. 최초의 부분에서는 가장 멀리 떨어진 고대의 흔적을 포함하며, 마지막 규정들로부터 근대사회까지도 규율하는 문명화된 제도의 요소들을 제공하는 로마법이 없었다면, 여기에서 시도하는 연구의 대부분은 유용한 결론을 도출할 수 있을 것이라는 희망을 전혀 갖지 못했을 것이다. 필자는 로마법을 필수불가결한 전형적 체계로 보아야 한다는 견해에 대하여 무리가 있음을 알면서도 이를 연구의 기초로 하여, 로마법으로부터 발생한 무수히 많은 견해를 필요한 곳에 적절히 인용하였다. 그러나 필자가 아는 바로는 로마 법학에 관하여 쓴 논문이 거의 없고, 이에 따라 이 책에서 이러한 논의는 가급적 피하려고 하였다. 그렇지만 제3장과 제4장에서 로마의 대법학자들의 철학적 이론의 타당성에 대해 다음과 같은 두 가지의 이유에서 별도로 설명하였다. 첫째로 필자는 이러한 이론이 사상 및 행동에서 일반적으로 생각할 수 있는 것보다 훨씬 광범위한 영역에 걸쳐 지속적으로 일정한 영향을 주었다고 생각하였기 때문이다. 둘째로 이러한 이론은 이 책에서 논의하는 논제(論題)와 관련하여 아주 최근까지 대다수의 견해의 궁극적인 근본원천(根本源泉)이라고 누구든지 생각할 수 있기 때문이다. 이와 같은 논의의 기원, 의미나 가치에 관한 견해를 설명하지 않고서는 필자가 그 의도하는 바를 고찰하기 어렵기 때문이다.

H. S. M.

London : January, 1861.

차 례

제5장   원시사회와 고대법

제7장　　유언과 상속에 관한 고대사상과 근대사상 ········ 174

제9장 초기계약사 ·········· 241

제10장 　 불법행위와 범죄의 초기 역사

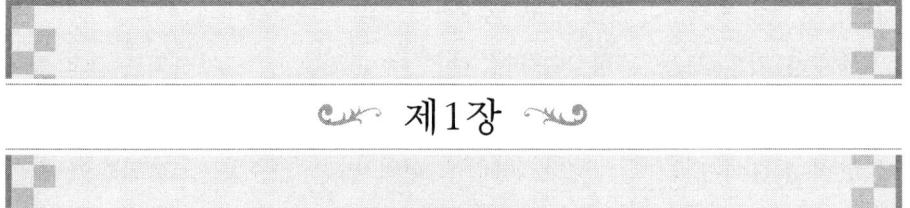

제1장

고대법전

세상에서 가장 널리 알려진 법학체계(法學體系; system of jurisprudence)는 법전(法典; Code)에서 시작하여 법전으로 끝난다. 로마법(Roman Law) 연구자들은 법전의 역사적 출발에서부터 마지막까지 법학체계의 실체를 십이표법(十二表法; Tweleve Decemviral Tables)[1]에 근거한다고 생각하였으며, 성문법에 법학체계의 근간이 있다고 생각하였다. 특별한 사례를 제외하고 십이표법보다 앞서는 제도는 로마에 인정되지 않았다. 로마법이 이론적으로 법전에서 유래하였다고 하는 것과 영국법이 이론상 먼 옛날부터 성문화되지 않은 전습(傳習; tradition)에 의한 것이 로마법체계와 영국법체계가 각각 다르게 발달해 온 주된 이유이다. 이론과 사실이 정확하게 일치하지만, 각 이론은 중요한 결과를 발생시켰다.

권리의무에 관한 초기 사상

필자는 십이표법제정이 서구 법제사의 하나의 실마리는 되지만, 가장 오래 된 역사적 출발점은 아니라고 생각한다. 고대 로마법전의 편찬과 같은 것은 세계의 거의 모든 문명국가에서 같은 예가 있으며, 로마사회와 그리스사회(Roman and Hellenic worlds)에서는 그다지 커다란 차이가 없이 비슷한 시기에 법전 편찬이 널리 행해졌다. 이러한 여러 법전의 출현은 그 환경의 유사성에서 발생하였으며, 우리가 알고 있는 바와 같이 그 원인도 아주 유사하다. 자세히 살펴보지 않더라도, 수많은 법적 현상이 이러한 많은 법전의 기초를 이루고 있고, 시간적으로 이러한 현상들은 일반적으로 법전보다 앞서 존재하였다. 우리들은 법의 초기현상을 알 수 있게 해주는 많은 문헌을 가지고 있다. 그러나 언어학에서 범어문학(梵語文學; Sanskrit literature)에 관한 완전한 분석을 완성시켰다면 모르겠지만, 우리가 가장 잘 아는 지식의 원천(源泉)은 당연히 그리스의 호메로스[2]의 시(Greek Homeric poems)로서, 이는 현실사건의 역사가 아니라고 할지라도 호메로스가 알고 있었던 것을 묘사한 것이기 때문에 전부 허구로만 서술한 것으로 볼 수 없을 것이다. 즉, 영웅시대(英雄時代; heroic age)[3]나 용사(勇士)의 용감한 행위가 여러 신(神)의 힘에 관한 특정한 모습을 다소 과장하였더라도, 의식적인 관찰대상으로 삼지 않았던 정신적 관념(精神的 觀念; moral conceptions)이나 형이상학적 관념(形而上學的 觀念; metaphysical conceptions)과 결합되어 있다고 생각할 이유는 없다. 이 점에서 호메로스의 문헌은 당시 다른 문헌보다 대체로 철학적·신학적 영향을 받아서 편찬된 보다 후대의 문헌보다도 훨씬 더 믿을 만한 것이다. 어떤 방법으로든지 초기의 법적 개념(法的 槪念; jural conceptions)을 정립하는 데 도움이 될 수 있다면, 그것은 우리에게 아주 소중한 기초자료가 되는 것이다. 이와 같은 기초관념과 법학자에 대한 관계는 원시적 지표(原始的 地表)와 지질학자에 대한 관계와 다르지 않다. 이러한 기초자료들은 법이 시대에 맞추어 적용하는 모든 사항을 잠재적으로 포함하는 것이다. 모든 피상적인 검토를 하지 못한 점과 전반적인 검토를 하지 못하게 하는 경솔(輕率; haste)과 편견(偏見; prejudice)에 대해서는 법학을 발견하는 상황에서 불완전하다는 비난을 받을 만한 여지를 남겼음에 틀림없다. 관찰(觀察; observation)이 가설(假說; assumption)을 대신하기 전까지의 법학자의 연구는 물리학이나 생물학에서의 연구와 마찬가지로 계속된다. 자연법(自然法; Law of Nature)이나 사회계약(社會契約; Social Contract)과 같은 이론은 그럴 듯하게 이해할 수 있지만, 엄격한 검증을 거치지 않은 학설 중에는 사회나 법의 역사에 관한 진지한 연구보다 일반인들이 선호하는 것에 따른 것도 있다. 그렇지만 이러한 이론은 그 핵심이 발견될 수 있는 어느 한 전환점에서 관심을 다른 곳으로 돌리게 함으로써 진리가 불명확하게 되었는데, 그렇더라도 일단 지지를 받고 신뢰를 얻게 되면, 그 이론은 후대의 법학에서 매우 현실적이고 아주 중대한 영향력을 미치게 된다.

테미스테스(Themistes)

오늘날 충분히 발달한 법, 즉 생활의 준칙 내지 법칙이라는 개념에 관한 가장 원시적 관념이 호메로스의 표현인 "테미스(Themis)" 및 "테미스테스(Themistes)"[4]에 포함되어 있다. 잘 알려져 있는 바와 같이 "테미스"는 그리스 후기의 정의의 여신(Goddess of Justice)으로 상징되는데, 이는 근대적으로 크게 변화된 의미이고, 테미스가 일리아드(Iliad)[5]에서는 제우스(Zeus)[6]의 사정관(査定官; assessor)으로 묘사되어 아주 다른 뜻으로 쓰였다. 오늘날 인류의 원시상태에 관하여 가치가 있다고 여기는 모든 관찰자들은 인류 초기의 사람들을 인격적으로 동일하다고 가정함으로써, 계속적 · 주기적으로 발생되는 행위에 관하여 이들이 책임졌음을 명확하게 밝히고 있다. 이러한 경향은 신(神)과 같은 사람이고, 그리고 해를 솟아 중천에 떠오르게 하며 지게 하는 것도 사람이고 그것도 신과 같은 사람이었다. 대지가 그 산출물을 창출해 내게 하는 것은 곧 사람이자 신이다. 또한 물질적 세계에서처럼 정신적 세계에서도 마찬가지이다. 군주가 분쟁을 판결(判決)로서 하나의 결정을 내릴 때, 그 판단은 신의 직접적 계시에 의한 결과로 여겼다. 군주나 군주 중 최대의 군주인 여러 신에게 재판상 판결을 내리도록 암시하는 매개자(媒介者)가 테미스(Themis)였다. 그리고 테미스를 복수로 사용하게 되면 그 개념적 특성이 드러난다. 테미스의 복수인 테미스테스(Themistes), 테미세스(Themises)는 그 자체가 판결이고, 심판자(審判者; judge)에게 신의(神意)로서 계시된다. 군주는 "테미스테스"의 축적(蓄積)을 사용할 수 있는 권한이 있다고 한다. 그렇지만 이 테미스테스는 특정한 법률이 아니라 판결이라는 것을 분명히 알아야 한다. 그로트(Grote)[7]는 그의 저서 「그리스역사(History of Greece)」에서 "제우스(Zeus)나 지상의 군주"는 "입법자(立法者)가 아니라 심판자(審判者)이다"라고 했다. 군주는 테미스테스를 보유하고 있지만, 끊임없이 상부 테미스테스의 감화력(感化力)에 그 믿음을 일치시키는 것이었고, 이 테미스테스는 어떤 일정한 원칙의 요소로 연결되었던 것은 아니라고 생각한다. 그것들은 각각 개별적이고 독자적으로 내려지는 판결이었다.

우리는 호메로스의 시(Homeric poems)에서 사용하고 있는 이 개념이 일시적이고 한정적임을 알 수 있다. 고대사회의 단순한 구조에서 환경의 동질성은 오늘날보다도 훨씬 더 강하게 작용하였고, 유사한 현실이 반복되는 가운데 내려지는 판결은 서로 비슷하게 되기 마련이다. 여기에서 테미스테스, 즉 판결 이후의 관습(慣習; Custom)의 기초 또는 기원을 찾아볼 수 있다. 근대적인 발상에 따른 관습은 사법상 관념(司法上 觀念)보다 앞서며, 판결은 관습을 확정하며, 그 위반에 대한 처벌은 선험적으로(á priori) 크게 강조되어 왔고, 이러한 개념의 역사적 순서는 필자가 생각하는 순서와 아주 비슷하다. 초기의 관습에 대한 호메로스의 표현은 때로는 단수(單數)로서의 "테미스(Themis)"이다. 테미스보다 더 자주 사용하는 것은 "디케(Dike)"[8]이며, 그 의미는 "판결(判決; judgement)"과 "관습(慣習; custom)" 또는 "관행(慣行; usage)" 사이를 넘나들었던 것 같다. 노모스(Nòμος)[9], 즉 법은 후기 그리스사회의 정치적 표현 중에서 꼭 필요하고 없어서는 안 되는 표현이지만 호메로스의 시에는 나오지 않는다.

테미스테스(Themistes)를 전제로 하여 그 자신을 테미스로 인격화하고 있는 신적 매개체인 이 관념은, 피상적인 연구자가 혼동하기 쉬운 원시적 신념(原始的 信念; primitive belief)과 구별해야 한다. 신(神; Deity)이 완전한 법이나 법의 실체를 알려주는 개념은 힌두의 마누법전(Hindoo laws of Manu)[10]에 나오는 것보다 더 근대적이고, 훨씬 발달된 영역에 속한다. "테미스(Themis)"와 "테미스테스(Themistes)"는 사람들의 관념에 아주 오랫동안 강하게 자리잡고 있었기 때문에, 일정한 생활관계나 사회제도의 기초가 되었고, 그것을 지탱하는 신적 영향이라고 할 수 있는 신념과는 상당히 거리가 멀다. 초기의 법에서나 정치사상의 흔적 가운데 여러 부분에서 이러한 신념을 갖게 하는 많은 흔적을 찾아볼 수 있다. 무엇보다도 신적인 지배가 당시의 주요한 체제인 국가(國家; State), 종족(種族; Race) 및 가족(家族; Family)의 전부를 안정시키고 유지시켰던 것으로 생각된다. 이러한 제도와 여러 가지 관계를 원인으로 모인 사람들은 정기적으로 함께 제사(祭祀)를 모시고 공동의 제물(祭物)을 바치는 의무를 부담하였다. 그 당시의 이러한 의무는 사람들이 무의식적으로나 게을러서 하지 못한 불이행(不履行)에 대하여 비난적인 의미를 가지는 형벌(刑罰; punishment)인 재계(齋戒; purification)[11]와 속죄(贖罪; expiations)의 의미를 보다 명백하게 밝혀 준다. 아주 일반적인 고문서(古文書)를 알고 있는 사람이라면, 누구라도 초기 로마법의 입양(入養; adoption)과 유언(遺言; will)에 대해 절대적인 영향을 끼쳤던 씨족제사(氏族祭祀; *sacra gentilicia*)를 기억할 것이다. 또한 오늘날까지 원시사회의 가장 독특하고, 일정하고 특징적인 형태를 유지하고 있는 힌두의 관습법(Hindoo Customary Law)에서 대부분 사람들의 권리와 상속 법칙은 사망자의 장례(葬禮)를 치르는 장소, 즉 가족의 연속성에 간극을 발생시킨 그 장소에서 특정의식을 거행하는 것과 관련되어 있다.

벤담의 분석

필자는 지금 현재의 법제단계를 살펴보기 전에 영국의 독자에게 일정한 주의를 주는 것이 유익하리라 생각한다. 벤담(Bentham)[12]은 그의 저서 「정부론 단편(政府論 斷片; Fragment on Government)」에서, 그리고 오스틴(Austin)[13]은 그의 저서 「법학한계론(法學限界論; Province of Jurisprudence Determined)」에서 법률을 분석하였는데, 입법자의 명령(命令; *command*)에 의하여 시민에게 부과되는 의무(義務; *obligation*) 및 준수하지 않았을 때 부과되는 제재(制裁; *sanction*), 조금 더 나아가 명령은 법률의 첫 번째 요소이지만, 하나의 행동이 아니라 동일계급이나 동종의 연속적 행동 또는 다수의 많은 행동을 규정하는 것으로 다루고 있다. 이러한 구성요소를 분석한 결과는 발달된 법제의 여러 사실과 정확하게 일치하고, 조금 과장하여 표현하면 형식적으로 각 시대의 모든 종류의 법제와도 일치한다고 할 수 있다. 그렇지만 당시 일반적으로 수용된 법관념이 오늘날까지 이 분석과 일치한다고 확정할 수 없고, 더 나아가 우리가 원시사상사(原始思想史; primitive history of thought)를 반영하고, 벤담이 규명한 요소들의 결합이 모든 유사한 법개념으로부터 무리 없이 발견할 수 있을지는 의문이 있다. 무엇보다도 인류초기에 어떠한 종류의 입법이나 심지어 법률의 편찬자까지도 숙고하거나 인식하지 못했다는 것은 확실하다. 더구나 법률이 관습까지 포함하는 경우는 매우 드물었고, 관습은 그 자체 그대로 관습이었다. 프랑스어로 표현하면 "유행하는(in the air)" 것이다. 선악(善惡; right and wrong)에 관한 권위 있는 유일한 평결(評決)은 사건 후에 내려지는 선고(宣告; judicial sentence)였고, 이는 법률이 존재하고 이것에 위반되었음을 정하는 것이 아니라, 판결(判決)의 순간에 한층 강한 법적 권한에 의하여 심판자(審判者)의 견해에 따라서 처음으로 의미를 갖게 되었다. 우리가 시간적으로나 관련성에서 매우 동떨어진 견해를 이해하는 것은 상당히 어려운 일이지만, 고대사회의 구조에 관하여 오랜 동안 파헤쳐 나가다보면 그 사회의 절대적 가부장제(絶對的 家父長制)에서 일생의 대부분을 보낸 사람은 어느 누구라도 법률의 지배가 아니라 자의적 지배에 의하여 모든 행동이 통제된다는 사실을 믿게 될 것이다. 필자는 영국인이 다른 법개념보다 "테미스테스(Themistes)"가 먼저 존재하였다는 역사적 사실에서 외국인보다 훨씬 뛰어나다는 것을 덧붙여 지적할 수 있다. 왜냐하면 영국법제의 성격에 대해 알려져 있는 여러 학설(學說) 중에서 가장 주목을 받고, 실질적으로 가장 강력한 영향력이 있는 학설은 심판의 대상인 사실 및 선례(先例)가 법규(法規; rules), 원리(原理; principles) 및 결정사항(決定事項; distinctions)에 앞서 존재하기 때문이다. 이와 함께 "테미스테스"를 아울러 지적하지 않을 수 없지만, 벤담과 오스틴의 견해에 따르면, 테미스테스는 법률로부터 명령을 구별하는 유일하며 단적인 특징을 지니는 것이기도 하다. 진정한 법은 모든 시민으로 하여금 계급과 인종을 떠나 차별 없이 행동하도록 한다. 그리고 이러한 점은 그 자체로 일반 시민들의 강한 신념을 부여하였으며, "법률(法律)"은 단순히 획일성·계속성·유사성이 있는 경우에만 적용하는 특성을 지니는 것임을 나타내는 것이기도 하다. 명령(命令)은 단지 하나의 행위만을 규정한다. 그러므로 "테미스테스(Themistes)"는 법률보다는 명령과 유사한 성질을 갖는다. 그것은 단지 위반된 사실상태에 대한 판결이고, 어떤 규칙적 결과를 발생시킬 수 있도록 반드시 서로 지켜야 하는 것은 아니기 때문이다.

관 습 법

영웅시대(英雄時代; heroic age)의 문헌은 "테미스테스(Themistes)"라는 표현을 사용하여 법이 발생할 수 있는 여지를 우리에게 열어주었으며, 조금 더 나아가 "디케(Dike)"라는 개념으로 이를 충분히 알 수 있게 해준 바 있다. 우리가 접하게 되는 법제사(法制史)의 다음 단계는 아주 진지한 관심과 흥미를 유발하는 생활단계의 법제현상이다. 그로트(Grote)는 그의 역사서 제2부 제9

장에서 사회가 호메로스가 기술하였던 사회로부터 점차 다른 성격을 띠게 되는 과정을 자세하게 묘사하고 있다. 영웅적 군주권(英雄的 君主權; heroic kingship)은 신(神)에 의하여 주어진 특권(特權; prerogative)에 의존하면서 다른 한편으로는 탁월한 힘, 용기 및 지혜에 의존하는 것으로 믿었다. 군주의 신성성(神聖性)의 영향이 약해지고, 이전의 군주의 계승자 중에 나약한 군주가 나타나면서 점차 군주의 세력이 쇠퇴하기 시작하였으며, 결국 귀족제(貴族制; dominion of aristocracies)[14]로 대체되었다. 혁명(革命; revolution)이라는 표현을 정확하게 사용한다면, 군주의 지위를 그의 관리들에게 빼앗기게 되는 것이라고 할 수 있다. 이에 관하여 호메로스는 여러 번 언급하고 묘사한 바 있다. 어쨌든 유럽 전역이 군주통치제에서 과두제(寡頭制)[15]로 변화되었다. 군주라는 직책의 명칭이 완전히 없어지지 않고 남아 있는 곳에서까지 군주의 권위는 단순한 흔적만 남아 있을 뿐 사라져 갔다. 이제 군주는 라케다이몬(Lacedæmon)[16]에서와 같이, 아테네의 집정관의 장(長)이나 로마의 최고제사장(*Rex Sacrificulus*)처럼 단순한 형식상의 제사장이 되고 말았다. 그리스(Greece), 이탈리아(Italy) 그리고 소아시아(Asia Minor)[17]에서의 지배적 지위는 일반적으로 혈연관계를 맺고 있는 사람들로 구성된 가족군(家族群)이 차지하게 되었는데, 처음에는 이러한 모든 것들이 반신성성(半神聖性; quasi-sacred character)을 지니고 나타났지만, 그들의 세력은 그들의 영원한 신성에 의존하여 지속하는 것처럼 보이지는 않았다. 예전부터 대중적 집단에 의하여 전복되지 않았음에도 불구하고, 그들은 궁극적으로 현재 정치적으로 귀족제(aristocracy)에 가까워졌다. 멀리 떨어져 있던 아시아(Asia)의 여러 조직사회에서 경험한 다른 체제는 이탈리아나 그리스 권역에서의 이러한 여러 혁명보다 먼저 발생했다. 그러나 그 문명에서의 상대적인 지위는 동일한 것처럼 생각되고, 전체적인 성격도 매우 유사하였던 것 같다. 페르시아 군주제(Persian monarchy)[18]에서 순차적으로 연합한 여러 종족이나 인도(India) 반도에 사는 여러 종족이 모두 각각의 영웅시대와 귀족제의 시대를 거쳤다고 볼 수 있게 해주는 여러 증거가 있다. 그러나 군벌적 과두제(軍閥的 寡頭制)와 종교적 과두제(宗敎的 寡頭制)는 각각 별개로 발달한 것처럼 보이는데, 다만 어느 경우에나 군주의 권위에 의하여 토지가 제공되지는 않았다. 그렇지만 페르시아에서 거쳐 온 과정과 반대로 인도에서는 종교적 요소가 군벌적·정치적 요소보다 더 중요시되었다. 군벌적 귀족제나 관료적 귀족제는 군주와 사제단 사이에서 소멸하여 무의미한 것으로 자취를 감추고 말았다. 결국 제왕이 권력을 지니게 되고, 다만 승려계급(僧侶階級; caste of priests)[19]의 특권에 의하여 제한되었다. 이러한 과정을 통해 동양에서는 귀족제가 종교적으로 되었으며, 서양에서는 관료적 내지 정치적으로 되었다는 점에서 차이가 있다. 그렇지만 비록 모든 인류에 일반적 현상은 아니더라도, 역사적으로 영웅군주시대 후에 귀족제시대가 발생하였다는 사실은 대다수의 인도유럽족(the Indo-European)의 여러 민족의 분파에서도 사실이었던 것으로 생각된다.

귀족제시대

이러한 귀족제(貴族制)에서 법학자에게 중요한 의미를 주는 부분은 일반적으로 법률의 수탁자(受託者)이고 관리자(管理者)였다는 사실이다. 귀족제의 출현은 군주의 특권에 버금가는 것이었지만, 두드러진 차이는 선고(宣告)를 내릴 때마다 직접적인 영감(靈感)에 의하지 않는다는 점이다. 초인(超人; superhuman)에 의해 가부장적 우두머리에 의한 판결이 내려졌다는 관념결합(觀念結合; connection of ideas)은 법규의 전체나 그 일부에 관하여 신(神)으로부터 발생한 것이라는 주장이 없지는 않지만, 사상의 발전과정은 더 이상 특정한 분쟁해결에서 초인을 매개로 설명하지 않았다. 뒤이어 법률상 과두제가 요구하는 것은 법률에 관한 지식(知識; knowledge)을 독점하고 분쟁을 해결하는 원리를 독점적으로 향유하려는 것이었다. 이러한 과정을 통해 결국 관습법(慣習法; Customary Law) 시대에 진입하게 되었다. 이제까지 관습(慣習;

Customs)이나 관례(慣例; Observance)는 실체가 있는 집합체로서 존재하고, 이것은 정확하게는 귀족계급(貴族階級; aristocratic order) 또는 귀족적 계급제 (aristocratic caste)로 알고 지내온 것이다. 과두제와 결부되어 있었기 때문에 그 신뢰가 간혹 떨어지는 경우가 있었지만, 이는 단지 전제정치(專制政治)[20]의 단순한 권리침해 또는 수단에 불과한 것으로 볼 수밖에 없다. 문자도 발명되지 않은 초기 기술적 단계에서 법적 특권을 가지는 귀족제는 씨족(氏族; race)이나 부족(部族; tribe)의 관습을 보존할 수 있을 것이라는 추정에 의해 그 유일한 방법으로 법적 특권을 부여받았던 것이다. 그 순수성은 가능한 한 조직사회의 제한된 일정한 부분으로서 보존되었다.

불 문 법

관습법과 특권계급에 의한 보호의 시대는 매우 주목해야 할 시기이다. 이 시대에서 의미하는 법제를 드러내는 법적 용어 및 일반용어는 오늘날까지도 그대로 인정되고 있기 때문이다. 이와 같이 특권계급, 귀족계급, 승려계급 또는 신학대학(神學大學; sacerdotal college)이라고 하여 형식적으로는 다르지만, 특권적 소수자 계급의 사람들만이 알고 있었던 법률은 그 자체로 여전히 불문법(不文法; unwritten law)이었다. 이를 제외하고 불문법이라고 할 만한 것은 없었다. 영국의 판례법(判例法; case law)을 간혹 불문법이라고도 한다. 그런데 영국에서도 일정한 학설을 기초로 하여 법전을 준비·작성하여 성문법으로 전환되어야 한다는 사람이 있었고, 이와 같은 전환은 이 학설을 주장하는 사람들처럼 곤란한 방법이 아니라 할지라도 매우 중대한 일임에는 틀림없다. 그렇지만 영국의 보통법(普通法; common law)이 특별한 이유 없이 불문(不文)이라고 지칭되었던 시기가 있었던 것은 틀림없는 사실이다. 사실 영국 고전시대의 판사는 법규, 원리나 특징에 관하여 실제로 아는 체하고 지냈는데, 그렇다고 하여 그 전부를 변호사나 일반대중에게 그대로 보여주었던 것은 아니다. 자기들만이 독점하여야 한다고 주장하였던 법률이 실제로 모두 불문이었는지 아니었는지는 매우 의심스럽지만, 어쨌든 민사(民事)나 형사(刑事)에 관한 법규의 대부분을 판사만이 알고 있었더라도, 그것으로 불문법이었다고 할 수 없다. 웨스트민스터 홀(Westminster Hall)21)에 있는 여러 법정(法廷)에서 연감(年鑑)이나 다른 여러 사건에 대한 판결을 기록하기 시작한 이후 그 과정을 총괄하는 법률이 성문법으로 제정되었다. 이 당시의 영국법률은 이전에 판결되었던 기존의 판례와 함께 기록되었던 사실의 틀을 벗어나지 않았고, 그러면서도 각 판사의 가치관과 정밀성, 그리고 지식에 따라 여러 표현으로 구성된 문형(文型)으로 이루어졌고, 재판을 할 때에는 사건의 상황에 따라 그 해석·적용이 이루어졌다. 하지만 그 과정의 어느 단계에서도 이것을 성문법으로부터 구별하는 특징을 띠는 일은 없었다. 이것이 성문의 판례법이고, 단지 그것이 여러 형태로 기술되었다는 점에서 제정법(制定法; code-law)과 다른 것이다.

고대법전

관습법 시대로 들어서면서부터 법제사에서 아주 특별한 시대로 옮겨지게 된다. 그것은 바로 법전(法典)의 시대이며, 로마의 십이표법(十二表法; Twelve Tables of Rome)이 이 시대의 가장 두드러진 표본이었다. 그리스의 영향을 받은 해안지방인 그리스, 이탈리아, 서아시아에서는 이와 비슷한 시기에 법전이 출현하였다. 여기에서 동일한 시기라고 하는 것은 시간적으로 서로 같은 시대를 의미하는 것이 아니라, 각 사회가 상대적 진보상태에 비추어 동일하다는 의미이다. 필자가 알고 있는 모든 곳에서 제정되어 일반인에게 공표된 법률이 특권적 과두제(特權的 寡頭制; privileged oligarchy)의 집적된 관행을 대신하게 되었다. 그렇지만 오늘날의 법전 편찬에서처럼 세련된 고찰이 앞서 말한 변화와 관련하여 일정한 역할을 하였다고 생각해서는 안 된다. 고대의 법전은 다른 무엇보다도 기술방법(記述方法)의 발명과 그 전파를 중심으로 파악하여야 한다. 실제로 귀족계급이 그 법적 지식을 독점적으로 남용하였던 점도 있었던 것 같다. 그리고 어느 사건에서나 그 법을 독점하였던 것이 이후 서구(西歐)에서 일반적으로 행하여진 세속화운동(世俗化運動)의 성공에 확고한 장애가 되었던 것은 틀림없는 사실이다. 그러나 이 세속화에 관하여는 민주적 감정도 있다고 할 수 있지만, 주로 문자의 발명에 따른 법전보급의 직접적인 결과였다. 기록된 서판(書板; tablets)은 관행적으로 보존되어 왔는데, 이는 지적 능력이 우수한 여러 사람의 기억보다 훨씬 우수한 법의 관리방법이었으며, 그 정확한 보존을 위해서 더 할 수 없는 안정책이었던 것으로 보인다.

로마법전은 앞에서 말한 법전에 속한다. 그 진정한 가치는 균형적인 분류와 간결·명료한 표현을 하기 위한 노력 내지 그 산물로서가 아니라, 일반인으로 하여금 무엇을 할 수 있고, 무엇을 하면 안 되는지에 대해 공개적으로 알 수 있게 한 데 있다. 실제로 로마의 십이표법이 조직적 제도의 흔적을 보여주지만, 그것은 아마도 이 법률의 작성자가 법률작성을 경험해 본 적이 있는 후기 그리스인의 도움을 받았기 때문일 것이다. 반면 아테네의 솔론법전(Code of Solon)[22]의 단편은 약간의 규칙을 보여 주는 데 지나지 않고, 드라코법(law of Draco)[23]은 아무런 질서를 갖추지 못한 것이라고 보아도 무방할 것이다. 동방에서나 서방에서나 이러한 법률집성의 잔재는 기본적인 성격에서 큰 차이가 없고, 종교적·시민적·도덕적 법률의 혼합에 의하여 성립하고 본질적인 사실을 보여주는 점에서도 유사하다. 그리고 이러한 사실은 초기의 사상에 대해 우리가 다른 자료에 근거하여 알고 있는 사실과 부합하고, 법과 도덕의 단절, 종교와 법의 단절은 분명히 정신적 진보의 후기단계에 속하는 것이다.

마누법전

현대인의 관점에서 고대법전이 어느 정도 특이하게 보이든지 간에, 고대사회에서의 그 중요성은 이루 말할 수 없는 것이다. 대다수의 고대사회에서 시기상 차이는 있지만 법전을 갖추고 있었기 때문에, 법전의 존재여부는 중요한 문제가 아니고 — 단, 이것은 각 사회의 모든 미래에 영향을 미치는 것 중 하나이지만 — 봉건제도에 의해 법제사 측면의 심각한 단절이 없었더라면, 모든 근대법에서 고대법전의 여러 모습을 분명히 찾아낼 수 있었을 것이다. 그렇지만 인류의 전환점이었던 법률을 문자로 표기하게 될 때까지는 예전대로의 사회진보단계를 거칠 수밖에 없었다. 서양에서 각 국의 평민적 내지 일반적 요소가 과두제에 의한 독점을 성공적으로 공격함으로써 법전은 전반적으로 각 국가의 역사초기에 편찬되었다. 그러나 필자가 앞에서 서술한 바와 같이, 동양에서 지배적 지위에 있었던 귀족계급은 군벌적 내지 정치적이라기보다 훨씬 더 종교적으로 되었는데, 그렇다고 하여 기존의 권력을 잃게 된 것이 아니라 오히려 권력을 더 널리 장악하게 되었다. 어떤 경우에는 아시아 여러 나라의 그 사회·물질구조가 서양보다 컸기 때문에 다수의 인구를 포용하게 되는 경우가 있고, 그와 함께 특정한 제도가 전파되는 범위가 넓으면 넓을수록 그 강인함(執拗性; tenacity)과 존속력(生命力; vitality)도 커진다는 사실은 널리 알려져 있는 사회법칙(社會法則; social law)이다. 어떠한 원인에서인지는 분명하지 않지만, 동양사회의 법전은 서양에 비하여 상대적으로 훨씬 늦게 편찬되었으며 아주 다른 특성을 띠고 있다. 아시아의 종교적 과두제(宗敎的 寡頭制)는 자기 자신의 필요적 지침을 위해서라든가, 유물의 교체나 제자의 교육을 위해서든지 끝내 자기들의 법학적 견해를 법전에 넣었던 것 같다. 그렇지만 그 세력을 증대시키고 공고히하려는 이러한 방법이 지나친 경우에는 일정한 저항에 부딪히기도 하였다. 법적 지식의 완전한 독립은 현실적으로 지켜지고 있는 법규가 아니라 오히려 승려계급이 어겨서는 안 되는 법규의 모음집이라고 할 수 있다. 브라만(Brahman)[24]이 편찬한 마누법전(Law of Menu)이라고 알려진 인도의 법전은 의심할 나위도 없이 인도 종족의 성실한 계율을 적지 않게 포함하고 있기는 하지만, 오늘날 가장 명성이 있는 동양학자는 마누법전이 전체적으로 인도에서 실제로 행하고 있던 법규를 포함하지 않았음을 지적하고 있다. 대부분이 브라만의 견해와 합치되는 것이 법률이었음이 적절한 표현이라고 생각된다. 마누법전과 같은 법전에서 가장 오래된 것이면서 그대로 신으로부터 물려받은 것이라고 주장하는 것이 인간성 및 이 법전의 기초자의 특별한 동기와 부합한 것이다. 힌두 신화에 의하면 마누(Menu)[25]는 최고의 신으로부터 받은 것이고, 이 이름을 붙여 법전을 편찬한 정확한 연대는 쉽게 알아낼 수 없지만, 힌두법제(Hindoo jurisprudence)의 상대적 발전상황에 비추어 본다면 후대의 소산물로 생각된다.

법전의 가치

십이표법(Twelve Tables) 및 이와 유사한 여러 법전을 만들어낸 사람들이 사회에 안겨준 중요한 혜택 중 하나는 소수 특권계급의 부정(不正)과 여러 국가제도에서 나타난 자연발생적인 부패 및 타락에 대한 방어이다. 로마법전(Roman Code)은 로마인의 기존관습을 단순하게 문자로 옮겨놓은 것이었다. 로마법전은 문명사회에서 로마인의 사상적 진보상태에 비추어 보더라도 눈에 띄게 앞선 법전이고, 로마사회가 아직 시민적 의무와 종교적 의무를 혼동하고 있던 지적 단계로부터 겨우 벗어난 시기에 공포되었던 것임을 알 수 있다. 아직 관습에 따르고 있는 미개사회는 그 문명의 진보와 관련하여 아주 치명적일 수도 있는 특별한 위험에 노출되어 있는 상태이다. 특정한 사회가 그 초기단계에만 머물러 있게 되면, 그 원시상태에서 채용한 관행은 일반인들에게 전체적으로 그 심신(心身)의 행복을 주는 데 가장 적절한 방법이다. 만약 이러한 관행이 새로운 사회적 요구에 따라 다른 방법이 구성되기 전까지 안전하게 보전된다면, 사회의 질적 향상에 결정적 역할을 한다고 해도 과언이 아닐 것이다. 그렇지만 불가피하게도 불문의 관습을 소멸시키는 발전법칙이 생겨나기 마련이다. 관습을 지켜야 하는지의 여부를 따질 필요도 없고 그 진실된 기초를 알 수 있는 능력이 없더라도, 그 보전에 관하여 미신적 이유는 대중에 의하여 지켜진다. 여기에서 합리적 관행이 비합리적 관행을 만들어낸다는 표현에서 설명이 시작된다. 법제가 성숙한 경우의 유추는 매우 귀중한 수단이 되지만, 법제가 미숙한 시점에서는 아주 위험한 속임수가 되고 만다. 맨 처음에는 당연히 하나의 행동에 관하여 내려진 금지 및 명령이 같은 종류의 모든 행동에 적용된다. 이것은 사람이 어떤 행동을 함으로써 신의 노여움을 받을 수 있을 것이라 여겨지는 행동을 하게 되면 자연히 공포를 느끼게 되기 때문이다. 비록 이러한 유사성을 이유로 아주 엉뚱한 유추에 의존하는 경우가 많지만, 어떤 종류의 음식물이 위생상 이유에서 금지되는 것은 이와 유사한 모든 음식물과 관련해서도 확대·적용된다. 또한 일반적인 청결을 유지하기 위한 현명한 준비는 오랜 기간 의식적 목욕재계를 명령하기도 하였다. 사회사(社會史; social history)의 어느 단계에서 국민적 생존의 존속에 필요한 신분제도가 모든 인간제도 중에서 가장 참담하고 피해가 막심한 제도로까지 퇴보된 적이 있다 ― 그것은 카스트제도(Caste)이다. 힌두법의 운명은 사실상 로마법의 가치척도이다. 인종학 연구에 따르면, 로마민족과 힌두민족은 동일한 종족(宗族)으로부터 유래하였으며, 여러 관습 사이에는 참으로 놀라울 정도의 유사성이 존재한다. 오늘날에도 힌두법제는 통찰과 건전한 판단의 기초가 되지만, 그 속의 비합리적 모방에는 잔학하고 불합리한 거대한 조직이 바탕에 깔려 있다. 이러한 부패상황으로부터 로마인은 법전에 의하여 보호를 받았다. 이러한 법전은 관행이 아직 건전할 때에 편찬된 것이다. 아마도 백년 후쯤 뒤늦은 것으로 생각된다. 힌두법은 대부분 성문으로 표현되었고, 어느 의미에서는 남아 있는 산스크리트어(Sanskrist)[26)]에서 그대로 발췌한 것처럼 오래 된 것도 있지만, 이미 변화가 이루어진 후에 작성되었다는 많은 증거가 있다. 만약 십이표법(十二表法)이 공포되지 않았다면, 로마인이 힌두인과 마찬가지로 박약하고 타락한 운명에 처했을 것이라고 할 수는 없지만, 적어도 법전에 의하여 아주 불행한 운명에 놓이지 않게 되었다는 사실은 확실하다.

◇ 주(註) ──────────────

1) 12동판법이라고도 한다. 법에 관한 지식과 공유지 사용을 독점하였던 귀족이 평민의 반항에 타협한 결과 제정되었다. 고대의 관습법과 판례법의 일부라도 성문화되어 공시되었다는 점은 적극적인 의의가 있으며, 후에 공사법의 원천으로서 중요시되었다. 그러나 소송법 · 가족법 · 공법 · 종교법이 있었고, 특히 불충분한 거래법, 수확물에 대한 저주금지, 동해보복의 승인, 엄격한 상린관계 등 좁은 고대적 농업사회법이었다.
2) 유럽문학 최고 최대의 서사시 「일리아스」와 「오디세이아」의 저자이다. 두 서사시는 고대 그리스의 국민적 서사시로, 그 후의 문학 · 교육 · 사고에 큰 영향을 미쳤으며, 로마제국과 그 후 서사시의 규범이 되었다.
3) 역사학적으로는 인정을 받지 못하고 있다. 원래는 문학사적인 시대로서 영웅서사시가 성립된 시대를 말한다.
4) 그리스신화에 나오는 여신으로 그리스어로 "질서 · 율법"을 뜻한다. 하늘의 신 우라노스와 땅의 여신 가이아 사이에서 태어난 12명의 티탄 가운데 하나이다. 정의와 질서의 수호신으로서 양손에 저울과 칼을 들고 있는 모습으로 묘사된다.
5) 고대 그리스 호메로스의 작품으로 유럽인의 정신과 사상의 원류가 되는 그리스 최대 최고의 민족 대서사시로서, 일리아스는 도시 트로이의 별명인 일리오스(Ilios)에서 유래한 것이며, "일리오스 이야기"라는 뜻이다. 10년간에 걸친 그리스군의 트로이 공격 중 마지막 해에 일어난 사건들을 노래한 서사시이다.
6) 그리스 신화에 나오는 최고의 신으로 제우스라는 이름은 어원적으로 하늘을 의미하며, 로마 신화에서는 같은 어원인 유피테르와 동일시되었다. 제우스의 기원은 그리스 땅 북방으로부터 침입한 그리스 민족의 주신(主神)으로, 은혜로운 비를 내리게 하는 천공을 신격화한 것이었다.
7) George Grote(1794. 11. 17~1871. 6. 18)
   영국의 실업가 · 역사가로서 12권의 「그리스사」를 출간하였다. 고고학적 연구, 사회경제사적 관점, 그리고 문화면에서 볼 때에는 부족한 점이 많지만 고대 문헌에 의한 정치사로서는 모범적인 것이라 평가되었다.
8) 그리스신화에 나오는 정의의 여신으로서 그리스어로 "정의" 또는 "정도(正道)"를 뜻한다. 디케는 정의의 여신으로서 고대 그리스에서 모든 사람들에게 숭배되었으며, 로마시대에는 유스티티아

(Justitia)로 대체되었다. 오늘날 영어에서 정의를 뜻하는 "저스티스(justice)"는 여기서 유래한 것
이다. 디케는 미술 작품에서 칼을 들고 있는 모습으로 그려졌고, 유스티티아는 여기에 형평을
지킨다는 의미에서 저울이 더해졌다.

9) 노모스는 관습과 당위의 규범을 연결하는 개념이다. 또한 하나의 지역이 아니라, 생물·무생
물·신까지 모두 관련된다. 각 지역간의 상이·대립·모습되는 관습이며, 전세계에 공통적으로
적용되는 자연적 생활방식을 의미한다.

10) BC 200~AD 200년경에 만들어진 인도 고대의 백과전서적인 종교성전으로 힌두인이 지켜야
할 법(法; 다르마)을 규정하고 있다. 법적 조항 중에는 상속법·혼인법·재판절차 등도 들어
있지만, 바라문계급을 옹호하는 입장에서 서술되어 있다. 또한 힌두교로 강하게 채색된 관습법
의 집대성으로서 법전이라기보다 종교적 성전의 성격이 강하다. 전편이 12장으로 분류되어
2,684조의 산스크리트 운문으로 쓰여 있다.

11) 제사를 올리기 전에 심신을 깨끗이 하고 금기(禁忌)를 범하지 않도록 하는 일로써, 결재(潔齋)
라고도 한다. 재(齋)는 청정(淸淨), 계(戒)는 청정하게 하는 규범이란 뜻이다.

12) Jeremy Bentham(1748. 2. 15~1832. 6. 6)
영국의 철학자·법학자로써 인생의 목적은 "최대 다수의 최대 행복"의 실현에 있으며, 쾌락을
조장하고 고통을 방지하는 능력이야말로 모든 도덕과 입법의 기초원리라고 하는 공리주의를
주장하였다. 그러한 관점에서 쾌락의 계산법을 안출하였으며, 쾌락과 고통을 강도·계속성·확
실성·원근성·생산성·순수성·연장성이라는 7개의 척도를 사용하여 수량적으로 산출하려고
하였다. 주요저서는 「정부론단편」(1776) 「도덕과 입법의 원리 서설」(1789) 등이다.

13) John Austin(1790. 3. 3~1859. 12. 1)
영국의 법철학자로써 분석법학의 창시자이다. 독일 법학의 영향으로 법에 있어서 기본적인
여러 개념의 철저한 분석을 특색으로 한다. 한편, 벤담의 공리주의적 법사상을 계승하여 "법
은 주권자의 명령이다"라는 유명한 명제를 남겼다. 그의 이론은 먼저 독일 법학의 영향을 받
아서 법에 있어서 불가결한 기본적인 여러 개념의 철저한 분석을 특색으로 하고 있다. 이와
같이 치밀한 개념과 형식에 따라 영국법을 분석하고 그에 대하여 체계적인 이론을 구성하였
다. 자연법 이론에의 도전이 그 기본적 입장이기도 하였다. 저서로는 「법리학의 범역; The
Province of Jurisprudence Determined」(1832), 「법학강의; Lectures on Jurisprudence」(1869) 등
이 있다.

14) 혈통 또는 문벌·교양·재산 등을 이유로 특권을 인정받은 소수자가 지배하는 정치체제로써,
귀족정치와 같은 뜻이다. 귀족제는 엄밀한 의미에서 세습적·신분적 특권계층에 의한 지배를
뜻하지만, 넓은 뜻으로는 지배자의 수적 측면에서 볼 때, 군주제와 민주제에 대하여 소수가 지
배하는 정치체제를 뜻한다.

15) 소수의 사람이나 집단이 사회의 정치적·경제적 권력을 독점하고 행사하는 정치체제로서, 한
명의 군주나 독재자에게 권력이 집중된 독재정치나 다수의 사회구성원에게 권력이 분산된 민
주정치와 구분된다. 과두정, 과두정치라고도 한다. 과두제는 특정한 통치형태를 뜻한다기보다
는 권력을 차지하고 행사하는 사람이나 집단의 수에서 비롯된 개념이다. 따라서 한 사람이나
집단이 권력을 독점하는 독재정치나 군주정, 다수에게 권력이 분산된 민주정치와 구분되는 개
념으로 사용된다.

16) 스파르타와 그 국가 영역인 라코니아를 가리키는 스파르타 국가의 정식 명칭.

17) 아시아 대륙의 서쪽 끝, 흑해 · 마르마라해 · 에게해 · 지중해 등에 둘러싸인 반도로써 아나톨리
    아(Anatolia)라고도 한다. 터키어로는 아나돌루라고 하는데, 어원은 그리스어 "아나톨레
    (anatole)"이며 "태양이 떠오르는 곳" 또는 "동방의 땅"을 의미한다.

18) 군주라고 하는 원수 또는 준원수를 가진 정체. 역사적으로는 한 사람이 주권(최고권력)을 가
    진 정체를 말하며, 귀족제 · 민주제 또는 공화제와 구별되었다.

19) 인도의 카스트제도 중에서 가장 상층의 계급인 브라만(Brahmin)에 속한 계급이다. 브라만은
    기본적으로 그 신분을 성직자를 원칙으로 하되 성직자와 비교하여 그만큼의 가치가 있다고 판
    단되어지는 학자 역시 브라만의 대우를 해 주고 있다.

20) 군주 · 귀족 · 독재자 · 계급 · 정당의 어느 것을 불문하고, 지배자가 국가의 모든 권력을 장악하
    여 아무런 제한이나 구속 없이 마음대로 그 권력을 운용하는 정치체제로 민주주의 · 입헌주
    의 · 공화제의 반대개념이다.

21) 영국의 국회의사당.

22) Solon(BC 640?~BC 560?)
    아테네의 정치가이자 시인. 집정관 겸 조정자로 선정되어 정권을 위임받은 후, "솔론의 개혁"
    이라 일컫는 여러 개혁을 단행하였다. 먼저 부채의 조정 포기와 채무노예의 해방과 금지를 단
    행하여 가난한 사람의 구제에 힘썼다.

23) Drakōn(?~?)
    고대 아테네의 법률가로써 아테네를 위하여 드라콘법이라 불리는 최초의 성문법을 제정하였
    다. 형벌에 있어서 사소한 일에도 사형을 과하는 일이 너무 많았기 때문에 피로써 쓰여진 것
    이라는 평을 받았다. 부분적으로는 자력구제에서 국가의 재판강제로 나아가는 모습을 엿볼 수
    있다.

24) 카스트의 가장 높은 계층으로 주로 성직자 계층을 일컫는 용어로 이들이 숭배한 종교가 브라
    만교가 되었다. 힌두 바르나 제도에 따르면 브라만은 성직자 계층으로 영감을 받은 이라는 의
    미인 비프라(Vipra) 또는 두 번 태어난 이라는 의미로 드비자(Dvija)라고 불리며 영어로는 브라
    민(Brahmin)으로 발음된다.

25) 인도 신화에 나오는 인류의 시조. 또한 마누는 최초의 법전인 「마누법전」의 창제자로도 알려
    져 있다.

26) 인도아리아어 계통으로 고대인도의 표준문장어로 중국 및 한국에서는 범어(梵語)라고도 한다.
    원어로는 상스크리타(saskit)라고 하여 완성된 언어, 순수한 언어를 의미하며, 속어인 프라크리
    트(praktā)에 대칭된다.

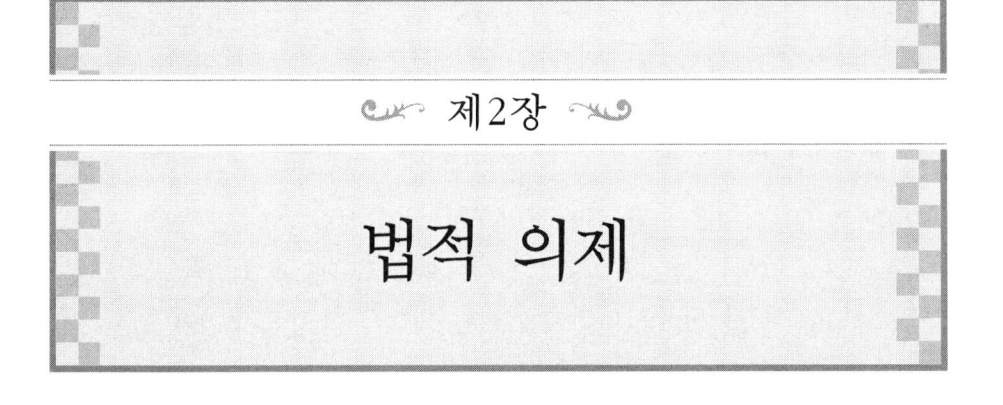

제2장

법적 의제

원시법이 일단 법전으로 편찬되고 나면 법의 자연발생적 발달이라는 말은 더 이상 사용할 수 없다. 이 이후에 법의 변화가 생겨나게 되면, 그것은 의사에 기초하여 외부의 힘에 의하여 이루어졌다. 어떤 민족이나 종족의 관습도 가부장적 군주에 의한 포고와 문자에 의한 공포까지의 장기간 동안 ― 경우에 따라서는 아주 오랜 동안 ― 중간적 단계를 거치지 않고 변경되었다고는 상정할 수 없다. 또한 이러한 변화가 전혀 의사적인 영향을 받지 않고 생겨났다고 하는 주장은 위험하기까지 하다. 그러나 이 시대의 법발달에 대해서 우리가 가지고 있는 약간의 지식에 기초하여 계획한 의도는 변화발생에 관한 최소한의 역할을 한 것에 지나지 않았던 것으로 보는 것이 좋다. 최초의 관습에 나타난 개혁은 오늘날 우리의 심적 상태에서 이해할 수 없는 감정과 사고방법에 의하여 주도되었던 것처럼 보인다. 어쨌든 새로운 시대는 법전과 함께 열리게 된다. 이 시기를 거치고 난 후의 개혁의 자취를 추적하려고 하면 어느 지방에서나 이러한 변혁의 실마리를 개선의 의식적 욕구, 즉 원시시대에 목표로 삼았던 것과는 전적으로 다른 계획적 목적의 의식적 추구에서 찾아낼 수 있다.

정체사회와 진보사회

언뜻 보기에는 믿을 만한 일반적 제언이 법전 성립 후의 법체계의 역사로부터 이끌어 낼 수 없을 것 같다. 그 영역은 너무나도 광범위하다. 우리는 다수의 현상을 충분하리만큼 포괄적으로 관찰하였는지 또는 관찰한 바를 정확하게 이해하였는지조차 자신있게 말할 수 없다. 하지만 우리가 법전시대 이후에 드러난 정체사회(停滯社會; stationary society)와 진보사회(進步社會; progressive society)의 차이를 고려한다면, 그에 대한 이해는 좀더 쉬워질 것 같다. 우리가 관심을 가지는 사회는 오로지 진보사회이고, 이 정도로 적은 예는 그다지 많지 않다. 세계사에서 주변 문명이 보기 드문 특례라는 사실이 절대적으로 입증되었음에도 불구하고, 서유럽인들에게 이러한 사실을 납득시키는 것은 어려운 일이다. 만일 우리가 전 인류에 대한 진보적 민족관계를 명백하게 나타낸다면, 우리의 공통적 사상인 희망과 공포와 사고는 중대한 영향을 받을 것이다. 인류의 대부분은 그 정치적 제도가 어떤 영속성이 있는 기록에 의하여 외형적 완성을 갖춘 이후에야 공통적 사상이 발전되었다는 사실은 명백하다. 어떤 관습은 간혹 폐지되기도 하고, 다른 것으로 대체되기도 하였다. 여러 곳에서 초자연적으로 발생한 것으로 여겼던 원시법전(原始法典; primitive code)은 사제적 주석자의 악의적 의도에 의해 광범위하게 퍼져 나갔고, 아주 놀라운 형태로 왜곡되기도 하였다. 그러나 세계의 일부지역을 제외하고 법체계(法體系; legal system)가 점진적으로 개혁된 예는 아주 드물다. 물질문명의 점진적인 발달은 있었지만, 그 문명이 법률을 확대시키지는 않았고, 오히려 법률이 문명을 제한했었다. 원시상태에 있는 종족에 대한 연구는 특정사회의 발전이 어디에서 멈추었는지, 그 시점에 대한 실마리를 제공해준다. 인도의 승려계급은 인류의 모든 종족의 역사에서 발생하는 단계, 즉 법률과 종교적 교리가 구별되지 않았던 단계를 보여준다. 이러한 사회구성원은 종교적 규율을 위반하면 시민형벌(civil penalty)에 처해진다고 생각하였고, 시민으로서의 의무위반은 신에 대한 비행을 저지르는 것으로 생각하였다. 중국(中國)에서는 이 시기가 지난 후에 그 진행이 멈추었는데, 그 이유는 모든 사상들과 민법이 더불어 공존하였기 때문이다. 정체사회와 진보사회와의 차이점은 아직 풀어야할 과제들 가운데 가장 큰 과제이다. 이 문제에 대한 부수적 설명 가운데 필자는 제1장의 마지막 부분에서 언급하였던 고찰을 다시 한 번 언급하고자 한다. 인류의 정체적 상태가 본래의 모습이고 진보적 상태가 예외라고 하는 사실을 명확하게 이해하지 못하면 이 문제에 대한 고찰을 성공적으로 이끌어 낼 수 없다. 그리고 그 고찰을 성공적으로 이끌어 가기 위한 또 다른 필수불가결한 조건은 로마법에 대한 정확한 이해이다. 로마법제는 인간이 알고 있는 제도 중에서 가장 오래 된 것이다. 로마법제가 거쳐 온 모든 변화의 특징은 상당한 정도 이상으로 규명되었다. 그 시작되는 시점에서 종결되는 시기까지 그 수정을 담당하였던 사람들은 더 나은 방향으로 진보적으로 수정하였으며, 그 개선과정이 인류의 사상 및 행동이 현저하게 느렸던 경우에도 계속 진행되었고, 그에 맞추어 반복적으로 정체되기도 하였다.

필자는 이 진보사회의 발전과정에 문제를 한정시키고자 한다. 이러한 관점에서 사회적 필요와 사회적 여론이 항상 법의 진보보다 약간 앞선다는 주장은 가능하다. 사회적 필요와 사회적 여론은 법률 사이의 간격을 다소나마 좁히기 위해 그 접근을 시도해 보지만, 여전히 그 격차는 좁힐 수 없다. 법은 고정적이지만, 우리가 다루는 사회는 진보해 가는 사회이다. 인간의 행복의 많고 적음은 그 간격이 좁혀지는 시간에 의존한다.

의제, 형평, 입법

법률이 사회와 조화하는 매개(媒介; agency)에 관하여 가치가 있는 일반적 제언을 주창하고자 한다. 이 방법에는 세 가지가 나타나는데, 이는 법적 의제(法的擬制; Legal Fiction), 형평법(衡平法; Equity),[27] 입법(立法; Legislation)이다. 그 역사적 순서는 필자가 앞서 서술한 순서와 같다. 때로는 이 가운데 두 가지가 동시에 작용하기도 하며, 그들 가운데 아무런 영향을 받지 않았던 법체계도 있었다. 그렇지만 그 출현순서가 달라지거나 뒤바뀐 사례는 보지 못했다. 그 중의 하나인 형평법의 초기의 역사는 전반적으로 분명하지 않은데, 이를 원인으로 하여 어느 사람은 민법의 변형인 어느 특정의 제정법이 형평법의 재판권보다 오래 되었다고 믿고 있다. 그렇지만 어느 곳에서든지 대책적 형평법(remedial Equity)은 대책적 입법(remedial Legislation)보다 오래 되었다고 하는 것이 필자의 신념인데, 다만 이것은 아주 엄격하게 살펴보면 그대로 들어맞는 것이라고 할 수 없고, 앞의 연속의 순서에 관한 제언을 법적 의제, 형평법, 입법의 세 가지가 원형의 법률을 변형시킴에 지속적으로 실질적인 영향을 미친 시기에 국한시켜 타당하다고 할 필요성이 있다.

법적 의제

필자는 "의제(擬制; fiction)"라는 표현을 영국법학자들이 전통적으로 사용하는 의미와 로마인들의 "Fictiones"에 포함된 의미보다 더 넓은 의미를 갖는 것으로 사용하였다. 고대 로마법에서 픽티오(Fictio)는 의제라는 의미이고, 피고(被告)의 항변을 허용하지 않고 원고(原告)측의 허위주장(虛僞主張)을 의미하는 것이다. 그렇게 되면 원고가 사실 외국인인데도 로마시민이라고 주장하는 예가 그러한 경우에 해당한다. 이러한 "의제"의 목적은 당연히 재판권을 부여하기 위한 것이고, 따라서 그것은 영국에서 민사법원의 재판권을 착취하는 수단으로 창안되었던 형사법원의 지령(指令)에 기한 진술, 즉 피고가 영국왕의 사법비서관에 의해 체포되었거나 또는 원고가 채무자여서 피고로서의 태만으로 말미암아 그 채무를 이행할 수 없는 경우의 진술과 매우 유사하다. 그러나 여기에서 필자는 "법적 의제(法的 擬制; Legal Fiction)"라고 하는 표현을 법규(法規; rule of law)가 불변인 채로 그 작용만 변질(變質; alteration)된 사실을 숨기거나 묵인하여 발생하는 가정을 의미하는 것으로 채용하고자 한다. 그러므로 앞에서 필자가 영국법과 로마법에서 인용하였던 의제의 사례를 포함하는 것이었지만, 그 사용예를 넓혀 영국판례법(英國判例法; English Case Law)과 로마의 법률가해답서(Roman Responsa Prudentum)의 양자를 모두 살펴보기 위해 의제에 의존하는 경우에는 좀더 넓은 의미로 사용하게 된다. 앞의 양자에서 법은 전체적으로 변화되었으며, 그런데도 의제는 항상 일정한 필요에 맞추어 그대로 사용되고 있었다. 왜 그 모든 사회형태에서 의제가 초기사회와 적합했는지를 이해하는 것은 그다지 어렵지 않다. 의제는 그다지 절실하다고까지는 할 수 없는 개선에 대한 욕구를 충족시키며, 동시에 항상 현존하는 변화에 대한 미신적인 혐오감을 무시하지도 않는다. 사회진화의 특별한 단계에서의 의제는 법적 경직성(法的 硬直性; rigidity of law)을 극복하기 위한 중요한 수단이고, 실제로 인위적으로 가족적 유대를 창설하는 입양(入養; adoption)이라는 제도가 없다면, 어떻게 사회가 초기사회에서 벗어나 문명사회로 나아가게 되었는지 이해하기 어려운 일이 아닐 수 없다. 그러므로 우리는 벤담(Bentham)이 법적 의제를 다룰 때마다 퍼부었던 조롱을 그다지 어렵지 않게 이겨낼 수 있다. 그저 잘못된 것으로 비난하는 것은 법의 역사적 발전에서 그 중요성을 모른다는 것을 보여주는 것이다. 그렇지만 동시에 의제의 효용을 잘 알면서 현재까지 영국 법제에서 정형화되어야 한다고 주장하는 이론가의 견해에 동조하는 것은 마찬가지로 어리석은 짓이기도 하다. 그렇게 하였던 시대가 있기도 하였지만, 그 자취를 감춘 지 이미 오래이다. 그렇지만 우리가 법적 의제와 같은 불확실한 방법으로 확실하게 이익이 있는 목적을 달성하려고 하는 것은 그다지 바람직하다고는 할 수 없다. 필자는 법을 이해하는 데 있어서 더욱 어렵게 하고 조화로운 규정의 조정을 어렵게 하는 어떠한 예외를 인정할 수 없다. 새로운 법적 의제는 조화로운 분류에 대한 가장 큰 장애물이다. 법률은 여전히 어느 체제에 고정되어 있지만, 이것은 어디까지나 외형적 모습일 뿐이다. 이미 오래 전에 단절되어, 새로운 규율이 그 외형 속에 숨겨진 채 들어와 있다. 따라서 한때 시행되었던 규율이 진정한 법적 가치가 있는 것인지 아니면 외형상 가치를 가지는 것에 불과한 것인지를 파악하는 것은 곤란하며, 다른 신분계급의 생각들도 어느 쪽이 선택되어야 하는지에 대해서 그 향방을 달리하게 되었다. 영국법이 일단 질서적 배열(秩序的 配列; orderly distribution)을 하기로 하였다면, 최근의 몇 가지 입법적 개선에도 불구하고, 여전히 적지 않게 존재하는 법적 의제를 제거할 필요가 있을 것이다.

사회적 요구에 법을 합치시키는 두 번째 방법은 필자가 형평법이라고 하였던 것으로, 그 단어에 따르면 기본적으로 민법과 명확히 존재하는 원리를 기초로 하여 부수적 원칙들에서 내려오는 고차원의 신성성에서 민법을 대신할 것을 찾아내는 것을 의미한다. 로마의 법무관(Roman Prætors)[28]에 의한 것이든지 아니면 영국의 판사에 의한 것이든지, 형평법은 법의 충돌이 개방·공인되어 있는 개별적인 경우에 그것에 앞질러 적용되는 의제와 다르다. 다른 한편, 이것에 바로 뒤이어 나오는 법적 개선의 매개로서 입법(立法; legislation)과는 그 권위에 대한 요구가 어떤 외부적 사람이나 단체에 대한 특권이나 그것을 선언하는 판사의 특권에 근거하는 것이 아니라, 모든 법률이 그것에 합치하도록 만들어야 하는 원리로서의 특별한 본질에 근거하는 점에서 다르다. 원형의 법률의 신성성보다도 더 높은 신성성을 부여하고 독립적으로 어떤 외부단체의 동의를 얻을 필요없이 바로 적응시켜야 하는 일반적 원리로서의 이 개념은 법적 의제가 시원적으로 실현된 단계보다도 사상적으로 한층 진보된 단계의 소산물에 속한다.

입 법

독재군주(獨裁君主; autocratic prince)의 형식이나 의회(議會; parliamentary assembly)의 형식을 취하든지 모든 사회가 상정한 기관인 입법부의 법률제정인 입법은 개선을 하는 맨 마지막 방법이다. 형평법이 법적 의제와 다른 것처럼 입법도 법적 의제와는 다르며 또한 그 권위가 외부적 단체나 사람에게서 나온 것이라는 점에서 형평법과도 구별된다. 그 강제력(強制力; obligatory force)은 그 원리와는 독립된 것이다. 여론에 의해 어떠한 현실적 제재가 가해지더라도 입법부는 이론적으로 공동체의 구성원들에게 의무를 부과할 수 있는 권능이 있다. 심한 횡포의 법률제정을 막을 수 있는 방법이 없다. 만일 입법은 형평법에 의해 선악을 정하는 기준이 되고, 이 기준에 법제정이 우연히 일치하는 경우에는 형평법에 의해 명령을 받았다고 할 수 있다. 하지만 이러한 법률제정은 그 확정력이 입법부의 권위에 의해서 가능한 것이고, 입법부가 행동하는 원리에 의한 것이라고 할 수 없다. 이러한 점에서 어구와 용어적 의미에서 입법상의 법규와 달리 형평법의 법규는 군주나 의회의 협력 없이 법원이 인정하는 신성성을 가진다. 벤담의 제자(student of Bentham)는 의제(擬制; Fiction), 형평법(衡平法; Equity) 그리고 실정법(實定法; Statute Law)을 입법(立法; legislation)이라고 하는 하나의 항목에 뒤섞어 놓았기 때문에, 이들의 차이점에 대해 살펴볼 필요가 있다. 그들은 이 모두가 법률을 만드는 것(law-making)을 포함하는 것이라고 하였다. 이들은 새로운 법률을 만드는 기관에 따라서 다른 것이다. 이러한 점은 지적한 그대로 사실이며, 우리는 이를 결코 간과해서는 안 된다. 그러나 특수한 의미에서 입법과 같이 편리한 용어의 사용을 필요한 경우에도 자제하여야만 하는지에 대해서는 아무런 이유나 그 해명이 없다. 입법과 형평법은 대중적 생각에서나 대다수 법률가들의 생각에서 구분된다. 그리고 그러한 구분이 아무리 편의적인 것이라 하더라도 중요한 실질적 결과가 그로부터 생겨날 때에는 결코 무시할 수 없는 것으로 되고 만다.

근대적 관찰자들에게 있어서 정확하게 발달하였다고 할 만한 법규체계에서 본질적 법적 의제의 사례를 선별하는 것은 그다지 어렵지 않다. 필자가 고려했던 두 가지 사례에 있어서, 채택한 수단의 본질은 그다지 쉽게 발견할 수 있는 것이 아니었다. 이들 의제를 최초로 만든 사람들은 아마도 일정한 혁신을 의도하였던 것은 아니며, 분명히 혁신의 의혹을 받으려고도 하지 않았다. 다만 그 과정에서 어떤 의제를 생각하는 것을 거부하였던 사람들이 있고, 과거에 항상 있었으며, 또한 통속적 언어의 사용도 피하려고 하였다. 따라서 법적 의제의 광범위한 전파와 그들이 법체계의 변경과 그 변경을 감추어야 하는 두 가지의 임무를 수행할 능력을 가진 것에 대해 충분히 설명할 수 있는 적당한 예를 찾을 수 없다.

판 례 법

영국에서는 이론적으로 현존하는 법제도 가운데 하나의 어구나 한 줄이라도 변경할 수 없는 구조이기 때문에 법의 확장, 변경, 개선에 대해 매우 익숙해져 있다. 이 사실상의 입법에 대해 영향을 미쳤던 것과 그 과정을 제대로 파악하지 못하였을 뿐만 아니라 사실상 그 실제를 몰랐던 경우도 있었다. 판례로 남아 있고 법률보고서에 기록된 대부분의 법률체계에 대해 우리는 습관적으로 이중적 언어를 사용하고 있는데, 마치 이것은 이중적이고 모순적인 사고 형태처럼 보였다. 사건이 영국법원(English Court)에 판결을 받기 위해 제기되었을 때, 판사(判事; judge)와 변호인(辯護人; advocate)끼리 논의하는 모든 과정은 다음과 같이 여겨졌다. 즉 오래된 원칙 이외의 다른 원칙의 적용이나 오랫동안 승인되었던 어느 차별의 적용을 요구하는 데 아무런 이의도 발생하지 않고, 존재할 수도 없다. 기존에 알려진 법규가 있는 곳이라면 어디서든지 지금 현재 제기된 논쟁의 진실이 발견될 것은 당연하며, 만일 이러한 규정이 발견되지 않는다면, 그것은 바로 필수적인 인내와 지식과 통찰력이 규정을 파악할 준비가 되어 있지 않았다는 것을 보여주는 것에 지나지 않는 것이다. 아직 판결이 내려지지 않았거나 보고되지 않았다면, 우리는 무의식적으로 알게 모르게 새로운 언어와 새로운 사상의 맥락으로 빠져든다. 그리고 후에 지금 새로운 결정이 법률을 변경하였다고 인정한다. 적용된 법규가 간혹 사용되거나 부정확한 표현으로 사용되었다면 거기에는 약간이라도 융통성이 남아 있는 셈이다. 그러나 실제 법규는 변화되었다. 명확한 새로운 판결의 추가는 선례(先例; precedent)를 형성하지만, 그렇다고 하여 선례와의 비교를 통해 만들어진 법규가 모든 판례에 대한 하나의 표준으로 축소·변형되어 그 선례와 동일하게 된다고 할 수는 없다. 우리는 예전의 규율이 폐지되고 새로운 규율이 대신한다는 사실을 간과하게 된다. 왜냐하면 선례로부터 도출한 법적 방식(法的 方式; legal formulas)에 정밀한 용어를 사용하려는 습관이 없고, 그 진행방향의 변경이 아주 독특하고 눈에 띄는 것이 아니라면 특별히 떠올리기가 쉽지 않기 때문이다. 필자는 여기에서 영국의 법률가들로 하여금 이 기이한 변칙들을 묵인하도록 만들었는지에 관하여 계속적으로 살펴보고자 한다. 본질적으로 막연하거나 판사의 자유재량에 의하거나(in nubibus or in gremio magistratuum), 여러 상황의 상정할 수 있는 갖가지 결집에 적용할 수 있을 만큼 충분한 원리로서의 진면목을 지닌 영국법의 완벽·일관되며 균형잡힌 체계가 존재함이 정설이라는 점이 아마도 밝혀질 것이다. 이 이론은 처음에는 지금보다 훨씬 더 폭넓게 지지를 받던 것으로 실제 그것은 더 타당한 기초를 지니고 있었다고 할 만하다. 13세기 영국 판사들은 실제로 그들의 지시에 의해 법의 대부분을 법조계나 일반대중에게 알리지 않기도 하였는데, 그 이유는 비밀리에 그들은 자유롭게, 비록 항상 현명한 것은 아니지만, 로마법과 교회법에 통용하는 개론들을 차용하였던 것으로 짐작되는 것들이 있었기 때문이다. 하지만 그 의회(議會; Westminster)에서 결정하는 순간 폐쇄되고 만다. 의회는 법체계의 대안제도에 대한 기초를 제공하기에 충분할 만큼 엄청나게 확대되었다. 그리고 지금까지 수세기 동안 영국의 법률가들은 스스로 아주 많은 역설적 제안을 함으로써 형평법과 실정법에 의한 것을 제외하고는 어떤 것도 그것이 처음 구성되었던 이후 그 기초확장에 추가할 만한 것이 없게 되었다. 우리는 법원이 법률을 제정하였다는 것을 인정하지 않는다. 판사들은 결코 법률을 제정하지 않았다는 것을 의미한다. 하지만 우리는 영국보통법(English common law)의 규율들은 형평법법원(衡平法法院; Court of Chancery)[29]과 의회(議會; Parliament)의 지지를 받으면서 근대사회의 복잡한 이해관계와 공존한다고 주장하는 데 주저하지 않는다.

법률가해답서

필자가 이미 언급하였던 이러한 특별한 것들 가운데 우리의 판례법과 매우 밀접하고 구조적 유사성을 갖고 있는 법체계는 "레스폰사 푸루덴툼(Responsa Prudentum)"이라는 이름으로 로마인들에게 알려진 "법률학습자의 해답서(answers of the learned in the law)"이다. 이 해답서의 형태는 로마법제사의 서로 다른 시기에 존재했었지만, 모든 시기를 통틀어서 볼 때 권위 있는 성문문서에 해설적 주해로 구성된 것으로, 처음에는 배타적으로 십이표법(十二表法; Twelve Tables)의 해석견해의 집대성이었다. 이러한 현상은 영국에서와 마찬가지로 모든 법률용어는 고법전(古法典; old Code)의 조문을 변화시키지 못한다는 전제에 따른 귀결이다. 반면 명확한 법규정이 존재하기도 했다. 이것은 모든 평석서(評釋書; glosses)와 주해서(註解書; comments)를 능가하였으며, 이에 대한 해석은, 그 해석자의 저명 여부와 관계 없이, 존귀한 조문에 호소하여 수정되는 경우 이를 벗어날 수 있다고 공공연하게 인정하는 사람은 아무도 없었다. 이러한 사실과 관련하여, 뛰어난 법학자의 이름으로 기술된 해답서(解答書; Books of Response)는 적어도 오늘날 우리의 판례기록물(判例記錄物; reported cases)과 동일한 권위를 얻었고, 끊임없이 십이표법의 법조항을 수정하고, 확대하고, 제한하거나 실질적으로 반대로 해석하기도 하였다. 새로운 법제를 고안한 사람들은 법전의 조문에 대해 커다란 경의를 나타내었다. 그러면서 그들은 법조문을 설명하고, 판단하고, 그 전체적 의미를 밝혀내는 일을 해 나갔다. 그 연구의 결과, 조문의 결합에 의하여 현실로 나타난 사실상태에서 그 법률을 적용하고 앞으로 발생할 다른 사례에 대해 적용가능성을 고찰하고 다른 성문문서의 주해로부터 도출한 해석원리를 소개하여, 그들은 십이표법의 편집자들도 감히 상상하지 못하고 누구도 발견할 수 없었던 엄청나고 다양한 근본원리를 도출해냈다. 모든 법학자들은 이러한 논의들이 법전과 합치한다고 가정하여 이 원리가 존중되어야 한다고 요구하였지만, 그들의 상대적 약한 권위는 세상에 자신들의 의견을 공표한 특별한 법학자들의 명성에 의존할 수밖에 없었던 것이 사실이다. 널리 명성이 높은 법학자들의 해답서(解答書; Book of Responses)는 입법부의 법령과 같은 정도의 구속력을 갖게 되었다. 그리고 이후에 이러한 해답서는 더 나은 법체제가 안정될 수 있는 새로운 기초를 구성하였다. 초기법학자들의 해답서는 근대적인 의미와 같은 의미의 저자가 펴낸 것은 아니다. 그것들은 제자들에 의해 기록·편찬되었던 것으로, 어떠한 분류의 의도에 따라서 배열되었던 것도 아니다. 제자들의 입장에서 이러한 출간물들은 아마도 귀중하게 생각하였을 것이다. 왜냐하면 그들의 스승을 위해 제공하였던 이러한 헌신은 일반적으로 스승이 보여준 제자의 교육에 대한 정성어린 관심에 따른 보답으로 여겨졌기 때문이다. 후에 당시 보답의 결과였던 법학제요(法學提要; Institutes)[30]나 주석집(註釋集; Commentary)이라 불렸던 교육용 논설들은 로마제도상 가장 뛰어나고 특색 있는 작품의 하나로 평가되었다. 법학자들이 일반대중에게 기술적 용어의 변경과 개선을 위한 그들의 제안과 분류는 명백히 이러한 법학제요의 해설에 있었던 것으로, 그러한 책들은 법률가들을 가르치려고만 하였던 것은 아니다.

　로마의 해답서(Roman Responsa Prudentum)와 가장 유사한 영국의 대응물을 비교할 때, 로마법학의 해석적 권위는 판사가 아니라 변호인이 세운 것이라는 사실을 주의 깊게 새겨야 한다. 로마법원에서의 판결은 비록 특별한 판례에서는 절대적일지라도, 당시 그 직무를 담당하는 정무관(政務官; magistrate)의 전문가적 명성에 의해 주어진 권위와 같은 것을 제외하면 최고 권위(最高權威; ulterior authority)를 갖지 못했다. 일반적으로 공화제시대의 로마에는 영국의 판사(English Bench)나 제정독일의 내각(Chambers of Imperial Germany) 혹은 군주제 프랑스의 의회(Parliaments of Monarchical France)와 같은 정도의 권위가 주어져 있지 않았다. 실제로 정무관은 그 조직의 몇몇 기능 가운데 일시적으로 사법기능을 담당하였지만, 정무관의 임기는 1년에 한정되었기 때문에, 변호인들의 우두머리에 속하는 사람들 가운데 직무의 주기에 따라 정규적으로 교체되는 종신법관(終身法官; permanent judicature)과의 비교는 적절하다고 볼 수 없다. 우리에게는 놀랄 만한 예외적인 상황 조건의 기원에 관하여 논의되어 온 바가 적지 않게 있다. 하지만 이것은 실제 우리가 알고 있는 제도가 고대사회의 정신에 대한 것보다 더 합치하는 것으로, 실제로 그러한 예가 있었으며 상당한 높은 지위를 무너뜨리는 경향이 있기는 하였지만, 그 자체가 아무리 배타적이더라도 그들보다 직무상 상위계급을 폭넓게 인정하지는 않았다.

이상에서 서술한 바와 같은 로마의 제도가 그것으로부터 전적으로 당연히 기대할 수 있는 어떠한 효과도 발생시키지 않았다는 것은 주목할 만한 일이다. 이 제도는 예컨대 로마법을 세속화(世俗化; popularisation)시키지는 않았다. 비록 그 유포와 권위 있는 해설은 인위적 장애에 의해서 아무런 방해도 받지 않았기 때문에, 그리스 공화국(Greek republic)에서와 같이 학문발달을 위한 지적 노력이 조금이나마 감쇄되지는 않았다. 반대로 만일 그와 같은 특별한 여러 원인이 없었더라면, 로마법제는 아마도 그 이후에 만연했던 어떤 제도들과 마찬가지로 세밀하고, 기술적이며, 어려웠을 것이라는 추정을 불러일으켰으리라고 할 만큼 충분한 가능성이 있다. 여전히 더욱더 당연한 것으로 여겨졌던 결과는 결코 나타나지 않았다. 로마의 자유권(自由權; liberty)이 붕괴될 때까지, 법학자들은 매우 불확정적인 하나의 계급을 형성하였고, 이는 구성원들 사이에서도 상당히 불안정한 관계를 발생시켰을 것이다. 그럼에도 불구하고, 그들의 세대에서 특별한 사람들의 의견은 판례의 권위에 확실히 종속되었다는 것을 의심하는 예는 거의 찾아볼 수 없다. 라틴문헌에 잘 드러나 있는 대법학자(大法學者; leading jurisconsult)의 일상생활에 관한 생생한 모습 — 아침 일찍부터 그의 대기실에 지방에서 온 다수의 의뢰인과 위대한 학자들의 해답을 기록한 개요서를 가지고 주변에 서 있는 학생들의 모습 — 은 대부분 어떤 특정한 시기의 몇몇 유명인의 명성과 합치하는 것이 아니었다. 또한 직접적으로 의뢰인과 변호인이 접촉한 결과, 로마인들은 스스로 항상 직업적 명성에 매우 민감하였던 것 같고, 변론의 성공에 대한 시민들의 경외심은 부족하다기보다 지나친 경향이 있었음을 입증하는 많은 증거들이 키케로(Cicero)[31]의 유명한 연설문인 "무라에나를 위하여(Pro Muræna)"에 특히 잘 나타나 있다.

로마법의 발달을 맨 먼저 촉발시킨 수단에 관하여 주목할 만한 특이성은 그 특징적 우수성 및 그 원초적 원리의 풍족성이었다. 그러한 원리들의 발달과 풍부함은 부분적으로 법률해설자(法律解說者; expositors of the law)의 경쟁을 통해 형성시킨 판사들이었지만, 이들 이외에 재판에 대한 특권을 가진 왕이나 국가에 의해 신임받은 관리자가 있었다는 것을 아는 사람은 그다지 많지 않다. 그러나 주된 매개는 의심의 여지없이 법적 결정에 의한 판례의 자연적인 증가였다. 지방의 의뢰인들에게 많은 혼란을 야기했던 사실은 제자들에 의해 제기된 일련의 가설적 조건들에 대하여 부여하였던 것보다 법학자들의 해답에 대하여 법적 결정의 기초를 형성할 적절한 권위를 부여하지 않았다. 모든 사실을 종합해보면, 정확히 그러한 것들이 사실이든 아니면 가상이든 간에 동일한 기초에 두고 있다는 점이다. 법학자에게는 그의 의뢰인의 사건에 대해 정무관(政務官; magistrate)의 무효판결도 아무 의미가 없는 것인데,

만일 정무관의 법적 지식이나 직무상 명성이 그 자신보다 더 높은 위치에 있더라도 이는 마찬가지이다. 의뢰인은 처음에는 대법학자들의 고객이면서 다음에 그에게 대가를 지불해야 하는 사람이므로, 법학자는 전적으로 의뢰인의 이익을 고려했을 것이라고 추측할 수 있지만, 희망의 대가에 대한 주요 수단은 좋은 의견을 통해 마련되었다. 필자가 이미 기술한 바와 같이 이러한 체계에서 그것은 단지 고립된 법정의 성공을 위해 그렇게 한 것이라기보다, 위대한 원리의 실증이나 거대한 규칙의 예증과 같이 각각의 사건에 대한 고찰에 의해 더욱 철저하게 보장될 것이라는 점은 확실하다. 그러므로 더욱 강한 영향력이 가능한 문제의 제안과 방안에 대한 어떠한 명확한 견제적 요구를 통해 행사되었을 것이다. 자료가 충분히 있는 곳에서 발전하는 일반법칙을 위한 주변사정들은 비정상적으로 증가되었다. 우리의 생활은 법이 지배하기 때문에, 판사는 그 자신이나 그의 선임자들 이전에 존재하였던 모든 사실로부터 벗어나 판결을 하거나 결정을 내릴 수 없다. 그러므로 판결이 이루어진 내용은 프랑스어 표현의 채용으로 각각 신격화된 위치를 차지하게 되었다. 이것은 진실이거나 가정이거나 그 밖의 여러 사건들로부터 구별되는 어떤 특질을 갖게 되었다. 하지만 로마에는 필자가 앞에서 설명한 바와 같이, 판사석(判事席; Bench)이나 판사실(判事室; Chamber of judges)과 유사한 것이 없었다. 따라서 여기에서 여러 사실을 결집시킨다고 하여, 다른 경우에서와 특히 다른 가치를 지녔던 사실의 결집은 아니었다. 어느 곤란한 사실에 대해 법학자들에게 그 의견을 물을 때, 지난 소송사례를 통하여 유추에 관하여 잘 알고 있는 사람에게 특정사례와 관련하여 상응하는 완전한 분류의 문제를 이끌어내는 것을 막을 수는 없다. 의뢰인에게 충고가 어떻게 주어졌던지간에, 청문하였던 제자들의 필기장에 명기되어 있는 해답록(解答錄; responsum)은 의심의 여지없이 일정한 상황을 대원칙에 지배되도록 만드는 것으로 또는 포괄적 법칙에 포함시키는 것으로 인정되는 상례였다. 이와 같은 일은 이전에는 결코 생겨날 수 없었다. 또한 영국법에 대한 비판 중에서 앞에서 말한 바와 같은 방식의 비판은 이미 없어지고 만 것으로 인정된다. 영국법정이 원리의 선언에서 주저할 수밖에 없었던 것은 영국판사의 기질에서 연유한 것이라기보다는 차라리 영국 이외의 법체계에 그다지 익숙하지 못한 판사에게는 너무도 방대하게 느껴졌으면서도 상대적으로 영국의 판례가 부족하였기 때문에 비롯된 것이라고 보는 것이 훨씬 타당할 것이다. 법적 원리의 풍부함과 관련하여 근대 유럽의 몇몇 나라들보다 영국은 비교적 부족했던 것이 사실이다. 그러나 기억되어야 할 것은 그들이 자신들의 민사제도(民事制度; civil institutions)의 기초를 위하여 로마법제를 따랐다는 점이다. 그들은 로마법의 요소를 가지고 그들의 체계를 구성하였다. 그렇지만 그 재료로 삼았던 요소를 적절히 가공함으로써, 종래 영국법원에 의해 조화롭게 구성된 체계로부터 차이점을 지니게 하는 것에 지나지 않았다.

후기 대법학자

로마에서 명확히 특징적으로 자유가 보장되었다고 할 만한 시기는 로마법제에 각인되었던 그 시기이다. 그리고 그 초기 전체에 걸쳐 법의 발달이 이루어진 이유는 주로 법학자들의 해답서(Responses of the jurisconsults) 때문이다. 그리고 공화제의 몰락에 가까워짐에 따라 해답서는 그 이상의 발달을 도모할 수 없는 한계적 징후가 나타나기 시작했다. 그것들은 적절히 체계화되어 제한된 개론서에 불과하게 되었다. 대신관(大神官; Pontifex)인 퀸투스 무키우스 스카이볼라(Q. Mucius Scaevola)[32)]가 모든 시민법(市民法; civil Law)[33)]에 대한 개론서를 펴냈다고 하는데, 이보다 좀더 적극적인 법적 혁신의 수단과 비교한다면 키케로가 고전적 방법에 대한 커다란 혐오에서 쓴 글들을 찾아볼 수 있다. 다른 매개물들은 사실 이때까지 법에 대한 부담을 가져 왔었다. 법무관고시(Edict)나 매해 법무관이 하는 선언(annual proclamation of the Praetor)은 법률 개정의 주된 추진력으로서 명예를 높였고, *Leges Corneliæ*라 불리는 엄청난 규모의 법령을 제정함으로 인해 루키우스 코르넬리우스 슐라(L. Cornelius Sylla)는 직접적인 입법이 빠르고 신속한 개선에 상당한 영향을 줄 수 있음을 보여주었다. 아우구스투스(Augustus)[34]는 해답서에 치명적 충격을 가했는데, 그는 소수의 대법학자들에게 제한시켜 확정적 의견을 낼 수 있게 하면서, 우리를 근대적 사고에 근접하도록 하였는데, 이 변화는 근본적으로 법조인의 특징들과 로마법에 미친 그 영향력의 본질을 바꾸었다. 이후 다른 법학자들의 학파는 오랫동안 법학에 커다란 영향을 주었다. 그러나 울피아누스(Ulpian),[35] 파울루스(Paulus),[36] 가이우스(Gaius)[37] 그리고 파피아누스(Papinian)[38]같은 법학자들은 해답서를 쓰지 않았다. 그들의 작품은 법률의 특정부분, 무엇보다도 법무관의 고시(Prætor's Edict)에 관한 통상적 논설이었다.

로마의 제정법

로마인들의 형평법(衡平法; *Equity*)과 형평법이 그들의 체제에서 구조화된 법무관의 고시는 제3장에서 살펴보고자 한다. 법령(法令; Statute of Law)은 공화제시대에는 그다지 많지 않았지만, 제국으로 변화하면서 아주 방대하게 되었다. 한 나라의 초기에 입법부에 대해 실정법의 전반적 개혁을 위한 활동을 하였다고 하는 것은 드문 일이다. 여론이 법에 있어서 주로 그 실제 가치보다도 높이 평가되는 것은 변화하는 것이 아니라, 오로지 여론이 순수하고, 완전하며, 용이한 집행을 도모하기 위한 것이다. 그리고 입법기관(立法機關; legislative body)에서의 의뢰는 주로 어떤 거대한 남용을 제거하도록 하기 위한 것이거나 계급들(classes)과 왕조(dynasties) 간의 어떤 분쟁에 대한 결정을 직접 구하는 것이다. 로마인들이 생각하기에는 막대한 실정법체제의 제정과 거대한 민중소요(great civil commotion) 후의 사회적 안정 사이에는 어떤 연관성이 있는 것처럼 느꼈다. 슐라(Sylla)는 Leges Corneliæ에 의해 그의 공화제의 재건에 관한 의견을 피력하였다. 율리우스 시저(Julius Cæsar)[39]는 법령을 대폭적으로 추가하였다. 아우구스투스(Augustus)는 매우 중요한 Leges Juliæ의 공포를 촉진하였다. 그리고 후대의 황제들 사이에서 가장 적극적인 칙법의 공포자인 콘스탄티누스(Constantine)[40]와 같은 황제들은 세상의 재정립에 지대한 관심을 가졌었다. 로마법령의 전성기는 제국의 건국으로부터 시작된 것이 아니다. 처음에는 인민의 찬성을 얻어야 했지만, 나중에는 황제의 지상명령(至上命令; prerogative)으로부터 나온 황제의 칙령은 아우구스투스의 권력강화로부터 유스티니아누스 법전(Code of Justinian)[41]의 공포에 이르기까지 급격히 확대되었다. 티베리우스 황제(Tiberius)의 재임기에 우리가 접근하기에 매우 익숙한 법적 상황과 통치방법이 이루어졌다. 법령과 그 제한된 편찬자의 회의가 나타나기 시작했다. 영구적 항소법원(抗訴法院; court of appeal)과 승인된 주해(註解; commentary)들의 집성은 매우 신속히 축척되었다. 이리하여 우리는 오늘날의 관념에 좀더 근접하게 된 것이다.

◇ 주(註)

27) 넓은 뜻으로는 형평·평등·정의를 의미하며, 영미법에서는 보통법에 대립하는 법을 가리킬 때도 있다. 이것은 보통법만으로는 지나치게 엄격하고, 사회의 진전과 발달에 부응하지 못하는 경우 보통법법원과 다른 법원이 형평·평등·정의의 원리에 입각하여 이를 보충하는 재판을 한 데에서 유래하였다.

28) 법무관(Praetor)은 고대 로마의 관리 명칭을 일컬으며, 원래 로마 공화정 시대인 기원전 450년까지 법무관이라는 직책은 로마의 최고위 관리로 쓰여졌으나, 집정관제도가 도입된 이후에 집정관 다음가는 직책으로 평가되었다.

29) 대법관법원이라고도 하며 대법관(lord high chancellor)의 관할에 속하는 영국의 형평법법원이다. 15세기 보통법법원에서 얻을 수 없는 구제수단을 제공하면서 발전하기 시작했으며, 현재는 고등법원의 대법관부(또는 형평법부)를 구성하고 있다. 동 법원은 영국 연방의 몇몇 지역과 미국의 일부 주에서 여전히 독립된 재판관할권을 가지고 운영되고 있다.

30) 2세기 로마법학자 가이우스의 저서. 간단한 서론에 이어, 인법(人法)·물법(物法)·소송법 순서로, 로마 사법의 개요를 설명하였다. 533년 말 비잔틴제국의 유스티니아누스 1세가 이를 주요한 재료로 하여, 같은 이름의 법전을 공포·시행하였다.

31) Marcus Tullius Cicero(BC 106~BC 43. 12. 7)

고대로마의 문인 · 철학자 · 변론가 · 정치가로 보수파 정치가로서 카이사르와 반목하여 정계에서 쫓겨나 문필에 종사했다. 수사학의 대가이자 고전 라틴 산문의 창조자이다. 현존하는 작품으로는 「카틸리나 탄핵(In Catilinam)」 외 58편의 연설과, 「국가론(De Republica)」, 「법에 관하여」, 「투스쿨라나룸 담론(談論)」, 「신에 관하여(De natura deorum)」, 「의무론(De officiis)」 등의 철학서와 「노년론」, 「우정에 관하여」 같은 소품, 그리고 친구인 아티쿠스 등에게 보낸 서한이 있다.

32) Publius Mucius Scaevola(?~BC115?)

공화정기의 대법학자로 대대로 법학자를 배출한 명문 출신으로 BC 133년 집정관이 되고, 그라쿠스(BC 162~BC 132)의 토지법안 작성에 협력하였다. 처음에는 그라쿠스파 탄압에 무력행사를 반대하였으나 그 후 원로원측에 가담하여 무력사용을 용인하였다. 대신관(大神官)에 취임하였으며, 「연대기」를 편집 · 출간하였다. 그의 아들 퀸투스(Quintus Mucius Scaevola)도 법학자로서 집정관이 되었다.

33) 로마법상의 시민법. 본래 고대 로마에서 로마 시민에게만 적용되는 법을 말하며, 로마라는 한 도시국가의 법, 농민의 법, 가족 중심의 법, 형식엄격주의의 법이라는 특색을 가졌다. 로마제국의 모든 주민에게 적용되는 만민법과 대비된다. 이것들을 집대성한 것이 「시민법대전」이다.

34) Gaius Julius Caesar Augustus(BC 63. 9. 23~AD 14. 8. 19)

고대 로마의 초대 황제. 내정의 충실을 기함으로써 41년간의 통치기간 중에 로마의 평화시대가 시작되었으며, 베르길리우스, 호라티우스, 리비우스 등이 활약하는 라틴문학의 황금시대를 탄생시켰다.

35) Domitius Ulpianus(170?~228)

로마의 법학자 · 정치가. 주요 저서에 「고시주해」 81책 등이 있다. 법문헌에 정통하여 로마 전성기의 법학 집대성으로 총계 약 280책에 이르는 방대한 저서를 남겼으며, 후세의 법학에 많은 영향을 끼쳤다. 특히 6세기에 비잔틴 황제 유스티니아누스가 행한 대법전 편집사업의 중심을 이루는 「학설휘찬(Digesta)」에 채록된 법문 중 약 1/3은 그의 논저에서 인용된 것이다. 주요 저서에 「고시주해(Libri ad edictum)」 81책과 「사비누스 주해(Libri ad Sabinum)」 51책이 있다.

36) Lucius Aemilius Paullus(?~BC 160)

고대 로마 공화정시대의 장군 · 정치가. 이베리아반도를 원정했고, 북부 이탈리아에서 리구아인과 싸웠으며 제3차 마케도니아전쟁으로 마케도니아 왕국을 멸망시켰다. 밖으로는 발칸 여러 민족의 결속을 분쇄해 이들을 로마 세력권에 합치고 안으로는 로마 구귀족층의 위신을 높였다.

37) Gaius(?~?)

2세기 중엽 법학융성기의 로마의 법학자. 저서 「법학제요」는 4~5세기경부터 각지에서 교과서로 사용되었다. 특히 민사소송제도의 서술은 그 이전의 시대의 실정을 직접 전해 주고 있는 거의 유일한 사료이다. 그의 주요 저서 「법학제요(Institutiones)」(4권, 161)는 당시의 법학자의 저서 중에서 원형 그대로 오늘날까지 전해진 유일한 문헌이다.

38) Aemilius Papinianus(?~AD 212)

세베루스(Septimius Severus)황제 시대의 법학자로 정무관과 집정관을 지냈다.

39) Gaius Julius Caesar(BC 100. 7. 12~BC 44. 3. 15)

로마 공화정 말기의 정치가이자 장군. 폼페이우스, 크라수스와 함께 3두동맹을 맺고 콘술이 되어 민중의 큰 인기를 얻었으며 지방장관으로서는 갈리아전쟁을 수행하였다. 1인 지배자가 되어 각종 사회정책, 역서의 개정 등의 개혁사업을 추진하였으나 브루투스 등에게 암살되었다. 로마 출생. 영어로는 시저라고 읽는다. 서양사상 가장 큰 영향을 남긴 사람의 하나이다.

40) Flavius Valerius Constantinus(274. 2. 27~337. 5. 22)

고대 로마 황제(재위 306~337). 밀라노 칙령을 공포하여 신앙의 자유를 인정하였고 교회의 사법권·재산권 등을 우대하였다. 황제를 정상으로 하는 계급적 관료제도를 완비하고 각종 세금제도를 신설하였으며 비잔티움에 그리스도교적인 도시인 콘스탄티노폴리스를 건설하였다. 콘스탄티누스 대제 또는 콘스탄틴 1세라고도 불린다. 디오클레티아누스 황제 퇴위 후 로마 제국의 혼란을 수습하고 로마 제국을 재통일시켰으며, 그리스도교 신앙을 공인한 황제로서도 유명하다.

41) 유스티니아누스 황제가 편찬·발포한 모든 법령을 통틀어 일컫는 이름이다. 533년부터 황제가 사망할 때까지의 칙령을 집성한 것의 총칭이며, 전 로마법의 총결산이자 로마법 계수의 출발점이라고 할 수 있다. 종래 법학자의 저작물 2,000여 권 중 15만 행을 골라 50권으로 엮은 「학설휘찬(Digesta)」, 초학자를 위한 「법학제요(Institutiones)」, 이전의 모든 칙령에서 골라 12권으로 집성한 「칙법휘찬(Codex)」, 534년부터 158가지의 칙령을 모은 「신칙법(Novellae)」으로 구성되어 있다. 이것들이 로마법대전으로 불리게 된 것은 17세기 「교회법대전(Corpus Juris Canonici)」의 예를 본떠서 명명하였기 때문이다.

❧ 제3장 ❧

자연법과 형평법

형 평 법

고법(古法; old law)을 대신할 만한 여러 법적 원리는 내재적 우수성에 의하여 로마와 영국에서 급속히 전파되었다. 어떤 체제에서든지 존재하는 이러한 원리의 총체를 제2장에서 형평법(衡平法; Equity)이라고 하였다. 이미 살펴보았던 것과 같이 로마법학자는 이 단어를 법적 변화의 매개로 사용하였던 하나의(더욱이 유일한) 명칭이었다. 영국에서 형평법이라고 하는 형평법법원 판결례(衡平法法院 判決例; jurisprudence of Court of Chancery)는 유일하게 개별 논문에서 충분히 논의되었던 것이기도 하다. 그 내용은 상당히 복잡하며 몇몇 이질적 기초에서 그 구성이 유래되기도 하였다. 초기 교회법⁴²⁾법원 법관 (敎會法法院 法官; ecclesiastical chancellor)들은 보통법(普通法; common law)의 구조에서 아주 깊숙이 존재하는 다수의 원리들을 판결에 적용하였다. 비종교적 문제에 적용할 수 있는 규칙들이 보통법보다 더 풍부하였던 로마법은 형평법 법관(衡平法 法官; Chancery judges) 이후의 시대에서는 거의 이용되지 않았는데, 비록 그 기원은 결코 인정되지 않았을지라도, 그 기록 가운데서 우리는 일반적으로 로마법대전(*Corpus Juris Civilis*)에서 그들의 불변의 단어와 함께 모든 주제들이 존재하고 있음을 발견할 수 있다. 더욱이 최근에는 부분적으로 중세와 18세기 후반 사이에 베네룩스(Low Countries)의 국제법학자들에 의해 만들어진 법제와 도덕이 혼재된 체제가 영국의 법률가들에 의해 상당히 많이 연구되었으며, 탈버트대법관(Lord Talbot)의 재임기에서부터 엘던대법관(Lord Eldon)[43]의 재임 초기까지 이들의 성과는 형평법법원의 판결에 상당한 영향을 미쳤던 것으로 보인다. 다양한 영역에서 그 구성요소를 취하였던 이 체제는 발전과정에서 필연적으로 보통법과 유사하게 되도록 상당히 통제하였다. 하지만 이것은 항상 본질적으로 도덕적 우수성을 바탕으로 이전 국가의 법제도를 무효화하도록 요구하는 비교적 새로운 법원리 체제의 개념에 대응하는 것은 아니었다.

로마의 형평법은 다소 간단한 구조로 되어 있으며, 그 발달은 최초의 출현에서부터 좀더 쉽게 추적할 수 있다. 로마형평법의 특징과 연혁에 대해서는 구체적으로 평가할 만한 가치가 있다. 이것은 인간의 사상에 아주 깊은 영향을 미쳤다고 평가되는 기초개념이기도 하다. 그리고 형평법은 인간의 사상을 통하여 인류의 운명에 커다란 영향을 미쳤다.

국가법과 자연법

로마인들은 두 가지 요소의 합체로서 그들의 법적 체제를 기술하였다. 유스티니아누스 황제(Emperor Justinian)[44] 시대에 발간된 기관 논문(機關 論文; Institutional Treatise)은 "모든 국가에서 법과 관습에 의하여 지배받는 자는 부분적으로 그들이 가지는 특별한 법률에 의해 통제되고, 부분적으로는 모든 인간들에게 공통적으로 적용되는 법률에 의해 통제된다. 일정한 사람들이 만든 법률은 바로 그들만의 시민법(市民法; civil law)으로 불리지만, 모든 인간들에게 적용될 수 있는 정당한 근거가 있는 법은 소위 자연법(自然法; natural law)이다. 이는 모든 나라에서 자연법을 승인하고 있기 때문이다"고 한다. 이는 "모든 인간들에게 적용할 타당한 근거"가 되는 법의 일부로서 법무관 칙령(法務官 勅令; Edict of the Prætor)이 로마법제가 만들어지도록 지지되었던 요소이다. 다른 곳에서 자연법은 더욱더 단순하게 Jus Natural이나 Law of Nature라고 불린다. 그리고 이들 법은 조리(條理; natural reason)에 의해서뿐만 아니라, 자연법적 정의(自然法的 正義; Natural Equity; *naturalis œquitas*)에 의해 구성된다. 필자는 국가법(國家法; Law of Nations), 자연법(自然法; Law of Nature), 형평법(衡平法; Equity)이라는 널리 알려진 단어들의 기원을 밝히고자 하며, 어떻게 이들 개념들이 서로 연관성을 갖는지를 설명하고자 한다.

　　로마사를 연구한 사람이면 아무리 피상적 연구를 하였더라도, 로마공화국의 운명이, 그 본토에서 이름은 각각 다르지만 외국인의 출현에 의하여 어느 정도로 심각하게 영향을 받았는지를 알고나서는 놀라지 않을 수 없다. 이 이주(移住; immigration)의 원인들은 그 후에 충분히 밝혀졌다. 왜냐하면 우리는 이미 왜 모든 족속의 사람들이 그 정복자를 중심으로 모여들어야 하는지를 알게 되었기 때문이다. 하지만 우리는 초기의 로마의 기록들에서 상당수 외국인이나 주민들에게서 이와 동일한 현상을 접하였다. 의심의 여지없이, 고대 이탈리아에서 그 당시의 현실로 거대한 약탈민족으로 인해 형성된 사회불안은 시민들에게 일정한 공동체의 영역에서 거주하도록 그들 스스로 보호하고, 외부의 침략으로부터 그들을 방어할 만큼 충분히 강해지도록 엄청난 자극을 주었으며, 심지어 그 보호는 과중한 조세부담이나 정치적인 공민권의 박탈 그리고 엄청난 사회적 굴욕의 대가로 획득하였다. 어떻든 이러한 설명은 불충분한 것이며, 이것은 오로지 그들의 적극적인 재정관계를 형성함으로써 가능했던 것이다. 비록 그들이 국가 간의 군사적 교역에는 거의 영향을 미치지 못하였더라도, 로마는 확실히 선사시대에는 이탈리아 내륙과 카르타고(Carthage)[45]를 지배했던 것으로 보인다. 어떠한 원인으로 그러한 상황이 발생하였든지 간에 국가의 이국적 요소는 그 역사의 모든 흐름에서 평가되는 것으로, 모든 과정에서 굳건한 나라와 외국민들 사이에서 갈등의 야기는 거의 없었다. 현대에서도 이와 같은 일은 거의 없다. 현대 유럽사회들은 결코 외국인의 이주의 증가를 의식하지 않는데, 이는 그 스스로를 대부분 본국의 시민으로서 느끼기 때문이다. 그리고 다른 한편으로 국왕이나 정치적 지도자에 대한 충성에 의해 공존하는 현대국가는 고대사회에서 상상할 수 없을 정도로 엄청나게 빨리 이주개척자들을 흡수한다. 한 국가의 토착민은 항상 혈연관계에 의해 연결되어 있었고, 외국인의 생득권(生得權; birthright)의 침해와 같이 평등권에 대한 요구는 불쾌하다고 여겼다. 초기 로마공화국의 철저한 외국에 대한 배척은 헌법(憲法; Constitution)에서뿐만 아니라, 시민법(市民法; civil law)에서도 널리 적용되었다. 외국인이나 체류인들은 어떠한 법제에서도 동시대의 내국민들과 동일한 보호를 받지 못했다. Quiritarian Law의 혜택도 받을 수 없었다. 그들은 당시 로마인들의 양도(讓渡; conveyance)나 계약(契約; contract)이라는 구속행위(拘束行爲; *nexum*)의 서명인(署名人)이 될 수도 없었다. 초기 문명사회로 거슬러 올라가 그 기원을 두고 있는 소송형태로서 종교적으로도 보호받을 수 없었을 것이다. 여전히 법익침해에 대해 로마의 이익이나 안전 가운데 어느 것도 외국인들에게는 허용되지 않았다. 모든 고대사회에서의 균등은 아주 작은 요동에 의해서도 뒤집힐 수 있는 위험이 존재하였고, 자기방어라는 단순한 본능은 외국인의 권리와 의무를 부여하기 위한 방안으로 고안되었던 것이다. ― 그리고 이것은 고대사회에서 아주 중요한 위험이다 ― 한편 그들은 무력에 의하여 그들의 분쟁을 해결하였다. 무엇보다 로마 역사상 그 어떠한 시기에도 외국과의 교역이 전적으로 무시된 적이 없었다. 처음 사법권이 외국인들 사이에서나 자국민과 외국인 사이에 발생한 분쟁을 담당하게 된 것은 아마도 이러한 정치적 이유가 반을 차지하며, 교역조성이라는 이유가 나머지 반을 차지한다. 이 사법권의 승인은 이러한 문제를 해결하고 그것을 판단하기 위해 몇몇 원칙들이 필요하다는 직접적 요청에 의해 일정한 원칙들을 만들었을 것이다. 그리고 이러한 목적으로 로마법학자들에 의해 이용되었던 원칙들은 당시 사회의 독특한 특징이 되었다. 필자가 앞서 설명한 바와 같이 그들은 순수하게 로마시민법에 의해 새로운 분쟁들을 해결하려 하지 않았다. 의심의 여지 없이 그들은 이와 같은 것이 일종의 퇴화를 의미한다고 보았기 때문에, 외국인이 소송당사자인 경우에서 그 청구로부터 특별한 자치주(自治州; State)의 법률을 적용하지 않으려 하였다. 그들이 요구하였던 방법은 로마와 로마 이외의 이탈리아 사회에서 출생한 사람들 사이에 공통적인 법규로 인정된 것이다. 이는 그들 스스로가 원시인과 문명인에게 모두 적용할 수 있고 모든 국가에 공통적으로 적용되는 만민법(萬民法; jus gentium)[46]이라는 법률을 만들었다. 모든 민족에 통용되는 법이라고 할 수 있는 만민법은 실제 과거 이탈리아종족들의 관습들 가운데 공통적으로 존재하는 부분만 규정한 것으로, 이는 로마인들이 모든 민족을 통제하기 위한 방법이며, 계속하여 이민자들을 로마로 들어올 수 있게 하였다. 특별한 관행이 상당수의 분산된 민족들에 의해 공통적으로 적용되는 것으로 보이든지 그렇지 않든지 간에 모든 민족들 사이에서는 법으로 간주되거나 혹은 만민법으로 간주되었다. 따라서 비록 로마 주변의 다른 국가들에서는 재산양도가 다른 형태로 행해지더라도, 실제 이전이 되도록 한 실제 물건의 양도(讓渡; transfer), 인도(引渡; tradition) 혹은 명도(明渡; delivery)는 절차의 일부였다. 이를테면 비록 부수적인 부분일지라도, 로마에서의 독특한 면제나 양도방식이 그 일부였던 것이다. 그러므로 아마도 법학자들이 가졌던 양도방식으로 유일한 공통요소인 인도는 만민법이나 모든 국가에 공통된 법규범으로 제도로서 간주되었다. 상당수의 다른 관례들도 마찬가지로 동일한 효과를 가지고 세밀히 검토되었다. 어떤 공통적 특징은 모두 공통된 목적을 가졌던 것으로 밝혀졌고, 이러한 특징은 만민법으로 분류되었다. 그러므로 만민법은 다양한 이탈리아종족 사이에 널리 통용되는 공통된 제도로서 인정된 규칙과 원칙들의 집합체였다.

국 가 법

만민법(萬民法; jus gentium)의 기원에 관하여 앞에서 말한 바의 사정은 로마법률가들이 만민법에 대하여 특별한 경외심을 지니고 있었다고 잘못 추측하는 것을 막아주는 충분한 증거가 될는지도 모른다. 어느 일면에서 만민법은 모든 외국의 법에 대한 로마법률가들의 멸시의 결과이며, 다른 일면에서는 로마 본래의 민법(民法; Jus Civile)의 특권을 외국인들에게 주지 않으려고 하는 의도의 결과였다. 만일 우리가 로마법학자들이 만들어 낸 활동을 하고 있다면, 오늘날 우리는 어쩌면 만민법에 대하여 상당히 다른 견해를 갖고 있으리라는 점은 분명한 사실이다. 이와 같은 다양한 관행(慣行)이 기초에 있고 이것을 유포시켰던 점을 판별할 수 있게 해주는 요소에 대하여 우리는 다소 불분명하지만 어느 정도의 우월성(優越性)과 우선성(優先性)을 덧붙여 준다. 아주 보편적인 법규나 원리에 대하여 우리들은 일종의 경외심을 갖고 있음이 틀림없다. 아마도 우리는 이 공통의 요소를 이것이 개입하는 과정의 본질이라고 여기고, 여러 사회에 다양한 형태로 남아 있는 의례(儀禮; ceremony)의 형식을 우발적이고 우연적인 것이라고 깔아뭉게 버리는 것이 보통이다. 또한 우리는 지금 비교고찰하고 있는 민족들도 한때 만민법이라는 공통조직의 거대한 체제에 복종하였고, 분리된 연방국가의 복잡하게 뒤얽힌 관습도 한때 그들이 원시국가체제에서 규제되었던 좀더 단순한 법령들의 그저 그러한 부패와 변질의 찌꺼기일지도 모른다. 하지만 근대사상이 관찰자를 끌어들여 이끌어 낸 결과는 원시로마인이 본능적으로 느꼈던 것과는 아주 다른 것이다. 우리가 존중하고 감탄하는 것을 로마인은 싫어하거나 질투가 섞인 불안감을 가지고 평가절하하였던 것이다. 로마인이 애착을 가지고 다루었던 법제는 근대의 이론가들이 우연적이고 과도기적인 것으로 여겨서 도외시하였던 것과 하나도 틀리지 않고 똑같은 종류의 것이며, 악취행위(握取行爲; mancipation)의 엄격한 동작, 문답형식(問答形式)으로 잘 짜맞춰진 구두계약(口頭契約; verbal contract), 제소와 소송절차에서의 장기에 걸치는 여러 가지 방식 등이 그것이다. 로마인은 외국인을 싫어했던 만큼이나 만민법을 좋아하지 않았다. 이 외국인의 제도에서 추출된 것으로 만민법은 구성되었고, 이들 외국인의 이익옹호를 위하여 해석되었다. 만민법이 로마인의 존경심을 요구하기 이전에 로마인의 관념에 있어서의 완전한 혁명이 필요했다. 그러나 이러한 사상적 혁명이 발생하게 되면 그대로 완전하게 진척되어 버리고 마는 것인데, 이것이 어째서 만민법에 대한 우리 근대인의 평가가 앞에서 말한 바와 다른 진정한 이유는 근대의 법학이나 철학이나 모두 이 문제에 관한 로마 후기의 대법학자의 성숙한 견해를 계승하고 있다는 사실에 있다. 여기에 만민법이 민법보다 저열한 부속물의 지위로부터, 아직 완전하게 발달하였다고는 할 수 없지만, 위대한 양식으로 되고, 이 양식에 모든 법이, 될 수 있는 한 합치되지 않으면 안 된다는 시대가 도래하였던 것이다. 이러한 위기는 그리스의 자연법론이 모든 국가에 대한 새로운 공통법이라는 실용적인 로마인의 관심에 적용되면서 생겼다.

자 연 법

자연법(Jus Naturale, Law of Nature)은 단순히 특별한 이론적 관점에서 보게 되면 만민법(萬民法; jus gentium), 즉 국가법(國家法; Law of Nations)에 지나지 않는다. 이를 구별하려고 했던 시도는 법학자인 울피아누스(Ulpian)에 의해서 법률가의 독특한 특징에 대한 경향과 더불어 만들어졌지만, 가이우스(Gaius)가 더 높은 권위를 가졌고, 예전의 제도들로부터 인용된 과정에서 그러한 표현이 실질적으로 전환성이 있었다는 것은 의심의 여지가 없는 것이었다. 만민법과 국가법의 차이점은 전적으로 연혁적인 것으로, 본질적 차이점은 예전에는 결코 그들 사이에서 존재하였던 것이 아니라는 것이다. 만민법이나 모든 국가들에 공통된 보통법(普通法; Law common) 그리고 국제법(國際法; *international law*) 사이의 혼돈은 전적으로 근대에 와서 발생한 것이다. 국제법에 대한 고전적 표현은 유스 페키알레(Jus Feciale)인데, 이는 외교와 협상에 관한 법(law of negotiation and diplomacy)을 의미한다. 어쨌든 만민법의 뜻이

자연법에 의해 지배되는 독립국가관계에 대한 근대적 이론이 생성되는 과정
에서 상당부분 포함되었다는 것에 대한 막연한 생각은 의심할 여지가 없는
것이다.

자 연

만민법은 자연과 자연법에 대한 그리스의 관념을 연구하는 데 있어서 필
연적인 것이다. 피지스(φύσις; *physis*)라는 말은 라틴어로 *natura* 그리고 영어
로 자연(*nature*)에서 나온 단어로서 의심할 바 없이 본질적으로 물질세계(物
質世界; material universe)를 의미하는 표현이지만, 이것은 근대의 언어로 묘사
하기에는 그리 쉽지 않을 것이라는 가정하에서 — 이것은 그러한 시대에서부
터 나온 우리의 지적 차이이기도 하다 — 고찰되는 물질세계(物質世界;
material universe)였다. 자연은 몇 가지 근본적인 요소와 법칙들에 의해 그 결
과로서 간주되는 정신세계(精神世界; physical world)를 의미한다. 아주 옛날 그
리스철학자들은 창조의 원리에 대해 어떤 하나의 요소를 가지고 설명하였는
데, 그것은 운동, 힘, 불, 물 혹은 생성 등으로 다양하였다. 가장 단순하고 고
전적인 측면에서 자연은 확실히 하나의 원리의 발현과 같이 그러한 방법으로
고찰되는 정신세계이다. 이후 후기그리스의 학파들은 그리스에서 가장 뛰어
난 지식인들이 그동안 헤맸던 그 길에서 되돌아와 자연개념에 포함되어 있는
물질세계(物質世界; *Physical world*)에 도덕(道德; *moral*)을 추가하였다. 그들은
자연이라는 이 단어에 단순히 유형물(有形物; visible creation)뿐만이 아니라 사
상(思想; thought), 관례(慣例; observance) 그리고 인간의 열망(aspiration of
mankind) 등을 포함하여 확장시켰다. 앞서와 같이 여전히 그것은 단지 사람
들이 자연에 의해 이해하는 도덕적 현상이 아니라 몇몇 보편적이고 단순한
법칙들로 풀릴 수 있는 것으로 여겼다.

스토아학파, 자연법

이제 고대 그리스 이론가들은 기회의 장난이 물질세계를 초기의 단순한 형태에서부터 현재의 이질적 상태로 변화시켰을 것이라는 가정처럼, 그들의 제자들도 예측할 수 없는 사건들이 없었다면 아마도 인류는 그 스스로 더 단순한 행동규칙과 격렬하지 않는 삶을 형성하였을 것이라고 상상하게 되었다. 자연에 순응하며 사는 것은 사람이 창조해 낸 것에 대해 인류가 추구하여야 할 목적으로서 여기는 것을 이르는 것이며, 그리고 최선의 인간들은 결국 그 목적을 성취하였다. 자연에 순응하며 사는 것은 일반시민들의 불규칙적인 관습들과 엄청난 방종 위에 고차원적인 행동법칙을 세우는 것인데, 이는 오로지 큰 뜻을 품은 사람들에게 주어지는 자제력과 극기로만 가능한 것이다. 이처럼 자연에 순응하는 삶은 유명한 스토아학파(Stoic philosophy)[47]의 경향의 핵심이기도 하다. 이제 그리스의 정복과 함께 철학이라는 것은 로마사회에서 동시에 발전되었다. 권력계급에 대해 타고난 매력을 느꼈던 사람들은 적어도 이론적인 측면에서 고대 이탈리아민족들의 단순한 습관을 고수하려고 하였고, 그들 스스로가 외국식의 제도의 적용을 경멸하였다. 이러한 사람들은 자연에 순응하려고 하는 스토아학파의 계율들에 즉시 영향을 받았는데, 그것들로부터 나온 모든 것에 대해 더 감사하는 마음 그리고 아마도 더욱 귀중하게 여기는 마음은 제국의 중심지로부터 세계의 약탈에 의해 그리고 그 가장 사치스러운 민족들의 사례에 의해서 널리 퍼지게 된 무절제한 방종과는 다른 것이다. 근대 그리스학파의 연구자 또는 제자들의 가장 중요한 위치에 있어서, 만일 연혁적으로 그것을 알지 못하였더라면, 로마의 법률가들이 그것을 이루었다고 확신하였을 것이다. 로마공화국에는 오로지 두 종류의 직업만 있었으며, 군인들은 주로 기동적인 부분과 동일시되지만, 반면 법률가들은 보편적으로 저항의 측면을 이끄는 것으로 여겨졌다.

스토아철학자들과 함께 법률가연합은 수세기를 거쳐서 계속 유지되었다.

초창기 명성이 있었던 몇몇 법학자들의 이름은 스토아철학과 관련되어 있으며, 궁극적으로 로마법학의 황금기를 안토니우스 황제(Antonine Cæsars)[48]시대라는 데 일반적으로 동의하면서, 스토아철학자들 가운데 가장 유명한 제자들의 철학은 인생의 규칙을 준다는 것을 인정하였다. 특별한 직업의 구성원들 가운데 이들 원칙들은 장기적인 보급에 의하여 그들의 기술에도 미쳤다. 로마법학자들의 유적에서 발견된 몇 가지 중요한 점은 만일 우리가 그 해결방안으로서 스토아철학을 이용하지 않았더라면 거의 알 수 없었을 것이다. 그러나 비록 매우 공통적이기는 하지만, 스토아철학의 정설(定說; dogma)과 확실히 결부될 수 있을 만한 법규의 수를 헤아리는 방법으로 로마법에 영향을 미친 스토아철학을 측정하려는 것은 아주 큰 실수이다. 스토아학파의 저력은 흔히 불쾌하다거나 혹은 바보같이 보이는 행동원칙에 있는 것이 아니라 격렬한 저항을 설득하였던 애매하지만 위대한 원칙에 있는 것이다. 마찬가지로 그리스철학이 법학에 미친 영향은 스토아철학에 의해 확실히 표현되었던 것으로, 로마법에 기여한 특별한 몇 가지 입장에 있는 것이 아니라, 그들이 그것을 차용하였다고 하는 유일한 기본적 가정에 있다. 로마인들의 입에서 자연(自然; Nature)이 가정(家庭; household)이라는 단어로 여겨진 이후에, 그 믿음은 즉 고대 만민법은 실제로 잃어버렸던 자연법이며, 그리고 만민법의 원칙 위에 법령을 체계화한 집정관[49]들은 차츰 오로지 타락에서 벗어난 법으로부터 그 형태를 복원하였음이 로마법률가들 사이에서 널리 퍼지기 시작하였다. 이러한 믿음의 영향으로 칙령을 가능한 한 시민법으로, 원시국가에서 인간을 지배하였던 자연을 제도로 대체하는 것이 집정관의 의무가 되었다. 물론 이러한 대체를 통하여 법제도를 개선할 때 많은 방해도 있었다. 심지어 법조인 그들 스스로가 극복해야 하는 많은 편견들도 있었고, 로마인의 성격이 너무 완고하여 당시 단순한 철학이론의 방법으로만 여기기도 하였다. 칙령(勅令; Edict)에서 어떠한 기술적 변칙과 결합에 의한 간접적 방법들은 법의 초안자들이 감시하도록 강요되고 있었다는 경고를 보여주고, 상당수의 고법(古法;

Old law)이 제어하기 힘들 정도로 칙령에 저항하였으므로, 유스티니아누스 시대의 전성기를 추락시켰다. 그러나 전체적으로 보면 로마인들의 법적 향상의 발전과정들은 자연법론(自然法論; theory of Natural Law)에 의한 자극들에 영향을 받자마자 빠르게 자동적으로 적응하였다. 단순화(單純化; simplification)와 일반화(一般化; generalization)의 관념은 항상 자연개념과 연관되는 것으로, 단순(單純; simplicity), 조화(調和; symmetry), 명료(明瞭; intelligibility)는 훌륭한 법체제의 특징으로서 간주되었고, 관계된 언어에 대한 기호(嗜好; taste)는 의식(儀式; ceremonials)들을 증가시켰으며, 쓸모없는 문제는 동시에 사라지게 되었다. 유스티니아누스 황제의 강한 의지와 보기 드문 기회들은 있는 그대로 로마법에 영향을 미쳤지만, 그 체제의 기초는 제국적 혁신(帝國的 革新; imperial reforms)의 영향을 받기 아주 오래 전부터 이미 기초가 구성되었던 것이다.

형 평 법

로마법과 자연법이 서로 충돌하는 부분은 정확히 무엇인가? 필자는 로마법과 자연법이 정의(正義; Equitas), 혹은 그 본래의 의미에서 공평(公平)을 통해 저촉되거나 혹은 서로 섞인다고 생각한다. 그리고 여기서 이 유명한 법률 용어인 형평법(衡平法; Equity)의 출현을 보게 된다. 이와 같이 상당히 먼 옛날 그리고 상당히 오래 된 역사를 가진 표현법을 심사하는 것은 항상 처음에는 그 개념의 전조가 되는 비유나 형태를 단순하게 꿰뚫는 것이 가장 확실한 방법이다. 일반적으로 형평은 공평의 원리 혹은 균형 있는 분배를 의미하는 그리스어인 평등(ἰσοτης) 등과 같은 것으로 여겨진다. 수나 물질의 크기를 동등하게 나누는 것은 의심할 바 없이 우리의 정의관(正義觀; perception of justice)과 밀접하게 얽혀 있다. 아주 철저히 그 정신에 기초를 두고 유지하거나 혹은 그것으로부터 가장 사려 깊은 사상가들에 의해 이러한 곤란을 이겨나가려고 하는 단체(團體; association)는 거의 없었다. 이러한 단체의 역사를 검토한다면 그 자체가 아주 오래 된 이론으로 볼 수 없고, 비교적 최근의 철학에서 나온 결과라 할 수 있다. 그리스의 민주주의자들이 자랑스럽게 여기는 법적 형평성(法的 衡平性; equality of laws)은 칼리스트라투스(Callistratus),[50] 하르디우스(Harmodius)와 아리스토기톤(Aristogiton)[51]이 아테네를 위해 바쳤다고 이야기 되는 아름다운 술자리에서 부르는 시가(詩歌)로써, 로마의 "형평법(equity)"과는 전혀 다른 것이었다. 로마법은 시민들 사이에서의 시민법의 동등한 집행을 의미하며, 어쩌면 시민계급에 제한적으로 적용되었을지도 모른다. 자연법은 시민들로 이루어지지 않는 계급에 대한 법의 응용성을 의미하는 것으로 본질적으로 시민법이 아니다. 시민법은 전제군주하에서는 배제되었다. 자연법은 외국인에게도 적용되고, 일정한 목적에 따라서는 노예들까지도 적용되었다. 전체적으로 필자는 로마의 "형평법(equity)"의 기원을 보여주기 위해 다른 측면을 검토하려고 한다. 라틴어로 "æguus"는 평등화(平等化; levelling)를 뜻하는 그리스어인 "Ισος"보다도 좀더 명확한 것이다. 당시 그 평등화 성향(平等化 性向; levelling tendency)은 정확하게 만민법의 특징이었는데, 아마도 원시 로마인(primitive Roman)에게는 상당한 충격이었을 것이다. 순수한 쿠리타리아법(Quiritarian Law)에 의하면 사람들의 계급과 재산의 종류 사이에서 다수의 독단적 차별을 인정하였다. 반면 다양한 관습적인 비교를 통해 일반화한 만민법은 쿠리타리아식 구분(Quiritarian divisions)을 무시하였다. 예컨대 고대 로마법이 "부계관계(父系關係; Agnatic relationship)"와 "모계관계(母系關係; Cognatic relationship)" 간의 근본적 차이점을 정립하여 가족 내의 질서를 가부장적 권위(家父長的 權威; patriarchal authority)에 대한 공통적 복종을 기초로 한 것으로 간주하였다면, 그 가족은(이것은 확실히 근대적 의미인데) 동일한 조상이라는 단순한 사실을 통해 연결된 것으로 여겨졌다. 이러한 구별이 "모든 국가에 공통적으로 적용되는 법"에 있어서 사라진 것과 마찬가지로 재산의 원시적 형태에서 "수중물(手中物; Things Mancipi)"과 "비수중물(非手中物; Things nec Mancipi)"[52]의 차이도 마찬가지였다. 그러므로 구분(區分; demarcation)과 한계

(限界; boundary)에 대한 무시가 정의(正義; Equitas)를 묘사하였던 만민법의 특징처럼 보였다. 필자는 그 단어는 우선 영구적인 평등화(levelling) 혹은 불법 제거라는 단순한 기술이며, 이 외국인 소송당사자의 사례에 적용되는 치안관 체제(治安官體制; prætorian system)가 존재하는 곳이라면 어디든지 있었던 것으로 생각된다. 아마도 처음에는 이 표현에 윤리적 의미가 포함되지 않았을 것이다. 그것이 표시된 과정은 원시 로마인들의 마음에서 매우 불쾌하지 않았을 것이라고 믿을 수 있는 데에는 어떠한 이유도 존재하지 않는다.

다른 한편 형평법이라는 단어에 의해 로마인이 이해했던 만민법의 특징은 최초이자 가장 활발하게 달성된 가상적 자연상태이다. 자연은 물질세계에서 처음에는 균형적 명령(均衡的 命令; symmetrical order)을 의미했고, 나중에 정신세계에 있어서도 의미를 가졌으며, 명령의 최초의 개념은 의심의 여지없이 평행선이나 심지어 표면까지도 포함하였다. 그림이나 모형과 같은 것은 의심의 여지없이 마음의 눈보다 가시적이었을 것인데, 그것이 가상적 자연상태의 윤곽을 이루려고 애쓰든지 그렇지 않든지 혹은 그것이 현재의 "모든 국가에 공통된 법"의 시행을 힐끗 보았든지 그렇지 않든지 간에 말이다. 그리고 우리가 아는 모든 원시적 사고는 이 관념적 유사성이 아마도 두 개념의 동일성에 대한 믿음을 더욱 촉진시킬 것이다. 하지만 만민법이 로마에서 대부분이나 전혀 신뢰를 얻지 못한 반면 자연법이론은 모든 철학적 권위에 둘러싸이게 되었고, 연장자들과 함께 한 연합체의 매력이 부여되어 더욱 축복받는 조건이 주어졌다. 관점의 차이가 예전의 원칙의 작용과 새로운 이론의 결과를 동시에 기록하는 단어의 위엄에 어떠한 영향을 줄 것인가를 이해하는 것은 비교적 쉬운 일이다. 심지어 근대에서도 "평준화"의 하나로서 그 과정을 기술하는 것과 그것을 "변칙에 대한 수정"으로 부르는 것은 비록 그 비유가 상당히 비슷하더라도 전혀 같은 일이 아니다. 필자는 한때 형평법(衡平法; Equitas)이 그리스이론에 대한 암시를 전달하는 것으로 이해되었던 당시에, 평등(Ἰσότης)이라는 그리스적 개념을 낳은 연합체가 그것들 주변에 떼지어 모이기 시작했다는 것을 의심하지 않는다. 키케로(Cicero)의 말은 이것이 그러했던 것보다도 더 적절한 것이 되도록 하였으며, 그리고 이것은 형평법의 개념의 진화의 첫 무대였는데, 그 시기 이후로 나타난 거의 모든 도덕체계에 있어서 다소간의 실행에 도움을 주었다.

칙령, 법무관

원칙과 차별의 결합에 의해 형식적으로 매개된 것으로서 처음에는 모든 국가에 공통적으로 적용되는 법이라고 불리고 나중에는 자연법이라고 불렸을 몇 가지들은 점차적으로 로마법에 수용되었다. 타르퀸왕조(Tarquins)[53]의 멸망으로 눈에 띤 원시로마 역사의 위기로, 많은 고대 제국의 초기 기록과 대비되는 변화가 나타났지만, 그것은 이들 정치적 상황 즉 우리가 현재 혁명이라고 하는 상황의 과정과 전혀 관련이 없는 것이다. 군주제(君主制; monarchy)가 명령에 개입되었다고 이야기함으로써 충분히 설명할 수 있을 것이다. 지금까지 한 사람이 가지고 있던 권력은 선거에 의해 선출된 다수의 사람들 가운데 사크로룸법(Rex Sacrorum) 혹은 사크리피쿠루스법(Rex Sacrificulus)[54]처럼 잘 알려진 유명인들에게 왕직(王職; kingly office)이라는 명목하에 부여되고 유지되었던 것들로 나누어졌다. 변화의 한 부분으로서, 최고법원(最高法院; supreme judicial office)의 임무가 당시 자치주(自治州)의 최고직인 법무관(法務官; Prætor)에게 귀속되었으며, 더불어 이러한 의무들은 법규(法規; law)와 법률(法律; legislation) 위에 존재하는 불확정적 최고권(undefined supremacy)으로 이전되었는데, 이것은 항상 고대 국왕(古代 國王; ancient sovereigns)들에게 있었던 것이었다. 그리고 이것은 그들이 한때 누렸던 가부장적 그리고 영웅적 권위와 관련이 있는 것이다. 그러한 기능들이 좀더 모호한 부분에 커다란 중요성을 부여하였던 로마의 사정들은, 흔히 국가를 전복했던 일련의 주기적 시련들을 시작으로 공화국이 성립되었던 것 같이 다수의 사람들, 즉 토착 로마인의 법적으로 성립된 계급 내에 들지 않는 사람들임에도 불구하고 영구적으로 로마의 사법권(司法權; jurisdiction) 안에 놓인 사람들을 다루는 데서 발생하는 곤란함으로 발전되었다. 이러한 자들 간의 분쟁 혹은 이러한 자들과 토착 주민들 간의 분쟁은 만일 법무관에게 그들을 판단할 책임이 없었다면 로마법에 의해 제공되는 구제절차의 한계가 없음에도 불구하고 여전히 남아 있게 되는 것이고, 법무관은 곧 로마의 국민들과 승인된 외국인들 사이에서 일어나는 교역 확장에 있어서 좀더 중요한 문제에 착수하지 않으면 안 되었다. 제1차 포에니전쟁(the first Punic War)[55] 당시 로마법원은 이러한 사건들의 급증으로 그들에게 계속적으로 관심을 두었으며, 이러한 관심은 외국인담당법무관(外國人擔當法務官; Prætor Peregrinus)[56]의 임명을 통해 두드러지게 된다. 그동안 압제의 부흥에 대항한 로마인들의 한 가지 방어책은 모든 정무관(政務官; magistrate)을 강제함으로써 가능하였다. 그들의 의무는 계급을 확장시키기 위해 그 직무의 시작 초기에 자신이 담당하는 부분을 수행하는 방법들을 결정하는데, 이때 추후 자신들의 판단기준에 대한 칙령과 포고문을 펴냈다. 법무관은 다른 정무관들과 함께 일정규율하에 존재한다고 여겼다. 그러나 필연적으로 해마다 원칙의 분리체제(separate system of principles)를 세우는 것이 불가능하였기 때문에, 그는 중요한 의견이나 법에 대한 그의 관점에 대해 규칙적으로 전임자의 칙령을 보충하거나 아니면 변경하는 방법을 통하여 기준을 재정립하였던 것으로 보인다. 그리고 해마다 새로이 나온 법무관의 포고를 영구고시록(永久告示錄; Edictum Perpetuum)[57]이라는 이름으로 편찬하였는데, 그 의미는 영원히 그리고 깨어지지 않는 칙령이라는 뜻이다. 영구고시록은 오랜 기간 동안 막대한 양을 정리한 것이며, 동시에 필연적으로 무질서한 체계에 대해 다소 혐오감을 느껴 하드리아누스 황제(Emperor Hadrianus)[58]의 재임기에 사법관(司法官)의 지위에 있던 살비우스 율리아누스(Salvius Julianus)[59]가 소송의 증가를 막기 위해 엮은 것이다. 따라서 법무관의 칙령은 형평법제의 총체이자 새롭고 조화로운 명령을 정리한 것이고, 끊임없이 발표된 칙령은 마치 율리아누스의 칙령(Edict of Julianus)과 마찬가지로 로마법에 인용되었다.

법무관의 구속, 형평법

특별한 칙령의 체제를 고려하던 영국인들에 의해 제기된 첫 번째 물음은 이들 법무관의 확장된 권력의 한계는 어디까지이고, 무엇이 그들의 권한을 제한하는가이다. 어떻게 사회와 법의 뿌리 깊은 상황을 융화시키는 데 권위가 최소한으로 한정되는가이다. 그 대답은 오로지 영국법의 집행하에서 그 상황에 대한 주의 깊은 고찰에 의해 얻어질 수 있을 것이다. 법무관은 법학자 자신이거나 전적으로 법률고문이라는 조언자에게 맡겨진 지위이며, 로마의 모든 법률가들은 오랜 동안 최고사법장관직(最高司法長官職; the great judicial magistracy)을 채우고 통제할 때를 열렬히 갈망하며 기다렸을 것이다. 그 사이에 그의 취향, 감정, 선입견 그리고 계몽의 정도는 그가 가진 지위의 모든 것들이며, 궁극적으로 직무를 수행하는 능력은 그의 직업에 대한 연구와 실행으로 얻어지는 것들이었다. 영국대법관은 똑같은 교육을 받고, 똑같은 상원의원직을 수행한다. 영국대법관은 재임기간 동안에 일정범위에서 법규를 변경할 수 있었다. 하지만 그가 퇴임할 때까지 그리고 법기록에 일련의 그의 판결들이 기록될 때까지, 우리는 그가 전임자가 남긴 원칙들을 어떻게 설명할 것인지 아니면 보충할 것인지는 전혀 알 수 없다. 로마의 판결기록에 있어서 법무관의 영향은 오로지 그 요지가 확인되는 시기라는 측면에서 다를 뿐이다. 이미 정해진 바와 같이 그는 오로지 1년간 재임하고, 그의 판결은 그의 임기에 제출되는데, 물론 소송당사자라는 점에서는 변경되지 않는 것으로, 장래적 의미를 갖는 것이 아니다. 그가 목표달성을 위해 제안한 변화를 선언하기 위한 가장 자연스런 순간은 그가 법관직을 수행하면서 존재하게 된다. 즉 그가 직무를 시작할 때, 그는 명백하고 공공연하게 영국대리인(English representative)이라는 생각 없이 그리고 때로는 무의식적으로 행동을 하였다.

명백한 자유에 대한 견제는 영국판사에게 부과되었던 것들이다. 그 누구에게도 권력에 대한 제한이 존재하지 않는 것이 상당히 비논리적이지만, 실제 로마 법무관은 영국대법관과 마찬가지로 선결례(先決例)로부터 받아들여진 선입견에 의해 그리고 전문의견의 강한 강제 즉 그 엄격성이 오로지 개인적으로 그것들을 경험하였던 사람들에 의해 인정될 수 있는 강제에 의해 상당히 편협하게 구속될 수밖에 없었다. 진전이 허락되는 한 그 방침(한계)은 추가되었을 것이고, 그 어떠한 진전도 없는 범위를 넘어서 추가되었을 것인데, 이는 명백하게 다른 하나의 사례에서도 마찬가지로 기록되었다. 영국의 판사는 특정한 종류의 사건에 대한 판결기록에 유추하는 방법을 따랐다. 로마에서 처음 법무관의 간섭이 그 자치구의 안전을 위해 단순한 걱정에 의해 지시된 것과 같이, 아마도 맨 처음에 그것을 제거하기 위한 시도의 곤란은 비례하였을 것이다. 나중에, 규범에 대한 경험이 신의 응답에 의해 거절되었던 때, 그는 의심의 여지없이 그 칙령을 이들 기본적 규범들에 대해 확대 적용시키기 위한 수단으로서 사용하였는데, 이는 그 자신과 그리고 그와 동시대를 살아가는 법학자들 스스로가 법의 기초를 발견하였다고 믿는 것이었다. 최근에는 오로지 그리스철학이론의 영향하에서 활동하는데, 이것은 한때 진척시키도록 하였던 것이자 특별한 발전과정에 그를 제한시키는 것이기도 하다.

로마형평법

율리아누스가 주창한 법안의 본질은 상당한 논쟁거리가 되었다. 그것이 무엇이든지 간에 칙령에 상당히 큰 영향을 미쳤다. 율리아누스의 법안은 매해 추가됨으로써 범위의 확장을 제한하였고, 이후에 로마의 형평법제가 하드리아누스 황제(Hadrian)의 재임기로부터 알렉산더 세베루스 황제(Alexander Severus)[60]의 재임기까지의 상당기간 동안 많은 연구를 하였던 위대한 법학자의 계속된 노력에 의해 발전되었다. 법학자들이 세운 우수한 체제의 한 단편은 유스티니아누스 법전(Pandects of justinian)에 남겨지게 되고, 그들의 업적은 로마법의 모든 영역에 걸친 전문논문의 형태로 존재하고 있다는 증거도 보이지만, 대개는 칙령에 대한 주석의 형태였다. 실제 이 시대의 법학자들의 당면 과제가 무엇이든 간에, 법학자는 항상 칙령의 해설자로 불렸다. 칙령의 기본 규범들은 그것이 중단된 시대 그 이전에, 로마법학의 모든 영역에서 계속적으로 유입되었다. 심지어 시민법과 전혀 다른 경우로 이해되곤 하였던 로마의 형평법은 항상 동일한 법정(法廷; tribunal)에서 집행되었다. 법무관은 위대한 공통법을 집행하는 자임과 동시에 최고형평법법관(最高衡平法法官; chief equity judge)이었고, 칙령이 법무관법원의 정당한 규율로 발전되자마자 오래된 시민법의 규칙을 대신하거나 혹은 그 옆에서 칙령들을 적용하기 시작하였는데, 이는 직간접적으로 입법부(立法部; legislature)의 어떠한 상징적 법제정이 없더라도 폐지될 수 있었던 것이다. 그 결과는 법률과 형평법의 완벽한 조화의 부족으로 나타났는데, 그것은 유스티니아누스의 개혁 때까지 시행되지 않았다. 법학의 이 두 요소의 기술적 단절은 어떤 혼돈과 어떤 불편함을 야기했을 것이며, 시민법의 확고한 원칙들은 칙령의 기초자나 혹은 해설자 그 누구도 과감히 방해할 수 없을 정도였다는 것은 확실하였다. 그러나 동시에 법학분야 중에 형평법의 영향을 받지 않은 부분은 없었다. 형평법은 법학자에게는 일반화에 대한 모든 그의 소재나, 해석하기 위한 모든 방법, 원칙에 대한 설명 그리고 그 입법자에 의해 바꿀 수 없는 엄청나게 많은 양의 제한적 규율 등을 공급하였는데, 이것은 모든 입법활동의 적용을 심각하게 통제한 것이다.

형 평 법

법학자들의 시대는 알렉산더 세베루스 황제(Alexander Severus)에 의해 종결되었다. 하두리아누스 황제(Hadrianus) 때부터 알렉산더 세베루스 황제 때까지 법률의 개선은 계속되었는데, 실제로 현재도 거의 대부분의 대륙법계 국가들은 주석이나 직접적 입법을 통해 로마법을 적용하고 있다. 그러나 알렉산더 세베루스 황제의 재임기에 로마형평법의 성장은 모두 소멸하게 되고 계속되던 판결례도 끝이 났다. 로마법의 역사가 남긴 것은 제국의 정체의 역사이고, 이는 마침내 현재 로마법학의 거대한 총체를 형성시켜 성문화하도록 하기 위한 시도의 역사이기도 하다. 마침내 우리는 유스티니아누스 황제의 로마법대전에서 이러한 종류의 경이로운 경험을 하게 되었다.

영국과 로마의 형평법

영국과 로마의 형평법을 세밀하게 비교하고 대조하는 것은 매우 어려운 일이지만, 그것들이 갖고 있는 공통점 두 가지를 제시하는 것은 상당히 가치 있는 일이다. 우선 다음과 같이 논의할 수 있을 것이다. 그것들 각각 그리고 모든 각각의 체제들은 정확하게 구보통법(舊普通法; old common law)을 형평법이 처음 앞질렀을 그 당시의 상태와 동일한 경향이 있었다. 최초로 채용된 도덕적 원칙(道德的 原則; moral principles)이 합법적 결과를 수행하면, 그 뒤에 그들에게 기초한 체계는 가혹한 규율법전들이 명백히 합법적인 것과 같이 도덕적 발전의 초월로 완고해지고, 폐쇄적이고, 뒤쳐질 듯하게 된다. 이 시기는 로마의 알렉산더 세베루스 황제(Alexander Severus)까지 이른다. 후에 비록 모든 로마시대에서 도덕적 변혁을 경험하였더라도 그것은 로마형평법의 팽창을 중지시켰다. 법제사(法制史; legal history)에서 동일한 점은 영국에서는 엘던 대법관의 임기 중에 이루어졌는데, 그는 최초의 형평법법원판사로서 직접적인 입법을 통해 법정에서 법학을 널리 알리는 대신에 자신 스스로 일생동안 형평법을 설명하고 조화시키는 데 온 힘을 기울였다. 만일 법철학의 역사가 영국에서 좀더 잘 이해되었다면, 엘던 대법관의 헌신은 덜 과장된 것일 것이며, 다른 한편으로는 동시대의 법률가들 사이에서 보다 더 높이 평가될 것이다.

역시 실용적 결실을 낳았던 또 다른 오해들은 아마도 없었을 것이다. 영국형평법을 영국의 법학자들이 도덕적 규율에 기초한 체계라고 이해하는 것은 쉬운 것이다. 그렇지만 이 규율들이 현재가 아닌 과거 몇 세기의 윤리도덕이라는 것, 그것들은 대부분 수용될 수 있을 만큼 적용되어 받아들여졌다는 것, 그리고 비록 인간의 삶에 있어서 윤리적 신념으로부터 커다란 고통을 받지 않았지만, 반드시 그것들과 동등하게 다루어질 필요는 없다는 것 등은 잊혀졌다. 공통적으로 채용되었던 주제에 대해 불완전한 학설이 정반대의 오류를 발생시켰다. 형평법에 대해 논문을 썼던 많은 저술가들이 현재 형평법체계의 완전성에 강한 인상을 받아 형평법법원에 의한 법제의 기초자가 보는 것 같은 확정적 형식을 그 최초의 기초를 정했던 순간부터 구성했던 것이라는 역설적 주장을 하였다. 다시 형평법법원의 재판에 의해 강요되는 도덕률에 대한 다른 불평 — 그리고 이것은 법정 논쟁으로 논의되는 흔한 불평거리이다 — 은 오늘날 윤리적 기준에 부족하다는 것이다. 그들은 각각의 대법관이 정확하게 동일한 업무를 수행하여 힘들이지 않고 법학에 대해 즉시 이해할 수 있음을 알게 되었는데, 그것은 구보통법(舊普通法; old common law)이 영국 형평법의 아버지들에 의해 수행되었다는 것이다. 하지만 이것은 법의 개선을 수행하였던 대리인들의 명령을 반대로 되게 하였다. 형평법은 일정한 장소와 시간에 적용된다. 다른 수단들은 그것의 힘이 소진하면 그것을 계속할 준비가 되어 있음을 주장했다. 영국의 형평법과 로마의 형평법 사이의 주목할 만한 특징은 법규칙보다 더 우월한 형평법상 주장들이 처음부터 옹호되었던 것이라는 가정의 오류이다. 개인이나 단체로서 현실적 사실과 같이 그들의 도덕적 발전에 대한 용인보다도 인간에게 더 불쾌한 것은 없다. 이 적대감은 개인들에 관해서 그 자체가 과장된 면을 보여주는데, 이는 주로 일관성의 불확실한 효력으로 고려된다. 전 사회에서 수집된 의견의 기원은 너무나도 명백해서 무시할 수 없고, 일반적으로 기술된 것보다 더 좋다는 것이 명백하다. 그러나 기본적 현상으로서 그것을 받아들이는 것은 아주 불쾌한 것이며, 잃어버린 모형을 발견하는 것처럼 인류가 실수하였던 것으로부터 점진적으로 회복되는 상태임이 공통적으로 설명된다. 도덕적 진보라는 목표를 위해 앞으로 나가는 대신 이처럼 뒤돌아보는 태도는 우리가 살펴본 바와 같이 로마법학에 상당히 심각하게 오랫동안 지속적인 영향을 미쳤다. 법무관에 의하여 그들의 법률항목의 증진을 위해 노력하였던 로마 법학자들은 그리스로부터 자연상태의 인간 — 자연적 사회 — 이라는, 즉 적극적 법률에 의해 복지행정조직보다 앞선다는 가르침을 가져왔다. 다른 한편 영국에서는 특별히 그 당시 영국인들과 마음에 맞는 이상향은 공통법보다 우위에 선 형평법의 요청 즉 만일 사법행정청이 감독할 수 있다면, 일반적인 권리는 가부장적 권위의 자연적 결과와 마찬가지로 왕에게 귀속된 당연한 것으로 설명되었다. 동일한 관점은 형평법이 왕의 의식으로부터 흘러나온 것이라는 오래 된 원칙과 달리 더 기이한 형태로 나타났다. 실제 공동체의 도덕적 기준에서 발생되었던 그 개선은 주권자의 도덕관에 있어서 타고난 품위로 해석되었다. 영국의 이러한 성장은 이후 이러한 이론이 불쾌하게 하였다. 하지만 그 후 형평법법원의 사법권이 확고해진 것처럼, 반대로 그것에 대한 어떤 형식적 대안을 고안하는 것은 가치가 없어졌다. 형평법의 현대 입문서에서 발견된 이론들은 매우 다양하였지만, 모든 것이 그것들을 전부 옹호할 수 없음은 마찬가지이다. 그들 대부분은 자연법에서의 로마법 원칙에 대한 수정을 하였는데, 이는 사실 자연적 정의와 시민법 사이에서의 차이를 완화시킴으로써 형평법법원의 사법권에 대한 논쟁을 시작하였던 그들 저술가들에 의해 문서로 채택되었다.

◇ 주(註)

42) 그리스도교 교회들(로마 가톨릭 교회, 동방정교회, 동방에 전래된 그리스도교의 독립 교회들, 성공회) 안에서 전 교회나 그 일부의 치리(治理)를 위해 법 제정 권한이 있는 교회기관에 의해

만들어진 법의 총체. 넓은 의미에서 이 용어는 법령집에 들어 있는 계율, 즉 자연법이든 실정법이든 신법의 계율 조항을 포함한다. 교회법(canon)이란 단어는 그리스어 카논(kanōn)에서 나왔는데, 카논은 규칙(rule) 또는 규범(norm)을 의미한다.

43) John Scott, 1st Earl of Eldon(1751. 6. 4~1838. 1. 13) Viscount Encombe of Encombe, Baron Eldon of Eldon이라고도 함.

영국의 대법관으로 완고한 보수주의자이며, 그는 가톨릭교도의 정치적 해방과 채무자에 대한 처벌인 금고형의 폐지, 노예무역 폐지, 하원 개혁 등에 반대했다. 그러나 그는 다른 상인의 이름을 도용해 상품을 팔아먹는 상인에 대해 수많은 중지령을 내림으로써 상표의 발전에 이바지했다.

44) Flavius Petrus Sabbatius Justinianus(483~565. 11. 14)

비잔틴 제국의 황제(재위 527~565). 뛰어난 통솔력으로 측근들을 기용하여 옛 로마 서방의 영토 재정복의 꿈을 실현시키고, "유스티니아누스 법전", 고대 로마 법학자들의 "학설집", "법학 입문" 및 법전 편찬 이후에 유스티니아누스가 반포한 "신법"으로 이루어진 「로마법 대전」을 완성하였다. 이리하여 "유스티니아누스 법전", 고대 로마 법학자들의 "학설집", "법학 입문" 및 법전 편찬 이후에 유스티니아누스가 반포한 "신법"으로 이루어진 「로마법 대전」이 완성되었다.

45) 티레의 고대 페니키아인이 북아프리카의 튀니스만 북부 연안에 건설한 도시 및 도시 국가.

46) 고대 로마제국에서 로마시민과 외국인 또는 외국인 상호간에 적용된 법. 로마시민에게만 적용된 형식주의적인 시민법에 대응한다. 도시국가였던 로마가 세계적인 대제국으로 발전하는 과정, 특히 여러 도시, 여러 민족과의 교섭 · 거래에서 신의성실을 중시하는 입장을 유지하기 위하여 생겨난 법질서이다. 관습을 기초로 하고 여러 도시 및 여러 민족에게 공통되는 자유롭고 비형식적인 것이며, 로마시민에게나 외래인에게나 똑같이 적용되었다.

47) 키프로스의 제논이 스토아 포이킬레에 창설한 철학의 한 유파. BC 3세기부터 로마 제정 말에 이르는 후기 고대를 대표한다. 스토아 철학의 특징은, 이와 같은 자연존재에서의 개별성과 전체성의 두 계기의 강조와 양자의 긴장 관계에 있으며, 이것에 의하여 스토아 철학은 고대철학 원리의 집성인 동시에 다음 시대의 철학원리를 준비하는 것이 되었다. 언어연구 · 논리학 · 인식론에서도 구체성과 개별성을 중요시하는 스토아 철학은 전통철학에 없었던 새로운 요소를 많이 초래하였다.

48) Titus Aurelius Fulvus Boionius Arrius Antoninus(AD 86. 9. 19~AD 161. 3. 7)

로마제국의 15대 황제이자 5현제 중 한 명이다.

49) 로마 공화정시대의 최고 관직으로 집정관 혹은 통령으로 번역된다. 행정 및 군사의 장이었으며 정원은 2명, 임기는 1년이었다. 민회의 하나인 코미티아에서 선출하였다. 원래 귀족이 이 관직을 독점하고 있었는데, BC 367년 리키니우스 섹스티우스법에 의해 평민도 취임이 가능하게 되었다.

50) 세베루스 황제시대와 카라칼라 황제시대의 법학자로써 유스티니아누스 황제가 편찬한 학설휘찬에도 언급되어 있다.

51) Harmodios and Aristogiton 하르모디오스(?~BC 514), 아리스토기톤(?~BC 514)

페이시스트라토스 가문의 참주들로부터 아테네를 해방시켰다고 하는 티란녹토노이('참주 살해자들').

52) 수중물은 토지, 노예, 큰 가축(소, 말, 노새, 당나귀)뿐이며, 무체물 중에서는 지역권이 있다. 악취행위나 법정양도와 같은 요식행위에 의해서만 이전하는 물건이며, 그 이외의 물건은 비수중물이다.

53) 이탈리아 에트루리아(아펜니노 산맥의 서쪽과 남쪽에 있는 테베레 강과 아르노 강 사이의 지방)에 살던 고대 민족.

54) 로마 공화정 시대, 렉시 사크로룸은 사제 서열에서 2인자 폰티펙스(pontifex)였다. 그는 귀족이어야 했고 플라멘 디알리스처럼 많은 금기가 있었다. 제사장역할을 하였으며 Rex Sacrorum과 Rex Sacrificulus는 동의어이다.

55) 시칠리아를 무대로 한 전장이다. 시칠리아 북동부의 그리스 식민시 메시나를 에워싼 싸움이 발단이 되어 로마군은 시칠리아 남부해안의 아크라가스를 점령한 후, 새로 강력한 해군력을 길러 BC 260년 시칠리아 북안의 해전에서 카르타고 해군에게 대승을 거두었으며, BC 256년 로마는 대함대를 거느리고 아프리카로 원정하였으나 크게 패하였다. 전장은 다시 시칠리아 서부로 옮겨져 시칠리아 서부 아이가테스해전에서 승리하여 카르타고를 무조건 항복시켰다. 이 전쟁의 결과로 로마는 거액의 배상금을 얻는 한편, 카르타고 세력은 시칠리아에서 일소되어 시칠리아는 로마의 속주(屬州; 프로빈키아, 해외속주의 시작)가 되었다. 이어 로마는 사르데냐·코르시카를 제2의 속주로 하였다.

56) 로마가 팽창하면서 BC 242년에 외국인담당법무관이 신설되어, 종래의 법무관은 시민담당법무관으로 불리웠다.

57) 정무관의 고시는 공화정기에 주요한 법창조의 원천이었다. 제정기에는 정무관의 고시권에 제한을 가하지는 않았지만, 정무관은 그의 고시권행사로 인한 황제와의 권력충돌을 우려하여 권리행사를 자제하였다. 정무관의 고시는 공화정기에 보였던 창의성과 자발성을 상실했으며, 빈번히 활용되지 못했다. 대신 공화정 이후 누적된 정무관의 고시는 내용이 고정됨으로써 법률과 같은 효력을 갖게 되었다. 즉, 130년에 하드리아누스 황제가 법학자 율리아누스로 하여금 법무관과 검찰관의 고시들을 모아서 편집하여 영구고시록(Edictum perpetuum)을 편찬하도록 한 것이었다. 이렇게 하여 마련된 영구고시록은 원로원을 통해 그 효력이 인정되었다. 하지만 이로써 제정시대에는 정무관에 의한 입법은 사라지게 되었다. 영구고시록의 전문은 전해지지 않고 있으며 다른 법학자들의 기록을 통해서 그 내용의 일부가 알려지고 있을 뿐이다.

58) Publius Aelius Hadrianus(76. 1. 24~138. 7. 10)
로마제국 황제(재위 117~138). 오현제의 한 사람. 브리타니아에는 장성을 구축(하드리아누스 성벽)하고 게르마니아의 방벽을 강화하는 등 방위를 강화하고 국력의 충실에 힘썼다. 제국 제반 제도의 기초를 닦았으며 로마법의 학문연구를 촉진시키고 문예·회화·산술을 애호하였다. 속주통치조직, 제국 행정제도, 관료제도, 군사제도의 정비에 힘써, 이후 제국 제반 제도의 기초를 닦았다. 또한 로마법의 학문연구도 촉진시키고, 문예·회화·산술을 애호하고, 학자들을 우대하였다. 안토니누스피우스를 양자로 삼았는데, 사후에는 그에 의하여 신격화되었다.

59) Lucius Octavius Cornelius Publius Salvius Julianus Aemilianus(100~170)
아드리아누스, 안토니누스 황제시대에 활동한 법학자.

60) Marcus Aurelius Severus Alexander(208. 10. 1~235. 4. 18)
로마 황제(222~235 재임).

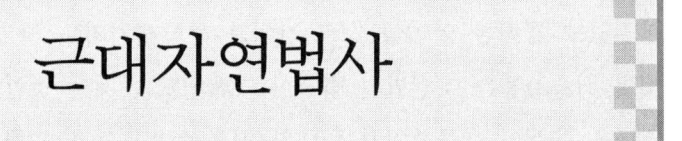

제4장

근대자연법사

자 연 법

로마법학을 변화시켰던 이론은 철학적 정확성을 요구하지 않았던 사실로부터 추론할 수 있을 것이다. 실제 "사고(思考; thought)의 혼합된 형태" 가운데 하나를 포함하는 것으로, 이 형태는 초기에 거의 최고 수준의 정신으로 특징지어졌던 것으로 알려졌으며, 심지어 오늘날의 정신작용에서도 찾아볼 수 있다. 자연법(Law of Nature)은 과거와 현재를 혼동시켰다. 논리적으로 한 때 자연법칙에 의해 통제되었던 것은 자연상태를 의미한다. 하지만 로마법학자들이 명확하고 확실하게 다루지 않은 이러한 상태는 고대인에 의하여 황금시대(golden age)[61]의 초기에 시적 표현으로 발견된 것을 제외하고 관심의 대상이 아니었다. 모든 실제상 목적을 위한 자연법칙은 유능한 관찰자들에 의해 현재 모든 것과 현존하는 제도에 의해 얽히게 된 것을 구별할 수 있었던 것이다. 그것들이 서로 혼합된 총체적 구성요소로부터 자연법을 분리하는 시험은 간결하면서 조화로운 느낌이었다. 그러나 자연법이라는 순수한 요소가 근본적으로 존중된 것은 이러한 자연적인 순수한 지배에서 유래한 것이기 때문이다. 이러한 혼동은 항상 법학자들의 현대적 논리에 의해 성공적으로 설명된 것은 아니다. 실제 자연법에 기초한 근대적 사고는 다소 불분명한 입장을 드러냈으며, 로마법학자들이 정확하고 충분히 설명하였던 것에 비해 다소 부질없고 공허한 언어들로 그 가치를 추락시키기도 하였다. 이 주제에 대해 몇몇 저술가들은 자연법의 법전이 미래에도 존재할 것인가와 이것이 모든 시민법을 움직이는 목표인가에 대한 기본적 어려움을 피하려고 하였다. 하지만 이것은 당시의 자연법이론에 의한 가정을 뒤집기도 하고, 서로 상이한 두 이론을 혼합시킨 원인이기도 하다. 완전한 형태에 대해 과거가 아니라 미래를 보려고 하였던 경향은 기독교에 의해 전 세계적으로 전파된 것이다. 고대문헌에서 사회진보가 반드시 나쁜 것에서 좋은 것으로 변화할 것이라는 믿음의 대부분이나 전부를 암시하는 것은 아니다.

하지만 인류에 대한 자연법이론의 중요성은 철학적 결함(哲學的 缺陷; philosophical deficiencies)이 우리가 예상하는 것보다 더 큰 것이다. 만일 법의 본질에 있어서 그러한 믿음이 고대세계에 보편적인 것이 아니었다면 인류가 취했을 사고의 역사적 흐름을 바꾼 것이 무엇인가에 대해 논하는 것은 쉽지 않다.

초기 사회의 위험

이러한 법과 법에 의해 유지 · 결합된 초기사회에 피할 수 없는 두 가지 특별한 위험이 있다. 그 중 하나는 법이 너무 빨리 발전해간다는 것이다. 이것은 보다 진보적인 그리스사회의 법전에서 볼 수 있는 것으로, 그들은 복잡한 소송절차형태(cumbrous forms of procedure)와 불필요한 기술적 단어(needless terms of art)들을 놀랄 만큼 편리하게 만들었고, 이는 곧바로 엄격한 규칙과 관습에 대해 어떤 미신적 가치(superstitious value)를 부여하는 것을 중단시켰다. 그들이 그렇게 한 이유는 직접적 이익이 시민들에게 상당히 돌아가기는 하였지만, 궁극적으로 인류의 이익은 아니었기 때문이다. 추상적 정의가 빚어내는 끊임없는 오류의 대가를 치뤄야 하는 국가의 두드러진 특징의 하나는 그렇게 함과 동시에 법은 더 높은 이상과 결합하였을 것이라는 희망과 기대를 지닌 채 적용되고 운용될 수 있었다는 점이다. 고결하면서 순리적인 그리스 지식인들이긴 하였지만 엄격한 법적 형식(法的 形式; legal formula) 안에서 완전히 그러한 결함을 제거하지는 못했다. 그리고 만일 그 작용에 대해 아테네의 일반법정에서 그들을 판단한다면, 우리는 정확한 지식, 그리스 법원이 기초한 법과 사실에 대한 가장 강력한 경향을 제시한다는 사실을 간과할지도 모른다. 웅변가들의 유작과 아리스토텔레스(Aristotle)[62]의 수사학(修辭學; Treatise on Rhetoric)이라는 책에서 제시된 변론의 공통점은 순수한 법적 문제를 가능한 끊임없이 판단력에 영향을 줄 수 있는 모든 고려대상에 대한 논제가 되었다. 영속적인 법학체계는 이러한 방식으로 형성되지 않는다. 성문법의 완화된 규칙에 대해 결코 주저하지 않았던 공동체에서는 그들이 특정한 사실에 관해 이상적으로 완벽한 복종을 하는 방법으로 대체하였는데, 만일 후손들에게 법적 원리의 어떠한 체제를 주어야 한다면, 아마도 당시 일반적으로 행해졌던 선악의 관념으로 이루어진 것을 남긴 것에 불과하다. 이러한 법제는 후대에 좀더 발전적인 개념들이 알맞은 어떠한 특징을 담고 있지는 않았을 것이다. 그것은 결과적으로 최고의 철학이 되었을 것이며, 이러한 법제에서 성장한 시민의 결함을 표시하였을 것이다.

자 연 법

몇몇 국가조직 사회는 조숙한 성장과 불시의 붕괴로 인한 특별한 위험성이 존재했다. 로마인들이 이러한 위험성으로 중대한 위협을 받았는지는 잘 모르겠지만, 자연법이론에 의해 적당한 보호를 받고 있었다. 자연법학자들은 시민법이 폐지되지 않는 한 자연법으로 대체되지 않고, 이를 점차 흡수하는 체계로 인식하고 있었다. 자연법에 대한 상고(上告)가 특정소송을 관리·감독해야 하는 법관의 심리를 압박하여, 자연법의 신성성(神聖性)에 영향을 받았던 것은 다른 나라에는 없었던 일이다. 그 개념적 가치와 유용성은 내적 통찰에 앞서서 그것이 완벽한 법의 형태로 유지되었던 것으로부터, 그리고 그것이 추구하는 불분명한 접근의 기대로부터 아직 자연법이론을 적용하지 않은 현행법들의 구속을 법률가나 시민들이 결코 부인하려고 하지 않았던 것에 이르렀다. 지난날 인류의 기대를 무시하였던 대다수의 체제와는 달리 이 방법은 전적으로 상상의 산물이 아니다. 그것은 전혀 시행되지 않았던 원칙을 바탕으로 이루어진 것과 같은 생각이 아니었던 것이다. 이 개념은 현행법과 자연법을 통하여 고찰되어야 한다. 자연법의 기능은 혁명이나 정부의 전복이 아니라 단순한 개선이었다. 그리고 불행한 일은 이들이 자연법의 현대적 관점이 흔히 고대의 법률을 닮아가는 것을 멈추려고 하였던 점이다.

초기 사회가 간과하기 쉬운 다른 또 하나의 문제는 인류의 광범위한 진보를 방해하고 중단시키는 것이었다. 원시법(原始法; Primitive Law)의 경직성은 주로 원시 종교와의 연계와 일치하기 때문에 발생한 것이지만, 대다수의 인류의 삶에의 관점과 처음 체계적 형태로 그것이 강화되면서부터는, 사람들의 주된 행동들을 구속하였다. 놀랄 만한 직접적 행운을 만나 그러한 큰 불행으로부터 벗어나게 된 민족들이 하나 둘씩 생기게 되었고, 이러한 것들이 곳곳에 이식되어 몇몇 소수의 근대 사회를 풍요롭게 하였지만, 여전히 대부분의 세계를 지배하는 이상적인 법은 항상 최초의 입법자에 의해 만들어진 법으로 추측되며 기초계획에 충실하게 짜여진 것으로서 여겨졌다. 만일 이러한 경우 법학적 식견을 습득한 지식인들은 한결같이 고대의 법령을 토대로 하여 이끌어낸 불가해의 결론이 자기들의 문언적 방향과 다른 점을 찾아내든지 그렇지 못하면 거꾸로 그것을 자랑하였을 것이다. 자연법이론이 로마법과 구별되는 특별한 형태를 가지지 않았다면, 어째서 로마법이 힌두법보다 더 뛰어났는지에 대한 이유는 모르겠다. 하나의 예외적인 경우라면, 단일함과 균형이 사회의 시각에 앞서 유지되었던 것으로, 마치 이상적이고 절대적인 모범적 법의 특징과 마찬가지로 인류에 미친 이 영향은 다른 주장으로부터 비범한 것으로 여겨졌다. 이러한 양상의 개선을 추구하고자 하는 것과 관련시켜 생각해볼 때, 명확한 목적을 가졌다는 것을 과대평가할 수는 없다. 지난 30년간 영국에 미친 벤담(Bentham)의 엄청난 영향력의 비밀은 이러한 목적을 국민에게 보여줌으로써 성공하였던 것이다. 우리는 그 개혁의 확실한 원칙을 알게 되었다. 지난 세기에 영국법학자들은 영국법은 인간이성의 완성이라는 역설적 주장을 맹목적으로 믿는 것처럼 행동하였는데, 이는 그들이 의존하여야 할 다른 원칙들이 흠결되었기 때문이다. 벤담은 다른 목적들보다 우선하여 공리(功利; good of the community)[63]를 주장하였고, 외부의 방법으로 찾으려고 오랜 시간 노력하였던 그 흐름에서 벗어나게 해 주었다.

벤담주의

만일 우리가 이미 언급한 가정을 단순히 벤담주의의 고전적 대상물(古典的 對象物; ancient counterpart)이라고 한다면, 이는 전적으로 기발한 비교가 아니다. 로마의 이론은 마치 영국인들에 의해 형성되어 주장된 것과 같은 방향으로 인간의 노력을 이끌었다. 그 실행의 결과는 공동체의 보편적 이익에 대한 안정적 추구를 주장하였던 법개혁자(法改革者; law-reformers)와 같은 사람들에 의해 얻어진 결과와 그다지 다른 것이 아니었다. 어떻든 벤담주의의 중요한 기대로 그것을 제안한 것은 잘못이었을 것이다. 의심의 여지없이, 인류의 행복은 때때로 로마인들의 일반문헌과 법적 문헌에 개선적 입법(改善的 立法; remedial legislation)의 적합한 목적으로 되어 있지만, 끊임없는 자연법의 요구에 제공한 공헌과 비교한다면 이 원리에 대한 증거가 얼마나 미미한 것인지는 충분히 알 수 있다. 로마법학자들이 자유로이 노력한 것은 박애(philanthropy)가 아니라 그들의 의미에서 "우아함(elegance)"이라고 하는 단일과 조화였다. 좀 더 섬세한 철학이 조언하였을 것들과 더불어 그들의 노동력의 결집은 인류의 행복이다.

프랑스 법률가

자연법의 근대적 역사에 눈을 돌리면, 자연법이 선과 악을 위해 행사하였 던 것이라고 명확하게 표현하기보다는 그 막대한 영향력을 어렵지 않게 확신 하게 되는데, 자연법에 기여한 학설과 제도는 오늘날 가장 격한 논쟁의 자료 일 뿐만 아니라, 자연법은 18세기에서 19세기 동안 서구세계를 넘어서 널리 알려진 방법으로 법, 정치, 그리고 사회 등에 대한 특별한 이상의 근원이기도 하다. 프랑스역사에서 법학자들이 담당하였던 역할과 프랑스인들의 사고에서 법개념의 범위에 대한 인식은 상당히 놀랄 만큼 넓은 것이었다. 근대 유럽에 서 법학의 발생은 프랑스가 아니라 이탈리아였다. 이탈리아 대학에서 전 유 럽대륙에 사람들을 파견하여 대학을 세웠는데, 프랑스에 세운 대학은 국가의 운명에 커다란 영향을 주었다. 프랑스법률가들은 직접 카페왕조(House of Capet)[64]의 제왕과 확고한 동맹을 맺었는데, 그들의 귀족적 특권을 주장하였 던 것은 상당수 봉건주의적 원칙과 이해를 같이하였던 것이다. 무력에 의해 세워진 프랑스 군주제는 마침내 모든 성(城; province)과 속령(屬領; dependency)의 결합에 의해 성장하였다. 법률가들이 대영주와 귀족 그리고 교 회와의 투쟁을 통하여 얻은 막대한 이익을 프랑스 왕에게도 주었는데, 이는 중세 이후 상당기간 지나는 동안 아주 멀리 떨어진 지역에까지 미쳤던 것이 다. 우선 보편화에 대한 비상한 관심과 더욱이 일반적 제안에 대한 호기심어 린 감탄이 있었는데, 이것은 결과적으로 법률분야에 대한 각 지방의 관행으 로서 행해진 대다수의 독립된 법규를 포함하여 일치하는 것처럼 보이는 일반 적 원칙에 대한 무조건적인 존중이 있었다. 로마법대전(Corpus Juris)이나 평석

(評釋; Glosses)에 익숙한 법률가들의 입장에서 이러한 형태의 일반원칙에 대해 어떠한 양적 제공을 하는 것은 그다지 어려운 일이 아니었다. 법률가의 세력이 상당히 강화된 이유가 여기에 있다. 이러한 문제들이 언급된 시기에 일반적으로 성문법의 조문에 잠재하는 권위의 정도와 성질에 모호함이 존재하였다. 왜냐하면 대부분 조문은 "이와 같이(Ita scriptum est)"라는 한정적인 단정이 모든 이의를 말끔히 제거할 수 있는 것처럼 되어 있었기 때문이다. 오늘날의 사고방식으로 본다면 인용된 그 법칙들의 근원을 충분히 조사하였을 것이고, 필요하다면 그것이 포함된 법체계가 지방의 관습을 대체할 수 있는 권위를 가지고 있다고 해버리기도 하였는가 하면, 고대법학자들로서는 이를 부인한다는 것이 아마도 그 규율의 적용가능성의 문제 이상은 아니라고 하였던 일반적인 식견에 비추어, 적어도 학설휘찬(學說彙纂: Digesta or Pandects)[65]이나 교회법(敎會法; Canon Law)에서 그것에 상당한 제언을 인용하였던 것이다. 법학적 논쟁이 이와 같이 중대한 측면이 있다는 점에 관하여 사람들은 잘 모르고 있다는 사실을 상기하는 것은 매우 중요한 것으로, 그것은 법률가들이 왕제(王制; monarchical scale)에 노력을 기울이는 중요성을 설명하는 데 도움을 주는 것이기 때문이 아니라, 그 자체 몇 가지 중요한 역사적 문제를 설명해 주는 것이기 때문이다. 날조된 교령집(Forged Decretals)의 저자의 집필동기와 그것의 엄청난 성과들은 그것에 의해 더욱 의미가 명료하게 되었다. 그리고 그것보다는 흥미가 다소 적은 사례 가운데 하나를 들어본다면, 부분적인 것이지만, 브랙턴(Bracton)[66]의 표절(剽竊; plagiarism)을 이해하게 되며, 헨리 3세[67]시대의 영국작가가 순수한 영국법의 개론으로서 국민들에게 보여 준 논문은 전체 구성과 내용 가운데 제3부가 로마법대전으로부터 직접 차용되었는데, 로마법의 체계적 연구가 전적으로 이루어지지 않았던 국가에서도 이러한 연구를 하였다는 것은 로마법이 항상 법제사에서 가장 의미 있는 과제에 속했기 때문이다. 하지만 성문법규의 근원에 대해 고찰하지 않고 그 강제력에 관하여 당시의 의견을 살펴보려고 한다면 그 놀라움이라는 것은

좀더 감소될 것이다.

프랑스 왕들의 지배권에 대한 장기간의 투쟁이 성공적인 결과를 낳아 발루아 앙굴렘가(the Valois-Angoulême)[68]가 왕권을 차지하게 되었을 때, 프랑스 법학자들의 지위는 특별하게 취급되었고, 이러한 취급은 대혁명이 일어나기 전까지 계속되었다. 법학자들은 국민들 가운데 최고의 교양을 가지면서, 매우 강력한 계급을 형성하게 되었다. 그들은 봉건영주들과 같은 입장에서 특권계층으로서 이용되어 견고하게 거대한 세력을 가지는 규모로 성장하게 되었다. 프랑스에서 법률가들은 상당한 권력을 가졌으며, 더욱더 큰 무제한적 요구를 가지는 조직에 의해서 그들의 영향력은 보장되었으며, 변호사, 판사, 입법자 등의 자격을 갖고 있는 사람들은 전 유럽의 법률가들 사이에서 상당히 높은 지위를 갖게 되었다. 재판방법이나 표현의 미묘함, 묘사와 조화에 대한 훌륭한 감각, 그리고 (만일 그들 가운데 최고의 명예에 의해 판단된다면) 그들의 정의관에 대한 열정적 헌신은 그들이 가진 개개의 다양한 재능과 마찬가지로 놀랄 만한 것으로, 이는 귀자(Cujas)[69]와 몽테스키외(Montesquieu)[70], 아그소(D'Aguesseau)[71]와 뒤물랭(Dumoulin)[72]처럼 극단에 있는 모든 영역을 포함한 것이다. 그러나 다른 한편 그들이 지배했던 법체계는 그들이 장려하였던 사고방식과는 놀랄 만큼 대조적인 것이었다. 자신들만의 노력에 의해 법체계를 형성한 프랑스는 유럽의 다른 나라들보다도 아주 변칙적이고 부조화적인 법체계로 인하여 어려움을 겪었다. 프랑스는 성문법지방(*Pays du Droit Ecrit*)과 관습법지방(*Pays du Droit Coutumier*)이라는 두 지역으로 구분되었는데, 전자는 성문의 로마법을 그 기본법체계로 삼았고, 후자는 지방의 관행과 조화를 이루는 일반원칙과 여러 법적 근거를 바탕으로 형성된 법체계를 가지고 있었다. 이러한 분리는 다시 다양하게 나뉘어졌다. 관습법지방은 주마다, 군마다, 도시마다 그 관습들의 본질에서 차이가 있었다. 성문법지방은 로마법에 의거한 봉건적 법규(feudal rules)의 종류가 매우 복잡하게 구성되어 있었다. 성문법지방에서의 이와 같은 복잡한 양상은 과거 영국에서도 볼 수 없었던 것이다. 이러한 혼재된 형태가 독일에서도 있었는데, 뿌리 깊은 국가적 기반과 정치적 그리고 신앙적 분열로 조화를 이루지 못하여 상당한 문제가 되었다. 프랑스의 큰 특징은 극히 다른 두 종류의 법률이 직접적으로 변화되지 않고 중앙집권적 전제정치(Central Authority of the Monarchy)가 끊임없이 강화되는 동안에도, 완전한 행정적 통일을 급속하게 완성시키려고 하는 동안에도, 그리고 열정적 애국심이 국민들 사이에서 발현되는 동안에도 계속되었다는 것이다. 이와 대조되는 다수의 많은 결과 중 하나는 프랑스법률가들의 생각에 그 효과가 미쳤다는 것이다. 법률가들의 사변적 주장들과 지적 편견은 그들의 이익과 직업적 습성에 대한 가장 강력한 방해물이었다. 법제가 단일하고 균형을 갖춘 경우에 비로소 완전하다고 할 수 있으므로 날카로운 감각과 충분한 인식과 더불어 현실적으로 프랑스법에 잠재한 해악은 근절될 수 없는 것이라고 실제로 믿거나 혹은 믿었던 것처럼 보였는데, 실제 프랑스의 법률가들은 잘못된 개정에 대해서 잘 알지 못하는 일반 국민들에게도 알리지 않으려고 했던 주장에 대해 대다수가 반대하였다. 그러나 이러한 모순을 조화롭게 하는 방법이 있었다. 프랑스의 법률가들은 자연법의 열정적 추종자가 되었다. 자연법은 모든 주와 도시의 경계를 뛰어 넘었다. 자연법은 귀족과 평민, 평민과 노예 사이의 모든 차별을 무시하였다. 자연법은 명확하고 단일하며 체제에서 가장 우위의 지위가 부여되었다. 그러나 이 열성적 추종자들은 특별한 향상을 이루지 못하였으며, 직접적으로 아무런 존경할 만한 기능이나 유리한 기능을 주지도 못하였다. 자연법은 아마도 프랑스 보통법이 되었다고 말할 수 있을 뿐만 아니라 어떤 경우라도 그 위상과 요구에 대한 승인은 기술된 것과 같이 모든 프랑스의 법률가가 하나의 원칙으로서 똑같이 설명하였다고 주장된다. 이러한 찬사에 대하여 대혁명이전(præ-revolutionary) 법률가들의 말은 부적절한 것이고, 흔히 순수한 로마법을 비난하여 말하는 것을 그들의 의무로 여기는 관습법을 쓴 저술가들이 학설휘찬이나 시민법대전에 대한 존경을 표명하였던 시민법학자들보다도 더욱더 열렬하게 자연과 그 규율을 이야기하였다는 사실은 상당히 주목할 만한 것이다. 고대 프랑스관습법(Old French Customary Law)에 대해 가장 권위 있는 뒤물랭(Dumoulin)은 자연법에 대해 다음과 같은 기발한 찬사를 하였다. 그리고 그의 찬사는 특별한 수사학적 전환을 갖게 되었는데, 그것은 로마법학자들의 경고로부터 상당히 먼 것이다. 자연법의 가설은 사변적 신념의 조항과 같이 실천을 이끄는 이론이 되지 않았으며, 그 후 차츰 변화하여 그것의 약점들은 그것을 지지하는 자들의 평가에 있어서 가장 높은 수준에 도달하였음을 우리가 알 수 있다.

루소와 그의 이론

18세기 중반은 자연법역사에서 가장 위기의 시기였다. 자연법이론에 대한 논의와 그 결과에 대한 논의들이 그 강요에 대한 관심이 감소되기까지 법조인들 사이에서 격렬하게 계속되었다. 당시에 법의 정신(*Esprit des Lois*)[73]이 출간되었다. 그 내용은 보편적으로 승인된 가설을 역행하는 과도하고 강력한 표현방법으로 다소 과장되어 보이지만, 현재 보이는 선입견과 비교하여 볼 때 몽테스키외(Montesquieu)의 책은 다양한 희망의 흔적들을 보여준다. 이것은 이전에 자연법에서 전혀 보이지 않았던 역사적 방법에 의하여 추진된 것이다. 자연법이 사상에 미친 영향은 당연히 일반적 인기와 같이 아주 대단한 것이었다. 그러나 실제 그것을 추진할 수 있던 시간은 그다지 많이 허락되지 않았는데, 그 이유는 장차 무너질 것처럼 보였던 반대학설(反對學說; counter-hypothesis)이 갑자기 법정을 활보했기 때문이다. 그리고 이전에 법원이나 학교에서 논의되었던 것보다도 더욱더 격한 논쟁의 중심이 되었기 때문이다. 반대학설의 주장을 새로운 경력으로 삼은 사람은 주의를 기울여야 할 사람으로 인식되었다. 그들은 학식도 없고, 미덕도 없고, 강력한 특징도 없었지만, 활발한 상상력에 기초하여 인류에 대한 진심어리고 열정적인 애정의 뒷받침에 의해 역사적으로 잊히지 않는 흔적을 많이 남기려 하였다는 것은 기억할 만하다. 우리는 우리세대에서 ― 실제 세계사에서 한 번 혹은 두 번 그 이상은 나타나지 않았던 일이다 ― 루소(Rousseau)[74]가 1749년부터 1762년까지 작성한 글과 같이 인류의 마음속에서 모든 지력의 특색과 어둠을 부여하였던 적은 없었다. 이것은 벨(Bayle)[75]에 의하여, 일부는 로크(Locke)[76]에 의하여 시작되고 볼테르(Voltaire)[77]에 의하여 완성되었는데, 순수하게 우상 파괴적 노력 후에 최초의 인간의 신념을 다시 세우기 위한 시도였다. 건설적 노력이 단지 파괴적인 노력을 능가하는 우월성과는 달리 사변적인 사정에 의한 쓰러졌던 지식의 건전함에 관하여 일반적으로 회의가 거센 가운데 출현하는 엄청난 이득을 갖게 되었다. 루소의 사상 가운데 그 중심이 되는 것은 사회계약에 서명한 사람으로서, 영국식이었는지, 단순히 모든 역사적 특성을 가지는 것을 포기하든지 간에, 그는 같은 자연상태의 인간이다. 모든 법과 제도는 본래 완전한 상태로부터 그들이 예상되는 상황에서는 완전한 것이지만, 그 본래의 완전한 모습에서 벗어나면 비난받게 된다. 모든 사회의 변화, 이는 자연의 피조물 위에 군림하던 그 세계에서와 상당히 유사한 것으로, 어떤 명백한 대가를 치르고서도 달성될 가치가 있는 것이다. 자연상태(自然狀態; Natural Condition)에서 사람이 살아간다는 착각에 빠져 있는 동안 모든 법학자에 대해 이러한 마력을 갖게 한 단순과 조화를 제외하고 그 사상을 회피하는 이론은 여전히 로마법률가의 이론이다. 하지만 이 이론은 뒤집히게 되었다. 오늘날 계획의 기본적 주제는 자연법이 아니라 자연상태이다. 로마인들은 기존에 존재하는 제도들을 매우 신중히 고찰함으로써 그것들 가운데 일부가 이미 그러한 자연의 지배의 자취를 어렴풋이 확신하는 실체에서 보여주었거나 혹은 볼 수 있는 것으로 골라낼 수 있다고 생각하였다. 루소의 믿음은 완벽한 사회질서는 자연상태에서 보이지 않는 약속으로부터 나온 것이며, 사회질서는 전적으로 세계의 실제 상황과 상관없는 것이고, 유사하지도 않다는 것이다. 가장 큰 관점의 차이 중 하나는 매우 그리고 보편적으로 과거의 이상과 상이하기 때문에 현재를 비난한다는 것이다. 반면 다른 하나는 현재를 과거와 마찬가지로 필요하다고 생각하여 무시하거나 비난하려고 하지 않는다는 것이다. 자연상태를 기초로 하여 형성된 정치철학(政治哲學; philosophy of politics), 예술(藝術; art), 교육(教育; education), 도덕(道德; ethics) 그리고 사회관계(社會關係; social relation)에 대한 어떤 특성을 분석할 필요는 없다. 이것은 각 국에서 좀더 부정확한 사상가들 사이에서 여전히 특별한 매력을 가지는 것이고, 의심의 여지없이 역사적 연구방법을 방해하는 거의 모든 선입견의 다소 먼 근원이지만, 오늘날 발달된 정신세계에 대한 그 불신은 위험한 착오의 과도한 생동력에 익숙한 사람들을 충분히 놀라게 할 만한 것이다. 아마도 오늘날 자주 묻게 되는 질문은 이들 의견들의 가치가 무엇인가가 아니라 백여 년 전에 절대적 명성을 그들에게 준 이유가 무엇인가이다. 생각건대 그 답은 간단한 것이다. 18세기에 법적 유물에 대한 배타적 주목은 배반하기 쉬운 것이라는 잘못된 이해를 아마도 적절히 수정하였던 것은 신앙에 대한 연구이다. 그러나 이후에 알게 된 것과 같이 그리스종교는 가공의 신화에서 사라지게 되었다. 동양의 종교는 언급한다면, 헛되고 공허한 우주진화론(宇宙進化論; cosmogonies)[78]에서도 나타났다. 초기 유대인들의 역사로 연구할 가치가 있는 유일한 원시적 기록물이 여기에 있었다. 그러나 이를 접한다는 것은 당시의 선입견에 따르면 상당히 어려운 것이었다. 루소학파(school of Rousseau)와 볼테르학파(school of Voltaire)가 공통적으로 가지는 몇 안 되는 특징 중 하나는 모든 종교적 유물을 무시한다는 것이다. 그리고 무엇보다도 히브리민족(Hebrew race)[79]의 것들을 경멸한다는 것이다. 단지 모세(Moses)[80]의 이름을 따서 지어진 제도가 신의 뜻을 받들어 이루어진 것이 아니며, 그 법전도 그에 기여한 것들보다도 차후에 성문화되었던 사실뿐만 아니라 그것들과 모세5경(the Pentateuch)[81] 전체가 바빌론탈출 이후에 행하여진 부조리한 위작이라고 하는 견해를 당시의 추리자들은 자랑스러워했다는 것은 이미 잘 알려진 바이다. 그러므로 사변적 망상에 대항하여 했던 하나의 중요한 방어책으로부터 제외된 프랑스의 철학자들은 성직자의 맹신으로 여겼던 것으로부터 벗어

나고자 하는 열망으로 그들 자신을 무모하게 법률가들의 맹신에 동조하도록
하였다.

프랑스 혁명

비록 자연상태의 가설을 기초로 한 철학은 보편적 존중을 받지 못하게
되기는 하였지만, 대충 두드러진 점만을 간단하게 보면 이 철학이 다소 뒤틀
린 양상으로 지니고 있던 그 근사함, 통속성 또는 장악력을 완전히 상실했다
고 할 수는 없다. 필자는 앞에서 말한 것과 마찬가지로 그것은 여전히 역사
적 방법(歷史的 方法; Historical Method)에 관한 필적의 상대라고 믿고 있다. 그
리고 (종교적 반론은 별도로 하고) 일반적으로 선입견이나 나쁜 편견의 영향하
에서 의식적으로든 무의식적으로든 비역사적·자연적 사회 혹은 개인의 조건
에 의존하여 거슬러 오를 수 있는 것으로 보이는 이 조사방법에 대한 저항이
나 경멸을 볼 수도 있다. 그렇지만 자연과 자연법에 관한 학설은 주로 정치
적이면서 사회적인 경향과의 결합에 의해서 그 세력을 유지할 수 있었다. 그
학설이 촉발시킨 상당수의 일정한 경향, 아니면 실제로 만들어낸 다른 경향
의 표현과 형식을 뒷받침해 주기도 하였다. 이러한 경향은 프랑스에서 다른
여러 문명국가로 퍼져나가는 사상 속에 눈에 띌 만큼 다량으로 유입되었으
며, 그 문명에 변화를 가져오게 하는 사상의 본체를 이루는 하나의 원천이
되었다. 민족의 운명에 영향을 준 그것들의 가치는 물론 우리시대에 가장 치
열한 논쟁거리로 되는 것 중의 하나이지만, 이것을 논의하는 것이 이 책의
목적은 아니다. 자연상태이론(自然狀態理論; Theory of the State of nature)82)이
가장 큰 정치적 중요성을 갖게 되었던 학설이 있었던 때를 거슬러 살펴본다
면, 프랑스대혁명(the First French Revolution)83)이 주었던 결과에 엄청난 실망
을 낳는 데 자연법이 큰 영향을 주었던 것을 부인하는 사람은 거의 없다. 당
시 일반적으로 실정법(實定法; positive law)에 대한 경멸, 경험부족, 그리고 무

엇보다도 선험(先驗; â priori)의 우위만으로 심리적 악영향을 발생하게 하고 강렬한 자극을 주었다. 또한 그 철학은 다른 것과 비교되는 경우가 드물었고, 평범한 감시자와 함께 그들 스스로가 강화되었는데, 그 경향은 명확하게 무정부적(無政府的; anarchical)인 것이 되었다. 뒤몽(Dumont)[84]이 벤담(Bentham)에 대해서 출간한 그리고 독특하게 프랑스적으로 벤담의 오류의 누설을 구체화한 무정부적 궤변(Sophismes Anarchiques)은 프랑스어로 번역된 로마학설에서 인용된 것이 얼마나 많은지 그리고 그것을 제시하지 않았다면 이해할 수 없음을 기술하였던 것은 놀라운 것이다. 또한 이 점에 대해서 대혁명의 전성기에 상담자(相談者; Moniteur)와 협의를 한 것은 너무나도 기이한 일이 아닐 수 없다. 자연법과 자연상태에 대한 호소는 시대가 암울할수록 더욱 짙어졌다. 그들이 제헌국민회의(Constituent Assembly)에서 비교되는 것은 극히 드물었다. 그들은 흔히 입법권(Legislative)에서 인습(Convention), 음모에 의한 분쟁 가운데 항상 존재하였다.

인간의 평등과 독립선언

자연법이론이 근대사회에 미친 영향을 상세하게 설명한 하나의 사례는 자연법의 붕괴로 인한 영향이 얼마나 큰지를 살펴보면 알 수 있다. 인간은 평등하다는 주장은 자연법이론에 의해서 발생했다는 것에 대해서는 의문이 없으리라 생각한다. "모든 인간은 평등하다(all men are equal)"라고 하는 것은 시간의 흐름에 따른 정치적인 많은 법적 제언 중 하나이다. 안토니우스시대(Antonine)[85]의 로마법학자들이 "모든 인간은 평등하게 존재한다(omnes homines naturâ æquales sunt)"라고 설명하였는데, 그들의 견해는 엄격히 사법적 공리(司法上 公理; juridical axiom)였다. 그들의 의도는 자연법적 가설하에서나 실정법(實定法; positive law)이 자연법에 근접하는 한, 로마시민법이 가졌던 독보적인 특징은 신분계급의 존재를 법적 영역에서 부인하였다는 것이다. 이 규정은 로마법학자들에게는 아주 중요한 것으로서, 그들은 로마법학이 자연법의 내용과 정확하게 일치한다고 확신하여, 언제나 그들은 로마법정(Roman tribunals)의 판단에 따라 시민(市民; citizen)과 외국인(外國人; foreigner), 자유인(自由人; free man)과 노예(奴隷; slave), 부계친족(父系親族; Agnate)과 모계친족(母系親族; Cognate)들 간의 차별이 없다고 주장하였다. 스스로 가장 확실하다고 했던 법학자들은 시민법이 다소 그 이론적 형태에서 부족한 경우에는 사회질서를 비난하려고 하지 않았다. 인간사회에 자연경제를 완벽히 흡수하는 세계를 본 적이 있다는 것을 로마법학자들은 믿지도 않았다. 그러나 인간평등의 원리가 근대적 복식구조(近代的 服飾構造)에 나타났을 때, 그것은 분명히 그 자체가 새로운 의미의 미묘한 차이를 입고 있었다. 로마법학자들이 쓴 "평등하다(æquales sunt)"의 정확한 의미를 근대시민들에게 "모든 인간들은 평등하게 취급되어야 한다(all men ought to be equal)"라고 하는 대신에 "모든 인간은 평등하다(all men are equal)"고 사용하였다. 자연법이 시민법과 공존하다가 차츰 시민법을 흡수한다는 로마인들의 생각은 확실히 잊혀지게 되고, 이해할 수 없는 것이 되었고, 그 기원, 구성, 그리고 인류제도의 발전에 관하여 관련된 이론을 가장 잘 전달하였던 단어들은 인간에 의해 입게 된 엄청난 불변의 피해로 표현되기 시작하였다. 14세기 초 인간의 출신계급(birth-state)에 관하여 통용하는 단어는, 비록 시각적으로 울피아누스(Ulpian)와 그 동시대 사람을 동일시하려고 의도하였지만, 전혀 다른 형태와 의미로 생각되었다. 영지의 농노를 해방하는 완고왕 루이(King Louis Hutin)[86]의 유명한 법률의 서문은 로마시대에는 이상하게 들렸을 것이다. "자연법에 의해 모든 사람들은 자유롭게 태어났다. 그리고 태고적부터 소개되어 지금까지 유지된 어떤 관례와 관습에 의해 그리고 그들 조상들의 악행을 이유로 하여, 우리와 같은 많은 사람들이 노예가 되었다. 그러므로 우리는…" 이것은 법적인 선언이 아니라 정치적인 구호였다. 그리고 이때부터 인간의 평등은 프랑스법학자들에 의해 마치 이것이 정치적인 진리라면 그들의 학문적 성과들 가운데 보존되어야 하는 것으로 취급되었다. 자연법에 기초한 다른 모든 추론(推論)과 마찬가지로, 그리고 자연법 자체에 대한 신념과 같이, 인간의 평등은 미적지근하게 승인되고 이론과 실천에 두드러진 영향을 미치지 못한 채, 결국 법률전문가의 손아귀에서 벗어나 18세기의 문필가와 이들의 영향하에 묶여 지내던 대중의 범역으로 넘어가고 말았다. 이것은 그들의 신념에 가장 독특한 원칙이 되었으며, 심지어는 모든 다른 것들의 개요로 간주되었다. 아마도 1789년의 프랑스대혁명을 계기로 궁극적으로 획득하고자 하였던 권력은 프랑스에서 그 인기에 전적으로 기인한 것은 아니다. 왜냐하면 그 시기 중반에 아메리카(America)에까지 전해졌기 때문이다. 당시 아메리카의 법률가들, 특히 버지니아(Virginia)의 법률가들은 상당수 유럽대륙의 법률문헌으로부터만 추출해 낸 것으로 생각되는 것을 포함해서 동시대의 영국인들의 의견과 전혀 다른 생각의 축적을 가지고 있었던 것으로 보인다. 제퍼슨(Jefferson)[87]이 쓴 글에서 암시하는 것들은 프랑스에서 유행하는 어느 정도는 사법적이고, 어느 정도는 대중적 의견이기도 한 것의 영향을 받아 그의 생각이 얼마나 강한지를 보여준다. 그리고 우리는 그들과 아메리카에서의 사건의 흐름을 특별한 프랑스식 가설을 이끌기 위하여 다른 식민지의 법률가들을 이끌었던 프랑스법률가들의 독특한 사상과 융화된다는 것을 의심하지 않았다. 여기서 프랑스식 가설이라는 것은 "모든 인간은 태어나면서 평등하다"로 영국인들에게 좀더 친숙한 것이며, 미국독립선언(美國獨立宣言; Declaration of Independence)[88]의 첫 줄에도 "모든 인간은 태어날 때부터 자유롭다"고 하였다. 이 표현은 과거 역사적 선언에서 가장 중요한 것 중 하나이다. 인간은 태어날 때부터 평등하다는 것을 매우 중요하고 강하게 주장한 미국법률가들은 영국의 정치적 운동에도 자극을 주었는데, 이는 아직 전근대적인 대영제국에 있어서는 아직 완성되지 않은 것이다. 그러나 프랑스에서 그들이 그의 본토에서 채택하였던 그 도그마로 되돌아가는 것을 제외한다면, 더 강력한 힘을 부여했고, 더 강력히 일반적 승인과 존중을 요구하였을 것이다. 이에 헌법제정회의(the first Constituent

Assembly)[89])에서 좀더 신중한 정치가들은 울피아누스(Ulpian)의 제안을 반복하였다. 그리고 지속적으로 오랫동안 맹렬한 공격을 받았던 "1789년의 원칙(principles of 1789)"에서 현대적 의견을 가장 철저히 많이 흡수하였었고, 사회구조와 국가정치에 가장 깊이 형성하도록 약속하였다.

자연법의 위대한 기능은 근대적 국제법과 근대적 전쟁법을 발생시킨 것이지만, 이 전쟁법에 관해서는 중요성이 적기 때문에 여기에서 다루지 않겠다.

국 제 법

국제법의 기본을 형성한 기초원리나 그 기초자들로부터 받은 형태 중 매우 중요한 것은 두세 개가 있다. 그 가운데 무엇보다도 중요한 것은 정의할 수 없는 자연법이 존재한다는 주장이다. 그로티우스와 그의 계승자들은 직접 로마인들의 가설을 채용하였지만, 그들은 관념의 결정수단에 대해 로마법학자들로부터 그리고 그들 서로 간에 큰 어려움을 겪어야 했다. 문예부흥기에 활약하였던 대부분의 모든 국제법학자들의 희망은 새롭고 좀더 쉽게 자연과 자연법의 명확성을 제공하려는 것이었고, 오랫동안 계속적으로 공법에 대해 저술했던 저술가들을 통해서 그 개념은 더욱 커졌다. 그것은 당시 많은 학계를 섭렵하고 있던 모든 윤리이론에 가까운 사상의 단편들로 구성된 것이다. 본질적 자연상태의 필연적 특징으로부터 자연법전(code of nature)을 진화시키기 위한 노력 끝에 얻게 된 대부분의 결과는 로마법학자의 의견을 문제삼거나 비판하지 않고 그대로 채용한 것과 전적으로 동일하다는 사실은 이 개념이 본질적으로 역사적 성격을 지니고 있다는 증거이다. 국제조약법규(國際條約法規; the Conventional or Treaty Law of Nations)를 제외시키더라도 이 체계가 얼마나 방대한 로마법으로 구성되어 있는가는 참으로 놀랄 만한 일이다. 법학자들의 학설이 만민법(萬民法; the Jus Gentium)과 일치하는 것을 확인하면, 그것이 아무리 명백하게 로마법에서 기원하여 발원한다는 증거를 지니고 있더라고, 공법학자들은 그것을 원용함에는 그 이유를 찾아내곤 하였다. 그러함에도 우리가 만들어낸 파생이론의 기초개념이 박약하기 때문에 어려움을 느끼는 것이다. 많은 국제법학자들의 사고방식은 여전히 혼합적이다. 이들 저술가들의 연구에서 가장 큰 어려움은 항상 그들이 논의하는 것이 법인지 아니면 도덕인지 — 그들이 기술하는 국제관계상태는 실제적인 것인지 아니면 이상적인 것인지 — 그들의 관점에서 하고자 하는 것을 주장하는 것인지 아닌지를 밝혀내는 것이다.

자연법이 국가 간의 관계(states inter se)를 결합시킨다는 가설은 국제법의 기초로 하는 과정 중에 다음 단계이다. 이 원리의 확정과 승인은 아마도 근대 법학의 초기까지 거슬러 올라갈 수 있을 것이며, 맨 처음 이것은 로마인들의 가르침에서 나온 직접적 추론인 것으로 보였다. 자연상태와 구별되는 사회의 시민들의 상황은 처음에는 독특한 법기초자가 있다는 사실에 의해서, 마침내 아무도 없는 동안에는 마치 다수의 집단들이 공통의 통치권이나 정치적 수장 없이 명령에 복종하는 것을 인식하는 순간 그들은 자연법의 숨은 명령(ulterior behests)에 의존하였던 것처럼 보인다. 국가는 이러한 단체이다. 그들의 전제에 대한 독립성은 공동의 입법자(立法者; lawgiver)라는 개념을 배제하여 자연의 태고적 질서에 대한 복종개념과 관련하여 일정한 사상의 범주에서 그것을 따라잡았다. 대체할 수 있는 것은 어떤 법에 의한 서로의 관계가 아니라 이러한 무법의 상태가 확실히 법학자의 본성(Nature of the jurisconsults)에 중요한 공백으로 독립적 공동체가 고려된다는 것이다. 만일 로마법학자들의 생각이 시민법이 밀어낸 어떤 계급에 의존하였다면, 그것은 본능적으로 자연법칙이 헛되다고 느끼게 되었을 것이라고 생각하게 되는 특별한 이유가 있다. 우리가 확실하게 직접적으로 보았든지, 보지 못했는지를 불문하고 역사적으로 일정한 시기에 나타난 것이라는 가설은 불안정한 결론이다. 필자가 판단하기에 법학자들이 독립된 연방체 사이에서 자연법이 강제력을 가진다고 믿었던 것을 증명할 수 있는 로마법의 유물로부터 인용되었던 구절은 없었다. 그리고 그들의 통치지역을 문명과 근접한 것처럼 간주하였던 로마제국의 시민들의 입장에서 생각해보면, 자연법에 대한 실정법과 동등한 복종을 하는 것은 아마도 특이한 의견에 대한 가장 극적인 결과로 보인다. 근대 국제법이 로마법에서 발원했다는 것은 의심할 바 없지만, 오로지 비정규의 파생관계에 의해 그것과 관련되었다는 것이 사실로 밝혀지고 있다. 만민법의 의미를 오해한 로마법학에 대한 근대 초기의 번역자들은 만민법을 국제무역의 적용을 위한 규율체계로 생각했다. 이 "국가법(Law of Nations)"은 처음에는 엄청난 경쟁자들이 애썼던 권위였고, 유럽의 상황은 오랫동안 그것의 만국적 승인을 방해하는 것처럼 보였다. 점차 서구세계는 만민법 자체를 시민법이론에 대해서 좀더 적극적으로 받아들였다. 상황들이 상대원칙의 신뢰를 무너뜨렸다. 그리고 마침내 적절한 결합으로 아얄라(Ayala)와 그로티우스(Grotius)[90]가 그것을 위해 유럽의 열광적 동의를 획득하고 되풀이되었던 승인이 매우 다양하고 중요한 계약으로 갱신되었다. 승리를 이끈 위인들은 말할 필요도 없이 그것을 전혀 새로운 기초 위에 두었고, 이 흐름에서 그들은 그 구조를 상당히 크게 변화시켰는데, 비록 그것은 공통적으로 제안보다는 훨씬 적은 부분이었다. 안토니우스시대의 법학자들이 자연법을 채택하면서, 만민법과 자연법의 지위는 동등하게 되었고, 그로티우스는 만일 "국가법"이 그 시대에 있어서 모호한 표현이 아니었다면 그 바로 앞의 전임자들과 그의 추종자들과 함께 자연법은 아마도 결코 그것을 요구할 수 없는 권위에 기여하였다. 그들은 당연하게 자연법이 국가의 규범이며, 따라서 우리시대에 이르기까지 그 시행이 계속되어야 한다는 것을 단언하였는데, 국제적 규율체제에 대한 융합과정은 자연개념(conception of nature)에 대한 예상으로부터 발달되었던 것이라고 생각되었다. 또한 인류에 대한 실질적 중요성의 결과 중 하나는 비록 자연법이 유럽의 초기 근대 역사에서도 잘 알려지지 않았던 것이지만, 그로티우스학파의 교리가 성공하기까지 일반적으로 전혀 알려지지 않았다는 것이다. 만일 국가사회가 자연법에 의해 통제된다면, 국가사회를 구성하는 요소는 자연의 주권이 모두 평등하다는 개념하에서 인간은 절대적으로 평등한 것이고, 따라서 각 연방은 국제적인 상태가 자연적인 상태라면 평등하게 될 것이다. 그 크기나 권력이 전혀 다른 독립적 공동체들이 국가법적 관점(view of the law of nations)에서 모두 동등하다는 제안은 비록 끊임없이 각 시대의 정치적 경향에 의해 고통 받더라도 인류의 행복에 크게 기여한다. 만일 문예부흥기 이후에 국제법학자들이 쓴 저술에 의해 국제법이 전적으로 자연의 커다란 요구에서 발생한 것이 아니라면 그것은 아마도 더 이상 결코 확고한 지위를 획득할 수 없을 것이다.

그러나 일반적으로 이전에 살펴본 바와 같이 그로티우스시대 이후 로마만민법(Roman Jus Gentium)의 최고층(最古層; the most ancient stratum)으로부터 단순히 취했던 것으로 그 구성분자로 부여되어 국제법에 추가되었던 그 비율이 얼마나 작은 부분이었는지는 놀라운 것이었다. 영토획득(領土獲得; Acquisition of territory)은 항상 국가의 열망으로 위대한 자극이었으며, 정복을 통제하는 규칙은 전쟁을 완화하는 규칙과 더불어 만민법에서 재산획득방법을 다룬 로마법으로부터 문자화된 것이다. 이 획득방법은 고대법학자들에 의하여 취해졌던 방법으로, 로마주변의 다양한 부족들 사이에 만연한 관습을 관찰하여 그 공통요소를 추론함으로써 설명하려고 하였다. 그리고 "모든 국가에 공통되는 법"에 있어서 그들의 기원을 분류하여, 그들은 단일성 때문에, 좀더 최근의 자연법의 개념과 함께 후대의 법률가들에 의해 고려되었던 것이다. 따라서 그들은 근대적 국가법으로 그들만의 길을 만들었고, 그 결과 영토, 그 본질, 그 한계, 이것을 획득하고 확보하는 방법에 관한 국제조직의 각 부분이 순수한 로마재산법(Roman Property Law)으로 구성하게 되었다. 다시 말하면, 로마재산법은 안토니우스시대의 법학자들이 자연상태와 함께 어떤 조화를 보여주기 위해 생각하였던 것과 같은 것이었다. 이 국제법의 장(章)이 적용되기 위하여, 다수의 로마 식민지배자의 단체와 마찬가지로 통치권은 서로 관련이 있을 것이다. 이것은 최초의 국제법규에 있었던 요구와는 다른 것이고, 또한 현대 유럽 역사의 처음 수 세기 동안에는 아마도 설명되지 않았을 것이다. "주권은 영토에 미친다" 등은 항상 지표면의 제한된 부분에 대한 소유와 관련이 있다는 것과 "주권은 그들 사이에 영원하지 않았지만, 영토의 주인들은 절대적이다"라는 이중의 제안으로 분석할 수 있을 것이다.

국제법에 관한 동시대의 많은 저작자들은 그 관련된 원리 주장이 형평법의 원리와 상식(常識; common sense)에 기초를 두고 있는 한, 어느 단계의 근대문명에서나 쉽게 용인될 수 있을 것으로 묵시적으로 상정하고 있다. 그렇지만 이 가정은 국제관계에 관한 이론의 현실적 결함을 숨기고 있는 한, 대부분의 근대사에서 전혀 용인될 수 없는 것이다. 국가 간의 관계에서 만민법의 권위는 경우에 따라서 부인되기도 하였다. 반대로 오랫동안 몇몇 경쟁체제의 요구들에 대항하여야만 하였다. 다시 주권의 지역적 특색은 항상 인정된다는 것은 사실이 아니지만, 로마점령의 해소 후에 오랫동안 인간들의 생각은 이러한 개념과 모순되는 제국주의적 사상하에 있었다. 구질서, 그리고 그것에 기초한 관점들은 붕괴되어야 했다 — 새로운 유럽, 그리고 그들과 맞는 새로운 국가기구가 생겨야만 하였다 — 가장 중요한 국제법의 가설 중 두 가지는 보편적으로 승인되었다.

영토주권

우리가 일반적으로 근대 역사에 대해 말하는 대부분은 "영토주권(領土主權; territorial sovereignty)"과 같은 취급을 받는다는 관념을 염두에 둘 필요가 있다. 주권(主權; Sovereignty)은 지표의 일부에서 그것을 세분화하여 영유하는 것과 관련이 있는 것은 아니다. 세계는 수 세기 동안 로마제국 지배하에 있었기 때문에 그 제국에 포함된 막대하고 광범위한 지역의 분배를 망각하였는데, 그것은 한때는 외부적 간섭으로부터 특권을 주장하며 국가로서의 권위의 평등을 요구했던 독립연방의 숫자로 나뉘게 되었다. 미개인들의 침략을 격퇴한 뒤, 주권개념이 널리 보급되었다. 이는 두 가지 측면으로 해석되었다. 하나는 "부족주권(部族主權; *tribe-sovereignty*)"이라 불릴 수 있는 형태로 생각되었다. 프랑크족(the Franks),[91] 부르군트족(the Burgundians),[92] 반달족(the Vandals),[93] 롬바르드족(the Lombards),[94] 서고트족(the Visigoth)[95]은 물론 그들이 점령한 영토의 대부분은 지리적 명칭이 부여되고 있었다. 하지만 그들은 영토점유(領土占有; territorial possession)의 사실을 주장할 수 있는 권리가 없었으며, 또한 실제 소유여부는 그다지 중요한 것이 아니었다. 각 부족들은 밀림이나 대초원지방으로부터 내려온 전통을 보유하였고, 여전히 그들의 입장에서 특별한 가부장적 사회, 즉 생계유지를 위한 자원을 공급하는 토지에서 단지 야영을 하던 유목집단과 같은 생활을 하였다. 독일의 일부지역과 갈리아 트란살피나(Transalpine Gaul)[96]의 일부지역은 사실상 프랑크왕국에 의해 점령된 지역이었는데, 이것이 현재의 프랑스다. 그러나 클로비스(Clovis)[97]의 후손인 메로빙거왕조(the Merovingian line)[98]의 승계자들은 프랑스의 왕이 아니라 프랑크족의 왕이 되었다. 주권에 대한 또 다른 관념 중 하나는 아주 중요한 것으로, 일반적 영유(一般的 領有; universal dominion)라는 관념을 가졌다는 것이다. 군주시대(君主時代)에 씨족민과 족장이라는 특별한 관계에서 벗어나 그가 가진 목적을 위해 그 스스로 주권의 새로운 형태를 부여하기 위해서 애썼는데, 그것을 위해 제안된 유일한 선례가 바로 로마황제의 영유였다. 일반적으로 인용하는 표현을 본다면, "황제가 없게(aut Caesar aut nullus)" 된 것이다. 그가 비잔틴제국(Byzantine Emperor)[99]에 대해서 완벽한 특권을 원하였는지 그렇지 않았는지 간에 그는 조금도 정치적인 지위를 획득할 수 없었다. 우리시대에 새로운 왕조가 밀어낸 통치계통의 관례적 명칭을 없애고자 할 때, 영토 대신 국민의 신임을 얻길 원한다. 그러므로 우리는 황제들(Emperors)과 프랑스의 왕들(Kings of French), 그리고 벨기에국왕(King of Belgians)을 갖게 된 것이다. 우리가 언급한 바로 그 시기에, 그와 유사한 상황하에서, 다른 형태도 존재하였다. 더 이상 부족의 우두머리로 불리기를 원하지 않았던 족장(族

長; Chieftain)이 전 세계의 황제가 되기를 원하였던 것이다. 이에 버킹엄궁의 세습행정관이 실제 오래 전에 폐위시켰던 군주들과의 타협을 멈추었을 때, 그들은 바로 프랑스의 왕으로 불리는 것을 원하지 않았는데, 그 칭호는 물러난 메로빙거왕조가 사용하였던 것이기 때문이다. 스스로도 프랑스왕이라 칭하지 않았다. 왜냐하면 이 칭호는 비록 외관상 모르는 바는 아니지만, 작위의 총칭이 아니었기 때문이다. 그리하여 그들은 세계제국에 대하여 큰 뜻을 품고 있는 사람으로 세상에 나서게 되었다. 그들의 의도는 엄청나게 큰 오산이었다. 최근 프랑스의 한 저술가는 샤를마뉴대제(Charlemagne)[100]가 그 계획의 정립에 쏟아부었던 정력만큼이나 그 계획의 특성에서도 그보다 훨씬 이전이었음을 당연한 것으로 인정한 바 있다. 어느 사람이 특정한 시점에 그의 나이보다 젊었다고 하는 것이 사실이든지 아니든지 간에, 샤를마뉴대제가 지배할 때 그 시대의 특징적 사상이 그로 하여금 따라도 괜찮은 것으로 허용한 유일한 경로를 강력하게 밟고 나갔음은 틀림없는 사실이다. 그의 예지적 탁월함에 관하여는 의심의 여지가 없거니와 다만 그랬던 것은 그 이론에 의해서가 아니라 그 행동에 의해서였다.

이 독특한 견해는 3명의 손자들 사이에서 카를루스대제의 승계를 분배하는 경우에도 그대로 적용되었다. 카를루스 대머리왕(Charles the Bald),[101] 루이스(Lewis), 로타르(Lothair)[102]는 여전히 ─ 단어의 사용이 맞는다면 ─ 이론상 로마제국의 황제들이다. 동·서로마제국[103]의 황제들은 사실상 로마제국을 반씩 통치하였기 때문에, 각각 모든 지역에 대한 법적인 황제였다. 하지만 카롤링거는 세 부분으로 나누어 통치하여 그 지배가 제한적이었으나, 그들의 칭호는 절대적인 것이었다. 카를로스 비만왕(Charles the Fat)[104] 사후 두 지역으로 분할된 뒤, 이러한 통치체계는 황조(Imperial throne)와 연합하여 계속 유지되었지만, 사실 독일제국이 존속하는 한 완전히 그것으로부터 분리되지는 않았다. 영토주권(territorial sovereignty) ─ 지표상의 일정 지역의 통치에 대한 지배권이라는 관점에서 ─ 은 전적으로 내키는 것은 아니지만 봉건주의(*feudalism*)의 유물이다. 처음에 봉건주의는 영주에 대한 개인의 의무와 그에 따른 개인의 권리와의 관계로 논리적으로 추론되었던 것이다. 그 기원과 법적인 본질에 관하여 적절한 관점에서 살펴보면, 봉건주의체제를 선명하게 그려내기 위한 가장 좋은 방법은 그 기초에서 출발하여 토지 일부에 노동력을 투하하는 소작인들과의 관계를 고찰하는 것으로, 그 고찰 뒤에 최고 봉주(super-feudation)라는 협소한 범위를 통하여 우리가 그 체계의 절정(the apex of the system)에 근접하기까지 다가갈 것이다. 암흑기의 후반에는 그 정점이 언제인지 결정하는 것이 그다지 쉬운 일이 아니다. 아마도 부족주권(部族主權; tribe sovereignty)의 개념이 실제 붕괴되었던 곳이라면 어디서나, 그 최고점은 항상 예정된 서로마 황제의 계승자에게 부여되었다. 하지만 오래 전 황제권(皇帝權; Imperial authority)의 실질적 범위가 엄청나게 위축되었을 때, 그리고 황제가 그들의 부족한 나머지 세력을 독일과 북이탈리아에 집중할 때, 이전의 카롤링거[105]의 황제(Carlovingian empire)를 제외한 모든 부분에서 최고의 영주는 실제 최고의 우두머리 없이 그들 스스로 창건하였다. 일반적으로 그들은 새로운 상황에 저절로 길들여졌고, 열외의 사실은 마침내 새로운 훌륭한 독립이론을 이루게 되었다. 하지만 이러한 변화는 그다지 쉽게 일어나지 않는다는 징후가 곳곳에 보였다. 그리고 사실 상태의 본질에 있어서 필연적으로 극에 달한 영유의 흔적이 있는 곳에서는 어디서나 의심의 여지없이 로마의 교황청보다 세속적 우월성에 기여하는 경향이 증가하였음을 볼 수 있다. 개혁적 의견을 바탕으로 한 혁신적인 제1단계의 성공은 물론 프랑스에서 카페왕조(Capetian dynasty)의 즉위로 명확해졌다. 파리 외곽의 제한된 지역에서의 봉건영주(封建領主; feudal prince)[106]가, 개인의 자격으로 엄청난 수의 종주권의 합병으로, 스스로를 프랑스의 왕(*King of France*)으로 부르기 시작하였을 때, 그는 남작이 자신의 부동산에 대한 관계에서와 같이 프랑스영토에서, 봉토의 보유자로서 여전히 동일한 관계에 있는 주권이라는 새로운 의미를 가진 왕이 되었다. 어떻든 전자는 그것이 독창적이었던 것처럼 영향력이 있었고, 프랑스의 군주제형태는 다른 곳에서도 동일한 목적을 수행하기 위해 재빨리 변화하도록 눈에 보이는 효력을 미쳤다. 앵글로-색슨왕가(Anglo-Saxon)의 왕권은 부족의 족장과 지방의 통치자의 중간 정도였다. 그러나 프랑스의 왕권에서 모방한 노르만(Norman)[107]군주제의 최고권은 지역적 통치권 이상의 것이었다. 수립되거나 강화된 모든 부수적 통제권은 최후의 모범을 만들어냈다. 스페인(Spain), 나폴리(Naples), 그리고 자치도시의 옛터에 세워진 이탈리아의 여러 공국(公國; principalities)[108]은 영주적 주권을 가지고 있는 통치자의 지배하에 있었다. 여기에 덧붙여 말한다면, 어느 한 단계에서 다음 단계로 쇠퇴해가는 베네치아의 점진적 과정보다 더 기괴한 예는 없다고 할 수 있다. 해외정복을 시작하면서 이 공화국은 맹종하게 되어 있는 여러 주의 지배를 로마제국의 형태와 반대형태로 여겼다. 100여 년 정도를 거슬러 올라가면, 공통주권(共通主權; corporate sovereign)으로서 봉건영주의 권리가 이탈리아(Italy)와 에게해(Egean)에 있는 그 점유 위에까지 권력확장을 원했다는 것을 알게 된다.

국가체제

주권에 관한 일반적 사고방식이 이와 같이 뚜렷한 변화를 겪은 시기를 통해서 지금 국제법이라고 부르는 체제는 이질적이고, 국제법이 의존하는 원리는 일관성이 없음을 알게 된다. 신성로마제국(Romano-German Empire)은 집약된 유럽 전역을 지배하였으며, 동맹국과의 관계는 동맹체에 의해 통제되고 지금까지 제국구조(Imperial constitution)의 체제는 불완전하다. 놀라운 것은 제국의 내부 혹은 외부에 있든지 간에, 연방관계(relations of commonwealths)가 만민법이 아니라 순수한 로마법원리에 의해 규율되었다고 하는 것이다. 독일 법학자들이 흥미롭게 느끼는 것은 여전히 카이자르(Casar)가 그 중심에 있다는 것이다. 이러한 원칙은 앞서 생각하였던 것보다도 주변국에서 거부감이 덜한 것이었다. 그러나 실질적으로 유럽의 유물을 통해 봉건적 종속관계

(feudal subordination)를 공법(公法; public law)이 대체하게 되었다. 그리고 결단을 내리지 못하거나 애매모호할 때에, 그 곳에는 적어도 이론적으로 교회의 수장의 권위 안에 최고의 통제권이 숨어 있었다. 어쨌든 봉건적인 교회의 영향력들은 15세기에 빠르게 사라지게 되었고, 심지어 14세기에도 그러하였다. 만일 우리가 분쟁의 가장 중요한 원인과 공공연한 동맹의 동기들을 자세히 살펴본다면, 오래 된 원칙들이 서서히 사라지면서 그 견해들은 나중에 서서히 아얄라(Ayala)와 그로티우스(Grotius)가 만들어낸 엄청난 진보에 의해서 조화를 이루고 통합되었다. 권위의 모든 근원의 융합이 궁극적으로 국제관계체제를 발전시켰는지와 그 체제가 그로티우스의 조직(fabric of Grotius)과 구성적 차이를 보였는지에 대해 지금 결말을 지을 수는 없다. 당연한 일이기는 하지만 종교개혁(宗敎改革; Reformation)은 단 하나만을 제외하고는 사실상 그 모든 잠재적 요인들을 폐절시켜 버렸기 때문이다. 종교개혁은 독일에서 시작되어 제국의 제후들을, 비록 황제가 중립적으로 서 있으면서까지 그 최고권을 가지고 연결시킬 수 없을 만큼 넓게 깊은 도랑을 가지고 갈라 놓았다. 거기에서 그치지 않고 황제는 개혁논자에 대항하여 교회에 가담하도록 강요받았다. 로마교황(the Pope)도 물론 마찬가지였다. 그리고 이어서 격전자들 간의 중재직을 소유한 그들에게 두 개의 권위가 스스로를 국가의 분열에서 하나의 커다란 분파의 수장으로 만들었다. 이미 공적 관계의 원리로서 약화되고 신뢰를 상실한 봉건주의는 안정적으로 신앙연맹에 충분히 대항할 수 있을지라도 그 결속을 제공하지 못했다. 그러므로 혼돈의 상태에 불과한 공법의 상황에서, 로마법학자들이 그들의 승인에 주었던 것으로 생각되는 것에 대한 국가체제에 대한 관점들은 유일하게 계속 유지되어 존재하였다. 그들이 그로티우스에게 맡겨졌다고 생각한 형태(Shape), 균형(symmetry), 탁월(prominence)은 모든 지식인들에게는 잘 알려진 것이다. 그러나 「전쟁과 평화의 법(De Jure Belli et Pacis)」[109]이라는 책이 가지는 엄청난 놀라움은 그것의 빠르고, 완전하고, 보편적 성공 때문이었다. 30년 전쟁(Thirty Years' War)[110]의 공포와 군인들이 흥분

하여 과도한 방종으로 인해 나타난 두려움과 공포는 어느 정도 이 성공에 대해 설명되지만, 완전하게 성공하지는 못한다. 국제체계(international edifice)의 기본계획이 이론적으로 완벽하게 보이지 않았던 그로티우스의 위대한 책에서 설명한 것이라면, 법학자들에 의해 폐기되거나 정치가나 군인들에 의해 무시될 것이다.

그로티우스

그로티우스체계의 이론적 완벽성은 궁극적으로 우리가 이미 살펴본 영토주권(領土主權; territorial sovereignty)의 개념과 밀접하게 관련되어 있음은 너무나도 명백하다. 국제법의 이론은 국가(commonwealths)가 각자 상대적으로 자연상태에 있는 것으로 상정하고 있다. 하지만 자연적 사회(自然的 社會; natural society)의 구성분자는 아마도 기본적 전제로서 서로 분리·독립되어 있지 않으면 안 된다. 만일 아무리 경미하거나 우연적인 것일지라도 공통의 최고권의 요구에 맞추어 이들을 연결시키는 고차의 권력이 생겨나게 되면, 공통의 최고권력자라는 개념 자체에 의하여 실정법(實定法; positive law)의 관념을 도입하고 자연법의 사상을 떨쳐버리고 만다. 공통된 상위의 개념 그것을 실정법의 입장에서 소개하고, 자연법적 사상을 배제할 것이다. 그러므로 황제의 일반적 영주권(一般的 領主權; universal suzerainty)이 텅 빈 이론만으로 승인된다면 그로티우스의 노력은 아마도 무의미한 것이 되고 말 것이다. 또한 이것은 근대국제법과 필자가 그 발달을 서술하려고 노력한 주권에 관한 견해 사이의 결합점으로 되지 않는다. 필자가 말하고자 하는 것은 국제법학(international jurisprudence)의 모든 부분이 로마재산법(Roman Law of Property)에서 구성되었다는 것이다. 그러면 추정된 것은 무엇인가? 필자가 기술한 것과 같은 통치권의 변화가 없었다면, ― 통치권이 지표의 제한된 부분에 대한 소유와 관련이 없었더라면, 다시 말하면 지역적인 것이 아니라면 ― 그로티우스의 이론(Grotian theory)의 세 부분은 적용하기에 불가능하였을 것이다.

◇ 주(註)

61) 고대 그리스 사람이 인류의 역사를 금, 은, 청동, 철의 네 시대로 나눈 가운데서 첫째의 시대를 이르는 말이며, 일종의 이상향이다. 네 시대는 각각 황금시대, 백은시대, 청동시대, 철시대이다.

62) Aristotle (Greek: Ἀριστοτέλης, Aristotélēs)(BC 384~BC 322)
고대 그리스의 철학자로 플라톤의 제자이다. 플라톤이 초감각적인 이데아의 세계를 존중한 것에 대해, 아리스토텔레스는 인간에게 가까운, 감각되는 자연물을 존중하고 이를 지배하는 원인들의 인식을 구하는 현실주의 입장을 취하였다.

63) 19세기 중반 영국에서 나타난 사회사상으로 가치판단의 기준을 효용과 행복의 증진에 두어 "최대 다수의 최대 행복" 실현을 윤리적 행위의 목적으로 보았다. 공리주의는 공리성을 가치판단의 기준으로 하는 사상이다. 곧 어떤 행위의 옳고 그름은 그 행위가 인간의 이익과 행복을 늘리는 데 얼마나 기여하는가 하는 유용성과 결과에 따라 결정된다고 본다. 넓은 의미에서 공리주의는 효용·행복 등의 쾌락에 최대의 가치를 두는 철학·사상적 경향을 통칭한다. 하지만 고유한 의미에서의 공리주의는 19세기 영국에서 벤담(Jeremy Bentham, 1748~1832), 제임스 밀(James Mill, 1773~1836), 존 스튜어트 밀(John Stuart Mill, 1806~1873) 등을 중심으로 전개된 사회사상을 가리킨다.

64) 프랑스의 왕조로 보통 중세의 직계 카페 왕조(987~1328, 14대)를 가리키나 광의로는 그 후의 방계, 즉 발루아 왕조(1328~1498, 7대)·발루아 오를레앙 왕조(1498~1515, 1대)·발루아 앙굴렘 왕조(1515~1589, 5대)·부르봉 왕조(1589~1793, 1814~1830, 7대) 등도 포함한다.

65) 533년 비잔틴 황제 유스티니아누스 1세(482?~565)의 명령으로 편찬한 학설집. 동로마제국의 유스티니아누스 1세는 법학자 트리보니아누스에게 위원회를 조직하여 로마법의 개정·재편을 명하여, 533년 고전법학자들에 의해 여러 학설들을 정리해 현행법으로 사용 가능한 형태로 재편집한 학설집 50권을 편찬하였다. 법학자 트리보니아누스의 주재 아래 16인의 법률가로 구성된 위원회에 의해 530~533년에 편찬된 학설집은 「학설휘찬; Digesta)」이라고도 부른다. 로마대법전인 유스티니아누스 법전은 새로 만들어낸 법전은 아니다. 기본적으로 과거의 법률집과 로마의 위대한 법학자들의 견해를 발췌한 초록으로 이루어진 참고서 2종과 법률의 기초적인 개설서, 그리고 유스티니아누스 황제 자신이 공포한 신법령집으로 구성한다. 「칙법휘찬; Codex Constitutionum」, 「학설휘찬; Digesta, Pandectae」, 「법학제요; Institutiones」, 「신칙법; Novellae Constitutiones Post Codicem」 등이 그것이다.

66) Henry de Bracton(1210~1268)
영국의 성직자·법률가·재판관. 옥스퍼드대학에서 연구하고 성직을 맡았다. 주요 저서인 「영

국의 법과 관습에 대하여」(미완)는 고전적인 모범에서 전개된 영국 중세의 보통법을 조직화하
여, 말하자면 관습을 로마법의 영향하에 보통법으로 정리한 것이다.

67) Henry III(1207. 10. 1~1272. 11. 16)

잉글랜드의 왕(재위 1216~1272). 프랑스인을 궁정에 중용하고, 로마 교황에 대한 신종의 자세
를 취하여 영국 귀족의 반감을 샀다. 둘째 왕자를 시칠리아 왕위에 앉히려는 책모, 프랑스 영
지회복 파병 등을 위한 다액의 증세, 헌납금으로 귀족·평민 양쪽의 불만을 가중시켰다.

68) 카페왕조의 뒤를 이어 프랑스의 왕위를 계승했던 발루아 왕조의 주요 세 가문 중 하나이다.
총 5명의 왕(프랑수아 1세, 앙리 2세, 푸랑수아 2세, 샤를 9세, 앙리 3세)과 여러 명의 공작 및
백작을 배출하였다. 앙리 3세가 후계자 없이 죽자 부르봉 왕조에게 왕위를 넘겼다. (발루아 앙
굴렘가 재위기간, 1515~1589)

69) Jacques Cujas 또는 Cujacius(1520~1590. 10. 4)

프랑스의 법률가.

70) Charles-Louis de Secondat, Baron de La Brède et de Montesquieu(1689. 1. 18~1755. 2. 10)

계몽주의 시대의 프랑스 정치사상가이다. 그는 권력분립론에 관한 명확한 설명으로 유명한데,
이 권력분립론은 정부에 대한 근대의 논쟁에서 허용되었고, 전 세계 많은 헌법에서 이를 규정
하고 있다. 자유주의 입장에서 권력분립에 의한 법치주의를 제창하였다. 그는 저서 「법의 정
신; Esprit des Lois」(1748년)을 남겼다.

71) Henri François d' Aguesseau(1668. 11. 27~1751. 2. 5)

프랑스 법률가·정치가. 1691년에 파리최고법원검사로 발탁되었으며, 1700년 검사장을 거쳐
1717~1750년 대법관을 지냈다. 대법관시절인 1718~1720년과 1722~1727년 J. 로와 추기경 뒤
부아와의 대립으로 한때 은퇴를 강요당하기도 하였다. 1731년의 증여와 1735년의 유언 등에 관
한 왕령(王令)에 바탕을 둔 법통일에 대한 그의 노력은 높이 평가되었다. 도마와 말브랑쉬에게
사사한 그는 박학하고 웅변가였으며 지조가 굳은 프랑스교회 독립주의자였다. 또 자유주의적
개혁정신면에서 18세기 부르주아지의 입장이며 대혁명의 법률정책도 그 흐름을 이어받았다.

72) Charles Du Moulin(1500~1566)

프랑스의 법학자. 봉건제도에 강력히 반대하고, 국왕의 권력을 강조, 또한 프랑스 각지의 관습
법을 연구하여, 뒷날의 프랑스법학 발전에 크게 공헌하였다. 그가 주장한 부부재산제에 관한
당사자 자치원칙은 나중에 계약의 일반원칙이 되기에 이르렀다. 종교상의 이유로 독일에 머물
면서 슈트라스부르크대학, 튀빙겐대학에서 법학을 강의하였다. 봉건제도에 강력히 반대하고,
국왕의 권력을 강조, 또한 프랑스 각지의 관습법을 연구하여, 뒷날의 프랑스법학 발전에 크게
공헌하였다. 그 중에서도 부부재산제에 관하여 그가 주장한 당사자 자치원칙은 나중에 계약의
일반원칙이 되기에 이르렀다. 주요저서에는 「Commentariorum in consuetudines Parisienses
pars prima」(1539) 등이 있다.

73) 프랑스의 사상가 몽테스키외의 대표작.

2권. 1748년 발간. 그의 기본적 태도는 법을 선천적·보편적 원리에서 생각하는 것이 아니고
구체적으로 저마다의 나라에서 실시되고 있는 법형태·법체제의 경험적인 사회학적 비교고찰
에 기초를 두었다. 당시 영국의 제도를 본받아, 권력은 입법권·집행권·재판권으로 분리되어
있어야 한다는 것(3권의 분립)과 이것들이 서로 균형을 유지하고 있어야 한다는 것을 주장하였

다. 그의 이론이 귀족주의의 이해의 측면에서 포착하였다고는 하지만, 이 원리가 가지는 본질적 의미는 그의 입장을 초월하여 후세에 커다란 영향을 끼쳤다.

74) Jean-Jacques Rousseau(1712. 6. 28~1778. 7. 2)

18세기 프랑스의 사상가·소설가. 작품은 「신 엘로이즈」, 「에밀」, 「고백록」 등이다. 프랑스 혁명에서 그의 자유민권 사상은 혁명지도자들의 사상적 지주가 되었다. 19세기 프랑스 낭만주의 문학의 선구적 역할을 하였다. 또한 저서로는 「과학과 예술론; Discours sur les sciences et les arts」, 「인간불평등기원론; Discours sur l'origine de l'inégalité parmi les hommes」(1755), 「정치 경제론; De l'économie politique」(1755), 「언어기원론; Essai sur l'origine des langues」(사후 간행), 「달랑베르에게 보내는 연극에 관한 편지; Lettre d'Alembert」(1758), 「신 엘로이즈; Nouvelle Héloïse」(1761), 「사회계약론; Du Contrat social」(1762), 「에밀; Emile」(1762), 「고백록; Les Confessions」 등이 있다.

75) Pierre Bayle(1647. 11. 18~1706. 12. 28)

프랑스 계몽시대의 철학자. 툴루즈의 예수회 학교에 다녔고, 데카르트의 회의정신을 이어받았다. 「역사적·비평적 사전」에서 도덕·성서해석·신학의 여러 문제를 일신하기 위해 진정한 역사정신, 신랄한 풍자정신을 전개하였다. 저서 「역사적·비평적 사전; Dictionnaire historique et critique」(2권, 1695~1697)에서 도덕·성서해석·신학의 여러 문제를 일신하기 위해 진정한 역사정신, 신랄한 풍자정신을 전개하였다. 이 점에서는 몽테뉴의 후계자인 동시에, 사전의 형태에서는 "백과전서"의 선구이다. 또한 전기적인 연구와 문헌식의 세부적인 배려에서는 생트뵈브와 같은 정신을 지니고 있었다.

76) John Locke(1632. 8. 29~1704. 10. 28)

영국의 철학자이자 정치사상가로 계몽철학 및 경험론철학의 원조로 일컬어진다. 자연과학에 관심을 가졌고 반스콜라적이었으며 「인간오성론」 등의 유명한 저서를 남겼다. 교육에도 많은 관심을 보여 소질을 본성에 따라 발전시켜야 한다고 주장하였다. 계몽철학 및 경험론철학의 원조로 일컬어진다. 「종교 관용에 관한 서한」(1689), 「제2서한」(1690), 「제3서한」(1692), 「통치이론」(1690), 「인간오성론」(1690) 등을 간행하여 국내외에 이름을 떨쳤다.

77) François-Marie Arouet(1694. 11. 21~1778. 5. 30)

18세기 프랑스의 작가, 대표적 계몽사상가. 비극작품으로 17세기 고전주의의 계승자로 인정되고, 오늘날 「자디그」, 「캉디드」 등의 철학소설, 역사 작품이 높이 평가된다. 백과전서 운동을 지원하였다.

78) 우주와 모든 천체의 생성, 진화를 탐구하는 이론.

79) 히브리 민족은 가나안이라고 불리던 레반트 지방(지금의 팔레스타인과 시나이 그리고 시리아의 해변 지역)에 살던 민족이다.

80) 이스라엘의 종교적 지도자이자 민족적 영웅이다. 호렙산에서 민족을 해방시키라는 음성을 듣고 이집트로 돌아와 파라오와 싸워 이겨서 히브리 민족의 해방을 이룩하였다. 시나이산에서 십계명을 받았다. '약속의 땅'인 가나안으로 들어가기 위해, 이스라엘 백성들의 지도자가 되어 40여 년간 광야를 유랑하지만, 가나안 땅으로 들어가지는 못한다.

81) 구약성서의 맨 앞에 있는 「창세기」, 「출애굽기」, 「레위기」, 「민수기」, 「신명기」 등 5종의 책. "모세 5서"라고도 한다. 또 유대교에서는 이를 율법·토라·펜타 튜크 등으로 부르기도 한다.

본래 모세가 쓴 것으로 여겨 왔기 때문에 "모세 5경"이라고 불렸는데, 지금은 많은 자료를 바탕으로 몇 사람이 편집한 것임이 밝혀졌다. 그러나 그 주인공은 모세이며, 그 정신이 전체에 일관되어 있어 "모세 5경"이라는 호칭이 그 의미를 상실하는 것은 아니다. 거의 600년이 라는 긴 역사의 흐름 속에서 단계적으로 이루어져, BC 400년경에야 결집이 완성된 것으로 보 고 있다.

82) 자연상태라는 것은 실제로 존재한다는 것이 아닌, 일종의 이론을 만들기 위해 만들어낸 가상 의 상태로, 홉스, 로크, 루소 등은 공통적으로 인간이 "자연상태"부터 가지고 있는 기본권을 양 도해서 국가를 발생시켰다는 사회계약설을 주장하였다. 예를 들어 홉스의 리바이어던에서의 자연상태는 고대의 원시인상태에서는 개개인이 어느 누구에게도 보호받지 않고 "만인의 만인 의 투쟁" 상태를 말하며, 이러한 자연상태에서 좀더 나은 상태로 발전하기 위해서 국가를 만든 것이라고 한다.

83) 1789년 7월 14일부터 1794년 7월 28일에 걸쳐 일어난 프랑스의 시민혁명. 프랑스혁명은 사상 혁명으로서 시민혁명의 전형이다. 여기서 시민혁명은 부르주아혁명(계급으로서의 시민혁명)만 을 의미하지는 않는다. 전국민이 자유로운 개인으로서 자기를 확립하고 평등한 권리를 보유하 기 위하여 일어선 혁명이라는 보다 넓은 의미를 포함하고 있다.

84) Pierre Étienne Louis Dumont(1759~1829)
스위스의 정치가·저술가. 1789~1790년 파리에 머물다가 프랑스혁명에 관계하고, 잡지를 편집 하며 미라보를 도왔다. 1814년 제네바로 돌아와 시의회 지도자로서 법제정비에 힘썼다.

85) Marcus Antonius(BC 82?~BC 30. 8)
고대 로마의 정치가로 옥타비아누스, 레피두스와 함께 제2차 삼두정치를 성립하였다. 동방원정 에 전념하여 여러 주를 장악하고 군사·경제적으로 막강한 세력을 쌓았다. 이집트 여왕 클레 오파트라를 아내로 삼고 옥타비아누스와의 악티움해전에서 패하여 자살하였다

86) Louis X(1289~1316)
프랑스왕 필리프 4세와 나바르의 여왕 후아나 1세의 큰 아들이다(재위 1314~1316). 1305년 어 머니가 죽자 그 뒤를 이어 나바르의 왕이 되었다. 1314년에는 선왕의 뒤를 이어 프랑스의 왕 이 되었다. 재위기간이 짧아 눈에 띄는 업적은 없었으나 특권을 옹호해 줌으로써 귀족과 성직 자의 지지를 받았다. 또한 필리프 4세의 재위기간 동안 문제가 되었던 관직을 정비하였다.

87) Thomas Jefferson(1743. 4. 13~1826. 7. 4)
미국의 정치가·교육자·철학자. 자유와 평등으로 건국의 이상이 되었던 1776년 7월 4일 독립 선언문의 기초위원이었다. 1800년 제3대 대통령에 당선되었고 1804년 재선되었다. 철학·자연 과학·건축학·농학·언어학 등으로 많은 사람들에게 영향을 주어 '몬티첼로의 성인'으로 불 리었다.

88) 1776년 7월 4일 아메리카합중국 독립을 내외에 선언한 일.

89) 헌법을 제정하기 위하여 특별히 소집된 회의. 통상의 의회에 그 임무가 주어지는 경우와, 그 목적을 위해서만 선출되는 회의의 경우가 있다. 1787년의 미국의 헌법제정회의, 1789년의 프랑 스의 헌법제정국민회의 등이 그 예이다. 한국에서는 1948년 5월 31일 임기 2년의 제헌국회가 구성되었다.

90) Hugo Grotius(1583. 4. 10~1645. 8. 28)

네덜란드의 법학자. 근대 자연법의 원리에 입각한 국제법의 기초를 확립하여 "국제법의 아버지"라 불린다. 저서인 「전쟁과 평화의 법」에서는 전쟁의 권리·원인·방법에 대하여 논술하였는데, 국제법 전반을 체계적으로 서술한 최초의 저작이다. "국제법의 아버지", "자연법의 아버지"로 불린다.

91) 게르만민족 중에서 서게르만에 속하는 한 파. 단일 부족명이 아니라 살리족·리부아리족·카티족 등 라인강 중·하류의 동부해안에 거주하는 여러 소부족의 부족집단에 대한 호칭이다.

92) 게르만족의 한 일파. 고게르만 민족 중 동게르만계의 한 부족이다.

93) 게르만족에 속하는 루기족을 중심으로 한 혼성부족.

94) 롬바르드족 또는 랑고바르드족은 원래 도나우 강 연안에 살던 게르만족의 일파로 568년에 알보인왕의 지휘 아래 당시 비잔티움 제국의 영토인 이탈리아를 침공하여 왕국을 세운 부족이다.

95) 민족 대이동 시대에 활약한 게르만의 한 부족으로 고트파의 분파.

96) Gallia Transalpina(Transalpine Gaul). 알프스 산맥, 지중해, 피레네 산맥, 대서양, 라인 강으로 둘러싸인 지역의 고대 로마시대 지명. 오늘날의 프랑스와 벨기에 전지역 및 독일·네덜란드·스위스 일부지역이 포함된다.

97) Clovis(465 ?~511. 11. 27)
프랑크왕국의 초대 국왕(재위 481~510)으로 메로빙거 왕조의 창시자이다. 전 프랑크족을 통합하여 프랑크 왕국을 수립하였고 로마 카톨릭으로 개종하여 로마 교황과의 우호관계를 보증하게 되었다.

98) 프랑크왕국 전반기의 왕조(481~751). 명칭은 프랑크족의 일파인 살리족의 부족장 메로비스의 이름에서 유래한다.

99) 로마 황제 테오도시우스 1세의 사망 이후 동·서로 분열된 중세 로마제국 중 동로마 제국(330~1453). 비잔틴제국이라고도 한다.

100) 카롤루스 대제(742년 또는 747년~814년 1월 28일, 라틴어: Carolus Magnus, 프랑스어: Charlemagne 샤를마뉴, 독일어: Karl der Große 카를 대제, 영어: Charles the Great 찰스 대제)는 카롤링거 왕조의 프랑크 왕국 2대 국왕이다.

101) Charles the Bald(823. 6. 13~877. 10. 6)
루도비쿠스 경건왕의 막내아들로 서프랑크왕국의 왕(재위 843~877)이자 서로마황제(재위 875~877)였다.

102) Lothar I(795~855. 9. 29)
프랑크왕국 카롤링거왕조의 제3대 왕(재위 840~843), 서로마제국 황제(재위 840~855). 두 동생인 루트비히 2세와 카를 2세의 동맹군에 패하고 베르됭조약에 의해 제국이 3분되자 이탈리아와 부르군트·라인마스지방을 영유하였다.

103) 395년 테오도시우스 1세(재위 379~395)의 사망으로 로마제국이 동·서로 분열되었을 때 호노리우스(384~423)가 계승하여 476년까지 계속한 서부의 제국(이탈리아·에스파냐·북아프리카).

104) 독일왕 루도비쿠스의 막내아들. 독일남서부지방(재위 876~882), 이탈리아지방(재위 879~887), 동프랑크왕국(재위 882~887), 서프랑크왕국(재위 884~888)의 왕이었다. 881년에는 교황 요한 8세에 의해 신성로마제국황제의 관을 받았다. 독일왕 루도비쿠스(Louis the German, 806~876)

와 그의 부인 엠마(Emma of Altdorf, 808~876) 사이에서 태어난 세 아들 중 막내아들이었다. 그는 카롤루스 비만왕, 카를 3세, 샤를 뚱보왕 등으로도 불린다.

105) 메로빙거왕조를 이어 프랑크왕국의 후반을 지배한 왕조. 왕가의 계보가 대(大)피핀과 메츠의 주교 아르눌프까지 올라가기 때문에 아르눌핑가라고도 한다.

106) 중세 유럽의 봉건사회에서 농민을 보호 지배한 정치권력자. 농업사회에서 이루어진 인격화된 지방적 정치권력이라고도 할 수 있다. 특히 12~13세기 유럽에서 집단부락이 형성되고 이것이 조직화된 농촌공동체 또는 자치부락으로서의 직능을 가지게 되면서부터 이를 주요 권력 기반으로 하여 전형적인 모습으로 출현하였다.

107) 영국의 왕조(1066~1154). 노르만 정복에 의해 즉위한 윌리엄 1세가 시조이다. 이 왕조 밑에서 영국의 독자적 봉건사회의 기초가 확립되었다.

108) 군주가 아닌 공(公: 大公 · 公爵)이 통치하는 소국. 유럽이 봉건제후의 영지로 분할되던 시대의 유물이며, 세습적으로 통치하는 것이 관례이다. 외교 · 경제 · 전략적인 이유 등으로 강대국 사이에 존속한다. 현재 리히텐슈타인공국과 · 모나코공국 등의 2국이 있다. 대공이 통치하는 대공국도 같은 종류로서, 룩셈부르크대공국이 그 예이다.

109) 1625년에 출판된 네덜란드의 법학자 그로티우스(1583~1645)의 대표적 저작으로 자연법사상에 입각하여 쓰여진 이 책은 근대국제법학의 기초가 되었고, 그는 이 책으로 말미암아 "국제법의 아버지" 또는 "자연법의 아버지"라고 불리었다. 3권으로 되어 있으며 그 주요 내용은 전쟁의 법인데, 평시법도 전쟁의 정당원인에 관련해서 저자의 로마법에 대한 넓은 지식을 바탕으로 상세하게 해설하고 있다.

110) 1618~1648년 독일을 무대로 신교(프로테스탄트)와 구교(가톨릭) 간에 벌어진 종교전쟁.

제5장

원시사회와 고대법

법학적 주제라 하더라도 과학적으로 타당해야 한다는 점은 근대적인 관점에서 볼 때 당연하다. 뿐만 아니라 학식이 있는 사람들이 이러한 필요성에 따라 쓴 논문을 검토함으로써 지금까지 과학적으로 생각했던 내용의 대부분이 3장과 4장에서 검토까지 한 바 있는 로마시대의 법률전문가의 생각이며 억측이라고 생각하게 되었다. 자연상태(自然狀態; natural state)와 이에 기초한 여러 체계에 관련된 추측이론(推測理論)을 그대로 받아들이는 과정에서의 세밀한 서술은 그 창시자시대로부터 오늘날까지 거의 끊임없이 이어지고 있다. 이러한 억측들은 근대법학의 기초를 만든 주석학자(註釋學者)의 주석과 이를 계승한 스콜라학파의 법학자의 저술에도 드러나 있다. 그리고 교회법[111]학자의 주장에서도 찾아볼 수 있다. 이러한 특징은 문예부흥기에 명성을 높인 민법학자(民法學者)에 의하여 더욱 강조되었다. 그런가 하면 그로티우스(Grotius)와 그 후계자들은 실제적인 중요성 못지않게 그 우수성과 적합성을 높이 지적한다. 이는 부를라모크이(Burlamoqui)로부터 문언대로 해석·전수받아 옮겨 놓은 블랙스톤(Blackstone)[112]이 쓴 서문에서도 확인할 수 있고, 최근의 법학자나 법률가를 위해 출판된 문헌에서는 일반적으로 법의 기본원리에서 시작하여 로마시대의 가설을 되풀이하는 설명을 한다. 그렇지만 그러한 점이 어떻게 하여 교묘하게 인간사상(人間思想; human thought)에 함입되었는지를 바르게 파악하려면 그 본래의 형태와 같은 정도의 추단을 통해서 가능할 것이다. 법의 근원을 사회계약(社會契約; Social Compact)이라고 생각하였던 로크(Locke)[113]의 견해는 로마시대부터 유래한 것임을 밝히지 않았지만, 실제로는 고대의 견해를 근대의 특정한 시대에 조합시킨 것에 지나지 않는다. 이에 반하여 동일한 주제에 관한 홉스(Hobbes)[114]의 견해는 로마인이나 그 후학들에 의하여 인정된 자연법(自然法; law of nature)의 존재를 인정하지 않으려고 하였음을 알 수 있다. 그렇더라도 이 두 견해가 영국의 상호연관적인 정치가들을 영구적 적대진영으로 갈라놓은 점과 종족의 비역사적 검증을 받지 않은 상황을 기본적으로 가정한다는 점에서 유사하다. 사회라고 할 만한 상태 이전의 여러 가지 특징에 관하여 두 견해는 인간이 원시상태에서 벗어나 사회를 조직하려는 특성이 있다는 행동방식에 관하여 입장을 달리한다. 그렇지만 원시상태에 있는 인간과 사회를 만들어 가려는 인간 사이에는 하나의 커다란 차이가 있는데, 이러한 관념은 의식적으로나 무의식적으로 로마인에게서 나왔다는 사실은 의심할 여지가 없다. 만일 법이라고 하는 현상을 이들 이론가가 관찰하는 방식으로 — 즉 하나의 거대한 복합적 전체로 — 관찰한다면, 사람이 마음먹는 바는(그럴듯하게 해석하여) 어떠한 것이든지 조정할 수 있을 것처럼 보이는 순진한 추측에 빠지게 되어, 자기가 설정해 놓은 과제를 포기해 버리는 경우가 적지 않고, 때로는 체계화시키려는 노력에 치중하다가 절망에 빠지게 되는데 이것은 그리 놀라운 일이 아니다.

몽테스키외

로마시대의 학설과 동일한 사변적 기초를 가진 법이론이면서 아주 유명한 두 가지의 학설을 다음과 구별하지 않으면 안 된다. 그 첫 번째는 유명한 몽테스키외(Montesquieu)의 학설이다. 법의 정신(*Esprit des Lois*)의 앞부분에는 종래의 일반적인 견해를 지적하고 싶지 않다는 애매한 표현이 사용되는데, 이 논제에 관한 이 책의 전반적인 경향은 지금까지 논의되어 온 것과 다른 관념을 명확하게 보여주고 있다. 아주 광범위한 고찰의 결과를 덧붙여 상정한 법체계로부터 수집한 여러 가지 사례 중 문명사회의 독자로 하여금 매우 기이하고 놀라울 수 있는 관습과 제도들을 특히 명확하게 하려는 열정이 있었던 사실은 주목해야 한다. 끊임없이 이어지는 연구결과를 법이 사회적 분위기, 지리적 위치, 우발적 사건 또는 책략(策略)의 결실로 만든 점 ― 부단한 항상성에 맞추어 제외시켜 버린 여러 원인의 결과 ― 에 있다. 사실 몽테스키외는 인간본성을 완전히 유동적이면서 수동적인 입장에서 인상(印象)을 다시 만들어내며, 외부로부터 받게 되는 충동에 암묵적으로 복종하는 존재로 보았다. 그런데 여기에 의심의 여지없이 그 체계(體系; system)를 체계로서 약화시키는 오류를 가지고 있다. 그는 인간본질의 안정성을 아주 낮추어 평가한다. 그는 어느 종족의 유전적 성질, 즉 각 세대(世代)가 그 조상(祖上)으로부터 물려받게 되는 것에 관하여 거의 변화가 가해지지 않는다는 사실에 대해 관심을 두지 않았다. 사실 법의 정신(*Esprit des Lois*)에 드러나 있는 변동원인(變動原因; modifying causes)이 타당하게 승인되기까지는 사회현상에 관하여 완전한 설명이 가해질 수 없음은 전혀 틀린 말이 아니다. 그러나 몽테스키외는 이 변동원인의 수와 힘을 과대평가해 버리고 말았다. 그가 예로 들었던 많은 진기한 사례는 잘못된 보고나 잘못된 구성에 기초하고 있었다고 할 수 있으며, 그 밖의 몇몇 사례도 인간성의 유동성보다 그 항상성(恒常性)을 입증하는 것들에 지나지 않았다. 왜냐하면 이러한 것들은 어느 곳에서든지 끈질기게 존속한 종족들의 아주 오래 된 단계에서의 유물이기 때문이다. 진리는 우리들의 심리적·정신적 및 물질적 구성의 변하지 않는 부분이 그 대부분이고, 변화에 대항하는 저항은 세계 어느 한 지역에서의 인간사회의 변종만으로도 있을 수 있다. 하지만 그 변화는 그렇게 속도도 빠르지 않고 널리 퍼지지도 않는 것이어서, 그 전체적인 규모나 성격도 전반적인 방향을 확정할 수 없는 정도에 지나지 않는 것이 많다. 진리와 유사한 것을 오늘날의 지식으로 모두 알아 낼 수 있더라도, 그것이 현실과 매우 동떨어진 것이라든지 또는 (동일한 어떠한 것이 있지 않은가 하면서) 앞으로 많은 수정이 필요하기 때문에, 전적으로 쓸모없다거나 비교훈적이라고 할 수는 없다.

몽테스키외와 벤담

또 하나 살펴보아야 할 학설 중 하나는 벤담(Bentham)의 역사적 학설이다. 벤담의 저술 중 두세 부분에서 애매하게 (소심하게라고 말해도 괜찮을지 모르겠지만) 서술되어 있는 주장은 「정치론단편(政治論斷片; Fragment on Government)」에서 그 단서를 이끌어 낸 것이다. 최근 존 오스틴(John Austin)에 의하여 완성된 법개념(法槪念)의 분석과는 전혀 다르다. 법을 특수한 상황에서 생겨난 특성을 지니는 명령(命令; command)으로 분석하는 것은 언어(言語)의 ― 확실히 아주 어려운 문제의 하나이지만 ― 난점으로부터 방어하는 기능밖에 없다. 사회 그 자체가 이 명령을 발동하게 된 동기, 이러한 명령의 상호관계 및 한 사회가 그러한 명령을 내렸다가 폐지한 이전의 사회에 대한 의존성에 관하여 문제의 전부가 그대로 걸쳐 있다. 벤담은 사회가 그 일반적 편의성(一般的 便宜性; general expediency)에 관한 견해의 변화에 따라 법을 변화시키고, 또한 변화시켜 왔음을 암시적으로 밝혀주고 있다. 이 주장이 큰 오류를 범했다고 하기는 어렵지만, 타당하다고도 할 수 없다. 왜냐하면 사회나 통치기관에서 일정한 법규를 개정하려고 할 때, 그 편의성은 사회변화에 관심을 두면서 최대선을 목적으로 삼고 있는 것과 같은 것이기 때문이다. 편의성(便宜性)과 최대선(最大善; the greatest good)은 변화를 촉진하는 자극의 다른 명칭일 뿐이다. 편의성을 법이나 여론에서 생겨나는 변화의 기준이라고 하는 경우에, 이러한 주장에 의하여 얻어지는 것은 명백한 표현이지만, 변화가 일어나는 경우에 필연적으로 파생되는 표현으로 변경시키는 것에 지나지 않는 경우도 많다.

적합한 연구방법

완전한 결과를 얻는 데 필요한 연구과정이 이러한 저자에 의하여 충분하게 검토되어 왔는지 또는 전적으로 생략되어 버렸는지에 관한 의심을 풀기까지는 이제까지의 법이론으로는 그다지 충분하지 못하고, 해결하려고 하였던 문제도 사실상 해결하지 못하였다고 믿게 되었다. 그러면서도 실제로 몽테스키외를 제외하면 대부분은 많은 생략을 하였고, 이것만으로도 결론이 달라질 수 있다. 이러한 것들은 그것이 출현한 특정한 시기로 거슬러 그 이전의 법이 실제로 어떠했는지를 염두에 두지 않고 있다. 그 주창자들은 주의 깊게 동시대와 동시대문명에 속하는 여러 제도와 어느 정도 알 수 있는 다른 시대 및 다른 문명에 속하는 제도를 관찰하였다. 그렇지만 당시의 사회와 겉으로 보기에 큰 차이를 보이는 원시사회상태에 관심을 가졌다면, 관찰했던 모든 사람은 일종의 억측을 하였음을 알 수 있었을 것이다. 이는 자신들이 저지른 오류를 물질세계(物質世界)의 법칙으로 밝혀내려고 하면서, 그 가장 본질적 부분에서부터 출발하지 않고, 현존하는 물질세계를 전체로 보아 단서를 찾으려 했던 사람들의 오류와 같은 것이다. 법학의 세계에서는 다른 사상계(思想界)에서보다 이러한 과학적 오류를 묵인하는 사람은 많지 않다. 예상할 수 있는 한 근원적 상황(根源的 狀況)에 가깝다고 생각되는 상태에 있는 가장 단순한 사회상태에서부터 그 단서를 찾아내야 할 것으로 보인다. 바꾸어 말하면 이러한 연구를 하는 경우, 추급할 수 있는 원시사회의 역사 범위까지 거슬러 올라가지 않으면 안 된다. 초창기 사회가 보여 준 현상은 처음에는 이해하기 쉽지 않지만, 여기서 부딪치게 되는 어려움은 근대적 사회조직의 복잡한 갈등을 고찰할 때 겪는 당혹함에 비하면 아무것도 아니다. 이러한 현상은 사회 자체의 특이하고 개별적인 특징에서 발생하는 어려움이고 그 수량(數量)이나 복잡성(複雜性)에서 발생하는 것은 아니다. 지금의 입장에서 관찰해 볼 때 초기사회에서 발생하는 국면을 여기까지 몰고 오기는 하였지만 조그만 싹을 결정하는 노력은 헛되이 끝나지 않았다. 이 씨앗으로부터 오늘날 우리들의 행동을 억제하는가 하면 갖가지 행위를 형성하는 정신적 억제의 모든 형식이 전개될 수 있다.

타키투스의 게르마니아

일반적으로 세 가지 증거로 사회상태의 근원에 대해 알 수 있다. 즉 동시대의 사람보다도, 앞으로 다가올 문명에 대한 같은 시대 관찰자에 의한 해명 (accounts by contemporary observers of civilizations less advanced than their own), 특정한 종족이 각각의 원시적 역사에 관하여 보존하고 있는 기록(the records which particular races have preserved their primitive history) 및 고대법(ancient law)이 그것이다. 첫 번째의 징표는 기대할 수 있는 가장 좋은 자료이다. 사회는 병행하는 것이 아니라 그 발전속도를 달리하면서 진행하기 때문에 조직적 관찰의 습성에 익숙한 사람이 인류초기를 관찰하고 서술하는 역할을 맡았던 때가 있었다. 타키투스(Tacitus)[115]는 이러한 기회를 가장 잘 이용하였다. 그러나 게르마니아(Germany)[116]는 저명한 고전적 서적들과는 달리 다른 사람들로 하여금 그 저자들이 꾸며 놓은 우수한 예를 따르지 않았으며, 우리가 확보할 수 있는 그러한 증거에 관한 총합도 그다지 많지 않다. 문명인이 이웃해 사는 미개인에 대하여 가지는 오만한 멸시는 그들의 관찰을 큰 오류에 빠뜨렸고, 이러한 경솔함은 경우에 따라 공포나 종교적 편견 그리고 심지어 문명이나 미개라고 하는 용어까지 사용하여 과장하는가 하면, 이것이 많은 독자에게 정도에서나 종류에 있어서의 차이라는 인상을 주기도 한다. 게르마니아(Germany)조차도 날카로운 대비와 생생한 묘사에서 충실성을 소홀했던 것이 아닌가라는 의심을 어느 비평가로부터 받은 바 있다. 한 민족에 관한 기록 중에서 오늘날까지 전해지고 있는 역사도 그 관련된 초기에 관한 기록은 그 종족의 과장성이나 후대의 종교적 감정에 의하여 왜곡된 것이라고 생각되기도 한다. 그런데 이러한 의심은 전혀 근거 없는 것이 아니라 어느 정도 가능한 부분인데, 대부분의 고법(古法; archaic law)에서는 제대로 다루지 않고 있음을 충분히 살펴볼 필요가 있다. 오늘날까지 남아 있는 고법(古法)은 단순히 오래 되었다는 이유만으로 보존되고 있는 것도 있다. 고법을 시행하고 이에 따르는 자가 이것을 이해하려고 하지 않고, 더구나 어떤 경우에는 비웃거나 경멸하기도 한다. 그들은 이러한 것들이 조상들로부터 물려받았을 뿐 그 이외에는 아무런 설명도 하지 못한다. 여기에서 당연히 변경되었을 것이라고 생각되지 않는 고대의 제도적인 단편에 주의를 기울이게 되면, 이러한 여러 제도가 본래 속해 있던 일정한 사회의 명확한 특징에 관하여 명료한 개념을 밝힐 수 있다. 한 걸음 더 나아가 이 지식을 적용해 보면, 예를 들어 마누법전(code of Manu)과 같이 전체로서의 신빙성을 의심받는 법체계에 적용할 수도 있게 된다. 더구나 이미 파악된 중요요소를 사용하여 실제로 고대에 속하는 편찬자의 편견이나 이해관계나 무지에 의하여 영향을 받았던 부분을 판단할 수 있게 된다. 이러한 과정을 뒷받침해 줄 수 있는 자료가 충분히 있고 정확한 비교가 가능하다면, 그 사용된 방법은 비교언어학(比較言語學; comparative philology)에서 아주 놀랄 만한 결과를 이끌어 낸 것과 마찬가지로 충분한 가치가 있다는 사실은 잘 알려진 바이다.

성서(聖書)에 의한 설명, 원시사회

비교법학(比較法學; comparative jurisprudence)으로부터 얻은 증거의 결과, 초기 인류사회에 관해 가부장제설(家父長制說; Patriarchal Theory)[117]이 확립되었다. 두말할 나위도 없이 이 견해는 본래 남부 아시아(Lower Asia)의 히브리 가부장(Hebrew patriarchs)이라는 성서에 연유하는 역사에 의거한다는 점은 의심의 여지가 없다. 그러나 앞에서 설명한 바와 같이 이것이 성서에 관련되어 있기 때문에 이 견해가 완전한 학설로 받아들여지기 위하여 그렇지 않은 경우보다 심한 격론을 겪어야만 했다. 이것은 최근에 이르기까지 사회현상의 전반에 아주 열성적으로 고찰한 연구자의 대부분이 히브리 구제(Hebrew antiquities)에 대하여 가지고 있는 아주 강렬한 편견이나 그 체계를 구성함에 종교적 기록의 도움 없이 해내려는 아주 집요한 요청에 영향을 받았던 것이 아닌가 생각된다. 오늘에 이르기까지 이러한 설명을 과소평가하거나 아니면 유태민족의 전통 중 일부를 일반화하려는 것에 불과하다는 경향이 있었다. 그렇지만 이 법학적 증거가 인도유럽계(the Indo-European stock)에 속하는 여러 사회의 제도로부터 거의 독점적으로 차지해버린 로마인, 힌두인, 슬라브인이 그 대부분을 제공한다는 사실을 주의하지 않으면 안 된다. 실제로 현재의 연구단계에서 어느 곳에 한계를 두어야 할지를 알아서, 사회가 본래 가부장적 전형(家父長的 典型; patriarchal model)에 맞추어 조직되었다고 단정할 수 없다고 할 만한 종족을 열거하는 것은 어려운 일이다. 창세기(創世記; Genesis) 제1장에서 열거하고 있는 사회의 주요계보에 관하여는 세밀하게 서술할 필요가 있다고 생각지 않는다. 그 내용의 대부분은 어려서부터 잘 알고 있는 것이고, 로크(Locke)와 필머(Filmer)[118]의 논쟁으로부터 생겨난 명칭에 부수하여 관심을 끌었던 것으로서 영국문헌 중에서는 그다지 유익한 것이 아니면서도, 한 장 전체를 채우고 있다. 성서에 기초로 한 역사의 표면에 깃들어 있는 요점은 다음과 같은 것들이다. 최연장의 부친이나 최연장의 지배자가 그 가정

내에서 절대적 최고권자라는 점이다. 그는 가구성원의 생살여탈권(生殺與奪權)을 가지며, 노예에 대한 것과 마찬가지로 그 자녀 및 세대에 대하여 절대적 지배권을 가지고 있다. 사실 자녀와 노예는 혈연(血緣)으로 이어진 아들들이 나중에 가족의 우두머리가 되는 우월적 지위를 가지게 된다는 것 외에 다를 바가 없다. 아들들의 가축은 아버지의 가축무리에 속하고, 소유권적 성격보다도 오히려 대표로서의 성격 때문에 보유하는 부친의 소유물은 그가 사망한 다음에 1순위의 자손에게 평등하게 분배되고, 경우에 따라서는 장남(長男)이 생득권(生得權; birthright)의 자격에 의하여 배액을 받게 되기도 하지만, 명예 있는 우월성 이외에 좀더 일반적으로 특정한 세습적인 특권을 가지게 되어 있지 않다. 성서에서 추측하는 것이면서도 그다지 확실치 못한 추론은 가부장이 지배하는 중에 처음으로 발생한 불화의 흔적과 관련하여 일정한 생각을 야기한다는 점이다. 야곱(Jacob)[119]의 가족과 에서(Esau)[120]의 가족은 나뉘어 두 개의 집단을 이루었다. 그러나 야곱의 자손은 단결하여 하나의 족단(族團)을 구성하였다. 이것은 국가(國家) 또는 연맹체(聯盟體)의 기초 내지 가족관계의 요구를 뛰어넘는 권리질서(權利秩序)의 초기 형태로 보인다.

만일 필자가 법학자로서의 목적을 위하여 좀더 특수한 인류역사의 여명기의 특징을 요약하여 나타내려고 했다면, 호메로스(Homer)의 오디세이(Odyssey)[121]로부터 몇 구절을 인용하는 것으로 만족하고 말았을 것이다.

τοῖσιν δ᾽ οὔτ᾽ ἀγοραὶ βουληφόροι οὔτε θέμιστες.

. . . θεμιστεύει δὲ ἕκαστος

παίδων ἠδ᾽ ἀλόχων οὐδ᾽ ἀλλήλων ἀλέγουσιν.

"그들은 상담하기 위한 회합도 테미스테스(themistes)도 갖지 않지만, 누구든 지 그 처나 자녀에 대하여 사법권(司法權; jurisdiction)을 행사하고 그들 상호 간에는 특별한 배려를 하지 않았다."

이 구절은 키클롭스(Cyclops)[122] 등에 관하여 적용되었을 것이고, 키클롭스가 다른 낮은 문명의 호메로스적 유형에 속한다면 아마도 전혀 엉뚱한 생각이라고 할 수는 없을 것이다. 원시사회(原始社會; primitive community) 그 자체가 아주 이상한 관습을 가진 사람이라는 느낌을 주는 자연적 혐오감에서 원시인들을 거인이라든가(동양의 신화에서는 대부분의 경우 그렇게 되어 있다) 귀신처럼 괴물로 묘사하였기 때문이다. 어떻든 간에 앞의 시구(詩句)는 법적 구제도(法的 舊制度)가 부여하는 암시의 집적을 보여주는 것이다. 사람들은 우선 부친에 대한 복종으로 결합된 완전히 독립된 집단으로 나뉘어 있는 것으로 보인다. 법은 부친의 명령인 것 같지만, 이 책 제1장에서 분석한 테미스테스(*themistes*)에 의하면 그렇지 않다. 이러한 초기의 법적 개념이 형식을 갖춘 것으로 드러난 사회상태를 좀더 앞질러 나가보면, 이러한 법개념은 여전히 전체적인 부친의 명령을 특징짓는 것으로 생각되는 신비성(神秘性; mystery)과 자연발생성(自然發生性; spontaneity)을 나타내고 있다는 사실도 알 수 있지만, 동시에 주권자(主權者; sovereign)로부터 생겨난 것이기 때문에 상당히 널리 유포되어 있는 가족군연합(家族群聯合)을 전제로 하고 있음도 알 수 있다. 다음의 문제는 이 연합의 성격이 무엇인가 하는 점과 이 연합이 지니는 친밀도(親密度; degree of intimacy)는 어느 정도인가 라는 점이다. 바로 이 부분이 고법이 가장 큰 기여를 할 수 있는 한 부분이고, 고법에 의하지 않으면 추측으로 뛰어넘을 수 없는 간극을 메워 주는 것이기도 하다. 원시사회가 오늘날 모든 지역에서 인정되고 있는 것처럼 개인(個人; *individuals*)의 집적이 아니었음을 명확하게 보여주는 사례가 많이 나오고 있다. 실제로 아직 이 사회를 구성하는 사람들의 생각에서 그것은 여러 가족의 집합(*aggregation of families*)이었다. 이와 대비적인 것을 다음과 같이 표현하면 아주 잘 표현된 것이라고 할 수 있을 것이다. 고대사회(古代社會; ancient society)의 단위는 가족이고, 근대사회(近代社會; modern society)의 단위는 개인이다. 우리는 고대법(古代法; ancient law)에서 이들 사이에서 발생하는 여러 가지 결과를 찾아내야 한다. 원시사회는 독립적인 소단체(小團體)라는 체제에 적합한 구조를 갖추고 있다. 그러므로 구성원수가 그다지 많지 않고, 그러한 점은 가장의 전제적 명령에 의하여 보충되었다. 여기에서 행하여지는 대외교섭(對外交涉)은 개인 간에 신속하게 행해지는 교제라기보다는 국제간의 관계에 행하여지는 것이다. 무엇보다도 일정한 특이성을 갖는데, 이 특질이 지니는 의의는 오늘날의 안목으로 이해할 수 없다. 그것은 발달된 법제에서 나타나는 것과는 전혀 다른 생명(生命; *life*)이라는 느낌을 지니는 것이다. 단체는 결코 죽지 않는다(*never die*)는 것이고, 이와 같이 원시시대의 법은 그 주어진 전체인 가부장적 집단 내지 가족적 집단을 영구적으로 존속시켜야 했다.

초기의 도덕적 원리

이러한 사고방식은 이미 고대의 도덕적 특성이 드러났던 특이한 상황과 밀접하게 관련되어 있다. 개인의 도덕적 고양(高揚) 및 도덕적 저하(低下)는 그 개인이 소속되어 있는 집단의 장점(長點; merits) 및 죄과(罪過; offences)와 뒤섞여 나타나거나 아니면 순차적으로 생겨난다. 전체사회가 죄를 범하게 되면, 그 죄는 구성원이 저지른 죄의 총량보다 더 큰 것으로 여겼다. 범죄는 단체행동이고 그 결과로서 당해 범행에 참가한 사람보다 더 많은 사람에게까지 확대된다. 다른 한편 개인이 중대한 범죄를 범하게 되면, 그의 자녀나 근친자나 씨족원이나 동료가 그와 함께 형벌을 받고, 때로는 그를 대신하여 형벌을 받기도 했다. 그러므로 도덕적 책임 및 응보의 관념은 근대보다도 고대나 원시시대에서 보다 분명하게 이해되는 경우가 많다. 이러한 관념은 가족집단이 불멸이고 그 형벌에 대한 책임은 무한이기 때문에, 원시인들은 개인이 집단으로부터 완전히 분리되었다고 생각하게 될 경우 어렵지 않게 해결된다. 이러한 사안에 관한 고대의 사고방식으로부터 후대의 신학적 설명 내지 형이상학적 설명에서의 첫 번째 시도는 저주유전(咀呪遺傳)에 관한 초기의 그리스 관념에 의하여 나타났다. 본래의 범죄자로부터 그 자손이 물려받게 되는 것은 형벌에 대한 책임이 아니라 새로운 범행을 저지르지 말라는 질책이었고, 이것은 당연한 응보를 받아야 하는 것이었다. 그렇기 때문에 가족의 책임은 범죄의 결과를 실제의 범행자에 한정하는 사상의 새로운 단계와 일치하는 것이다.

초기의 정치사상

앞에서 언급한 성서에 드러난 전례(Scriptural example)에서 얻은 암시로 일반적 결론을 얻을 수 있고, 공동사회는 가족과 가부장적 사회의 우두머리가 사망한 후에도 분리하지 않고 단결을 유지하면서 존재할 수 있다면, 이것이 사회의 기원에 관한 아주 간단한 설명일 것이다. 그리스 제국의 대부분 및 로마에서도 가족집단으로부터 국가가 처음 구성되기 시작하였다는 여러 단체적 흔적이 아직도 남아 있다. 로마의 가족(家族; Family), 씨족(氏族; House) 및 부족(部族; Tribe)이 그 유형이라고 생각할 수 있을 것이다. 그리고 이러한 것들은 너무도 명확하기 때문에, 동일한 상태에서 점차 증대하는 집중적 구심체(求心體)라고 할 수 없다. 기본적 집단은 가족이고, 최고권자인 남자에 대한 구성원의 복종에 의하여 이루어졌다. 가족의 집합은 씨족(氏族; the Gens) 또는 가통(家統; the House)을 이룬다. 가통의 집합이 부족(部族; the Tribe)을 이룬다. 부족의 집합이 국가(國家; the Commonwealth)를 구성한다. 우리는 이와 같은 경향이 보여주는 바에 의거하여, 국가는 원초적 가족의 선조(先祖)의 공동 자손들로 결합하는 집합이라고 단정할 수 있는가? 이에 관하여 모든 고대사회는 하나의 시원적 인종으로부터 발달을 스스로 인정하고, 그렇지 않고서는 정치적 결합체로 결집하게 되는 이유를 이해할 수 없는 상태에 놓여 있었던 것만은 확실하다. 정치사상사는 사실 혈연관계(血緣關係; kinship in blood)가 공동사회의 정치적 기능을 할 수 있는 유일한 기초라는 가정에서 시작된다. 다른 일정한 원리 ― 예를 들어 지역적 접촉(地域的 接觸; *localcontiguity*)

의 원리 ― 가 새로이 공동의 정치적 행동의 기초가 되는 경우에 생겨나는 변화만큼 놀랍고 또한 완전한 감정의 변화가 있을 수 있는데, 우리는 이를 강조하여 혁명(革命; revolution)이라고 한다. 그렇기 때문에 초기의 국가는 그 시민들이 그 구성원이 될 것을 요구하는 모든 집단을 공통의 계보를 기초로 하여 형성되었다고 인정될 수 있을 것이다. 가족에 관한 분명한 사실은 그에 앞서 있었던 씨족에 관하여, 다음으로는 부족에 관하여, 마지막으로는 국가에 관하여도 그대로 타당한 것으로 믿게 되었다. 그렇지만 이제 이 신념, 아니 좀더 풀어 말하면, 이 이론이 풀어내는 것과 함께 존속하였던 각 공동사회는 이 기본적 가정이 잘못된 것임을 확실하게 보여 주는 기록이나 전통을 보존하고 있다는 사실도 찾아낼 수 있다. 그리스의 여러 국가(the Greek states), 로마(Rome), 니브르(Niebuhr)[123]에 많은 귀중한 설명을 할 수 있게 해 준 디트마르슈(Ditmarsh)[124]의 튜톤귀족(the Teutonic aristocracies),[125] 켈트족[126]의 씨족집단(the Celtic clan) 또는 최근에 들어서야 비로소 주의를 끌게 된 슬라브계의 러시아인(the Sclavonic Russians)이나 폴란드인(Poles)의 기이한 사회조직에 주의를 기울여 보면, 모든 곳에서 그 이방인들이 토착씨족에게 수용되고 융합한 흔적이 발견된다.

입양의 기능

로마에 관하여만 보면 그 원시적 집단인 가족이 입양을 함으로써 계속적으로 사람들이 섞이게 되었으며, 다른 한편 토착부족 중 외래계통이었다는 것과 가통(家統)이 초기의 어느 군주에 의하여 광범위하게 추가되면서 지내왔음을 알 수 있다. 국가의 구성은 일반적으로 자연적이었다고 알려져 있지만, 사실은 아주 인위적이었다. 신념(信念)이나 이론(理論) 사이의 상충은 언뜻 보기에는 아주 복잡한 사실로 보인다. 그러나 실제로 이러한 사실을 해명하는 가운데 법적 의제(法的 擬制)가 초기 사회에서 일정한 역할을 해내는 방법이 내재되어 있다. 가장 초기에 아주 널리 활용되었던 법적 의제는 가족관계의 인위적 형성을 허용한 것이었다. 그리고 필자가 생각하기에는 인류가 이보다 더 큰 은혜를 입은 적은 없었다. 만일 이러한 일이 없었다면 그 본성의 여부와 상관없이 원시집단(原始集團)의 어떠한 것도 다른 것을 흡수할 수 없었을 것이고, 어느 한쪽의 절대적 우월성에 대해 다른 쪽이 절대적인 복종을 하지 않는 한, 어떠한 조건하에서 두 개의 집단이 결합하게 되었다는 것을 필자는 본 적이 없다. 의심의 여지없이 현대적 사고방식을 가지고 독립사회의 결합을 생각하는 경우, 우리는 그렇게 할 수 있는 백여 가지의 방식을 생각해 낼 수 있고, 그 중에서 가장 간단한 방법은 연합집단에 포함된 개인이 투표를 하든가 지역적 친근(地域的 親近)에 따라서 공동으로 행동하는 것이다. 그러나 다수의 인간이 동일한 지형적 한계 내에 우연히 살고 있다는 이유만으로 공동으로 정치적 권리를 행사하여야 한다는 것은 원시인에게도 아주 특이하고 기이한 일이었다. 당시 취했던 방법은 새로 유입된 사람들을 같은 혈통의 자손으로 위장하는(feign themselves) 것이었다. 그리고 이 의제에 관한 선의의 신념과 그것이 현실을 모방하는 것처럼 보이게 하는 정밀성은 오늘날 우리로서는 이해할 수 없는 것이었다. 그렇지만 주목할 만한 의미가 있는 하나의 상황은 여러 종류의 정치적 집단을 형성하는 사람들이 공통의 희생에 의하여 그들의 결합을 확인하고 숭배목적을 위하여 주기적으로 회합하는 관습이 있었다는 것이다. 포족관계(胞族關係)[127]에 의하여 융합하게 된 이방인(異邦人)은 의심할 바 없이 이 공통의 희생에 참가하였다. 그리고 일단 이렇게 하고 나면, 그들의 공통의 계통에 속하는 것으로 하는 것은 마찬가지로 용인하였고, 다른 어려움이 발생하지 않았다. 이로 인해 도달하게 되는 결론은 모든 초기 사회가 동일조상(同一祖上)으로부터 자손으로 형성되는 것이 아니라, 항상성(恒常性; performance)과 단결성(團結性; solidity)을 가진 사람들이 자손인지 여부와 관계없이 가정되어 왔다는 것이다. 아주 많은 원인이 원시집단을 파괴시켰다고 할 수 있지만, 그 성원이 재결합하는 경우에는 어느 곳에서나 친족적 결합의 형태 또는 원리에 따라 이루어졌다. 그러나 이러한 모든 것이 우리가 그 기록에 관하여 잘 알고 있는 사회와 관련하여 만들어진 것처럼 보이지만, 그 나머지의 역사는 가장 유력한 법적 의제의 본질에서 알게 모르게 소멸해야 할 세력에 관련하여 이전의 위치를 지지한다. 어느 시기에 — 아마도 그들이 외부의 압력에 저항할 만큼 충분히 강력한 힘을 갖추었다고 자각하였을 때인지도 모르겠다 — 이들 모든 국가는 서로가 동족(同族)이라는 인위적 확장을 통한 보충을 멈추었다. 이렇게 되면서 그들은 어쩔 수 없이 그 기원을 같이하는지 여부와 관계없이 새로운 인구가 그 원인에 상관없이 어느 한 장소에 모여들게 되는 경우 귀족이 되었던 것이다. 정치적 권리가 현실적 혈연관계나 인위적인 혈연관계 이외의 어떠한 조건에서도 확보할 수 없는 중심적 원리를 유지하는 경우 그들의 엄격성은 다른 많은 생활방식을 물려받게 되어 있는 하급자(下級者; inferiors)에게 다른 삶의 원리를 가르쳐 주는 것으로 되었다. 이것은 지역적 접촉(地域的 接觸; *local contiguity*)의 원리이면서 동시에 어느 곳에서나 정치적 기능을 발휘하는 조건으로서 인식되었다. 새로운 정치사상체계가 발생하였다. 이것은 바로 우리의 동시대자(同時代者) 및 우리 조상 중 대부분이었고, 반대로 이들이 추방시키고 폐지시켜 버린 사고방식은 우리의 감각을 혼란스럽게 할 뿐이다.

고대가족

어쨌든 가족은 취할 수 있는 모든 변형으로서 고대사회에서의 전형(典型)이었다. 그러나 이렇게 말할 수 있는 가족은 정확히 말하면 근대인이 이해하는 가족은 아니다. 가족의 고대적 개념에 도달하기 위해서는 근대적 관념에 중요한 확장(擴張; extension)과 제한(制限; limitation)을 가하지 않으면 안 된다. 우리들은 이 범주 안에 이방인을 유입함으로써 끊임없이 확대된 가족을 관찰하고, 입양의 의제를 실제적인 혈연과 유사하게 만든 법과 논의는 현실적 관계와 입양의 사이에 차이를 두려고 노력하지 않을 정도였다. 다른 한편 이론적으로 공동의 자손이라는 것에 의하여 가족으로 포함된 사람들은 최고권자인 아버지, 할아버지나 증조할아버지에 대한 공동의 복종으로 결합되었다. 우두머리의 가부장적 권위는 가족이 그의 자식으로 태어난다는 사실(또는 가정된 사실)로서 가족집단의 관념에서의 불가결한 요소를 이루게 되었다. 그렇기 때문에 만일 사실상(*de facto*) 그 혈연에 의하여 어느 포족(胞族)에 포함되어 있으면서도, 사실상 그 지배자의 영역에서 제외된 사람들이 있었다면, 그들은 법의 처음 시행부터 가족의 신분을 상실하게 되는 것이다. 원시법제에서 가장 눈에 띄는 것은 가부장적 집합(家父長的 集合; patriarchal aggregate)이고 — 근대가족은 한편으로는 단절하고, 다른 한편으로는 확장시키고 있는 것이다 — 이는 우리로 하여금 원시법학(原始法學; primitive jurisprudence)을 충분히 접하게 해주는 것이다. 아마도 국가보다도 오래 된 부족과 가통은 그 부족이나 가통이 사라진 다음에도 오래도록 남아 있고, 국가구성에서 동족성이 배제된 이후에도 오랜 시기에 걸쳐 사법(私法) 중에 그 흔적을 남겨 왔다. 그것은 법제의 많은 주요부문에 드러날 것이고, 그만큼 아주 중요하고 영속적인 특징의 진실된 근원으로 판별될 것으로 필자는 생각한다. 그 첫 번째로서 가장 고대적인 상태에서의 법의 특수성은 두말할 필요도 없이, 오늘날 유럽 전 지역에서 행해지고 있는 권리의무의 체계에 따라 개별적 인간을 보는 견해로 완전히 동일한 태도를 가족집단에 대해서도 가질 수 있다는 결론을 낳는다. 이 때 우리들의 관찰에서 그러한 원시상태에서 생겨나지 않았다고 한다면 도저히 설명해 나갈 수 없는 무엇인가가 존재함을 알게 된다. 그러나 다소라도 행운이 있는 사회에서는 그와 관련된 법제조직이 점차적으로 붕괴하면서 이 분해과정에 대해 주의 깊은 관찰을 통해 이러한 것들이 적지 않게 가족의 원시적 개념에서도 깊은 영향을 받고 있는 체제에서 발생하는 것임을 알 수 있게 된다. 가장 중요한 한 예로서 로마법의 경우 그 변화가 아주 서서히 이루어졌기 때문에 어느 한 시기로부터 다른 시기로 옮겨가는 과정과 방향을 관찰해 보면, 그것의 궁극적인 결과에 적지 않은 관념이 관련되어 있음을 알게 된다. 그리고 이 마지막 문제를 검토할 때, 근대세계를 고대세계로부터 분리시켜야 한다는 상징적인 장벽에서 차단시켜야 한다는 어려움에 빠질 필요는 없다. 세련된 로마법과 봉건제도(封建制度)라는 오해의 소지가 있는 원시미개의 관행이 혼합된 결과는 로마에서 사멸된 고대의 많은 특징을 재생시켰던 것이고, 그 결과 이미 종료해 버렸다고 생각했던 해체가 다시 시작되는 것처럼 되어, 일정 부분에서는 오늘날까지도 그대로 존속하여 작용하고 있는 것이다.

가부장권

몇몇 법체계에서 가장 초기사회의 가족조직이 부(父; Father) 또는 기타의 조상이 그 자손 및 재물에 대하여 가지는 종신적인 권위(權威), 즉 후기 로마에서 편의적으로 가부장권(家父長權; Patria Potestas)이라고 불렸던 권위는 아주 단순하면서도 광범위한 특징으로 남아 있다. 인류의 근원적 집단 중에서 이만큼 많은 증거에 의거하여 그 특징이 입증되는 것도 없지만, 진보사회의 관행에서 가부장권만큼 아주 전반적이면서도 급속도로 사라진 것도 없는 것 같다. 안토니네(Antonines)시대의 법학자인 가이우스(Gaius)는 전적으로 로마적인 제도라고 기술하였다. 그가 만약 라인강(the Rhine)[128]이나 다뉴브강(the Danube)[129]을 건너 진기한 풍습을 지니고 살아가는 미개부족을 보았더라면, 아주 간단한 형태의 가부장권의 실례를 알았을 것이다. 반면 극동에서는 로마계통과 같은 분파가 아주 기술적인 몇몇 사건에서 가부장권을 그대로 실시하고 있었다. 그렇지만 로마제국에 속하는 여러 종족 중에서 가이우스는 아시아의 갈라티아인족(the Asiati Galatæ)[130]을 제외하고는 로마의 "가부장권(Power of the Father)"과 유사한 제도를 가진 종족을 발견할 수 없었다. 사실 조상의 직접적인 권위가 대부분 진보사회에서 아주 단기간에 그 가장 원시적 상태에서 그것에 부수되어 있던 것보다 빨리 감소할 만한 이유가 있었을 것이다. 미개인들이 그 아버지에게 묵묵히 복종하였음은 의심할 바 없는 사실이고, 이러한 복종을 이해관계로 설명하는 것은 불합리하다. 그러나 아들들이 아버지에게 복종하는 것이 당연하다고 한다면, 아버지의 뛰어난 힘이나 빼어난 지력(智力) 때문에 우러러 보는 것도 당연하다. 그러므로 사회가 특수한 완력(腕力)이나 지력(智力)에 결합하여 특별한 가치를 야기한 환경에 속한 경우에는, 가부장권을 가지는 자는 실제로 숙련되고 힘이 센 자로 한정시키려고 하는 움직임이 발생하게 되었다. 그러나 오디세이(*Odyssee*)에서 율리시스(Ulysses)131)와 라에르테스(Laertes)132)의 관계는 비상한 용기와 지혜가 아들에게 부여되어 나타난 경우로 노쇠한 아버지는 가족의 우두머리자리에서 물러나야 했음을 확실히 보여 준다. 발달한 그리스 법제에서는 호메로스의 시(Homeric literature) 중에 암시되어 있는 규칙을 보다 더 발전시켰다. 엄격한 가족적 의무에 관한 아주 많은 증적(證迹)이 남아 있지만, 아버지의 직접적인 권위는 유럽의 법전(European codes)에서와 마찬가지로, 미성숙한 자녀에게, 바꾸어 말하면, 그 심신의 미성숙이 언제나 추정되는 시기에 한정된다. 그렇지만 로마법은 국가위난시에만 오래 된 관습을 혁신하는 경향으로 이 원초적 제도와 그것이 따랐다고 생각되는 자연의 한계를 가지고 있다. 전체사회가 그 지력과 체력을 모든 교섭 또는 전쟁의 목적을 위하여 활용하는 기회를 가지는 모든 생활관계에서 권력하의 자식(filius familias Son under Power)은 그 아버지와 마찬가지로 자유로웠다. 가부장권은 공법(公法; Jus Publicum)에까지 확장되지 않았다는 것이 로마법학의 원칙이었다. 아버지와 아들은 도시에서 함께 투표를 하고 전장(戰場)에서는 같이 전투를 하였다. 실제로 아들이 장군이 되어 때로는 아버지에게 명령을 하는 경우도 있고, 정무관(政務官; magistrate)으로서 아버지가 체결하려는 계약을 결정하기도 하고, 그 채무불이행(債務不履行; delinquencies)에 대하여는 처벌하기도 하였다. 그렇지만 사법(私法; Private Law)에 의하여 발생하는 모든 관계에서 아들은 가내전제(家內專制)

에 따라서 생활하였다. 그 엄격성을 고려하고, 그것이 지속되었던 오랜 기간을 생각할 때 법의 역사에서 이것은 가장 기이한 문제 중 하나가 되기도 하였다.

필연적으로 부권적 권위(父權的 權威; paternal authority)의 원형으로 되어 있는 로마인의 가부장권을 문명사회의 제도로서 이해하는 것은 인격에 대한 그 영향범위나 또는 물건에 대한 그 효과를 고찰하는 경우 상당한 어려움을 겪게 된다. 역사에 걸쳐 있는 시간적 간격이 좀더 완전하게 메워질 수 없는 것은 참으로 애석한 일이다. 인격에 관하여 살펴보면 우리가 접할 수 있는 시대에서부터 아버지가 그 자녀에 대하여 생살여탈권(生殺與奪權; *jus vitæ necisque; power of life and death*)을 가지고 있었을 뿐만 아니라 무제한적 처벌권한(*à fortiori of uncontrolled corporal chastisement*)도 가지고 있었다. 아버지는 자녀들의 인격적인 지위를 자의적으로 변경할 수 있었다. 그는 또한 아들에게 처를 갖게 할 수도 있고, 딸을 출가시키거나 아들이나 딸 어느 쪽의 자녀들이라 하더라도 이혼시킬 수 있으며, 다른 가(家)에 입양시킬 수도 있었고, 심지어 그들을 팔 수도 있었다. 제정시대에 이러한 권력의 모든 증거를 찾아볼 수 있지만, 아주 제한된 범위로 한정되어 있었다. 가내의 제재에 관한 무제한의 권리는 가내의 범행을 민사법무관(民事法務官; civil magistrate)의 인지(認知; cognizance)에 속하는 것으로 만들었다. 혼인허가특권은 조건부 거절권으로 축소되었고, 처분자유권은 사실상 폐지되었으며, 입양도 유스티니아누스 대제(Justinianus) 시대에 개정된 체계에서는 과거의 중요성을 모두 상실하여, 더 이상 자녀의 동의 없이 양부모에게로 입양시킬 수 없었다. 간단히 말하면 근대사회에서 보편화되기 시작하게 된 사상의 경계선 가까이까지 도달한 것이다. 그렇지만 이와 같이 오랜 시기의 중간에는 불분명한 단계가 있고, 가부장권은 표면상 드러나는 것보다도 훨씬 완화됨으로써 오랜 기간 지속되어 왔던 원인에 관하여 우리로서는 있는 그대로 추측할 수밖에 없다. 아들로서 국가에 감당해야 하는 의무 중에서 가장 중요하면서 대폭적으로 해제된 것은 아버지의 친권적 권위를 상실시킨 것이다. 우리는 부권적 전제(父權的 專制)가 고위관직을 차지하는 성년남자에 대하여 강행되면 반드시 큰 위험이 뒤따르게 된다는 것은 어렵지 않게 알 수 있다. 그렇지만 초기의 역사단계에서 실질적인 해방이 이루어졌다고 할 수 있는 사례는 로마공화국의 부단한 전쟁에 의하여 생겨난 것에 비하면 그렇게 많은 것이 아니다. 초기에는 전투기간 중 1년의 4분의 3은 전쟁터에 있었던 전시호민관(戰時護民官; military tribune)[133]이나 사병(私兵; private soldier), 후대에는 주(州)를 담당하는 총독(總督; proconsul), 이 직위를 맡고 있는 군단병(軍團兵; legionaries)은 스스로를 전제적 주군(專制的 主君; despotic master)의 노예라고 여겨야 할 실제상 아무런 이유는 없었다. 그리고 이러한 여러 가지 도피수단은 계속적으로 증대하는 추세에 있었다. 승리는 정복으로 이어지고, 정복은 점령으로 이어진다. 식민에 의한 점령체제는 각 주를 상비군(常備軍; standing armies)에 의하여 점령하는 체제로 바꾸었다. 진행되어 가는 각 단계는 로마시민의 점점 증대하는 시민권 박탈에 대한 요청과 쇠퇴해 가는 라틴 민족의 혈연에 대한 새로운 방법이기도 하였다. 가부장권의 경멸을 요구하는 강렬한 감정은 세계평화가 제국의 설립을 개시하였을 시기에 확고하게 되었다는 생각이 들게 한다. 고대제도에 대한 최초의 공격은 초기의 황제에게 돌아갔고, 트라야누스(Trajan)[134] 및 하드리아누스(Hadrian)[135]의 여러 간섭은 그 발부일자를 확정지을 수는 없지만, 한편으로는 가부장권을 제한시키고, 다른 한편으로는 그들 자신의 자발적인 굴복의 속도를 증가시켰다고 생각되는 일련의 명백한 칙령(勅令)에 기초를 제공해 주었다고 생각된다. 아들을 세 번 팔아먹으면 가부장권을 박탈하였는데, 이 오래 된 방법은 가부장권의 불필요한 연장에 대한 아주 초기에 있었던 증거라고 할 수 있다. 아들들이 그 아버지에 의하여 세 번 팔리고 난 뒤에는 자유롭게 된다고 선언할 수 있었던 법규는 본래 원시 로마인의 불완전한 도덕성을 낮추어 보았던 관행에 대하여 징벌을 과하는 의미를 지니고 있었던 것이라고 생각한다. 그렇지만 십이표법(十二表法; Twelve Tables)의 발포 이전에 이미 법학자의 견해에 의하여 아버지가 그 힘의 중지를 요청한 경우에는 부권적 권위(父權的 權威)를 상실시키는 방향으로 진행되었다.

아버지가 그 자녀들에 대하여 가지는 힘의 엄격성을 완화시킨 원인 중 대부분은 역사에 드러나지 않았다. 어느 정도의 여론(輿論)이 법에 부여한 권위를 무력하게 할 수 있었는지, 또는 어느 정도의 자연적 감정이 이것을 지속하게 만들었는지에 관하여 우리는 말할 수 없다. 그렇지만 인격(*person*)에 대해 후대에까지 명목상이었지만, 확장된 로마법제의 경향은 그 아들의 재산(*son's property*)에 대한 권리를 아버지가 언제나 무조건적으로 법이 허용하는 한도까지 행사할 수 있음을 암시하고 있다. 이러한 한정된 권리범위에서 이것이 처음 나타났다 하더라도 놀랄 만한 일은 아니다. 로마의 고법(古法; ancient law)은 권력하에 있는 자녀(Children under Power)에게 그 부권(父權)과는 별도로 재산을 보유하는 것을 가능하게 하였다. 그렇더라도 별개의 소유권을 요구할 가능성을 (생각할 수도 있겠지만) 상정하지는 않았다. 부친은 아들이 얻은 모든 것을 소유하고, 아무런 보상책임(補償責任)을 지지 않으면서 아들의 계약으로부터 얻게 되는 이득을 취할 수 있는 자격을 가지고 있었다. 우리는 이러한 정도를 초기 로마사회의 구성으로부터 기대할 수밖에 없었다. 그도 그럴 것이 가족구성원이 어떠한 종류의 소득이든지 그것을 공동자산에 포함시키고, 이를 사용할 수 있는 개인적 계약을 체결할 수 없게 되어 있다는 사실을 상정할 수 없다면, 원시가족공동체(原始家族共同體; primitive family group)는 상상조차 할 수 없기 때문이다. 아버지의 재산상 특권이 박탈되기까지의 속도가 더디게 진행되기는 하였지만, 그것이 완전히 소멸하기 이전에는 모든 문명제국(文明諸國)이 그 환경 내에서 자라나게 되었음을 인정하지 않는다면, 가부장권이라는 문제는 정말로 여기에서 찾아 해결하기 힘들다. 자유국가를 전복시켰던 군대에서 군인이 복무해서 받게 되는 보수를 가부장권의 영향을 받지 않도록 하였던 제정(帝政) 첫해에 이르기까지는 어떠한 혁신도 이루어지지 못했다. 3세기가 지난 후에 동일한 면제가 국가의 행정사무직에 종사하는 사람들의 소득에까지 확대되었다. 이러한 변화는 양자(兩者) 모두 그 적용이 제한되어 있었음이 분명하고, 가능한 한 가부장권의 원리와 충돌하지 않도록 하는 기술적 형식을 취하였다. 즉 가부장에게는 재산에 대한 일정한 권한이 인정되었고, 가장의 권력 아래에 있는 아들 및 노예의 부수적 소유권은 가산에 포함시키지 않는 부수입이 인정된 반면 그외의 것은 로마법에 의해 항상 가산에 포함되었다. 이처럼 개인에게 인정된 재산의 특수한 명칭인 특유재산(特有財産; Peculium)은 가부장권으로부터 벗어난 것으로 개인적 소득으로 인정되었는데, 군인의 경우에는 군역특유재산(軍役特有財産; Castrense Peculium), 문관(文官)의 경우에는 준군역특유재산(準軍役特有財産; Quasi-castrense Peculium)이라고 불리게 되었다. 이처럼 오래 된 원리에 대한 형식적이고 피상적인 경의(敬意)를 표시하는 데 지나지 않는 부권적 특권에 관한 변형도 점차로 생겨나기 시작했다. 준군역특유재산제도의 도입 후 얼마 안 있어, 콘스탄티누스 대제(Constantine the Great)[136]는 자녀들이 그 어머니로부터 상속한 재산에 대한 아버지의 절대적 지배권(絶對的 支配權)을 박탈하고, 이것을 용익권(用益權; *usufruct*) 또는 종신소유권(終身所有權; life-interest)으로 축소시켰다. 서로마제국에서는 그다지 중요성이 크지 않았기 때문에 몇 가지 변화가 생겨났지만, 동로마제국의 유스티니아누스(Justinian) 치하에서는 그 이상의 조치가 취해졌다. 즉 유스티니아누스 황제는 자녀의 소득이 부 또는 모로부터 얻어진 경우에 부 또는 모는 그 생존 중에 상대방 배우자의 재산으로부터 자녀가 취하는 이득에 대하여 용익권을 가지고 이용하거나 향유할 수 있었을 뿐 그 이상의 권한은 인정되지 않는다는 칙령을 발포하였다. 이러한 변화에 따른 가부장권의 완화는 근대의 그와 유사한 어떠한 제도들보다도 철저하게 독단적인 형태로 남아 있다. 법제에 관한 근대 최초의 집필자들은 학설휘찬(學說彙纂; Pandects)과 법전(法典; Code)에 기술되어 있는 것과 유사한 가부장권을 보여주었던 것은 제국의 정복자 중에서 가장 맹렬하고 아주 미개한 사람들이었고, 그 가운데서도 슬라브족에 기원을 두는 나라가 다수 있었다고 한다. 모든 게르만의 이민족(Germanic immigrants)은 가족의 단체적 결합을 문트(*mund*), 즉 가부장적 특권으로 인식한 것처럼 보인다. 그러나 그 권력은 분명히 퇴폐한 가부장권적 유물에 지나지 않고, 로마사회의 가장이 누리던 권력과는 거리가 먼 것이었다. 프랑크족은 특히 로마식 제도를 가지고 있지 않았던 것으로 전해진다. 따라서 과거 프랑스의 법률가는 미개적 관습의 간극을 로마법의 규정에서 채우려고 아주 많은 노력을 하였던 때에도 가부장권의 유입에 대해 가부장권은 프랑스에는 존재하지 않는다(*Puyssance de pére en France a lieu*)라는 명백한 근거에 따라 스스로를 방어하였다. 로마인이 그 가장 오래 된 상태의 유물을 유지시키기 위한 집요함은 너무나도 두드러지지만, 일단 사라져 버린 모든 문명권에 가부장권이 유포되었던 것보다는 두드러지지 않다. 군역특유재산(軍役特有財産; Castrense Peculium)을 가장이 가지는 재산상 권한에 대한 유일한 예외로 인정하였고, 자녀의 인격에 대한 권한은 그대로 널리 보급되어 있는 동안 로마의 시민권 및 이에 수반하는 가부장권은 제국 전부에 퍼져 있었던 것이다. 가부장적 특권을 공납(貢納), 매매(賣買) 또는 상속(相續)에 의하여 얻게 된 아프리카인(African)이나 스페인인(Spaniard), 모든 골인(Gaul),[137] 브리튼인(Briton)[138] 또는 유태인(Jew)은 누구든지 인격에 관해 로마법에 따랐고, 권위 있는 보고에 의하면 시민권의 획득 이전에 태어난 자녀는 그 의지에 반하여 가부장권에 복종하게 되어 있지는 않았지만, 그 후에 태어난 사람과 모든 외국 출신의 사람들은 로마의 가자(家子; filius familias)라는 보통의 입장에 놓이게 되었다. 후기 로마사회의 구조를 꼼꼼하게 살펴보는 것은 이 책의 범위를 벗어나는 것이지만, 안토니누스 카라칼라(Antoninus Caracalla)[139] 황제의 칙법이 로마의 시민권을 그다지 중요하지 않은 것으로 표현한 견해에 대해서는 그다지 뚜렷한 근거가 없다고 생각한다. 이를 어떻게 해석하든지 간에, 가부장적 권위의 영역을 크게 확대시킨 것임에 틀림없고, 가족관계의 견고성은 세계를 변형시켰던 크나큰 정신적 혁명을 설명함에 있어서 종래 기울였던 것보다도 훨씬 더 주의를 기울여야 하는 수단으로 다루어야 할 것이다.

　우리가 다루는 논제의 이 부분이 끝나기 전에 가장(家長; Paterfamilias)이 가자(家子)가 행한 범죄(즉 사법상 불법행위〈私法上 不法行爲; torts〉)에 대하여 책임을 지게 되어 있었음을 살펴보지 않을 수 없다. 가장은 그의 노예의 불법행위에 대하여도 책임을 졌다. 어떤 경우에든지 그는 본래 범죄자를 대신하여 발생한 손해에 대해 충분히 배상할 책임이 있었다. 자녀를 대신하여 부과되는 책임은 아버지와 그 가부장권하의 자녀가 서로 소송하는 상호무능력과 관련되는 것으로, 어느 법학자는 가장과 가부장권하의 자녀와의 "인격적 결합(unity of person)"이라고 가정함으로써 충분히 설명할 수 있을 것으로 보인다. 승계(承繼; Successions)의 장에서 이 "결합(結合; unity)"이 어떠한 의미로서, 그리고 어느 정도까지 현실로 받아들여질 수 있는지를 밝히려고 한 바 있다. 지금 필자로서는 단지 가부장의 이러한 책임과 앞으로 논의될 다른 법적 현상이 원시적 가장의 의무(義務)에 대응되는 권리(權利)를 보여주는 것으로 생각된다. 만일 가부장이 씨족원의 인격 및 재산을 절대적으로 처분하면, 그의 대표적 소유권은 공동의 기금으로부터 포족관계(胞族關係)에 있는 모든 구성원을 위하여 공여하여야 하는 책임과 그 범위를 같게 하였던 것으로 생각된다. 우리는 가부장이 부담하는 의무의 성격을 파악하기에 충분할 정도의 습관적 연상에서 벗어나기는 힘들다. 그것은 법적 의무가 아니기 때문이다. 그도 그럴 것이 법은 아직 가족(家族; Family)의 범위 내에 침투되어 있지 않았기 때문이다. 이것을 도의적(道義的; moral)이라고 부르는 것은 아마도 정신적 발달의 후기에 속하는 사고방식을 예상한 것이라고 볼 수밖에 없다. 그러나 만일 "도의적 의무(道義的 義務; moral obligation)"라는 표현을 확정적 명령에 의해서보다는 본능 및 습성에 의하여 반의식적으로 지키고 강제된 의무로 이해한다면 우리의 의도를 표현하고도 남음이 있다.

남계친과 동족

정상적인 형태로서의 가부장권은 일반적으로 영속적인 제도는 아니었고, 필자는 가부장권의 부존재도 생각해 볼 수 있다. 이것이 일반적으로 보급되었다는 논거를 그 자체만 고찰하는 한, 불완전할 수밖에 없다. 그러나 이러한 논증은 고대법 중에서 의존하게 되어 있는 나머지 부분을 검토함으로써 좀 더 고찰될 수 있지만, 그러한 부분의 전부에 걸쳐서 또는 모든 사람의 눈에 보이는 일련의 관계에 들어맞는 것은 아니다. 예를 들어 고대 법제에서의 친족관계(親族關係; Kinship), 바꾸어 말하여 친족의 상호근친성이 측정되는 척도를 살펴보고자 한다. 여기에서도 로마시대의 용어인 남계친(男系親; Agnatic relationship)과 동족관계(同族關係; *Cognatic relationship*)라는 용어를 채용하는 것이 편리할 것이다. 동족관계는 단순히 근대적 사상에 가까운 친족관계의 개념이고, 하나의 부부로부터 동일한 혈통을 통하여 태어난 관계이며, 이 혈통이 남계이거나 여계이거나를 따지지 않는다. 엄격한 남계친은 아주 드물고, 오늘날 우리가 친족(親族; kin)이라고 확실하게 생각하는 관련자(關聯者)를 전부 그대로 포함하는 것이 아니라, 우리가 친족 중에 포함시키지 않는 많은 사람들까지도 포함하는 것이다. 실제로 이것은 가장 오래 된 사회에서 생각하였던 것과 같은 가족구성원간의 관계이다. 이 관계의 한계는 근대적인 관계에서의 그것과는 범위를 전혀 달리하는 것이다.

이와 같이 그 혈연을 단일한 남계 및 여계의 조상으로 추급할 수 있는 사람들이 동족(同族; Cognates)이다. 로마법에 포함되어 있는 동족의 엄밀한 용어적 의미를 살펴본다면, 이들은 보통 합법적으로 혼인한 부부에까지 그 혈연을 거슬러 올라갈 수 있는 모든 사람들이다. 그러므로 "동족관계(同族關係; Cognation)"라는 것은 상대적인 용어이고, 그것이 나타내는 혈연의 정도는 계산을 시작하기로 선택된 특별한 혼인에 의존할 수밖에 없다. 부모의 혼인으로부터 시작한다면, 동족관계는 형제자매의 관계를 나타내 주는 것에 지나지 않는다. 만일 조부모의 혼인을 근거로 한다면, 백숙부모(伯叔父母) 및 그 자손 또한 동족관계에 포함시켜야 할 것이고, 같은 과정을 되풀이해 올라간다면, 그 기원을 어디로 할 것인가에 따라 점증적으로 무수히 많은 수의 동족이 확인될 수 있을 것이다. 이러한 모든 것이 현대인에게 쉽게 이해될 수 있는 것인가? 만일 그렇다면 남계친(男系親; Agnates)이라는 사람들은 누구인가? 무엇보다도 그러한 사람들은 그 관계를 남자를 통하여 추급되는 모두 동족인 사람들이다. 동족인 사람들의 계보는 말할 것도 없이 각 계통상의 조상을 차례로 모아 올려 목록을 만든다는 생각으로 그 조상 두 명의 모든 자손을 포함하는 것으로 구성된다. 이 경우 이러한 계보의 모든 족원(族源)을 찾아 갈 때, 우리가 여자의 이름에 부딪치게 되면 그쳐버리고, 당해 분파 또는 지류(支流)를 그 이상 추급해 나가지 않는 것으로 한다면, 부인의 자녀가 제외된 후에 남아 있는 모든 사람이 남계친(男系親)이고, 그 상호간의 관련이 남계친 관계이다. 필자는 이것을 동족(同族)으로부터 나누어지는 과정에서 실제상 일어나게 되는 과정에 관하여 조금이나마 살펴보고자 한다. 왜냐하면 이것은 "부인은 가족의 한계이다(Mulier est finis familiæ; a woman is the terminus of family)"라고 하는 법적 원리를 설명해 주는 것이기 때문이다. 여성의 이름은 가계의 분파나 소분파(小分派)를 폐쇄시키는 것이 보통이다. 여성의 자손들은 가족관계 중에는 포함되지 않는다.

남 계 친

지금까지 우리가 관찰해 온 고대법체계가 입양(入養; Adoption)을 인정하고 있기 때문에 가족 중에 그 경계의 인위적 확대에 의하여 편입된 남성 또는 여성을 포함시키지 않으면 안 된다. 그렇지만 이러한 사람들의 자손은 앞에서 설명한 조건을 만족시키는 경우에 한하여 남계친(男系親)으로 될 수 있다.

그렇다면 이와 같은 자의적인 포함과 제외가 발생한 이유는 무엇인가? 입양에 의하여 가족에 편입되는 외부의 사람을 포함할 정도로 탄력성을 지니는 친족(親族; Kinship)의 개념임에도 불구하고 어째서 여성측의 자손을 제외시킬 정도로 협소하였을까? 이 문제를 풀기 위해서는 우리는 다시 가부장권으로 돌아가지 않으면 안 된다. 남계친관계의 기초는 아버지(Father)와 어머니(Mother)의 혼인이 아니라 가부장권이다. 동일한 부권적 권력하에 종속되었거나 그 권력에 복종하였거나 또는 동일한 혈통의 조상이 그 지배를 할 수 있을 만큼 살아 있었다면, 그 지배에 복종하였을 모든 사람들이 남계친관계를 맺고 있었다. 사실 원시적 견해에서 친족관계(親族關係)는 정확하게 가부장권에 의하여 제한된다. 가부장권이 생겨나는 곳에서 친족관계가 시작된다. 그러므로 입양관계 역시 친족관계가 되는 것이다. 가부장권이 소멸하게 되면 친족관계는 소멸된다. 그러므로 아버지에게서 해방된 아들은 남계친의 모든 권리를 상실한다. 그리고 이러한 점이 여성의 자손이 과거 친족관계의 경계 밖에 놓일 수밖에 없던 이유이기도 하다. 만일 여자가 미혼인 채로 사망하면, 그 여자는 합법적인 자손을 둘 수가 없다. 만일 그 여자가 혼인을 하였다면, 그녀의 자녀는 그녀의 아버지가 아니라 남편의 아버지의 권위에 복종하며, 그녀 자신의 가족으로부터는 분리된다. 만일 원시사회의 조직을 어머니의 친속의 친족이라고 한다면 혼란스러워질 것이 명백하다. 한 사람이 서로 다른 두 사람의 가부장권에 예속될 수 있기 때문이다. 그런데 특정한 가부장권은 독립적인 사법권(司法權; jurisdictions)을 의미한다. 그래서 서로 다른 가부장적 권력에 예속되는 사람은 동시에 각각 다른 두 규율에 따르지 않으면 안 된다. 가족이 아버지를 근원으로 하는 독자적인 여러 제도에 의하여 통치되는 제령(帝領) 중의 한 제령(imperium in imperio)인 한, 친족관계를 남계친에 한정시키는 것은 가정 내에의 규율의 충돌을 막아내는 필수적 보장책이었다.

이부동복(異父同腹)·동부이복(同父異腹) 형제자매

고유한 친권(親權; Parental Power)은 아버지의 사망에 의하여 소멸하지만, 남계친 관계(男系親 關係; Agnation)는 친권이 소멸된 이후에도 여전히 존재하여 친권의 원형이 된다. 이러한 점이 법제사 연구가에게 남계친관계에 대한 흥미를 유발시키는 요소이다. 권력은 고대법에 관한 비교적 얼마 되지 않는 기록 중에서 알아 낼 수 있는 것이지만, 이전에 존재하였던 것을 보여주는 남계친관계는 거의 모든 곳에서 발견될 수 있는 것이다. 구조상 가장 오래 되었다고 여겨지는 부분에서 남계친족관계의 영향이라고 볼 수 있는 특수성을 찾아볼 수 없는 인도유럽계(the Indo-European) 사회에서는 아주 독특한 법체계를 발견할 수 있다. 예를 들어 힌두법(Hindoo law)[140]에서 이것은 가족적 부속물에 관한 원시적 관념에 함입시켰지만, 친족관계는 전적으로 남계친이었는데, 필자가 아는 바로는 힌두의 계보(系譜)에서는 부인의 이름은 일반적으로 제외되었다. 친족관계에 관한 이와 유사한 견해는 로마제국을 유린한 여러 종족의 법에 사실 그 원시적 관행의 부분을 이루었을 것으로 생각될 만큼 풍부하였고, 이것은 후기 로마법이 근대사상에 미쳤던 크나큰 영향이 없었더라면, 근대 유럽의 법제에서 이어져 있는 것처럼 영속적이지 않을까 하는 생각이 든다. 법무관(法務官; the Prætors)은 일찍이 동족관계(同族關係; Cognation)를 친족관계의 자연적(*natural*) 형태로 확립하고, 그 체계를 이전의 개념으로부터 정화하려는 데 노고를 아끼지 않았다. 이러한 사상은 오늘날까지도 전해지고 있으며, 남계친관계의 흔적은 사망한 후의 상속에 관한 근대 법규에서도 많이 찾아볼 수 있다. 보통 살리계의 프랑크족(the Salian Franks)의 관행에서 연유한 것으로 여겨지는 여성 및 자녀를 관직에서 제외시키는 풍습은, 전적으로 남계친의 원칙에 기초한 것이고, 자주지(自主地; allodial property)[141]의 승계에 관한 고대 게르만의 법규로부터 전해진 것이다. 최근에 들어서야 비로소 폐지되었지만, 부모가 다른 형제끼리의 토지승계를 금지했던 영국법(英國法; English Law)의 이상한 법규의 설명도 남계친관계에서 찾게 된다. 노르망디(Normandy) 지방[142]의 관습에서 이 법규는 동복(uterine) 형제에게만 적용되고, 동부형제(同父兄弟)에게는 적용되지 않았다. 이러한 방식으로 제한되어 있었기 때문에, 동복형제(同腹兄弟)는 서로 아무런 관계를 가지는 것이 아니라고 하는 남계친관계의 체계에서 유래하는 것이 너무도 명백하다. 이것이 잉글랜드(England)에 이식되었을 때, 그 원리의 단서(端緒)를 가지고 있지 못했던 영국의 법률가들은, 남계친의 원칙을 부모를 달리하는 형제간 승계에 대한 일반적 제한으로 해석하고, 이것을 아버지를 같이하는 형제, 즉 동부이모(同父異母; consanguineous)의 형제들에게까지 확장·적용하였다. 그럴 듯한 법철학을 적당히 조합한 모든 문헌에 이러한 내용이 포함되어 있는 것은 블랙스톤(Blackstone)이 부모가 다른 형제를 상속에서 제외시킨 것을 설명하고 정당화하려고 시도했던 정밀한 궤변보다 결코 이상한 것이 아니다.

여성후견

인격에 관한 법(Law of Persons)은 가부장권하에 놓인 가족에서 발생한 것이라고 생각한다. 이 법에서 가장 중요한 부분은 여성의 지위에 관한 것이다. 원시법제(原始法制; Primitive Jurisprudence)에서 여성은 그 자손이 남계친관계로서 가지게 되는 어떠한 권리도 허용하지 않았지만, 그럼에도 불구하고 여성 자신은 남계친적 유대를 가지게 된다고 서술되어 있다. 실제로 여성의 그 태어난 가족에 대한 관계는 그녀의 남계친족을 결합시키는 것보다도 훨씬 더 엄밀하고 밀접하며 영속적이다. 우리는 초기법에서 가족만을 고려하였다고 여러 차례에 걸쳐서 단정한 바 있다. 이것은 법이 가부장권을 가진 사람만을 고려한다는 것과 같고, 따라서 아들 또는 손자 스스로 새로운 가족의 우두머리가 되어, 가부장권이라는 새로운 체제의 권원이 되는 능력을 갖는 것이다. 그러나 여성은 말할 필요도 없이 이러한 종류의 자격을 가지지 못하였고, 이에 수반하는 자유에 상응하는 어떠한 자격도 갖지 못했다. 더불어 종신토록 여성을 가족에 구속시키는 특별한 편법이 있었다. 이는 아주 오래 된 로마법상의 여성종신후견(Perpetual Tutelage of Woman) 제도이다. 이 제도로 여성은 아버지가 사망하면 아버지의 권위로부터 해방되기는 하지만, 그렇더라도 평생토록 그녀의 후견인(後見人; Guardians)인 최근친의 남성에게 계속적으로 복종하며 생활해야 했다. 종신후견제(終身後見制)는 가부장적 권력이 다른 이유에서 해소된 경우 그것을 연장시켜 주기 위한 인위적 연장책일 뿐이다. 인도에서는 이 체계가 완전하게 그대로 남아 있고, 그 실행도 매우 엄격했기 때문에 힌두교도의 어머니(Hindoo Mother)는 그 아들의 피후견인(被後見人; ward)이 되는 경우가 많이 있다. 여성에 관한 유럽 스칸디나비아 제국법은 아주 최근까지 유지해 왔었다. 서로마제국을 침략했던 민족들은 그 생래적인 관행 중에 여성과 관련한 특별한 제도를 널리 보유하고 있었다. 그리고 실제로 다양한 형태의 후견인에 관한 그들의 사고방식을 서구사회에 유입시키기는 하였지만 아주 뒤쳐진 것이었다. 그리고 로마법의 전성기에는 거의 사라지고 말았다. 만일 유스티니아누스 황제가 편찬한 것을 참조하지 않았다면, 이에 관하여 거의 모든 것을 모르고 지나쳤을 것이다. 그러나 가이우스(Gaius)의 기록의 발견에 의하여 매우 흥미 있는 시기, 즉 이 제도가 완전히 신뢰를 잃고 거의 소멸상태에 있었음을 알 수 있게 되었다. 대법학자인 가이우스 자신은 여성의 심리적 열등감으로 이것을 해명하기 위해 일반적인 사고방식을 배척하고 그 저서의 상당한 부분에서 로마 법률가들이 여성들로 하여금 고대의 법규에 구속되지 않도록 하는 많은 방법을 서술하고 있는데, 이 중에는 아주 특이한 독창성을 보여주는 것도 있다. 법학자들은 자연법이론에 맞추어 당시 분명히 그 형평법의 원리로서 성(性)의 평등을 상정하고 있었다. 그들이 공격한 제재는 재산처리상 제한이었고, 재산처리에 관하여는 여성의 후견인의 동의가 형식상으로만 그대로 필요한 것으로 되어 있었다. 따라서 여성의 인격에 대한 지배는 명백히 유명무실하게 되었다.

고대 로마의 혼인

여성의 그 남편에 대한 종속이 근대법제(近代法制; modern jurisprudence)의 기본적 현상임에 반하여, 고대법은 부인을 그 혈족관계(血族關係)에 종속시키고 있었다. 이 변화의 역사는 주목할 만한 것이다. 그 역사는 로마의 역사적인 기록을 오래도록 거슬러 올라가게 한다. 과거의 로마관행에 의하면 세 가지의 혼인체결방법이 있었다. 하나는 종교적 의식에 의하여 하는 것이고, 다른 두 가지는 특정한 세속적 격식에 의한 방법이었다. 종교적 혼인(宗敎的 婚姻)인 공제(共祭; Confarreation)에 의하여 거행되는 혼인과 세속적 혼인으로서 상위의 혼인형식은 공매(共買; Coemption)에 의하여, 하위의 혼인형식은 점유취득(占有取得; Usus)이라고 불리는 방식에 의하여, 남편(夫)은 처의 인격 및 재산에 대한 여러 권리를 취득하였다. 이 권리는 전체로서 어떠한 근대법 체제에서 주어지는 것보다도 많은 것이었다. 하지만 남편은 이 권리를 어떠한 자격을 통하여 획득하게 된 것인가? 이는 바로 남편(夫)으로서가 아니라 아버지(父)로서의 신분을 얻게 되기 때문이다. 공제(Confarreation), 공매(Coemption) 및 점유취득(Usus)에서 부인은 남자의 손에 넘겨지고(in manum viri), 즉 법률상으로 그녀는 그 남편의 딸(Daughter)의 지위를 갖게 되는 것이다. 처는 남편의 가부장적 권력에 귀속되고 만다. 그녀는 가부장적 권력이 존속하는 한, 이로부터 발생하는 모든 책임을 져야 하고, 그것이 소멸되더라도 남아 있는 모든 책임을 부담하게 되어 있었다. 처의 모든 재산은 절대적으로 남편의 것으로 되고, 남편이 사망한 후에도 그 유언(遺言)에 의하여 임명한 후견인(後見人)에 의하여 보호되었다. 그러나 고전적 혼인방식은 점차 사라지게 되고, 로마전성기에는 하위의 세속적 혼인의 변형에 기초를 두고 ― 옛날에 있었던 것은 분명하지만 그대로 존중해야 할 것으로 생각하지는 않았다 ― 혼인습속(婚姻習俗)에 전반적으로 그 자리를 넘겨주고 말았다. 당시 일반적으로 행하고 있던 이 제도의 기술적 상호관계를 설명하자면, 이것이 법률상 가족에 의한 처의 일시적 기탁과 마찬가지라고 할 수 있다. 가족의 권리는 손상되지 않은 채로, 처는 계속적으로 그 부친이 맡았던 후견인의 보호 아래 있게 되어, 후견인의 지배권은 많은 중요한 부분에서 그 남편의 열악한 권위를 능가하였다. 그 결과 로마의 기혼여성이든 미혼여성이든 인격상 독립과 재산상 독립을 가지게 되었다. 그도 그럴 것이 필자가 앞에서 암시한 것처럼 후기의 법적 경향은 후견인의 권한을 완전히 배제시켰고, 당시 유행하던 혼인형식에서는 남편에게 보상적 우위(補償的 優位)를 주지도 않았기 때문이다. 그렇지만 기독교는 아주 초창기부터 이렇게 두드러진 자유를 축소시키려는 경향을 가지고 있었다. 처음에는 퇴폐한 이교도의 세상의 흐트러진 관행에 대한 정당한 혐오심에 이끌렸지만 나중에는 금욕주의(禁慾主義)에 의하여 새로이 꾸며졌으며, 새로운 신앙의 공언자(Profession of the new faith)들은 사실 서구에서 가장 이완되어 있었던 혼인의 유대를 냉철한 눈으로 보게 되었다. 최후기 로마법은 기독교에 귀의한 여러 황제의 칙법(勅法)과 관계를 갖게 되면서 안토니누스(Antoninus) 시대의 대법학자의 자유로운 학설에 대한 반동의 징후를 보이기 시작한다. 그러나 이와 같은 종교적 감정의 왕성한 상태는 미개족의 정복이라는 용광로 속에서 정교하게 단련되고, 가부장적 관행(家父長的 慣行)을 함유하고 있는 로마법제와의 융합에 의하여 형성된 근대법제가 그 흔적 중에 특히 불완전한 문명에 속하는 여성의 지위에 관한 이와 같은 법규를 흡수한 이유를 잘 설명해 주는 것이기도 하다.

여성의 지위

근대사(近代史)가 시작되는 어려운 시기와 게르만족이나 슬라브족의 이민자들의 법(laws of the Germanic and Slavonic immigrants)이 그 지역의 로마법제에 별도의 지층처럼 중첩적으로 남아 있던 시기에 우세한 여러 종족들의 여성은 어느 곳에서나 여러 형식의 고전적 보호를 받고 있었고, 자기의 부족을 제외한 다른 부족에서 처를 취한 남편은 그녀의 근친에게 보호를 위한 대가로 금전을 지급해야 했다. 좀더 나아가 중세의 법전이 두 체계의 혼합에 의하여 형성되었던 시대의 여성에 관한 법은 이 두 가지 기원에 의하여 구성되어 있음을 알게 된다. 그런데 로마법제의 원리가 대단히 우월하여 미혼여성은 일반적으로(이 규칙에는 지방적 예외가 있기는 하지만) 가족의 구속으로부터 벗어났다. 그러나 미개족(未開族; barbarians)의 옛날식 원리는 기혼부인의 지위를 고정시키고, 남편은 그 혼인상의 성질에서 이전에 처의 남계친족에게 속해 있던 권력을 자신이 취할 수 있었는데, 다만 남편은 그의 특권을 금권을 가지고 구매하지는 못했다. 이 점에서 서부 유럽과 남부 유럽의 근대법은 미혼여성과 과부에게 상당한 자유를 허용하고, 처에게는 엄격한 무능력을 부과하는 주요특징에 의해 구별되기 시작하였다. 혼인에 의하여 여성에게 부과되는 복종이 완전히 소멸하기까지는 아주 많은 세월이 지나야 했다. 유럽의 미개제도(未開制度; barbarism)를 부활시키는 가장 강력한 용매제(溶媒劑; solvent)는, 때로는 그렇게 촉각적인 역할을 하지 못했지만, 그 열정적 애정으로 연구되었던 것은 유스티니아누스황제에 의하여 법전화된 법제였다. 이 법제는 단순히 해석하는 것으로만 되어 있던 관습의 바탕을 그다지 드러나지 않게 효과적으로 극복하였다. 그러나 기혼여성에 관한 법에 관한 이 장절(章節)의 대부분의 내용은 로마법에는 없고, 세속적 법제의 정신에서는 벗어난 혼인에 의하여 생겨난 관계를 생각하는 교회법(敎會法; Canon Law)의 출광(出光; the light)에 맞추어 읽혀진다. 부분적으로 기독교적 제도의 색채를 조금이라도 띠고 있는 사회라면, 중기 로마법제에 의하여 허여되었던 인격상 자유를 기혼여성에게 부활시키려고 하였던 것처럼 보이는데, 기혼여성의 재산상 무능력이 인격상 무능력과는 전혀 다른 기초에 근거하고 있기 때문에 불가피한 것이었고, 교회법의 편찬자가 문명을 그다지 훼손시키지 않은 것은, 그 교설(敎說)이 전자를 유지하고 고정하려고 하는 경향을 지니고 있었기 때문이다. 세속적 원리와 종교적 원리 사이에는 많은 투쟁의 흔적이 있지만, 언제나 교회법이 우세하였다. 프랑스의 어떤 주에서는 귀족보다 아래에 속하는 계급의 기혼여성은 로마법제에서 재산을 거래할 수 있는 모든 권한이 인정되었다. 이 지역적 법률은 대부분 나폴레옹법전(Code Napoleon)[143]에 의하여 계승되었다. 그러나 스코틀랜드법(Scottish law)의 상황은 로마법학자의 학설에 대한 꼼꼼한 존경이 처의 무능력을 완화시키는 데까지는 확장되지 못했다. 그렇지만 기혼여성에게 가장 관대하지 않았던 법체계는 언제나 교회법에만 따르려고 하였던 사람이나 유럽문명과의 접촉이 뒤늦어 그 옛날식의 습속을 불식하지 못했던 사람들이었다. 오랜 동안에 걸쳐 모든 여성에게 가혹했던 스칸디나비아 제국법(Scandinavian laws)은 유럽대륙의 일반적 법전보다 아직까지도 처에 대하여 엄격함이 두드러졌다. 그렇지만 재산상 무능력보다 한층 더 엄격하였던 것은 교회법제로부터 그 기본적 원리의 대부분을 차용한 영국보통법(English Common Law)[144]이다. 사실상 기혼여성의 법적 지위를 규정한 보통법(Common Law)의 이 부분은 본장의 주제였던 이 중요한 제도에 관한 명확한 개념을 영국인들에게 심어 주는 데 크게 기여했다고 할 수 있다. 순수한 영국의 보통법에 의하여 남편에게 주어진 특권에 관하여 자세히 살펴보고, 처쪽에서의 완전한 법적 복종의 견해가 이것에 의하여, 형평법(衡平法; equity)이나 제정법(制定法; statutes)에 저촉되지 않는 모든 부문의 권리, 의무 및 대책에 의하여 이뤄낸 엄격한 완고성을 상기하면서도 명백하게 고대의 가부장적 권위의 작용과 성질을 어떻게 하면 명백하게 규명할 수 있을지를 필자는 잘 모르겠다. 권력하의 자녀들의 복종(subjection of Children under Power)에 관한 로마법의 가장 오래 된 법과 최신의 법과의 격차는 보통법과 형평법법원의 법제(jurisprudence of the Court of Chancery)가 각각 처에게 적용한 법규에서의 차이에 비례한다고 생각할 수 있을 것이다.

고아후견제

우리가 두 형식의 후견제(後見制; Guardianship)의 진정한 기원을 제대로 알지 못하면서 이 논제에 관하여 일반적인 용어를 그대로 사용하게 되면, 여성후견(Tutelage of Women)은 옛날식의 법체계가 근절시킨 권리의 의제를 극단론적으로 오랜 기간 동안에 걸쳐서 연장시킨 사례임에 반하여, 남성고아의 후견(Guardianship of Male Orphans)에 대하여 설정한 법규는 완전히 정반대의 측면에서의 실패한 예라고 할 수 있을 것이다. 이러한 체계는 남자후견(Tutelage of males)을 특히 얼마 되지 않아 소멸시켰다. 그 전형을 찾아볼 수 있는 고대로마법에서는 아버지 또는 조부의 사망에 의하여 가부장권에서 벗어난 아들은 일반적인 목적 때문에 15세에 달할 때까지는 후견제 아래에 놓였다. 그러나 15세에 달하면 비로소 인격적 및 재산적 독립을 완전하게 갖추게 되었다. 그러므로 여기에서 보는 미성년의 시기는 여성의 무능력의 기한이 적절치 않게 길었던 것과 마찬가지로 불합리하게 짧았던 것이다. 그렇지만 사실상 두 종류의 후견제에 기원적 형식을 부여했던 상황에서 보면 그렇게 지나치거나 부족한 요소는 존재하지 않았다. 이 중 어느 것도 공적이나 사적 편의성에 대한 갖가지의 배려에 의존하는 것이 아니었다. 남성고아후견제는 여성후견이 여성을 그 허약성에 대하여 보호하려는 것이 아니었던 만큼 분별 있는 연령에 달할 때까지 당사자들을 보호해 주는 데 그쳤다. 아버지의 사망이 아들로 하여금 가족적 구속에서 벗어나게 해 주는 이유는 아들이 스스로 새로운 가족의 우두머리 및 새로운 가부장권의 설립자가 되는 능력을 갖기 때문이다. 이러한 능력을 여성은 가질 수 없었고, 그렇기 때문에 여성은 해방될 수 없었다. 따라서 남성고아후견제는 아버지의 가족에 종속하고 있다는 기초에서 아들이 스스로 아버지의 지위를 대신할 수 있다고 생각할 때까지 지속하는 방법이었다. 그것은 단순한 신체상의 성숙시기까지 가부장권을 연장하는 것이었다. 청춘기에 달하면 그대로 종료되었다. 그도 그럴 것이 이 이론의 엄격성이 그렇게 하도록 요구하였기 때문이다. 그렇지만 고아를 지적으로 성숙시키거나 업무에 착수할 연령까지 보호하는 것이 아닌 한, 일반적 편의성의 목적에 비추어보면 전혀 타당하지 않았다. 이러한 사정을 로마인은 그 사회진보의 아주 초기에 발견하였던 것 같다. 아주 오래 된 로마입법자료 중 하나인 라에토리우스법 또는 플라토리우스법(*Lex Lætoria or Plætoria*)에서는 연령상으로나 권리상으로 충분한 모든 자유인인 남자를 보좌인(保佐人; *Curator*)이라고 지칭한 새로운 계급인 후견인의 일시적 지배하에 두었던 것이고, 보좌인의 동의가 그들의 행위 또는 계약을 체결할 때 필요하였다. 청년이 법정감독을 받는 한계는 26세였다. "성년(成年; majority)" 및 "미성년(未成年; minority)"이라는 용어가 로마법에서 사용된 것은 25세라는 연령과 관련된다. 근대법제에서 피후견(被後見; *pupilage*), 즉 보호(保護; *wardship*)는 청년의 신심(身心)의 미성숙에 대한 간단한 보호원리에 맞추어 그럴 만한 정규성(正規性; regularity)으로 대처한 것이다. 그것은 분별 있는 연령에 달함으로써 자연히 종료한다. 그렇지만 신체상 허약성에 대한 보호 및 지적 무능력에 대한 보호에 관하여 로마인은 이론에서나 그 방법에서나 분명히 다른 두 가지의 제도를 갖추고 있었다. 양자에 수반하는 사고방식은 근대적 사고방식의 보호에 연결되었다.

주인과 노예

인격에 관한 법(Law of Persons)은 우리가 지금 다루고 있는 목적을 위해서도 적절하게 인용할 수 있는 한 장을 포함하고 있다. 발달한 법제의 여러 체계에서 주인과 노예(*Master and Slave*)의 관계를 규제하는 법규는 고대사회의 일반적인 본연의 상황을 아주 명확하게 보여 주는 흔적은 아니다. 그러나 이와 같은 예외에는 그럴 만한 이유가 있다. 아무리 반성하는 습성이 결여되어 있더라도, 또한 아무리 그 도덕적 본능의 수련을 해오지 않았다 하더라도, 노예제(奴隷制; institution of Slavery) 중에는 사람들을 충동시키거나 당혹케 하는 어떠한 것이 있었던 것으로 생각된다. 고대의 모든 사회가 거의 무의식적으로 경험하고 넘겨버린 양심의 가책은 노예제의 해명 또는 적어도 그 논거가 이유 있는 것이라고 할 만한 일정한 상상적인 원리를 채용한다고 하는 결과를 빚어 내는 것이 일반적으로 되어 있다. 그리스인은 그 역사의 아주 초기에 노예제 도를 특정 종족의 지적 하등성과 이에 기초한 노예적 상황에 대한 그들의 계 속적이고 자연적인 적합성에 근거하는 것으로 설명하였다. 로마인도 마찬가지 로 특징적 정신에서 정복자와 피정복자 사이에서 추측할 수 있는 동의에서 그 실마리를 찾았다. 이 동의(同意)에서 정복자는 숙적(宿敵)이었던 사람들의 영구 적인 봉사를 요구하고, 피정복자는 그가 합법적으로는 잃게 된 생명을 구하게 된 것으로 생각하였던 것이다. 이와 같은 이론은 그 설명하려는 사례에 적합 하지도 않을 뿐만 아니라 확실히 불균형하기도 했다. 그럼에도 불구하고 이 이론은 여러 가지 측면에서 강한 영향을 미쳤다. 그것은 주인을 만족시켰다. 그 이론은 노예의 낮은 지위를 영속화하고 어쩌면 더 가중시켰는지도 모른다. 그리고 이 이론은 노예의 신분이 본래 가설 체제의 다른 부분에 걸쳐 있던 것 을 자연스럽게 흐려놓는 경향이 있었다. 이 관계는 명백하게 밝혀지지 않았지 만, 우연하게도 여러 원시법(原始法; primitive law)의 각 부분에서 찾아볼 수 있 고, 또한 특히 전형적인 체계인 고대 로마법의 체계에서도 찾아볼 수 있다.

노 예 제

노예가 사회의 초기 단계에서 가족구성원으로 인정되었는지의 여부에 관 하여 아메리카 합중국(United States of America)에서는 많은 노력을 기울였고, 또한 상당한 지식이 축적되어 왔다. 어떤 의미에서는 이에 대한 긍정적인 답 변이 필요하다. 고대법 및 많은 원시역사의 두 증거에 의하여 노예가 어떤 조건에서는 주인의 후계자(後繼者; Heir) 또는 포괄승계인(包括承繼人; Universal Successor)이었다는 사실은 분명하고, 이 명확한 직능은 필자가 승계에 관한 장에서 설명한 것처럼 가족의 정치기구 및 상징이 특정한 환경에서는 노예에게 옮겨졌음을 의미한다. 그렇지만 이 논제에 관한 아메리카에서의 논의에서는, 만일 우리가 노예제(奴隷制; Slavery)[145]를 원시적 가족제도라고 인정한다면, 이러한 인식은 지금 현재의 흑인노예제(黑人奴隷制; Negro-Servitude)[146]도 도덕적으로 변명할 수 있는 것으로 받아들여질 수 있음을 의미하는 것으로 가정할 수 있는 것처럼 보인다. 그렇다면 노예가 본래 가족에 포함되어 있었다는 것은 무엇을 의미하는 것인가? 그 지위가 사람으로 하여금 일을 하게 할 수 있는 가장 가혹한 동기의 결과는 아니었다고 한다면, 그렇지는 않다. 자기의 편안함과 의지는 의심할 바 없고, 노예제의 기초이면서 인간성(人間性; Human nature)이나 마찬가지로 오래 되었다. 노예는 고대사회에서 가족에 포함되어 있었다고 말하는 경우, 우리는 노예를 가족의 내부에 포함시키고 머무르게 하는 사람들의 동기를 확인하려고도 하지 않았다. 우리는 단지 노예를 주인에 속박시키는 유대가 다른 구성원을 그 우두머리 아래에 결집시키는 유대와 동일한 일반적인 성격을 가지는 것으로 알고 있을 따름이다. 이 결론은 사실 인류의 원시적 관념에 대해 가족관계와 별도로 개인 간의(inter se) 관계를 고려하려고 하였던 것과는 들어맞지 않는다고 말한 일반적인 논의와 합치하는 것이다. 가족은 기본적으로 혈연에 의하여 이에 속하게 되는 사람들, 다음으로는 입양에 의하여 이에 들어오게 된 사람들로 구성된다. 그렇지만 그 우두머리에 대한 공동의 복종에 의하여 함께 따라붙게 되었던 제3의 사람들이 별도로 있었다. 그러한 사람들이 노예였다. 우두머리로부터 태어나면서, 아니면 입양에 의한 복종관계는 사태가 잘 해결되면 그들이 구속으로부터 풀려나게 되고, 그들 자신의 권력을 행사하는 자격을 가지게 된다는 확실성에 의하여 노예보다 등급이 높아졌다. 그렇지만 노예의 하급성은 그들을 가족의 울타리 밖에 놓이게 하든가, 살아 있는 재산의 지위로까지 떨어뜨리려고 하였던 것은 아니었음은 어쩔 수 없는 최후의 수단으로서 과거의 상속능력을 반영하는 많은 증거가 될 만한 자료에 의하여 명백히 입증된다. 물론 사회형성의 초기에 가부장의 절대권역 내에서 일정한 지위를 차지하는 것으로 함으로써 얼마만큼 노예의 지위가 격하되었는지를 억측하는 것은 그다지 타당하지 못하다. 아마도 후대에 이르러 노예는 아들들이 차지하였던 온정의 상당 부분을 받았다기보다는 실제상으로는 아들들이 노예와 같은 취급을 받았다고 하는 것이 더 적절할 것이다. 그렇지만 충분히 발달된 법전을 어느 정도라도 믿고서 말한다면, 노예제가 분포되어 있는 곳에서 노예는 문명적 폄하를 받았던 체계에서보다도 그 초기적 동기가 남아 있는 체계 아래에서 일반적으로 크나큰 이익을 얻게 되어 있었다. 법제가 노예를 어떠한 관점에서 보느냐 하는 것이 항상 그들에게는 매우 중대한 일이었다. 로마법은 자연법이론에 의하여 그들을 점점 더 재산의 한 항목(an article of property)으로 보는 경향으로 치우쳤다. 그러므로 노예제가 로마법제에서 많은 영향을 받은 제도로 분포된 곳에서는, 어느 곳에서든지 노예의 상태는 지나치게 비참한 지경은 아니었다. 루이지애나주(Louisiana)처럼 상당부분 로마법적 법전을 법제의 기초로 삼았던 아메리카 여러 주에서는, 최근 해석에 따르면 노예에 진정한 지위를 인정하지 않았고, 그렇기 때문에 노예를 동산(動産)으로만 인정하였던, 영국보통법에 기초를 두고 있는 제도에서보다도 여러 가지 실질적인 점에서 흑인 인구의 상태 및 그 미래는 나아질 것이라는 많은 증거가 있다.

고 대 법

우리는 지금까지 이 책의 범위에 속하는 인격에 관한 고대법의 모든 부분을 검토해 왔다. 그리고 그 검토의 결과로 필자는 법제의 초창기(初創期)에 관한 우리의 지식에 정확성과 정밀성을 덧붙여 주었다고 확신한다. 각 국가(國家; States)의 민법(民法; Civil Law)은 맨 처음 가부장적 주권자의 테미스테스(Themistes)에서 출현한다. 그리고 우리는 이 테미스테스라는 것이 종족이 아직 초기의 상태에 놓여 있을 때, 가정의 우두머리가 그 처나 자녀나 노예에게 내렸다고 생각되는 불가항력적인 명령이 유일하게 발전해 온 형식이었음을 알 수 있다. 그렇지만 국가가 조직된 다음까지도 이 법은 아주 제한되기는 하였지만 그대로 적용되고 있었다. 이것이 테미스테스로서의 원초적 성격을 지니고 있는지의 여부, 관습이나 법전의 상태로 진전하였는지의 여부와는 별도로 이것은 개인에 관련되어 있어서가 아니라 가족과 관련되어 있는 것이다. 고대법제는, 만일 사기적이라고 할 수 있는 비교가 채용되었다면 사회의 분자인 크나큰 집단 사이에 서로 갈라져 있다는 것 이외에는 아무것도 개재하지 않는 상태는 국제법(國際法; International Law)과 유사하였을 것이다. 이러한 위치에 있는 사회에서 의회(議會)의 입법이나 법정(法廷; Courts)의 사법권은 가장(家長; heads of families)의 지위에 달하는 것만이며, 나머지 개인에 있어서의 행동의 준칙은 그 가부장이 입법자인 가정의 법이다. 그러나 민법의 영역은 처음에는 좁았지만 지속적으로 증대하는 경향이 눈에 띈다. 법적 변경(法的 變更)의 매개 원리인 의제(擬制; Fictions)나 형평법(衡平法; Equity), 입법(立法; Legislation)은 역순으로 거슬러 올라가 원시적 제도에 부착되어 진보의 어느 점에 있어서나 많은 인격적 권리와 다량의 재산을 가정 내의 법정에서 공적 법정의 재판권으로 이양시켰다. 정부의 명령은 점차적으로 국가적 문제에서와 마찬가지로 사적인 사건에서도 같은 효과를 거두게 되고, 더 이상 각 가정에서 이어지는 전제자의 명령에 의하여 좌지우지될 필요는 없게 되었다. 우리는 로마법의 연지(年誌) 중에 고전적 체제가 붕괴하고, 재결합된 기초 위에서 새로운 제도가 형성된 거의 완전한 역사를 확보하고 있다. 이 제도의 일부는 변형이 없이 근대세계에 전해지고, 다른 것은 암흑시대(暗黑時代; Dark ages)에서 미개족(未開族; barbarism)과의 접촉에 의하여 파괴되고 부패되어, 다시 사람들에 의하여 발견될 수 없게 되고 말았다. 우리가 로마 법제를 그 유스티니아누스황제에의 재편성의 시기를 지나버리고 나면 지금까지도 남아 있는 가부장에게 존속하는 광범위한 권력이라는 이 부분을 제외시켜 버리면 고전적 흔적은 그 어느 부분에서도 찾아볼 수 없다. 그 밖의 어떤 곳에서도 편의성의 원리나 균형의 원리나 단순화의 원리가 ― 어쨌든 새로운 원리이지만 ― 고대사회의 양심을 만족시켜 주었던 대수롭지 않은 권위를 빼앗아 버렸다. 어디서나 새로운 도덕성이 고대의 관행과 결합하고 있었던 행위의 신조나 경솔한 동의의 논거에 이러한 것들이 고대의 관행에서 생겨났다는 이유에서 갈음하게 되었다.

가족의 붕괴

진보적 사회의 진화는 한 가지 점에서 일치해 있었다. 그 전체적인 과정을 통하여 볼 때 가족적 예속의 점차적인 해제와 그것에 갈음하는 개인적 의무의 발달에 의하여 분명하게 되었다. 개인은 시민법이 인정한 단위로서 계속적으로 가족에 대체되었다. 그 진전은 각각 다른 속도로 달성되었다. 그러면서도 고대조직의 붕괴가 나타나는 현상을 주의 깊게 연구해야만 파악될 수 있는 절대적이라고 할 수 없지만 정체적인 사회가 있다. 그러나 그 보조는 다양하더라도, 변화는 반동(反動; reaction)이나 후퇴(後退; recoil)를 만드는 것이 아니라, 분명한 정체가 거의 외국의 원천(源泉; source)으로부터 오래 된 사고방식이나 관습을 흡수함으로써 생겨나는 것임을 알 수 있다. 가족에서 그 기원을 가지는 권리와 의무가 이러한 형태에 변화로 들어서게 되는 사람들간의 유대가 어떠한 것이었는지를 알아보는 것은 그다지 어렵지 않다. 그것은 계약(契約; Contract)이다. 역사의 한 종점으로부터, 인격에 관한 모든 관계가 가족관계(家族關係; relations of Family)에 집약되어 있는 사회로부터 출발하여 살펴볼 때 이와 같은 모든 관계는 개인의 자유로운 동의가 만들어내는 사회질서의 단계로 향하여 끊임없이 전진하는 것처럼 보인다. 서양에서 이 방향에 맞추어 달성된 진보는 상당한 것이었다. 그리하여 노예제도는 폐지되었다. 그 대신에 이러한 관계는 사용인과 피사용인의 계약관계(契約關係)로 대체되었다. 피후견 여성(Female under Tutelege)의 신분도 또한 이 후견이 남편 이외의 사람에 의한 후견으로 변화될 경우에 소멸하였다. 성년에 달한 다음 결혼

하기까지 여성이 형성한 모든 관계는 계약관계이다. 또한 권력 아래의 아들의 신분도 근대 유럽사회의 법속에 떳떳이 자리 잡게 되었다. 만일 어떠한 사적 의무가 아버지와 성년의 아들을 결합시키더라도 그것은 계약만이 그 법적 유효성을 담보해 줄 뿐이다. 이 규칙을 설명하면서도 특징짓는 두드러진 예외가 있다. 분별할 만한 연령에 달하지 않은 연소자, 보호를 받아야 하는 고아, 선고를 받은 정신착란자는 그 모든 능력 및 무능력을 인격에 관한 법에 따라 규제받았다. 그렇다면 왜 그렇게 되었던 것일까? 그 이유는 여러 체계의 편의적 용어로 각각 다르게 표현될 수 있겠지만, 실질적으로는 모두 같은 의미로 서술된다. 대다수의 법률가들은 앞서 말한 사람들이 자기의 이해에 관하여 판단할 능력을 갖추지 못하고, 바꾸어 말하면 계약(契約)에 의한 약정의 제1요건을 갖추고 있지 못한다는 단순한 근거에 기초하여, 외부로부터의 조정에 순응해야 한다는 원리에 충실한 것이다.

신분(身分; Status)이라는 말은 그 가치가 어떠한 것이더라도, 필자는 완벽하게 볼 수 있는 진보의 법칙을 표현하는 법형식으로 사용할 수 있다면 효과적이라고 생각한다. 인격에 관한 법에 나타난 모든 형식적 신분은 고대에서는 가족 중에 있었던 권력 및 특권에서 유래한 것이고, 어느 정도는 이러한 것들에 의하여 채색되기도 하였다. 그렇기 때문에 우리가 신분을 우수한 저작자들의 관행에 따라서 인격적 상황만 나타내는 것으로 사용하고, 이 말을 협약의 직접적 또는 간접적 결과인 것 같은 인격적 상황에 적용하는 것을 피하기만 하면, 진보사회의 변화는 지금까지 어느 곳에서나 신분에서 계약으로 (*from Status to Contract*)의 변화였다고 할 수 있을 것이다.

111) 교회의 신도들의 신앙·윤리·훈련 및 교회기구 운영 등에 관한 법규.

112) William Blackstone(1723. 7. 10~1780. 2. 14)

영국의 법학자. 산업혁명 이전까지의 영국법 전반을 체계화하고 해설한 「영국법주해」를 써서, 영국법학의 학문성을 높이고, 독립전쟁 전후의 미국법 발달에 큰 영향을 주었다.

113) John Locke(1632. 8. 29~1704. 10. 28)

영국의 철학자이자 정치사상가로 계몽철학 및 경험론철학의 원조로 일컬어진다. 자연과학에 관심을 가졌고 반스콜라적이었으며 「인간오성론」 등의 유명한 저서를 남겼다. 교육에도 많은 관심을 보여 소질을 본성에 따라 발전시켜야 한다고 주장하였다. 저서로는 「종교 관용에 관한 서한」(1689), 「제2서한」(1690), 「제3서한」(1692), 「통치이론」(1690), 「인간오성론」(1690), 「금리저하와 화폐가치와 화폐가치 앙등의 결과에 관한 고찰」(1691), 「교육론」(1693) 등이 있다.

114) Thomas Hobbes(1588. 4. 5~1679. 12. 4)

영국의 철학자. 성악설을 전제로, 각자의 이익을 위해서 사람은 계약으로써 국가를 만들어 "자연권"을 제한하고, 국가를 대표하는 의지에 그것을 양도하여 복종해야 한다고 보았다. 그리고 전제군주제를 이상적인 국가형태라고 생각하였다. 저서로는 「리바이던; Leviathan」(1651), 「자연법과 국가의 원리」(1640) 등이 있다.

115) Publius Cornelius Tacitus(55?~117?)

로마 제정시대의 역사가. 호민관·재무관·법무관을 거쳐 콘술을 지냈으며, 아시아주의 총독을 맡았다. 제정을 비판한 저서를 저술하였고 주요저서에 「역사」, 「게르마니아」 등이 있다.

116) 로마 제정기의 역사가 타키투스의 초기작품. 98년 간행되었다. 게르만인의 풍속·관습·사회를 간결한 필치로 기술한 46장으로 된 단편이다. 여행자의 보고와 문학적 자료를 토대로 한 라인강 동부와 도나우강 북부의 독일 지지(地誌)인데, 라틴어로 된 지리적·민족학적 작품으로 현존하는 유일한 저서이다. 고대 게르만민족의 사회를 연구하는 데 중요한 자료이다.

117) 가장이 가족성원에 대하여 강력한 권한을 가지고 가족을 지배·통솔하는 가족형태. 가부장제의 가족형태에서는 가족성원이 세습적 규칙에 따라 지명된 개인의 지배를 받는데, 대개는 장남이 세습적으로 가장의 지위와 재산을 계승하여 안으로는 가족을 통솔하고 밖으로는 가족을 대표한다. 고대 로마의 가부장제가 가장 강대한 가부장권을 바탕으로 하였다는 사실은 역사적으로 잘 알려져 있는데, 가장은 아이들에 대한 생살권·매각권·징계권·혼인과 이혼의 강제권을 가지고 있었다.

118) Robert Filmer(1589?~1653. 5. 26)

영국의 정치사상가로 왕권신수설을 주장하는 저서를 남겼다. 주저로 「가부장권론」이 있다. 이 책은 후에 로크의 「정부이론」에 의하여 비판받게 된다.

119) 구약성서에 나오는 인물. 형인 에서를 대신해 아버지에게서 장자의 축복을 받았다. 라반의 딸 레아와 라헬을 차례로 아내로 맞아 열두 아들을 낳았는데, 그 자식들은 이스라엘 12부족(지파)의 조상이 되었다. 훗날 이름을 이스라엘로 고쳤다.

120) 성서에서 Isaac의 맏아들(죽 한 그릇 때문에 아우 Jacob에게 상속권을 팔았음)로 이삭의 처 리브가가 낳은 쌍둥이 중의 큰 아들로서 그 별명은 에돔이다.

121) 오디세이아는 고대 그리스의 서사시로서 저자는 일반적으로 일리아스의 저자인 호메로스로 전해지고 있다. 시의 주제는 트로이아전쟁 영웅 오디세우스의 10년간에 걸친 귀향 모험담이다. 서양 문학사에서는 모험담의 원형으로 주목된다. 일리아스와 마찬가지로 시는 총 24편으

로 나누어지며, 6각운으로 작곡되었다.

122) 퀴클롭스 또는 키클롭스(그리스어: Κύκλωψ, '외눈박이'란 뜻)는 그리스 신화 및 로마 신화에 서 정수리에 눈이 하나만 있는 거인을 말한다.

123) 독일의 옛 명칭.

124) 유틀란트 반도 서쪽 해안에 있는 한 지역. 아이데르강과 엘베강 사이에 있다. 현재는 독일의 슐레스비히홀슈타인주에 속하지만 1866년까지 덴마크 국왕이 지배하는 반독립적인 영지였다.

125) 유틀란트 반도를 원주지로 하는 게르만의 고대민족.

126) 서양 고대에 활약한 인도 유럽어족의 일파.

127) 단계적(單系的)인 친족집단의 하나. 즉, 남성이나 여성 중 어느 한 쪽만을 통해서 출생계통 을 찾는 것을 말한다. 남성을 통한 경우를 부계(父系), 여성을 통한 경우를 모계(母系)라 한 다. 이와 같은 구성을 가진 단계친족집단에 속하는 것으로는 씨족(clan, gens) 외에 계족(系 族; lineage)·포족(胞族; phratry)·반족(半族; moiety)이 있다.

128) 알프스산지에서 발원하여 유럽에서 공업이 가장 발달한 지역을 관류하여, 북해로 흘러든다. 본류는 스위스·리히텐슈타인·오스트리아·독일·프랑스·네덜란드 등의 여러 나라를 거치 며, 운하에 의해서 지중해·흑해·발트해 등과 연결된다. 그 중 독일을 흐르는 부분이 가장 길어, 독일의 상징이라고 한다.

129) 본류는 독일·오스트리아·체코·슬로바키아·헝가리·유고슬라비아·불가리아·루마니아· 우크라이나 등 여러 나라를 지나고, 빈·부다페스트·베오그라드 등 각국의 수도가 모두 그 본류 연안에 위치한다.

130) 켈트족의 일부는 발칸반도로 이주했다. 기원전 279년, 이들은 그리스의 가장 큰 신전인 델피 (Delphi)를 습격했지만 그 결과 참담히 패배하였다. 그 후 그들은 아나톨리아(Anatolia; 지금의 터키지방)으로 가 오늘날의 앙카라(Ankara) 근방에 왕국을 건설했다. 로마인들이 가울인(the Gauls)이라 부른 이들은 그리스인들은 갈라타에(Galatae)라고 불렀으므로 이들의 나라는 갈라 티아라 불리게 되었다. 신약성서에 등장하는 갈라티아인들은 바로 이 민족이다.

131) 율리시스(Ulysses)는 그리스 신화에 나오는 영웅 오디세우스의 라틴어 이름이다.

132) 그리스신화에 나오는 오디세우스의 아버지. 아르케시오스와 칼코메두사 사이에 태어난 아들 로, 안티클레이아를 아내로 삼아 오디세우스를 낳았다.

133) 고대 로마에서 평민의 권리를 지키기 위하여 평민 중에서 선출한 관직. 호민관(護民官; tribunus)은 고대 로마의 관직을 말한다. 평민의 이익을 대변하는 "민정호민관(tribunus plebis)"과 군사적인 일을 처리하는 "군사호민관(tribunes militium)"으로 나누어진다. 그러나 보통 로마사에서 호민관은 민정호민관만을 지칭할 때가 많다. 공화정 초기인 BC 494년 평민 과 귀족과의 신분투쟁 결과 생긴 것이라 한다. 정원은 BC 449년 이후 10명이었고 임기는 1년 이며, 평민의 생명과 재산을 지키는 것이 임무였다.

134) Marcus Ulpius Trajanus(53. 9. 18~117. 8. 8) 로마황제(재위 98~117). 원로원과의 협조 자세를 유지하고, 빈민 자녀의 부양정책, 이탈리아의 도시·농촌 회복시책을 추진하였다. 다키아, 나바타이왕국, 아시리아 등을 속주로 만들었고 로마제국 최대의 판도를 과시하였다.

135) Publius Aelius Hadrianus(76. 1. 24~138. 7. 10)

로마제국황제(재위 117~138). 오현제의 한 사람.

136) Flavius Valerius Constantinus(274. 2. 27~337. 5. 22)

고대 로마황제(재위 306~337). 밀라노 칙령을 공포하여 신앙의 자유를 인정하였고 교회의 사법권·재산권 등을 우대하였다. 황제를 정상으로 하는 계급적 관료제도를 완비하고 각종 세금제도를 신설하였으며 비잔티움에 그리스도교적인 도시인 콘스탄티노폴리스를 건설하였다.

137) 고대 로마인이 갈리아인이라고 부르던 사람들(켈트족)이 BC 6세기부터 살던 지역. 북부이탈리아·프랑스·벨기에 일대, 즉 라인·알프스·피레네 및 대서양으로 둘러싸인 지역을 말하는데, 포강 유역의 북부이탈리아도 이에 포함된다.

138) 6세기 앵글로색슨족의 침입이 시작되기 전에 브리튼에 거주하던 한 부족. 대략 BC 7세기 또는 BC 6세기부터 브리튼에 이주하기 시작한 웨일스계 켈트인들이 대다수였을 것으로 여겨진다.

139) Caracalla(188. 4. 4~217. 4. 8)

로마의 황제(재위 211~217). 공동통치자인 동생 게타를 죽이고 단독지배자가 되었다. 재정상의 이유로 로마제국 내 전체 자유민에게 로마 시민권을 부여했다. 인심을 얻기 위해 대목욕장을 건설하고 병사들에 대한 지출 증대를 벌충하기 위해 세금을 올리고 화폐의 질을 낮추어 주조했다. 파르티아 원정 중에 근위장관 마르키누스에게 암살당했다.

140) 힌두법은 힌두인들에게 특히 인더스 지역에 적용된 개인법(결혼, 채용, 상속 등)의 체계를 말한다. 현대의 힌두법은 그리하여 인도 국회(1950)에 의해 세워진 인도법의 일부분이다.

141) 봉건적 토지소유관계에 속하지 않은 토지로써, 농노적 상태의 농민에 의해서 경작되는 토지이며, 영주 소유의 토지가 아닌 토지를 말한다.

142) 프랑스 북부에 있는 지방. 고대에는 벨기에인과 켈트인의 거주지였고, 로마시대에는 카이사르에 정복되어 속주가 되었다.

143) 1804년 나폴레옹 1세 때 제정·공포된 프랑스 민법전의 별칭. 나폴레옹 1세는 1807년 법률로써 이 민법전을 "나폴레옹법전"이라고 개칭하였다. 3편 2,281조로 이루어진 이 법전이 채택하고 있는 소유권의 절대성, 계약자유의 원칙, 과실책임주의 등은 근대시민법의 기본원리로서 그 후에 제정된 각국 민법전의 모범이 되었다.

144) 원래는 잉글랜드 전체에 공통되고 보편적인 법이라는 뜻에서 보통법라는 말이 쓰였다. 그후 이에 대립해서 생긴 형평법(equity)도 포함한 판례법의 뜻으로도 쓰였다. 이 경우는 제정법과 대립되는 뜻을 갖는다. 다시 여기에 덧붙여 제정법까지도 포함한 넓은 뜻의 용법도 생기게 되었다. 이 경우에는 대륙법과 대립되는 영미법 일반도 의미하게 된다.

145) 노예는 인격이 부인되고 타인에게 소유되어, 권리와 자유의 태반 또는 전부가 박탈된 자이다. 법적으로는 개인재산을 뜻하며 양도·매매가 가능한 물건으로 생각되었다. "생명 있는 도구, 말할 줄 아는 도구"라 하여 가축과 같이 생각되었으며, 소유자는 어떤 종류의 노동도 시킬 수 있었고, 원칙적으로는 그 생명도 빼앗을 수 있었다.

146) 근대의 노예제는 15세기부터 성행한 유럽인의 신영토 발견을 위한 활동과, 이에 이어지는 신대륙에의 식민활동에서 비롯된다. 신대륙의 정복이 진척되어 플랜테이션 농업이 발전하는 과정에서 노예노동에 대한 수요가 높아져, 신대륙을 무대로 노예제가 확립되기에 이르렀다.

제6장

유언에 의한 승계의
초기의 역사

승계법, 교회의 영향

만일 영국에서 유행하고 있는 법학연구방법 중 역사적 방법(historical method)의 우월성을 입증하려고 한다면, 유언(遺言; Testaments or Wills)보다 더 좋은 예증이 될 만한 법제도는 없을 것이다. 유언이 이러한 역할을 할 수 있는 이유는 장기간 계속성을 지니고 있었기 때문이다. 우리는 역사초기의 그 고전적 형태에 맞추어 이해하는 데 상당한 노력이 요구되는 개념들에 의해 둘러싸인 초기 사회상태를 발견하게 된다. 유언의 발전과정에서 다른 한계가 있더라도, 우리는 오늘날의 용어나 사고방법에 의하여 법적 개념 중 중심에 있는 동일한 개념으로 구별할 수 있는 것은 없다. 관습에 의하여 변장된 동일한 열거개념 이상의 어떠한 것이 아닌 법적 개념의 중심에 있고, 이러한 관념은 그렇기 때문에 다르게 되어 있는 다른 곤란한 점, 즉 일상의 심적 자산의 일부를 이루는 여러 관념이 현실적으로 분석이나 실험을 거쳐야 한다는 사고방식은 믿기 어려운 곤란함을 보여 준다. 이러한 극단에 걸쳐 있는 유언이 어떻게 발달했는지는 확실하게 추적할 수 있다. 왜냐하면 봉건제도의 발생의 시기에 유언은 법제의 다른 어떤 부분의 역사보다도 많은 침해를 받지 않은 부분이었기 때문이다. 사실상 법제의 모든 분야에서 고대사(古代史)와 근대사(近代史)의 단절에 의해, 다시 말하면 로마제국의 멸망에 의하여 발생한 시간적 단절은 지나치게 과장된 것임에 틀림없다. 6세기 동안의 혼란에 의하여 뒤얽히고 불분명한 관련성을 발견하기 위해 노력했던 저작자들은 그들의 나태함으로 인해 어려움을 겪었다. 다른 한편 다른 연구가들은 인내나 근면성의 부족은 없었지만, 자기 나라의 법체계에 지나친 자부심을 갖고 있었기 때문에, 로마법제에 대한 연구를 소홀히 하였음을 고백하지 않을 수 없다. 그렇지만 이와 같은 좋지 않은 영향은 유언법(Testamentary Law)의 영역에서는 그다지 큰 영향을 미치지 못했다. 미개종족(未開宗族; barbarians)은 유언과 같은 개념을 잘 알고 있지 못했다. 가장 권위 있는 학설도 미개종족이 그 출신지역에서나 로마제국의 변방지에서 그들이 지켜온 성문법전 중에 유언의 흔적을 찾아볼 수 없다는 점에 관하여는 의견이 일치한다. 그렇지만 이러한 미개종족도 로마법제로부터 처음에는 부분적으로 나중에는 전체적으로 유언제도를 차용하였다. 교회는 이 급속한 동화에 큰 영향을 주었다. 교회의 권력자들은 몇몇 다른 이종파(異宗派)에서 지니고 있던 유언의 보관과 기록의 특권을 아주 일찍이 받아들였다. 이에 따라 교회는 세속적 소유를 하게 되는 사적 유증(私的 遺贈)으로 바뀌게 되었다. 맨 처음 지방의회(地方議會; Provincial Council)의 포고가 유언의 신성성(神聖性)을 부정하는 사람을 지속적으로 포함한 것은 이 때문이다. 영국에서 교회의 영향력은 일반적인 인식이 법제의 다른 영역의 역사에서 간혹 존재한다고 믿을 수 있는 유언법(Testamentary Law)의 역사를 연속시키는 원인들 중 가장 중요한 것이다. 모든 유언에 대한 사법권(司法權)은 언제나 명확한 것은 아니었지만, 로마법제의 원리를 적용하였던 교회법원(敎會法院; Ecclesiastical Courts)에 위임되었다. 보통법법원(courts of Common Law)이나 형평법법원(衡平法法院; Courts of Chancery)도 교회법원(敎會

法院)의 판결례에 반드시 따라야 하는 것은 아니었지만, 그들은 그들의 관점에 의한 적용원인에 확정된 법규체계의 강력한 영향력을 피할 수 없었다. 인격 승계에 관한 유언에 대해 영국법은 로마시민의 상속이 관리되어진 변화된 형식이 되었다.

고대 유언

역사의 도움이 없다면, 우리가 외형적(*primâ facie*) 모습을 분석하여 이끌어 낸 결과와 논제의 역사적 규명에 의하여 얻게 된 결론 사이에 극심한 차이를 지적하는 것은 어려웠을 것이다. 유언의 개념을 대중적·법적 개념에서 출발하면, 유언은 반드시 일정한 자격이 필요하다는 것을 생각하지 못하는 사람은 없을 것이다. 예를 들면 유언은 반드시 사망한 때에만(at death only) 효력을 발생하게 된다거나 — 유언은 그 내용에 따라 이익을 받게 되는 사람도 알지 못하는 비밀(秘密; *secret*)이라거나 — 유언은 취소할 수 있는 것, 즉 새로운 유언작성행위에 의하여 대체할 수 있다고 하는 사람이 있을지도 모른다. 그렇지만 필자는 이러한 특징 중 그 어느 것도 유언의 요소가 아니었던 시기가 있었음을 증명할 수 있다. 우리의 유언에 영향을 준 유언제도는 처음에는 유언행위시에 즉시 효력이 발생하고, 비밀도 아니었으며, 취소할 수도 없었다. 사실상 그 어떤 법적 매개보다도 인간이 작성한 의도에 의해 그의 재산이 사후처분(死後處分)되는 것보다 더 복잡한 역사적 매개의 결과는 거의 없을 것이다. 유언은 점진적으로 필자가 앞서 서술한 특징을 갖추게 되었다. 그것들은 다양한 원인과 일시적 사건이나 현재 우리와 전혀 이해관계가 없는 사건들의 압력에 의하여 법제사에 영향을 주는 것들은 배제되었다.

유언의 자연권

법이론(法理論; legal theory)이 오늘날보다 더 풍부했던 시대에는 ─ 그 대부분은 근거가 부족하고 미숙한 정도에 지나지 않았으며, 일반화는 생각할 수도 없었으며, 법을 단순한 경험적 추급으로서 우리가 알고 있는 보잘 것 없는 사회상황에서 법제를 구했던 이론이지만, ─ 유언의 일정한 요건을 자연법으로 설명하고, 유언의 요건에 대하여 즉각적이며, 명확하고, 자극적인 설명을 보편적으로 하였다. 필자는 이러한 모든 특징의 기원에 대해 역사적 기록에 기초하여 학설이 확립된 다음에는 이에 동조하는 사람은 그다지 없을 것이라 생각한다. 동시에 이 학설의 파생물인 결과를 우리 모두가 사용하고 이를 폐지함에는 어떠한 방식으로 해야 할지 모르는 모습을 취해 왔다. 필자는 17세기 법률문헌의 일반적인 견해를 서술하는 것으로 이를 대신하고자 한다. 17세기의 법률가는 일반적으로 유언작성의 권한 자체는 자연법의 산물, 즉 자연법에 의하여 주어진 권리라고 하였다. 자연법이론은 비록 모든 사람이 이러한 관련성을 알고 있는 것은 아니지만, 본질적인 근간으로서 재산의 사후처리를 명령하거나 그것을 좌우하는 권리가 소유권(所有權) 자체의 필연적·자연적 결과라고 주장하는 사람들에게 계승되어, 전문적 법제의 어느 연구자라도 다른 학파에서 만들어 낸 용어를 그대로 사용하는 것은 어색하다는 생각을 하게 했다. 즉, 그 견해의 법적·논리적 근거로 유언에 의한 승계 (*succession ex testameto*)를 사망자의 재산이 본래 이전되어야 할 재산승계방법이 되었고, 그 다음에 무유언에 의한 승계(*succession ab intestato*)를 사망한 재산소유자의 태만 또는 사고에 의하여 처리되지 않은 채로 남아 있는 것을 처리하기 위하여 입법자가 마련한 제도라고 설명하였다. 이와 같은 견해는 단지 유언에 의한 재산처분이 자연법적 제도라고 하는 집약적 이론을 확대시킨 것에 지나지 않는다. 근대적 사고로 유언의 본질과 자연법을 고찰하는 경우, 그에 포함되는 의미범위를 독단적으로 확언하는 것은 타당하지 않다. 그러나 유언권능(Testamentary Power)이 자연법(自然法; Natural Law)에 속한다고 하는 많은 사람들의 주장은 당연하며 일반적이지만, 그들은 사람의 출생과 더불어 본능과 충동에 의하여 유언권능이 인정된 것이라는 주장을 취한 것이라고 생각한다. 첫 번째 주장에 대하여 솔직히 말하면, 나폴레옹법전(*Code Napoléon*)에 의하여 유언권능에 엄격한 제한이 부과되었고, 또한 프랑스 법전이 그 전형으로 확립되고, 그것이 점차적으로 확대된 것을 확인한 다음에는 그러한 주장을 옹호하기 어려울 것이다. 두 번째 주장에 관하여 우리는 초기 법의 역사에서 충분히 확인된 사실과 정반대라고 할 수밖에 없다. 더구나 필자는 어떨지 모르지만 모든 토착사회에서 유언특권이 허용되지 않든지, 아니면 오히려 법제가 제대로 파악되지 않은 상태에서 재산소유자의 단순한 유언이 그의 혈연자의 요구를 무시하는 것에 다소라도 제한이 가해졌던 상황에서 허용되었던 것은 법적 발달의 후기 양상을 진행시키고 있었던 것을 강조한다.

유언의 본질

유언의 개념은 그 자체만으로 고찰할 수 없다. 유언은 여러 개념 중에서 가장 중심적이면서도 핵심적 개념은 아니었다. 유언 그 자체는 단지 유언자의 의도를 표출해 주는 매개에 지나지 않는다. 그러한 매개를 검토하기 전에 살펴보아야 할 두세 가지의 사실이 있다. 예를 들면 사람이 사망시 망인으로부터 남겨지는 것은 무엇인가? 그것은 어떠한 종류의 권리 또는 이익인가? 그것을 물려받을 사람은 누구이고, 어떠한 형식이었는가? 그리고 어떻게 하여 사망한 사람이 그 재산의 처리를 임의로 할 수 있었는가? 기술적인 용어를 사용하면, 유언관념에 기여한 여러 가지의 개념의 부가요소에 의하여 표현된다. 즉 유언은 상속에 의한 이전을 규정하는 한 가지 방식이다. 상속은 포괄승계(包括承繼; universal succession)의 한 형식이다. 포괄승계(包括承繼;

universsitas juris)는 권리 및 의무를 총체적으로 승계하는 것이다. 이 순서를 바꿔서 권리의무의 총체는 무엇인지, 포괄승계는 무엇인지, 포괄승계의 방식은 무엇인지를 살펴보아야 한다. 그러나 어느 정도는 필자가 지금 제기하고 있는 사항과 관련이 있지만, 유언의 논제가 끝나기 전에 해결해야 할 두 가지의 다른 문제가 있다. 그것은 어떠한 경우에 유언자(遺言者; testator)의 의사에 의해 상속이 좌우되는지, 그리고 그렇게 좌우되는 방식의 본질이 무엇인지이다.

권리의무의 총체

첫 번째의 문제는 권리의무의 총체(*universitas juris; a university or bundle of rights and duties*)와 관계되는 것이다. 권리의무의 총체는 일정한 시기에 어느 한 사람의 인격에 귀속하는 하나의 사실로 결합하는 권리의무의 집합이다. 그것은 말하자면 특정한 개인의 법적 형태이다. 그것은 특정한 개인의 모든 권리의무로 구성되는 것은 아니다. 그것은 오로지 특별한 한 개인의 모든 권리의무를 취득함으로써 가능하다. 여러 가지의 소유권(所有權), 통행권(通行權), 유증권(遺贈權), 불법행위(不法行爲)를 보상하는 특수행위(特殊行爲), 채무(債務), 손해배상의무(損害賠償義務)를 결합하는 유대관계 — 이러한 모든 법적 특권 및 의무를 권리의무의 총체(*univesitas juris*)로 구성시키고 결합하는 유대는 그것들이 행사할 권한이 있는 어느 개인에게 귀속된다는 것이다. 이러한 사실 없이 권리의무의 총체는 있을 수 없다. 권리의무의 총체(*universitas juris*)라고 하는 표현은 고전적인 개념이 아니라, 이 관념을 법학에서는 주로 로마법에서 채용한 결과이다. 그런데 이 개념을 전적으로 로마법의 개념으로 파악하는 것은 곤란하다. 이는 각각 그 밖의 세계에 대한 법적 관계의 전체 구조를 하나의 개념으로 집합시키지 않으면 안 된다. 이러한 개념들의 성격 및 구조를 묻지 않고 결합시켜, 권리의무의 총체를 구성한다.

그리고 권리와 마찬가지로 의무가 포함된다는 것을 주의하면 이와 같은 관념을 형성함에 그다지 큰 오류는 없을 것이다. 의무가 권리보다 많은 경우도 있을 수 있다. 사람들은 누구나 재산보다 많은 채무를 부담하는 경우가 있다. 그러한 경우 자산으로 그 채무를 충당하지 못하면, 그는 지불능력을 상실하게 된다. 이러한 것들이 아무것도 없다면 그에게 집중되는 권리의무의 전체가 "권리의무의 총체(juris universitas)"와 같은 것이 된다.

포괄승계

우리는 이제 "포괄승계(包括承繼; universal succession)"를 살펴보기로 한다. 포괄승계는 권리의무의 총체(*universitas juris*)의 승계이다. 포괄승계는 한 사람이 다른 사람의 법적 지위를 이어받아, 그 사람의 모든 책임을 부담함과 동시에 그 사람이 가지고 있던 모든 권리를 이어받는 것이다. 포괄승계가 완전하게 이루어지기 위한 이전(移轉; devolution)은 법률가들이 말하는 바와 같이 동시에(*uno ictu*) 이루어져야만 한다. 물론 어느 사람이 다른 사람의 모든 권리의무를 다른 시기에 취득하거나 부담하는 계속적 구매(繼續的 購買)에 의한 취득일 수도 있고, 그러한 것은 서로 다른 자격에서, 일부는 상속인(相續人)으로서, 일부는 구매자(購買者)로서, 일부는 수유자(受遺者)로서 취득하게 될 수도 있다. 그렇더라도 이렇게 하여 합쳐진 권리의무의 총체는 실제에 있어서 특정 개인의 법적 지위의 전부에 해당할 수도 있지만, 그 취득은 포괄승계라고 할 수 없다. 진정한 포괄승계가 성립하기 위해서의 이전은 수령자에게 권리의무의 총체를 동일한 법적 지위로 이전하는 것이다. 포괄승계의 관념은 권리의무의 총체(juris universitas)의 관념과 마찬가지로 법제에서는 영원한 것으로, 다만 영국법체계에서는 권리를 취득하게 되는 여러 방식이기보다는 "부동산(不動産; reality)"과 "동산(動産; personality)"이라고 하는 재산의 두 영역 간의 특성에 의하여 나누어져 있다. 그렇더라도 파산관재인(破産管財人)

에 의한 파산자의 전체 재산에 대한 승계는 포괄승계이다. 다만 관재인은 자산의 한도에서 채무를 변제할 뿐이기 때문에 앞의 포괄승계의 개념에 대한 변형이라고 할 수 있다. 만일 한 사람의 재산 전부를 그 사람의 채무 전부를 변제하는 조건으로 이전하는 경우가 일반적으로 행해진다면, 이러한 양도형태는 아주 오래 전 로마법의 포괄승계와 매우 유사한 것이다. 로마인이 아들을 자주권자입양(自主權者入養), 즉 가장권에 복종하지 않는 자를 양자로 삼는 경우, 그는 양자의 재산을 포괄승계하고, 바꾸어 말하면 양자의 모든 재산을 취득하고, 양자의 모든 의무와 책임을 부담하였다. 포괄승계의 방식은 초기 로마법에도 있었지만, 그 중에서 가장 중요하고 영속적인 방식은 우리가 직접적으로 다루었던 상속(相續; Hæreditas or Inheritance)이었다. 상속은 사망시에 발생하는 포괄승계이다. 포괄승계인(包括承繼人; universal successor)이 상속인(相續人; Haeres)이었다. 상속인은 피상속인의 권리의무를 모두 취득하게 된다. 상속인은 곧바로 피상속인의 모든 법적 인격을 취득하게 된다. 상속인이 유언(遺言; Will)에 의하여 지정되었거나 무유언(無遺言; Intestacy)으로 지정되더라도 상속인으로서의 특수한 성격에는 변함이 없다. 상속인이라는 용어는 유언에 의한 상속인지정이든 무유언상속인이든 이들의 법적 성격에는 아무런 차이가 없기 때문에, 상속인이라는 용어는 항상 동일하게 사용되었다. 그렇지만 사망자의 포괄승계인은 유언에 의하거나 무유언에 의하든 관계없이 사망자의 상속인이다. 그리고 상속인은 반드시 하나의 인격체이어야 하는 것은 아니었다. 법률로 하나의 단위로 인정되는 하나의 인격체가 공동상속인(共同相續人; co-heirs)으로서 상속을 하는 경우도 있었다.

포괄승계인

이제는 상속(相續; Inheritance)에 관한 일반적인 로마의 정의를 인용해 보기로 한다. 독자들은 각 어구의 의미를 음미하여야 할 것이다. "상속은 사망자의 모든 법적 지위의 승계이다(*Haereditas est successio in universum jus quod defunctus habit*)." 이 관념은 사망자의 육체적 인격은 사라지지만, 그 법적 지위는 그대로 남아서 그의 법적 동일성이 계속 유지되어 상속인 또는 공동상속인에게 그대로 이어진다는 것이다. 영국법은 유언집행자(遺言執行者; Executor)나 상속재산관리인(相續財産管理人; Administrator)을 상속인의 재산에 대해 대리인(代理人)으로서 구성하는데, 이것은 위와 같은 법리에 기인한 것으로 그 예시가 될 수 있다. 그러나 이것은 어디까지나 예시일 뿐이다. 대리관계로부터 파악할 수 있는 것이 아니다. 후기 로마법에서까지 이 견해는 피상속인과 상속인간의 대응관계가 요구되었는데, 이는 대리관계로부터 파악할 수 있는 것이 아니다. 그리고 원시법제에서는 모든 것이 승계의 계속성에 의존하고 있었다. 유언작성자(遺言作成者)의 권리 및 의무가 상속인 또는 공동상속인에게 즉시 이전하는 것에 대한 조항이 유언에서 작성되지 않는 한, 그 유언은 그 효력을 발생할 수 없었다.

상 속 인

후기 로마법에서와 마찬가지로 근대유언법제에서 가장 중요한 것은 유언자의 유언집행이다. 고대 로마법에서 이와 유사한 신중성을 가지는 주제는 포괄승계(包括承繼; Universal Succession)를 받을 수 있게 해 주는 것이었다. 우리가 아는 바로 전자는 상식에 의한 원칙처럼 보인다. 이에 반하여 후자는 막연한 공상처럼 생각된다. 그렇지만 후자의 원칙 없이는 전자의 원리 역시 존재할 수 없다고 하는 사실은 이러한 종류의 어떠한 제언 못지않게 확실하다.

외견상의 역설(逆說)을 해결하고, 필자가 밝히려고 노력해 온 사상을 보다 명백히 하기 위해서는, 제5장의 전반부에서 검토한 연구의 결과를 연결시킬 수밖에 없다. 우리는 초기 사회를 명확하게 구별하는 특성을 살펴보았다. 사람은 개인으로서가 아니라 언제나 특정집단의 구성원으로서 파악되고 취급된다는 것이다. 각각의 사람은 우선 시민이고, 그 다음에 시민으로서 그의 신분 ─ 귀족제(貴族制)나 민주제(民主制)의 귀족이거나 시민으로서의 구성원이 되며, 아니면 불행한 운명이 사회발달의 과정에서 특수한 편향을 가지게 된 사회에서는 어떤 세습신분계급에 속하게 된다. 그 다음으로 그들은 부족(部族; tribe), 생활집단(生活集團; house) 또는 씨족(氏族; clan)의 구성원이고, 마지막으로 그들은 가족(家族; *family*)의 구성원이다. 이 마지막의 구성원으로서의 지위는 가장 협소하면서도 인간적인 관계이다. 역설적인 것 같지만 가족구성원은 그 자신(*himself*) 스스로가 명확한 개인으로 간주되지 않았다. 개인의 개성은 가족에 흡수되었다. 필자는 앞에서 제시하였던 원시사회의 정의를 다시 한 번 되풀이하고자 한다. 그 사회는 그 구성단위가 개인이 아니라, 실제상으로나 의제적으로 혈연관계에 의해 결합하는 사람들의 집단이었다.

원시사회, 원시가족

아직 발달이 되지 않은 사회에서 포괄승계의 최초의 흔적을 찾아볼 수 있다. 근대국가의 조직과 비교해 보면, 원시시대의 국가는 다수의 작은 전제정체(專制政體; despotic)로 구성되고, 이들 각각은 다른 통치체와는 독립하고 단일왕국의 최고권자가 지배되는 것으로 설명할 수 있다. 그러나 우리가 그를 가장(家長; Pater familias)이라고 불러서는 안 되는 것처럼 이러한 광범위한 권리를 가지고 있기는 하였지만, 그가 똑같은 범위의 의무를 지켜야 하는 것으로 되어 있었는지를 의심할 수 없다. 가장이 가족을 지배하는 것은 가족의 이익을 위해서였다. 그가 가족재산의 주체였다면, 그의 자녀나 가족의 수탁자(受託者)로서 가족재산을 보유하였던 것이다. 가장은 그가 지배하는 공동체와 가장과의 관계를 통해 별개의 특권이나 지위가 인정되었던 것은 아니었다. 가족은 실제로 단체(團體; Corporation)였고, 가장은 가족의 대표자(代表者)나 공적 임원(公的 任員; public officer)이었다고도 할 수 있다. 가장은 권리를 향유하고 의무를 부담하였지만, 이 권리의무는 그의 공동체구성원의 관점과 법적 관점에서 그 자신의 권리의무인 것과 마찬가지의 집합체의 권리의무였다. 이제 잠시 이러한 대표자의 사망에 의하여 발생하게 되는 결과를 살펴보기로 하자. 법적 관점에서, 즉 최고관(最高官; civil magistrate)의 견해에 의하면, 가정 내의 권위의 소멸은 대수롭지 않은 사건에 불과했다. 가족집합체를 대표하고 공적 책임 있는 인격이 다른 이름으로 달라진다는 것이 전부였다. 사망한 가족의 우두머리에게 수반된 권리의무는 계속하여 그 승계자에게 귀속되지 않으면 안 된다. 이러한 권리의무는 가족의 권리의무이었던 것이고, 가족은 소멸이 있을 수 없다는 단체의 특수성격을 갖기 때문에 채권자는 새로운 우두머리에 대하여 이전의 우두머리에 대한 것과 마찬가지의 배상을 요구하였을 것이다. 생존 중인 가족의 채무는 절대로 변하는 것이 아니기 때문이다. 가족이 보유한 모든 권리는 가장의 사망 후에도 그 이전과 마찬가지로 계속 존속하였다. 만일 이러한 결과가 발생하지 않으면 단체는 ― 이 초기에 관하여 적절하고 기술적인 용어를 사용가능하다면 ― 약간 변형된 소구의무(訴求義務)를 가졌을 것이다.

가족집합체, 가족과 개인

사회가 어떤 과정으로 점진적으로 서서히 변화하여 오늘날 가족을 구성하는 원자적 구성단위로 해체되었는지와 어떻게 개인과 가족 및 가족 상호간의 관계가 개인과 개인의 관계로 대신하게 되었는가를 이해하려면, 법제사(法制史)의 모든 과정을 추적하지 않으면 안 된다. 여기서 주의해야 하는 점은 개혁이 확실히 끝났을 때까지 가장은 대부분의 재판권을 행사하였으며, 공적 법원이 가정 내의 재판권을 대신할 때까지 그대로 법적 권위(法的 權威)에 의하여 처리된 권리의무의 체제는 진부한 특권의 영향을 받아서 형성된 채로 남아 있었고, 모든 부분이 그 반영(反映)에 의하여 채색된 채로 남게 되었다.

로마법상 유언상속과 무유언상속의 첫 번째 조건으로 강하게 주장되었던 권리의무의 총체(Universitas Juris)의 이전은 고대적 사회형태의 특징이었고, 새로운 사회단계와 이 고대적 사회형태가 실로 적절한 관계를 이루지 못하였음에도 불구하고 사람들은 그것을 새로운 사회형태와 분리시킬 수 없었다고 생각하였다. 사실상 개인이라는 법적 존재가 상속인 또는 그 공동상속인이라는 집단에게로 연장된다는 것은 의제에 의하여 가족의 어떤 특성이 개인에게 이전하였다는 것 이상도 그 이하도 아니다. 단체에서의 승계는 필연적·포괄적이고, 가족은 하나의 단체였다. 단체는 결코 없어지지 않는다. 개인으로서의 구성원의 사망은 집합체의 집합적 존재에 변화를 가져오지 않으며, 결코 그 법적 특권, 직능 또는 책임을 변형시키는 것은 아니다. 로마의 포괄승계원리에서 이러한 모든 자격은 개개의 시민에게 이전되었던 것으로 생각되었다. 그의 육체적 사망은 그의 법적 지위에 영향을 미치지 못하는 것으로 하면서, 그것은 확실히 이 법적 지위가 가족의 단체적 성격에 의해 두말할 필요도 없이 물리적 소멸이 없는 가족의 유추에서 발생하였으며, 이에 밀접하게 따를 수밖에 없는 원리에 기초를 두고 있다.

단일단체

대다수 유럽대륙의 법학자가 포괄승계(包括承繼)와 혼합되어 있는 여러 개념 사이에 어떤 연관된 성질이 있는지 파악하는 데 많은 어려움을 느끼고 있지만, 법철학에서 그들의 고찰이 전체적으로 그다지 가치가 없는 논제는 아니다. 그러나 영국법학자는 우리가 검토하고 있는 관념분석에서 부딪치게 되는 어려움을 경험하지 않았다. 모든 법학자가 잘 알고 있는 영국법체계에 의제(擬制)라는 도구로 충분히 해결되기 때문이다. 영국법률가는 단체(團體)를 집합단체(集合團體; Corporations aggregate)와 단독단체(單獨團體; Corporations sole)로 분류한다. 집합단체가 진정한 의미의 단체라면, 단독단체는 단체의 여러 성격에 대해 의제를 이용하여 안출시킨 인격을 인정한 것이다. 단독단체의 예로서 왕(王; King)이나 교구의 담당목사(Parson of a Parish)를 언급할 필요까지 없다고 생각한다. 자격 또는 직책은 여기에서는 때때로 이것을 맡거나 차지하는 특정인의 인격과는 분리되어 있다고 생각하였고, 이 자격은 영속적이고 이를 지니게 되는 여러 개인들은 단체의 주된 특성인 영속성(永續性; Perpetuity)을 지니고 있다고 여겼다. 그런데 고대 로마이론은 개인을 영국법제에서 단독단체가 집합단체에 대한 관계와 똑같은 관계를 가족에 대하여 맺고 있었다. 그 사고방식의 유래나 관련성도 정확하게 일치한다. 사실상 로마유언법에 의하여 각 시민이 단독단체였다면, 상속에 관한 개념을 아주 명백하게 알 수 있을 뿐만 아니라 그것이 유래하고 전제한 단서를 명령에 의하여 끊임없이 갖게 되어 있었음을 알 수 있다. 왕은 단독단체이고, 결코 죽지 않는다고 하는 것이 바로 그것이다. 그의 자격은 바로 그 승계자에 의하여 채워지고, 법적 지위의 계속성이 단절되지 않는다고 생각하였다. 로마인들은 권리의무의 이전에서 사망이라는 사실을 고려하지 않는 것은 단순히 자연스러운 과정이라고 생각하였기 때문이다. 유언작성자(遺言作成者)는 그 상속인이나 공동상속인 중에서 계속 존재하고 교체되었다. 유언작성자는 법률상 상속인 또는 공동상속인과 동일한 인격체였고, 만일 어느 누가 그 유언에 의한 재산처리를 하는 경우, 그의 현실의 존재와 사후의 존재를 결합하는 원리를 서로 반하는 내용을 포함시키는 법률은 이 잘못을 저지른 매개자(媒介者)를 퇴출시키고, 혈연자(血緣者)로 하여금 상속재산을 취득하게 하였다. 이러한 혈연자로서 상속인이 될 수 있는 자격은 법이 정하는 바에 의하여 주어진 것이고, 잘못 작성될 수 있는 문서에 의해서 주어지는 것은 아니다.

무유언상속

로마시민이 유언을 하지 않은 채, 즉 공정한 유언을 남기지 않고 사망한 때에는, 그의 자손 또는 근친자가 다음에 제시하는 기준에 따라서 상속인이 되었다. 기준에 따라 승계를 하게 된 사람이나 사람들의 집단은 단순히 사망자를 대표(代表)할 뿐만 아니라 앞에서 서술한 원리에 따라 맞추어 사망자의 공적 생활 및 그 법적 지위를 계승하였다. 이와 같은 결과는 승계순서가 유언에 의하여 결정된 경우에도 나타나지만, 피상속인과 상속인과의 동일성이론은 유언형식과 유언법제의 구성체계보다 오래된 것이다. 이것은 사실상 이 논제의 중요성이 얼마나 심오한 것인지를 측정하는 것보다 더 큰 방법상의 문제, 즉 우리들에게 던져주는 의문 ― 유언이 이러한 주의(注意)를 하도록 한다는 사고방식 때문에 포괄승계(包括承繼)와 갖게 되지 않을 수 없는 여러 가지의 원리·원칙이 성립하게 되지 않았는가라는 의문이 있다. 유언법은 조리에 완전히 들어맞는 것이 아닐 뿐만 아니라 여러 가지의 철학적 가설에 기초하여 설명되거나 적용되는 원리다. 그것은 근대사회의 여러 부분과 결합되어 일반적 편의성에 기여할 수 있는 아주 폭넓은 근거제시로서 설명되거나 적용되는 원리이다. 그렇지만 법적 문제에 관한 오류의 주요 원인은 기존의 제도를 유지하기 위하여 현재 우리가 계속 활동하기 때문이며, 당해 제도가 유래한 감정의 어떠한 것을 틀림없이 갖고 있을 것이라는 경고(警告)는 아무리 여러 번 되풀이하더라도 지나치지 않을 정도다. 상속에 관한 로마법상 유언의 관념은, 이와 달리 그 상속인의 인격성(人格性)은 어느 사망자와 그 상속인의 인격이 사망 후에도 존재한다고 하는 사고방식과 밀접하게 관계되어 있다고 하거나 양자가 혼동되어 있다는 것이다.

상속의 고대관념, 가의 상속, 유언의 본질적 대상, 힌두족의 제사, 로마와 힌두의 제사

포괄승계(包括承繼; universal succession)의 개념은 매우 확고하게 법제 중에 근원을 두고 있는 것이지, 어떠한 법체계에서도 입법자(立法者)가 자연발생적으로 만들어 낸 것은 아니다. 오늘날 이 제도가 발견되는 곳에서는 어느 곳이든지, 로마법에서 유래하였다는 것이 분명한 것 같다. 그리고 이와 더불어 유언과 유증(Testamentary gifts)에 관한 다수의 법규가 전해지고, 근대의 법률가는 이러한 내용이 그 조상에 미치는 것을 생각하지 않고 그대로 적용하고 있는 것이다. 그러나 순수한 로마법제에서 사람들이 그 상속인 중에 생존하고 있다는 원리 — 말하자면 사망의 사실의 제거 — 는 오류에 빠져들 수도 있는 것을 유언(遺言) 및 무유언(無遺言)에 의한 승계에 관한 법률 전체로 돌릴 수 있게 하는 것을 중심으로 삼고 있다. 지배적 사고방식을 그대로 따르게 하는 로마법의 특유한 엄정성은 이것만으로도 이와 같은 사고방식이 로마사회의 원시적 본질 중 어떠한 점에서 발생하였는지를 암시하는 것이 아닌가 생각된다. 그렇지만 우리는 일정한 가정을 뛰어넘어 증명을 해 보려고 한다. 로마에서의 유언에 관한 가장 원시적인 제도에서 유래하는 두세 가지의 전문적 표현이 우연히 오늘날까지 보존되어 있다. 가이우스(Gaius)의 저술에는 포괄승계인(包括承繼人)이 작성한 증여에 관한 법이 포함되어 있다. 우리는 나중에 상속인(相續人; Heir)이라고 부르게 된 인격체가 맨 처음에 명명되었던 옛날 명칭도 알고 있다. 또한 유언의 권능을 명료하게 인정하였던 십이표법(十二表法; Twelve Tables) 중 유명한 어구를 알고 있으며, 무유언에 의한 승계(Intestate Succession)를 규정하는 어구도 보존되어 있다. 이와 같은 고전적 어구는 모두 각각의 현저한 특수성을 지니고 있다. 유언자(遺言者; Testator)로부터 상속인(相續人; Heir)에게 넘겨진 것이 가족이라는 것, 즉 권리의무(權利義務)의 집합이 가부장권(Patria Potestas)을 포함하는 것이면서 이로부터 발달한 것임을 보여주는 것이다. 물적 재산(物的 財産)은 세 번째의 경우에는 전혀 나타나 있지 않다. 다른 두 경우에서는 명백하게 가족의 보조물 또는 종속물이라고 지칭되고 있다. 그러한 점에서 본래 유언은 가족의 양여를 규제하는 매개수단 또는 절차였다(그도 그럴 것이 처음에는 아마도 이렇게 기술되지 않았을 것이기 때문이다). 그것은 누가 유언자를 승계하고 가장이 되는지를 선언하는 의례절차였다. 이것을 유언의 본질적 목적이었다고 이해하는 경우, 우리는 바로 이것이 고대의 종교와 법의 가장 특이한 유물의 하나인 제사(祭祀; sacra), 즉 가족의 제례(祭禮)와 어떻게 관계하게 되는지를 알게 된다. 이러한 제사(祭祀)는 원시적 형태의 사회에서 완전히 벗어나지 못하는 곳에서 나타나는 로마적 형태의 제도이다. 이러한 것들은 가족관계의 의식으로 거행하는 공희(供犧)이고 의식(儀式)이며, 가족의 영속에 기초하는 증거이다. 그 본질이 무엇이든지 간에 ― 모든 장소에서 그러한 것이 신비로운 조상숭배라는 진실 여부를 떠나서 ― 이러한 것은 어느 곳에서나 가족관계의 신성성(神聖性)을 드러내 보이기 위하여 채용되었다. 그렇기 때문에 가족의 계속적 존재가 그 우두머리의 인격에 있어서의 변화로 위험에 처하게 되는 경우에는 언제라도 현저한 특성과 중요성을 띄게 된다. 따라서 우리는 가정의 주권(主權)의 붕괴와 관련하여 이러한 말을 가장 많이 듣게 된다. 힌두족(the Hindoo) 사이에서 사망자의 재산을 상속하는 권리는 그의 장례식을 거행하는 의무와 정확하게 그 범위를 같이 한다. 제례가 적절한 인격체에 의하여 적당하게 거행되지 않거나 또는 전혀 행하여지지 않는 경우에는 사망자와 그를 생존시켜 온 누군가와의 사이에 아무런 관계도 설정되어 있지 않았던 것으로 생각하였다. 승계법을 적용하지 않고 어느 누구도 그 재산을 상속할 수 없었다. 힌두족의 생활에서 각종의 큰일은 제례의 엄숙성을 지키도록 하고 결실을 맺게 하였던 것으로 생각된다. 힌두인들이 혼인하는 것은 사망 후에 제례를 성대하게 치르는 자녀를 두기 위한 것이었다. 만일 자녀가 없으면, 힌두의 어느 석학이 말한 바와 같이 장례식에 쓰였던 과자, 성수(聖水) 및 엄숙한 공희(供犧)를 위하여 다른 가족으로부터 양자(養子)를 맞아들여야 하는 피하기 어려운 의무가 따른다. 키케로(Cicero)가 살았던 시대에 로마의 제사에 관련되었던 사람도 그 범위는 결코 좁지 않았다. 그것은 상속(相續; Inheritance)과 입양(入養; Adoptions)을 포함하였던 것이다. 입양은 양자가 해야 할 가족의 제사(祭祀; sacra)에 대한 준비가 없다면 허용되지도 않았고, 유언은 공동상속인 사이의 이러한 의식의 비용에 관한 상속을 배분하는 것이 인정되지 않았다. 최종적 형태를 확인할 수 있는 시기의 로마법과 현존하는 힌두제도의 차이는 매우 교훈적이다. 힌두족에서는 법에 있어서도 종교적 요소가 절대적 우위를 차지하고 있다. 가족의 희생은 인격에 관한 법(Law of Person)의 전부와 물건에 관한 법(Law of Things)의 기본골격을 이루고 있다. 그것은 지나칠 정도의 확장적 영향력이 있는 것으로 취급되었다. 남편의 장례식에서 과부가 자기희생을 하는 것은 힌두인에 의하여 역사적 시대까지 계속되어 왔고, 몇몇 인도유럽 종족(Indo-European races) 중에 관행으로 이어져 왔으며, 이 자기희생은 인간의 생명이 모든 공회(供犧) 중에서 가장 중요하다는 희생적 관념에 언제나 따라 붙게 되어 있는 인상의 감화를 주게 되었던 것이다. 원시적 제사에 드러났던 부가물(附加物)이었다는 것이 한층 더 주목을 끄는 것이기도 했다. 반대로 로마사회에서 법적 의무와 종교적 의무는 혼재되어 있었다. 제사를 엄숙히 해야 할 필요성은 민법에 관한 사고방식과 관계없이 사제단(司祭團; College of Pontiffs)과 분리된 사법권(司法權)에 속해 있었다. 이에 대하여 키케로(Cicero)의 아티쿠스(Atticus)의 편지들에 의하면, 의심의 여지 없이 상속으로 과도한 의무를 지우는 것을 암시하고 있다. 그러나 법이 종교로부터 벗어나 발달한 단계는 이미 지나쳐 우리는 후기의 법제에서 결국 소실해 버렸음을 알게 된다.

유언과 입양

힌두법에서는 진정한 의미의 유언과 같은 것은 그다지 많지 않았다. 유언으로 할 수 있는 것은 입양(入養; Adoption)에 관한 것이 대부분이다. 이제 우리는 입양의 기능에 대해 유언권능(Testamentary Power)의 관계와 어떠한지 그리고 그 어느 것의 실행에 제례(祭禮; sacra)의 집행에 특별한 고려가 필요했던 이유를 알 수 있게 되었다. 유언과 입양은 모두 가족전승(家族傳承)의 일반적인 흐름을 왜곡할 우려가 있는 것이지만, 이를 승계할 근친자(近親者)가 없는 경우, 그 전승이 전면적으로 단절되는 것을 방지하기 위한 편법이기도 하다. 두 가지의 방법 중에서 혈연관계(血緣關係)의 인위적 창조인 입양은 여러 원시사회에서 보다 흔히 찾아볼 수 있는 것으로 유일하게 생각되는 것이다. 힌두인은 사람이 유언없이 사망하면, 과부로 하여금 입양을 할 수 있도록 해줌으로써 이전의 관행을 한층 더 발전시켰고, 더구나 벵갈(Bengal)[147] 지방의 관습 중에는 유언권능이 있었음을 보여 주는 흔적이 적지 않게 눈에 띈다. 그러나 유언을 발명한 영예는 어쨌든 로마인에게 돌려줘야 하는 것이고, 이 제도 자체는 계약(契約; Contract) 다음으로 인간사회를 변화시키는 데 크나큰 영향을 미친 것이다. 그 원시적인 형태로 후대에 내려온 다음에는 그에 부수하는 역할을 충분히 해 낼 수 있도록 우리가 주의를 기울이지 못했던 것은 틀림없다. 최초의 유언은 사망자의 재물을 분배하는 방법이었던 것이 아니라, 가(家)의 대표권을 새로운 우두머리에게 이전하는 몇 가지 방법 중 하나였다. 재물은 두말할 나위 없이 상속인(相續人; Heir)에게 물려주게 되었지만, 이러한 이전과 더불어 가족의 지배권이 공동의 자산을 처분하는 권능도 갖게 되어 있었기 때문이다. 유언이 재산의 순환에 미치는 영향과 재산소유권(財産所有權) 중에 생겨난 신축성을 통하여, 사회를 변화시키는 강력한 매개수단임을 보게 된다. 유언의 역사적 단계로부터 먼 시기의 유물도 아니었다. 이러한 결과는 후기 로마의 법률가들도 유언의 권능과 관계가 있음을 알지 못한 것이다. 유언은 재산과 가족을 분리하거나 또는 각종의 여러 이득을 발생시키는 편법으로 오히려 무유언(無遺言; Intestate)에 의한 승계규정에 의하여 확보될 수 있는 것보다 가족구성원을 위하여 보다 보장된 준비를 할 수 있는 수단이 아니었다는 것은 앞으로도 더 드러날 것이다. 사실 로마인이 유언작성(遺言作成)을 하였을 것이라는 것은 잘 알려져 있지 않다. 입양을 가족존속의 양식으로 보는 관습은 주권(主權)에 관한 로마의 개별적인 애매모호함과는 아무런 관계를 가지는 것이 아니다. 초기 로마황제들의 승계가 합리적이고 적법하게 이루어졌다고 생각하지 않는 것은 옳지 못하다. 그 당시에 발생한 모든 사건에도 불구하고 데오도시우스(Theodosius)[148] 또는 유스티니아누스(Justinianus) 같은 황제가 카에사르(Cæsar)와 아우구스(Augustus)처럼 춤을 추게 하며 생활을 할 수 있도록 요구하였음에도 불구하고 아무런 불합리한 점도 제기하지 않는 사실을 그대로 묵인하는 일은 있을 수 없는 일이다.

로마의 상속사상

원시사회의 여러 현상이 분명히 드러났음에도 불구하고 17세기 법학자가 의심스럽게 생각하였던 "무유언 상속(無遺言相續; Intestate Inheritance)"이 "유언상속(遺言相續; Testamentary Succession)"보다 오래 된 제도라는 제안에 대하여 반론하기는 어렵다. 이 제안이 어떻게 결정되는가에 따라서 어떠한 조건에서 유언의 지시는 우선 가(家)를 지배하는 증여와 이에 수반하여 재산의 사후의 분배를 통제하게 되는가라는 흥미 있는 문제로 드러난다. 이 논점을 결정하는 곤란은 지난날 사회에서의 유언의 권능이 드물었기 때문에 생겨난다. 유언작성의 진정한 권능이 로마를 제외하고 다른 원시사회에도 알려져 있었는가는 의문이다. 그 흔적이 될 만한 여러 형태는 여러 곳에 남아 있지만, 그 대부분은 로마에 기원을 두고 있지 않은가라는 의문을 면하기 어렵다. 아테네식 유언(Athenian will)은 의심의 여지 없이 새로운 것이지만, 다음에 논하는 바와 같이 그것은 초기 단계의 유언이었다. 로마제국의 정복을 당한 미개족의 유언은 거의 확실하게 로마적인 것이다. 아주 철저한 게르만식 비판이 최근에 들어와서 미개족의 법(*Leges Barbarorum*)에 향하게 되고, 주된 연구 목적은 미개족의 관습(慣習) 중 그 출생지로 삼아 형성되어 있었던 각 체계의 부분을 로마인의 법으로부터 차용함에 있었던 우연한 성분(成分)으로부터 분리하는 것이다. 이 과정에서 얻어진 하나의 결론은 법전의 오래된 중핵(中核)에 유언의 존재는 포함되지 않았다는 것이다. 유언에 관계되는 법이 존재하는 곳에서는 어디서나 로마법제로부터 채용된 것이다. 마찬가지로(필자가 받고 있는 보고에 의하면), 유태인의 랍비법(Rabbinical Jewish)이 제공하는 초보적 유언은 로마인과의 접촉에서 비롯된 것이었다. 로마나 어떠한 이유에서든지 순수하다고 생각되는 그리스 사회에 속하지 않는 유일한 유언의 형태는 벵갈 지방(the province of Bengal)의 관행에 의하여 인정되고 있는 것이다. 그럼에도 이 벵갈의 유언제도는 합리적으로 구상된 것으로 보는 학자도 있기는 하지만, 단순한 원시적 유언에 지나지 않는 것이다.

유언권능의 희귀성, 고대 유언의 기능, 고대 게르만의 유언

유언은 본래 정혈(正血) 또는 의제에 의한 혈연의 원리에 따라 상속을 받을 자격 있는 사람들이 박탈될 수 있다는 주장을 뒷받침하는 증거도 있는 것처럼 보인다. 아테네 시민(Athenian citizens)이 처음 솔론법(Laws of Solon)에 의하여 유언을 할 수 있는 권능을 부여받았을 때, 그들은 직계남자(直系男子)의 상속권을 박탈할 수 없었다. 그런가 하면 벵갈의 유언(Will of Bengal)은 가족의 어떠한 월권적 주장과 합치하는 경우에만 승계할 수 있었다. 또한 유대족(the Jews)의 본래의 제도는 어느 곳에도 유언작성의 특권에 대한 규정을 두고 있지는 않지만, 모세 율법(Mosaic law)의 탈루(脫漏; *causus omissi*)를 제공하는 것에 지나지 않는다고 주장하는 후기 유대법제(later Rabbinical jurisprudence)는 모세체제 아래에서 상속자격 있는 모든 근친이 자격이 박탈되거나 찾을 수 없는 경우에 유언권능을 허용한다. 고대 게르만족의 법전이 이것과 마찬가지의 법제에 규정한 제한은 확실히 같은 내용의 것이라고 할 수 있다. 게르만족의 대다수의 법이 각 가(家; household)의 자주지(自主地)를 별도로 다른 종류의 종속적 종류 내지 계층의 재산으로 인정하였던 것은 당해 법에 관하여 알고 있는 유일한 양상으로의 특이성(特異性)이고, 이 재산은 로마적 원리의 튜우톤족(the Teutonic)의 관행의 원시적 체계에의 융합을 개별적으로 보여주는 것이다. 원시 게르만족의 재산권 혹은 자주지적 소유권은 엄격하게 근친자에게 유보되었다. 그것은 유언에 의하여 처분될 수 없을 뿐만 아니라 생존한 사람끼리 양도하는 것도 불가능했다. 고대 게르만법(ancient German law)은 힌두법제(Hindoo jurisprudence)와 마찬가지로 아들을 그 아버지와 공동소유자(共同所有者 co-proprietors)로 하고, 가족의 기본재산(基本財産)은 그 구성원 전체의 동의 없이는 양도할 수 없도록 하였다. 그렇지만 자주지적 소유물(自主地的 所有物)보다 근대에 기원을 두고 있고, 그 권위도 떨어지는 다른 종류의 재산은 그보다 훨씬 쉽게 양도되고, 용이한 방법에 따라 양도할 수 있었다. 여성 및 그녀의 자손은 반드시 그들이 남계친족(男系親族)의 영역 밖에 속한다는 원리에 기초하여, 이러한 재산을 상속한다. 그런데 로마법제로부터 차용한 유언이 맨 처음 허용되었던 것은 이러한 종류의 재산에 한정된 것으로 생각된다.

코미티아 칼라타, 코미티아의 재판권

이와 같은 로마의 유언의 초기의 역사에서 결정적 사실이었음을 말해주는 몇 안 되는 예증은 그것이 가장 설득력 있는 설명이라는 확신에 기여하는 바가 크다. 유언이 로마 국가의 초기에서는 코미티아 칼라타(Comitia Calata), 즉 코미티아 큐리아타(Comitia Curiata)에서 행하여졌다고 하는 사실이 상당한 권위를 가지고 설명되고 있다. 이 집행양식이 로마사의 어느 시대에 있었던 유언도 엄숙한 입법적 칙령(立法的 勅令)이었다고 하는 민법학자가 계속적으로 주장해 온 원천이었다. 그렇지만 고대의 의회의 진행에서 그다지 정밀성이 뚜렷하지 못하다는 점을 가지고 설명할 필요는 없다. 코미티아 칼라타에 들어 있는 유언집행에 관한 절차에서의 잘 들어맞는 열쇠는 의심할 바 없이 무유언승계에 관한 가장 오래 된 로마법에서 찾을 수밖에 없다. 상호관계(相互關係)의 상속을 규제하는 원시적 로마법제의 규정은 법무관고시(法務官告示; Edical Law of the Prætor)에 의한 법률에 변형되기까지 다음과 같은 효력을 가지는 것으로 되어 있었다. 우선적으로 가내상속인(家內相續人; Sui), 즉 해방된 적이 없는 직계자손이 승계하였다. 가내상속인의 실효의 경우에는 남계의 최근친자가 그 지위를 차지하였다. 즉 그것은 사망인과 동일한 가부장권(Patria Potesta)에 따르든가 또는 따른다고 생각되는 최근친자 또는 최근친의 집단이었다. 세 번째 그리고 마지막으로 순차로 하게 되는 상속은 씨족원(gentiles), 즉 사망자의 씨족이나 가의 집단에 넘어가게 된다. 필자가 앞에 설명을 한 바 있는 것처럼, 씨족은 동일한 성(姓)을 가지고 또한 이에 기초하여 공동선조의 자손이라고 생각하는 모든 로마 시민으로 구성되는 가족의 의제적 확장이었다. 그런데 이 코미티아 큐리아타(Comitia Curiata)라고 불리는 귀족의회(貴族議會; Patrician Assembly)는 민족(民族; Gentes) 또는 가(家; House)만으로 대표되는 입법부(立法府; Legislative)였다. 그것은 국가의 구성단위가 씨족이었다는 가정에 기초하여 수정된 로마인들의 대의의회(代議議會; representative assembly)였다. 이렇다고 한다면 코미티아(Comitia)에 의한 유언의 인지는 씨족원의 권리와 관련되어 있으며, 그들에게 궁극적으로 상속의 특권을 확보시켜 주려는 의도가 있었다는 귀결을 피할 수 없을 것으로 보인다. 만일 유언자가 씨족원을 발견하지 못하였거나, 또는 씨족원이 자기의 권리를 포기한 경우에 유언을 할 수 있는 것, 어떠한 유언도 로마씨족의 일반의회(General Assembly of the Roman Gentiles)에 따르게 되어 있었던 것이고, 이것은 유언의 처리에서 손해를 입을 수도 있는 자가 그러한 생각을 가지고 있는 경우에는 부인권(否認權)을 행사할 수 있도록 하기 위하여, 아니면 이것을 승인함으로써 그 상속권을 포기하였다고 보아야 한다는 것을 가정한다면, 명백한 변칙(變則)은 모두 제거되지 않으면 안 된다. 십이표법(十二表法; Twelve Tables)을 발표하기 전후로 이 부인권이 축소되었는지 아니면 우연히 그렇게 되었는지는 모르겠지만 행사되지 않았다는 것은 있을 수 있는 일이다. 그렇지만 코미티아 칼라타(Comitia Calata)에 맡겨진 사법권(司法權)의 의미 및 기원을 보여주는 것은 그 점진적 발달 또는 쇠퇴의 진전을 추적하는 것보다는 수월하다.

근대적 유언의 계보의 근원이라고 할 수 있는 칼라타 코미티아에서 행하여진 유언에는 포함되어 있지 않고, 이것과 대립적 목적을 가지고, 이에 갈음하는 운명을 가진 유언이다. 이 초기의 로마의 유언의 역사적 중요성과 많은 고대사상(古代思想)에 투영한 광명은 오늘날에도 서술할 만한 주제이다.

평민의 유언

유언의 권능이 처음으로 법제사(法制史)에 그 모습을 나타냈을 때, 그것은 중대한 로마 제도와 마찬가지로 귀족(貴族; Patricians)과 평민(平民; Plebeians)의 논의의 표적이 되었던 것을 찾아볼 수 있다. "평민은 씨족의 구성원이 될 수 없다(*Plebs Gentem non habet*)"는 정치적 공리의 취지는 전적으로 평민을 코미티아 큐리아타(Comitia Curita)에서 쫓아내려는 데 있었다. 이러한 점에 맞추어 어느 비평가는 평민이 그 유언을 귀족회의에서 낭독할 수 없게 되어 있었으며, 그렇기 때문에 유언의 특권을 모두 박탈당하였던 것으로 생각하였다. 다른 비평가는 작성된 유언을 유언자가 자신이 대의원으로서 참석하지 않은 적대적인 의회에서 제출하는 것이 어려웠을 것이라는 점을 지적했다. 어느 것이 올바른 견해인지는 별개로 하고, 명백한 의무를 회피하려는 의도를 지니는 편법임을 명백하게 보여주는 특징을 지닌 유언의 한 형식이 행해지고 있었음을 보여주는 것이다. 문제가 되는 유언은 살아 있는 사람들 사이의 (*conveyance inter vivos*) 유증으로 유언작성자의 가족 및 상속인은 취소할 수 없고, 결국 완전하게 이전되었다. 로마법의 엄격한 규정은 항상 이와 같은 이전을 허용하였는데, 그 취지가 사망 후의 효과를 살아 있을 때 의도한 것처럼 그것이 귀족회의(貴族會議)의 형식적 승인 없이는 유언의 목적에 적합한지의 여부에 따라 결정하도록 하였다. 로마 주민 사이에 이 법에 관하여 다른 견해가 있기는 하지만, 많은 반대 견해와 함께 십인위원회의 타협(the great Decemviral compromise)에 의하여 소멸되었다. "가장(家長)은 그의 재산인 자산의 보호권을 적법하게 유증할 수 있다(*Pater familias uti de pecuniâ tutelâve rei suœ legâssit, ita jus esto*)"라는 십이표법(Twelve Table)의 조문은 오늘날까지도 살아 있다. 이것은 평민유언(Plebeian Will)에 관한 입법 이상으로는 더 이상의 목적을 가지는 규정이 아니었다.

코미티아 칼라타의 종료

학자들에게는 잘 알려져 있는 사실이지만 "귀족회의(貴族會議; Patrician Assembly)"가 로마 국가의 입법기관이 될 수 없었던 때로부터 수세기에 걸쳐서 당해 기구는 사적 업무의 편의를 위하여 계속적으로 형식적 집회를 개최하였다. 그렇기 때문에 십인위원회법(十人委員會法; Decemviral Law)의 발포 이후에도 오랜 동안에 걸쳐 코미티아 칼라타(Comitia Calata)가 유언의 공식화와 관련하여 개최되었다고 믿을 만한 이유가 있는 것이다. 그 결과라고 생각되는 기능을 하는 유언이 행하여지기는 하였지만, 기록되지 않고 의원들에게 낭독되고 의원들은 그러한 뜻으로 기억하고 있다는 것과 관련하여서는 "등기담당소(登記擔堂所; Court of Registration)"가 지적될 수 있다. 이러한 종류의 유언은 전혀 기록적으로 남겨지지 않게 되지만, 유언이 원래 기록된 것이라는 것만으로도 코미티아(Comitia)의 사무당국은 그것이 낭독되는 것을 듣지 못하게 하고, 그에 관련된 서류는 유언자가 보존하게 하든지 또는 종교단체가 보호하도록 위탁하는 것으로 생각하였다. 이 발표는 일반인들의 불평을 샀고, 코미티아 칼라타에서 다루어졌던 부수사건의 하나로 생각한다. 제정(帝政)이 선포된 처음에는 코미티아는 여전히 집회를 개최하기는 하였지만 형식적인 것에 그쳤고, 유언은 정례회의에 아주 드물게 제출되었거나 아니면 제출조차 되지 않았던 것으로 생각된다.

악취행위

근대세계의 문명을 크게 변형시킨 것은 — 지금 서술하고 있는 것과는 동떨어진 것이긴 하지만 — 고대의 평민들이 했던 유언이다. 그것은 로마에서 칼라타 코미티아(Calata Comitia)에 의한 유언에 잊혀졌던 생각을 일깨워줬다. 그 모든 특징에 대한 열쇠는 거래에 상당하는 고대 로마의 악취행위(握取行爲; *mancipium*)에서 그것이 유래한다는 점이다. 이것은 이러한 현실이 없이는 근대사회가 존립할 수 있었겠는가 하는 두 개의 크나큰 제도인 계약(契約; Contract)과 유언(遺言; Will)의 원조라고 우리는 별 의심 없이 적시하고 넘어가는 부분이다. 악취행위 또는 후기의 라틴어로 만키파티온(*mancipation*)은 그에 부수하는 사정에 의하여 문명사회의 초기까지 우리를 되돌리게 만든다. 비록 발명은 아니지만, 그 기술의 기법, 그 양상이나 어구(語句)가 문서형식에 갈음하기 때문에, 오랜 동안 익숙해진 의식이 당사자의 주의를 끌 만큼 증인들에게 중대성을 심어주지 못하였다. 서면으로 작성된 증거에 비하여 구두(口頭)로 하는 악취행위는 또한 그 다음까지 합리적 내지 이해할 만한 한도를 넘어서까지 증인이나 보조자의 증가를 필요로 하였다.

구리동전과 저울에 의한 유언

로마의 만키파티온(Roman Mancipation)은 무엇보다도 당사자인 매도인과 매수인, 만일 근대적 법률용어를 사용한다면 양도인(讓渡人; granter)과 양수인 (讓受人; grantee)을 필요로 하였다. 이 밖에 5인 이상의 증인(證人; witnesses), 그리고 고대 로마에는 화폐로 주조되지 않은 구리(copper)를 달기 위하여 한 벌의 저울을 가지고 다니는 특이한 사람인 저울소지자(Libripens)가 있었다. 우 리가 지금 고찰하고 있는 유언 ― 오랜 동안 지칭되어온 용어에 따르면 "구 리와 저울로 하는(*per as et libram*)" 유언은 형태상으로 조금도 다르지 않고 어구(語句)로도 거의 달라지지 않은 만키파티온(Mancipation)이었다. 유언자(遺 言者)는 양도인이다. 5인의 증인과 저울소지자가 출석했었다. 그리고 양수인 의 지위는 용어적으로 가산매수인(*familiae emptor*)이라 불리는 자가 차지했었 다. 만키파티온(Mancipation)의 규정된 의식은 이러한 방식을 따랐다. 특정한 형식에 따른 표시행위가 행하여지고 문구가 낭송되기도 하였다. 가산매수인 은 화폐의 한 조각으로 저울을 맞춤으로써 가격의 지불을 흉내내기도 하였 고, 마지막으로 유언자가 "표명(表明; Nuncupatio)"이라고 지칭되었던 하나의 어구를 사용하여 이것을 시인하였다. 이 표명은 거래행위의 발표이었고, 법률 가에게는 상기시킬 필요도 없지만, 유언에 관한 법제에서는 오랜 역사를 지 니는 것이다. 가산매수인이라고 불렸던 사람의 성격에 관하여 특히 주의할 필요가 있다. 처음에는 이것이 상속인 자신이었던 것은 의심할 바 없다. 유 언자는 구매자(購買者)에게 그의 전체 "가족재산", 그가 가족의 우위에서나 그 들을 통하여 누리고 지냈던 모든 권리인 그의 재산, 그의 노예, 그의 특권(特 權)의 전부, 한편 이와 함께 의무(義務; duties)와 채무(債務; obligations) 전부를 확실하게 인도하였다.

악취행위적 유언

우리가 확보할 수 있는 자료를 통하여 이른바 악취행위적 유언(握取行爲的 遺言; Mancipatory Testament)이 그 원시적 형태에서 근대적 유언과 다른 두세 가지를 지적할 수 있다. 이것은 유언자 재산 전부의 완전한(*out-and-out*) 양도 이기 때문에 취소할 수가 없다. 이미 다 써버리고 만 것은 새로이 행사할 수 없게 되었던 것이다.

또한 그것은 비밀스러운 것이 아니었다. 가산매수인(Familiae Emptor)은 그 스스로 상속인이면서, 그의 권리가 어떠한 것인지를 알고 자기가 변경시 킬 수 없는 상속권의 자격을 가지고 있음도 인식하고 있었다. 이것은 질서가 확립된 고대사회라 하더라도 단절하려고 해도 할 수 없는 폭력이 매우 위험 하게 된다는 인식이다. 그러나 거래(去來; Conveyances)에 대한 이 관계의 놀 라운 결과는 아마도 상속인에 대한 상속의 직접적인 부여였다. 이것은 많은 민법학자들이 믿기 어려워 했고, 유언자의 전체 재산이 사망시에 조건부로 부여되었거나 또는 불확정적인 시간 즉 양도인의 사망시로부터 부여되었던 것이라고 설명해 왔다. 그렇지만 로마법제의 최후기에 이르러 조건(條件; conditio)에 의하여 직접적으로 변경되거나, 아니면 어느 시점까지 혹은 어느 시점으로부터라고 하는 것처럼 한정되는 것을 인정하지 않는 양도(讓渡)가 행하여졌다. 용어적으로 말하면 그것은 조건(條件; *conditio*) 또는 기한(期限; dies)을 인정하지 않았던 것이다. "악취행위(握取行爲; Mancipatory)"는 이러한 양도 중 하나이고, 이상하게 보일지 모르겠지만, 우리는 비록 유언자가 그의 유언행위를 하였다고 하더라도 로마의 원시적 유언(原始的 遺言; primitive Roman Will)은 그대로 효력을 발생하였다고 결론을 내리지 않을 수 없다. 사 실상 로마 시민들은 본래 그의 사망시에만 유언을 하였고, 생존 중인 사람이 가족의 계속을 위한 준비조치는 유언보다도 입양(入養; adoption)의 방식을 취 하였던 것 같다. 그렇지만 만일 유언자가 회생한 경우에는, 그의 상속인의 묵인 아래 그가 계속적으로 지배하였던 것이라고 믿을 수밖에 없다.

고대의 비증서유언

이전의 불필요했던 부분에 대하여 어떠한 대책이 강구되었는지 또한 유언이 오늘날 일반적으로 지니고 있는 여러 가지 특징을 얼마나 지니고 행하여졌는지를 설명하기에 앞서 몇 가지 주의하여야 한다. 유언은 반드시 기술되어야 하는 것은 아니었다. 처음에는 언제나 구두로 하였던 것 같고, 후대에도 유증(遺贈; bequests)을 표시하는 증서(證書; deed)는 유언과 우연하게 관련되어 있었던 것으로써 유언의 본질적인 부분을 이루는 것은 아니었다. 사실상 증서와 유언에 대한 관계는 옛날 영국법에 있어서의 사용허가를 표시하는 증서의 상납금(上納金; Fines) 및 복권(復權; Recoveries)에 대한 관계, 봉토수여증서(封土授與證書; charter of feoffment)의 봉토수여 자체에 대한 관계와 마찬가지의 것이었다. 실제로 십이표법(十二表法; Twelve Tables) 이전에는 어떠한 기록도 거의 사용되지 않았다. 그도 그럴 것이 유언자가 유증재산을 줄 수 있는 권한을 가지고 있었던 것이 아니라 유언에 의하여 이득을 취하는 상속인 또는 공동상속인만이 그 권한을 가지고 있었기 때문이다. 그렇지만 십이표법 가운데 문구가 아주 일반적으로 되어 있었기 때문에 상속인은 유언자가 부과할 수 있는 지시를 받아서, 바꾸어 말하면 재산유증의 제한을 받는 상속을 할 수밖에 없다는 이론이 생겨나게 되었다. 유언이 기술된 증서는 유산수취인(遺産受取人; legatees)을 만족시켜 주어야 하는 것을 상속인이 사기적으로 거부하는 것을 방지하도록 보증을 하게 되고, 이 점에서 새로운 가치를 지니는 것이 되었다. 그렇지만 결국 증인(證人; witnesses)의 증거(證據; testimony)만을 신뢰하고, 가산매수인(Emptor familiae)이 지불을 하여야 하는 재산유증을 구두로 언명하는 것은 유언자에게 만족을 주는 것이었다.

가산매수인

가산매수인(*Emptor familiae*)이라고 하는 용어는 그 사용에 주의를 필요로 한다. "매수인(買受人; Emptor)"이라는 용어는 문자상으로 특정한 매각(賣却; sale)이었음을 적시하고, "가산의(*familiae*)"라는 말은 십이표법 가운데 유언에 관한 문구의 어법에 비교해보면 우리들로 하여금 상당히 교훈적인 결론에 이르게 해 준다. 초기의 라틴어에서의 "가산(家産; Familia)"은 언제든지 누군가가 소유한 노예 등을 의미한다. 그렇지만 여기에서, 그리고 일반적으로 고대 로마법에서의 가산은 가장권(Poitestas) 아래에 있는 모든 사람을 포함하고, 유언자의 물적 재산, 즉 자산(資産)은 그 가정(家庭; household)의 부속물, 즉 첨가물이라고 생각하고 있다. 십이표법의 이러한 예에 관한 법규에 눈을 돌려보면, "그의 자산의 보호(*tutera rei suae*)"에 관하여 언급하고 있음을 찾아볼 수 있는데, 그것은 방금 검토한 바의 어구와 정반대의 표현형식이다. 따라서 십인위원회의 타협물(Decemviral compromise)이 생겨난 비교적 후대에 속하는 시기까지도 "가정(家庭; household)"과 "재산(財産; property)"을 나타내는 말이 일반적인 용어에서 혼동하여 사용되고 있었다는 결론으로부터 벗어날 수 없었을 것 같다. 만일 어느 사람의 가정을 그의 재산이라고 한다면, 우리는 이 표현을 "가부장권(Potria Potestas)"의 범위를 지시하는 것이라고 설명해야 할 것이다. 그러나 이 순서는 반대일 수도 있기 때문에, 이렇게 말하는 것은 재산이 가족에 의하여 소유되고 가족은 시민에 의하여 지배되기 때문에 사회의 구성원은 그들의 재산과 가족을 소유하지 않으면서도 그 가족을 통하여 그들의 재산을 소유하는 원시적인 시기까지 우리들을 거슬러 올라가게 한다는 것을 그대로 묵인할 수밖에 없다.

법무관법상의 유언

정확하게 한정하기 어려운 어느 시기에, 로마의 법무관(法務官; Praetors)은 법조문보다도 그 정신에 좀더 적합하고 엄격하게 구성된 유언을 취급하는 습성에 빠져들게 되었다. 잠정적으로 행하여지던 조치가 점차적으로 확정적 행사방식으로 되었고, 마침내 전적으로 새로운 형식의 유언이 성숙하게 되었는가 하면 고시에 의한 법제(Edictal Jurisprudence)와 무리 없이 결합하게 되었다. 이 새로운 방식인 법무관제식 유언(法務官制式 遺言; Praetorian Testament)은 명예법(名譽法; *Jus Honorarium*) 또는 로마의 형평법(Equity of Rome)에서 유래되었다. 특정한 연도의 법무관은 이와 같은 엄격성을 띠고 집행되어 와야 했던 모든 유언을 지지하는 의도가 있었음을 설명하는 문구를 그의 취임성명(就任聲明; inaugural Proclamation)에 끼워 넣지 않으면 안 되었다. 그리고 그 개정이 유익하다고 판명되는 경우에는, 그 해당 조목은 그 법무관의 계승자에게 다시 소개되고 그 다음에도 공식적으로 되어, 마침내 그 계속적 결합에 의하여 영구고시(永久告示; Perpetual or Continuous Edict)라는 법제체계(法制體系) 중에서 인정되는 부분을 이루게 되었다. 공정한 법무관식 유언(法務官式 遺言; Praetorian Will)의 조건을 검토해 보면, 악취행위적 유언(握取行爲的 遺言; Mancipatory Testament)의 규정에 의하여 결정되고 있었음을 쉽게 찾아볼 수 있다. "혁신적 법무관(革新的 法務官; innovating Praetor)"은 전통적 방식이 순수성이나 사기에 대한 보전을 확보하고 있는 한, 유보되어 온 이 방식에 그대로 따랐던 것이다. 악취행위적 유언의 집행에는 유언자 이외에 7인이 증인으로 참여했었다. 따라서 법무관식 유언에는 7인의 증인이 반드시 있어야 했다. 이 가운데 2인은 저울소지자(*libripens*)와 가산매수인(*familiae emptor*)에 상응한 사람이었는데, 여기에서는 그 상징적 성격은 이미 없어져 버렸지만, 증거를 제공하기 위하여 출석하였던 것이다. 표징이 될 만한 의식은 행하여지지 않고 유언은 간단히 낭독되었다. 그렇지만 이 경우 기술된 증서가 유언자가 처분하였다는 증거를 영속적으로 남기기 위하여 필요하였다고 하는 것은 (절대적으로 확실한 것은 아니지만) 그럴 듯한 말이다. 어느 사건에서든지 서류가 어느 사람의 최후의 유언으로 읽혀지거나 전시될 때마다 법무관법정 (Praetorian Court)은 7인의 증인이 각각 그 바깥쪽에 봉인(封印)하지 않으면 특별한 간섭에 의하여 이를 인정하지 않았던 것을 우리는 분명하게 알고 있다. 이것은 법제사에서 확증의 방법으로 생각되는 "봉인"의 최초의 출현이다. 그렇지만 로마의 유언 및 기타 중요한 서류의 봉인은 단순히 서명인(署名人; signatory)의 출석이나 동의표시로만 작용하였던 것이 아니라, 당해 서류를 검증할 수 있기 이전에 폐기되지 않으면 안 되는 문자 그대로 서류에 지나지 않았던 것임을 주의해야 한다.

유산점유

고시에 의한 법(Edictal Law)은 악취(握取; mancipation)의 형식을 통하여 상징화되는 것에 갈음하여 7인의 증인이 한 봉인에 의하여 확증되는 경우에 유언자의 처분을 집행하곤 하였다. 그렇지만 로마의 재산에 관한 중요한 성격으로서 "민법(民法)"의 기원과 시점을 같이 한다고 생각되어 절차를 거치지 않고서는 거래가 허용되지 않았다고 하는 사실은 일반적 주장으로 받아들여질 수 있다. 그러므로 법무관(法務官; Praetor)은 아무에게나 상속을 하게 할 수 없었다. 법무관은 유언자가 그 자신의 권리의무에 대하여 가지는 것과 같은 관계를 상속인이나 공동상속인에 대하여 가질 수 없었다. 법무관이 할 수 있는 것은 상속인으로 결정된 사람에게 유증된 재산의 실제상의 향유를 부여하고 유언자의 부채(Testator's debts)의 지불에 대한 법적 변제력(法的 辨濟力)을 부여하는 것이었다. 법무관이 목적을 위하여 권력을 행사하는 경우를 해석하면 그가 유산점유(*Bonorum Possessio*)를 넘겨주는 것이라고 했다. 특히 이러한 사정에 놓이게 되는 상속인, 즉 유산점유자(遺産占有者; *Bonorum*

Possessor)는 민법에 의하여 상속인이 가지는 모든 특권을 가진다. 그는 이득을 가지고 양도할 수 있었지만, 침해에 대한 대책으로서 우리식으로 말한다면 보통법(普通法; Common Law)에 맞춰서가 아니라, 법무관법정(法務官法廷; Praetorian Court)의 형평법적 측면(衡平法的 側面; Equity side)에 따라서 제소하지 않으면 안 되었다. 그가 상속에 있어서 형평법적 재산(衡平法的 財産; equitable estate)을 차지한 것으로 묘사되더라도 크나큰 잘못이 생겨나는 것은 아니었다. 그렇지만 이러한 유추(類推; analogy)에 의하여 속는 것을 방지하기 위하여, 어느 한 해는 유산점유(遺産占有; Bonorum Possessio)가 사용취득(使用取得; Usucapion)으로 알려져 있는 로마법의 원리가 적용되고, 그 점유자가 상속에 포함된 재산 전부의 로마시민적 소유자(Quiritarian owner)로 되었던 사실을 우리는 항상 기억하지 않으면 안 된다.

고대 유언의 발달

법무관법정(法務官法廷; Praetorian Tribunal)에 의하여 제공된 여러 가지 종류의 대책 간의 이익과 손실의 비교하기 위한 고대의 민사재판절차(民事裁判節次)에 관한 자료는 너무나 부족하다. 많은 결함이 있기는 하지만, 포괄승계(包括承繼; universitas juris)가 바로 발전되거나 줄지도 않게 되어 있던 악취적 유언(握取的 遺言; Mancipatory Testament)은 새로운 유언에 의하여 크게 대처되지 않았음은 분명하고, 옛날 형식에 조금이라도 적게 결부되어 있으며, 어떤 식으로든지 그 특성에 지나치게 치우쳐 있지 않았던 시기에, 법학자의 모든 재능은 좀더 가치 있는 수단에 기울여졌던 것으로 보인다. 안토니누스(Antonine Caesars) 시대에 해당하는 가이우스(Gaius)의 시대에서는 악취적 유언에 대해 크게 비난하지 않았다. 앞에서 살펴본 바와 같이 여러 가지 의식이라는 격식(格式; formalities)의 본질적 성격은 상속인 자신이 가산매수인(Purchaser of the Family)일 것을 필요로 하고, 그 결과는 그가 유언자의 재산에 부여된 이익을 즉시 취득할 뿐만 아니라 형식적으로는 그 권리를 알 수 있게 하는 것으로 되었다. 그렇지만 가이우스 시대에는 관계있는 제3자가 가산매수인으로서 활동할 수 있도록 허용되었다. 그러므로 상속인은 그가 받기로 되어 있는 상속을 충분히 알지 못했다. 그렇게 된 이후 유언은 비밀성(秘密性; secrecy)을 띤 재산이 되어버렸다. 가산매수인의 직능을 실제의 상속인에 갈음하여 제3자로 대치시키는 것은 또 다른 장래의 결과를 생기게 하였다. 로마의 유언이 법적으로 공인되자마자 두 부분 또는 두 단계로 나뉘어 구성되게 되었다. 즉 순수한 형식인 거래(去來; conveyance)와 언명(言明; Nuncupatio)인 발표(發表; Publication)가 그것이다. 후자의 절차에서 유언자는 그의 사망 후에 집행되어야 할 희망사항을 보조자(補助者; assistants)에게 구두로 선언하든가, 아니면 그의 희망사항이 자세히 기술된 서류를 제출하였다. 유언을 취소할 수 있었던 것은 아마도 상정적 거래(想定的 去來; imaginary Conveyance)로부터 안전하게 주의(注意)가 사라지고, 양도(讓渡; transaction)의 본질적 부분으로서 언명(言明; Nuncupatio)에 집중된 이후의 일이다.

로마의 유언

필자는 유언의 계보를 법제사의 흐름에 맞추어 조금씩 살펴보았다. 그 근원은 악취행위(握取行爲; Mancipation) 또는 양도(讓渡; transaction)에 기초를 두고 있는 "동형기식(銅衡器式; with the copper and the scales)"의 고대 유언이다. 그렇지만 이 고대의 유언은 여러 종류의 결함을 지니고 있었다. 비록 간접적이기는 하지만 법무관의 법에 의하여 보완되었다. 이렇게 하면서 법학자들의 노력은 보통법에 의한 유언, 즉 악취행위식 유언(握取行爲式 遺言)에서 법무관이 일관적으로 형평법에서 실시해 온 개선을 도모한 것이다. 그렇지만 이 최후의 변화는 단지 법적 묘책에 의존하는 것이고, 가이우스(Gaius)나 울피아누스(Ulpian) 시대의 유언법(遺言法; Testamentary Law)은 과도기적인 것에 지나지 않는 것임을 우리는 알고 있다. 우리는 그 다음에 어떠한 변화가 생겨났는지 모른다. 그러나 결국 유스티니아누스(Justinian)에 의하여 법제가 재건되기 직전에 동로마제국(Eastern Roman Empire)의 신하들이 유언의 한 형식을 채용하고, 이 유언의 계보는 한쪽으로는 법무관제식 유언(Praetorian Testament), 다른 쪽으로는 "동형기(銅衡器)"의 유언에 그 근원을 두고 있음을 알게 된 바 있다. 법무관에 의한 유언과 마찬가지로 그것은 악취(握取; Mancipation)를 필요로 하였던 것이 아니라 7인에 의하여 봉인되지 않으면 유효한 것으로 인정받지 못했다. 또한 악취행위식 유언과 마찬가지로 상속을 인정하였으며 그저 유언점유(遺言占有; *Bonorum Possessio*)의 이전만을 인정하였던 것은 아니다. 그렇지만 그 아주 중요한 특질의 어떠한 것은 적극적인 칙령(勅令)에 의하여 부가된 것이고, 유스티니아누스 대제가 당시의 유언법을 3불신의 법(*Jus Tripertitum*)이라고 말한 것은 법무관고시(法務官告示; Praetorian), 민법(民法; Civil Law) 및 칙법(Imperial Constitutions)에서 그 유래를 찾아야 한다는 데서 나온 말이다. 이렇게 하여 만들어진 새로운 유언이 일반적으로 로마의 유언이라고 알려져 있는 것이다. 그러나 그것은 동로마제국만의 유언이었다. 사비니(Savigny)[149]는 서부유럽에서 동형기(銅衡器)의 거래도구를 가지고 행해졌던 고대의 악취행위적 유언에 대해 중세(中世; the Middle Age)의 상당한 후기까지 정하여져 온 사실을 밝혀주고 있다.

◇ 주(註)

147) 벵골은 남아시아의 동북부 지방을 부르는 이름이다. 현재는 독립국인 방글라데시(동벵골)과 인도의 주인 서벵골주로 나뉘어 있다.

148) Theodosius I(346. 1. 11~395. 1. 7)
   로마 황제(재위 379~395). 디오클레티아누스 황제 이후 분할 통치되고 있던 제국을 재통일하였다. 그리스도교를 국교로 삼아 이교도를 압박하고 신전령(神殿領)을 몰수하였으며, 올림피아 경기를 금지시켰다.

149) Friedrich Karl von Savigny(1779. 2. 21~1861. 10. 25)

독일의 법학자. 법형성의 주체를 민족정신에 구하는 역사법학파를 창시하였다. 제1급 로마니스트로서 로마법을 민족정신의 표현이라 보고, 「현대 로마법체계」를 저술하여 독일민법학의 기초를 구축하였다. 국제사법학의 수립에도 공헌하였다. 주요저서에 「소유법; Das Recht des Besitzes」(1803), 「입법 및 법률학에 대한 현대의 사명에 대하여; Vom Beruf unserer Zeit für Gesetzgebung und Rechtswissenschaft」(1814), 「중세 로마법사; Geschichte des römischen Rechts im Mittelalter」(6권, 1815~1831) 등이 있고, 이 외에 「논문집」(5권, 1850), 「채무법」(2권, 1851~1853) 등이 있다.

∝ 제7장 ∝

유언과 상속에 관한
고대사상과 근대사상

자녀의 상속권박탈

근대 유럽의 유언법 중에는 유언에 관한 아주 오래 된 규정과 밀접하게 관련된 많은 내용이 포함되어 있기는 하지만, 유언(遺言; Wills)과 상속(相續; Succession)에 관한 고대 및 근대의 사상 사이에는 상당히 커다란 차이가 존재한다. 그 차이점의 두세 가지에 관하여 이 장에서 설명해 보고자 한다.

십이표법(十二表法; Twelve Tables) 시대에서 몇 세기 떨어진 시기에 로마 시민법(Roman Civil Law) 중에 자녀(子女; children)의 상속권박탈을 제한할 목적으로 부가된 여러 종류의 법규가 있음을 알게 된다. 같은 목적을 달성하기 위해 적극적 법무관(法務官; Prætor)의 사법권이 있었다. 그 특성과 기원이 매우 다르며 불확실한, 이른바 불륜유언취소의 소(Querela Inoffiosi Testamenti)에 의하여 정당한 이유 없이 상속에서 배제된 자손의 권리회복에 관련되어 있었다. 이를 유언작성의 최고의 자유를 조건을 붙여 인정하는 십이표법의 조문과 비교하여 볼 때, 어느 저술자들은 그 유언법(遺言法; Law Testamentary)의 역사에 많은 극적 사건을 끼워 넣으려는 유혹을 느끼기도 하였다. 가족의 우두머리가 계속적으로 행하던 상속권박탈(相續權剝奪; disinherison)의 무제한적인 권한에 대하여, 새로운 관행이 만들어낸 공공의 도의(道義; morals)에 반하는 추문과 비행이 증가하면서 가장의 타락을 억제하는 법무관의 용기를 예찬한 모든 선인(善人)들의 갈채에 관하여 말해 주는 바 있다. 이러한 사실은 그것이 관계를 가지는 주요사실에 대하여 일정한 기초가 있는 것은 아니지만, 자주 그렇게 말해지기 때문에 법제사(法制史; legal history)의 여러 원칙에 관하여 매우 중대한 오류를 들춰내기도 한다. 십이표법의 내용은 그 규정이 발포된 시대성격에 맞추어 설명해야 한다. 그것은 후에 반대의 내용으로 되리라고 생각하는 경향을 인정하지도 않았고, 그러한 경향이 없다는 가정하에, 아니 좀더 적절하게 말하면 이러한 경향이 생겨날 수 있다는 가능성을 모르고 규제되었던 것이다. 로마시민은 직접적으로 상속권을 박탈하는 권능을 자유롭게 이용할 수 없었다. 가족에 대한 구속적 지배가 우리가 알고 있는 것처럼 그 압박이 가장 강렬한 곳에서는 그대로 유지되었지만, 우리 시대에 그 결과가 환영받을 정도 이상의 다른 것이었다고 생각하는 것은 이성(理性)과 역사(歷史)에 대한 건전한 평가에 전적으로 반한다. 십이표법에서는 불륜유언이 작성될 수 있다고 생각되는 경우에만, 즉 자녀들과 근친이 실권되었을 때에 한하여 허가하였다. 그것은 당시 로마입법자들이 생각할 수 없었던 특별한 경우에 관하여 법률이 제정되지 않았던 경우에 한해서만 직계비속(直系卑屬; direct descendents)의 상속권박탈을 금지하지 않았다. 의심의 여지없이 가족적 애정의 임무가 점차로 우선적 인격적 의무로서의 성격을 상실하게 되면서 자녀들의 상속권박탈은 경우에 따라서 무시되기도 하였다. 그렇지만 법무관의 간섭은 남용되는 경우가 너무 많기 때문에 요구되는 경우가 그다지 많지 않았으며, 부자연스러운 느낌을 주는 것 같은 사례는 드물고, 예외적이고 일반적인 도의와도 상충된다는 사실에 의하여 처음으로 촉진되었던 것은 당연하다.

무유언에 관한 정서, 로마의 무유언상속

로마유언법 중 자녀의 상속권박탈제한에서 드러나는 특징은 매우 특이한 것이다. 로마인은 유언을 가족의 상속권을 박탈하거나 세습재산(世襲財産; patrimony)을 불공평하게 배분하기 위한 수단으로 생각하였다. 이러한 목적으로 전용된 것을 방지하려는 규정은 법제의 전개와 더불어 숫자적으로도 증가하여 유언의 엄격성도 강화되었다. 이와 같은 규정은 개인이 우연히 갖게 되는 갖가지의 감정과는 구별되는 로마 사회의 독특한 정서에 바탕을 두고 있음은 의심할 바 없다. 오히려 유언권능은 가족을 위하여 사전적 준비를 하고, 무유언상속법(Law of Intestate Succession)이 분할하는 것보다도 좀더 공평하고 공정하게 상속을 분할하게 하는 조력 때문에 높이 평가되는 것 같다. 만약 이러한 부분에 관한 일반적인 감정을 올바르게 이해하였다면, 언제나 로마인의 특징을 이루었던 무유언상속에 대한 의의를 어느 정도까지 설명할 수 있을 것이다. 어떠한 해악도 유언의 특권을 상실하는 것보다 더 가혹한 재난일 수 없다. 적에게 유언을 하지 못하게 하면서 죽게 하는 것은 아주 심한 저주가 되었다. 이러한 감정은 오늘날에도 존재하는 여러 견해 중에 이에 상응하는 감정은 없고, 그다지 쉽게 발견되지도 않는다. 어느 시대의 누구든지 재산의 예정목적을 스스로 계획하는 것을 법에 의하여 해결하는 것보다 더 원한다는 것은 당연하지만, 유언작성에 대한 로마인의 열정은 기분에 따라 즐겨서 하는 단순한 욕구와는 다른 것이었다. 재산목록(財産目錄; description of property)을 단일한 대표자에게 귀속시키는 봉건제도(封建制度)가 만들어낸 가족의 명예와는 아무런 공통성을 지니고 있지 않다. 본래 무유언상속에 관한 규정 중에는 재산의 분배보다는 유언에 의한 분배를 훨씬 더 좋아했다는 어떠한 점이 선험적으로 있었다고 하는 것은 그럴 만하다. 그렇지만 곤란한 점은 유스티니아누스 황제가 근대 입법자들에 의하여 일반적으로 채용되기까지 한 상속의 배열(配列; scheme of inheritance)에 드러나기 이전에 오랜 동안에 걸쳐 갖춰진 형태로서의 무유언승계에 관한 로마법을 살펴볼 때 결코 불합리하고 불균형하다는 느낌이 들지 않는다는 점이다. 반대로 이것이 규정하는 분배는 아주 공명하고 합리적이고 근대사회에서 일반적으로 만족하는 것과 차이가 없기 때문에, 특히 미성숙한 자녀를 양육하는 사람들의 유언특권을 좁은 범위로 한정시킨 법제를 이상한 저항감을 가지고 보아야 하는지에 대해서는 그 근거가 부족하다. 우리는 차라리 현재 프랑스처럼 가장이 일반적으로 유언을 하는 불편을 생략하는 법률이 그 재산에 대하여 임의적으로 할 수 있게 허용하게 되어도 좋을 수 있겠다는 기대를 해야 되는 것인지도 모르겠다. 그러나 필자가 무유언상속에 관한 유스티니아누스대제 이전의 규칙을 좀 더 세밀하게 관찰하면, 이 불가사의한 문제를 풀 수 있는 실마리가 발견될 것으로 생각한다. 유언에 대한 법체계는 독특한 두 부분으로 구성되었다. 규정 중 일부는 로마보통법(Common-Law of Rome)에 해당하는 시민법(市民法; Jus Civile)에서 유래하고, 또 다른 하나는 법무관고시(法務官告示; Edict of the Prætor)에서 유래한다. 필자가 이미 다른 필요에 맞추어 서술한 것처럼 시민법은 상속(相續; inheritance)의 순위를 셋으로 구분하여 정해 놓았다. 그들은 피해방자녀(Unemancipated children), 남계친의 최근친자(the nearest class of Agnatic kindred) 및 씨족구성원(氏族構成員; Gentiles)이다. 이들 3순위 중 법무관은 여러 종류의 친족을 넣었지만, 시민법은 이에 관하여 전혀 고려한 적이 없었다. 결국 고시(告示; Edict)와 시민법의 결합은 대부분의 근대법전에서 전승된 것과 본질적으로 다르지 않은 표면상 형태를 이루는 것이다.

고대의 무유언상속

다시 한 번 생각해 보아야 할 것은 시민법규정이 무유언상속만을 규정한 시기, 즉 고시(告示; Edict)에 포함된 조치가 없었거나 일관적으로 행하여지지 않았던 시기가 오래 전부터이었을 것이라는 점이다. 그 초기에는 법무관법제가 완강한 방해와 부딪쳐 싸울 수밖에 없었던 것은 의심할 바 없고, 일반감정과 법적 견해가 그 중에 포함된 뒤에도 오랜 동안 그것이 정기적으로 도입한 변화는 특정한 원리에 의하여 지배되었던 것이 아니라, 여러 정무관의 식견에 따라 점차로 변형되어 온 것임을 알아야 한다. 이 시기에 로마인이 행한 무유언상속규정은 로마사회가 오랜 동안에 걸쳐서 가지고 있었던 무유언에 대한 강한 혐오감을 떨쳐버리려고 하였던 것으로 필자는 생각한다. 그러나 그 실상은 쉽게 설명할 수 있는 것이 아니다. 시민이 유언을 하지 않거나 유효한 유언을 하지 않고 사망한 경우의 상속순위는 부권종속자(父權從屬者)가 우선되었다. 다만 사망자의 부권면제자(父權免除者; *emancipated sons*)는 상속에서 차지하는 몫이 없었다. 만일 사망자에게 직계비속(直系卑屬)이 없으면, 최근친의 남계친이 승계하였다. 그러나 사망자와 관계가 있는(아무리 밀접하더라도) 여계친족의 그 누구도 승계권이 부여되지 않았다. 가족의 그 밖의 모든 분파가 제외되고, 당해 상속은 씨족성원인 사망자와 동일한 이름을 쓰는 로마시민 전부에게 부여되었다. 그러므로 유효한 유언을 하지 못하여 손해를 입었다면, 지금 알아보고자 하는 그 시대의 로마인은 그의 부권종속자녀에게 전적으로 규제 없이 남겨주는 반면, 다른 한편 그가 자녀 없이 사망하였다면 그의 소유물은 가족으로부터 멀리 떨어져 있는 동일씨족의 모든 구성원을 공동조상으로 둔 사람들이 생각하는 종교적 의제에 의하여 단순히 연결된 다수의 사람들에게 넘겨질 위험이 있었다. 이러한 문제가 제기되었다는 사실만으로도 일반적인 감정을 설명하기에 충분하다. 그러나 만일 우리가 여기에서 서술하고 있는 사실이 로마 사회에서 분산된 여러 가족으로부터 생겨난 원시적 조직으로부터의 과도적인 제1단계의 그 순간에 존재하였다는 사실을 잊어버렸다고 한다면, 실제 우리는 그 절반밖에 이해하지 못한 것이다. 가족이라는 아버지의 속령(屬領)은 사실 가부장권에서의 해방을 합법적 관행으로 인식되면 가장 먼저 타격을 받게 되지만, 여전히 법률은 가부장권을 가족관계의 근원이라고 생각하기 때문에, 집요하게 부권면제자는 친족관계에서 무관계한 것으로 파악하여 혈연에 대한 이방자(異邦者)로 간주되었다. 그렇지만 우리는 법적 현학(法的 衒學)에 의하여 붙여진 가족이라는 제한이 친족들의 자연적 애정에 대한 대가를 가지지 못하는 것을 한순간이라도 생각하지 못한다. 가족의 애착은 가부장제하에서 그들에게 속했던 거의 이해하기 어려운 신성성(神聖性)과 강도를 유지하고 있음에 틀림없다. 그것은 부권면제(父權免除; emancipation)라는 행위에 의하여 조금씩 소멸되었기 때문에 그 가능성은 반대로 되었다. 아버지의 권위로부터의 해방이 애정의 단절이라기보다는 오히려 그 증명이고, 자녀들이 받는 사랑의 긴밀도에 상응하는 은총의 표시라는 것은 아무 거리낌 없이 당연한 것으로 받아들이게 되었다. 이와 같이 다른 자녀들보다 존중받는 아들들이 무유언에 의하여 그 상속권을 완전히 박탈당하게 되면, 이로 인한 혐오감은 더 이상 설명을 필요로 하지 않을 것이다. 우리는 어쩌면 선험적으로 유언에 대한 열정이 무유언에 의한 승계에 관한 규정으로 파생된 도덕적 부정에 의하여 일반화되었을 것으로 생각하여도 괜찮을 것이다. 그러나 여기에서 원시사회에 응집된 본능과 다르다는 것을 발견하게 된다. 지금까지 논의해 온 내용을 아주 간단하게 요약할 수 있다. 원시 로마인의 지배적 감정은 언제나 가족관계와 일치되었다. 그렇다면 가족(家族; Family)이란 무엇인가? 법(法; Law)은 이것을 서로에 대한 자연적 감정이라는 방법으로 규정하였다. 이 두 가지의 충돌에 있어서, 우리가 분석하려는 욕구가 생겨나고, 애정이 깃들어 있는 명령이 그 대상의 운명을 결정짓는 제도에 대한 열정적 자태를 띠게 되는 것이다.

무유언에 관한 정서

필자는 무유언에 대한 로마인의 공포를 고대법(古代法; ancient law)과 가족(家族; Family)의 관계를 통하여 서서히 변화하는 고대적 감정 사이의 아주 초기적인 충돌의 기념비적인 표징이라고 생각한다. 로마의 칙법(勅法; Statute-

Law)의 일정한 규정 및 특히 여성에게 부여된 상속권한을 한정하였던 규정은 그러한 고대적 감정을 유지하는 데 기여하였을 것이다. 그러나 계속적으로 창조되어 온 신탁유증(信託遺贈; Fidei-Commissa)[150]의 체계가 이와 같은 규정에 의하여 부과되었던 무능력(無能力)을 회피하기 위하여 구성된 것이라는 점은 일반적으로 믿게 되었다. 이러한 감정은 매우 강했고, 법과 여론의 깊이 있는 대립을 되돌려 지적하는 것 같았는데, 법무관법의 개선이 이것을 해소시키지 못하였다는 것은 그다지 놀랄 만한 일이 아니다. 여론(與論)의 철학을 웬만큼 아는 사람이라면 누구든지 결코 이것을 야기시켰던 당시 상황의 종말과 함께 동시에 소멸해 버리는 것 역시 아니라는 점을 충분히 알고 있을 것이다. 감정은 상황보다 오래도록 살아남아 있기 마련이기 때문이다. 더구나 그것은 상황이 현실적으로 계속되고 있는 동안에는 그것이 갖출 수 없는 강도의 속력과 그 정점에 이른 다음에 도달하는 것이다.

근대의 유언, 동산의 과부분할, 프랑스법에서의 유언

유언에 의하여 재산을 가족으로부터 다른 사람에게로 이전하거나 유언인(遺言人; Testator)의 추량(推量; fancy)이나 양식(良識; good sense)이 지정하는 바대로 불공평한 비율로 분배를 하는 권능을 부여해 주는 것이라고 생각하였던 유언방식은 봉건제도(封建制度)가 완전히 응집된 중세 후반에서 그다지 오래된 관념이 아니었다. 근대법제가 미완성 형태로 처음 드러났을 때의 유언은 절대적으로 자유롭게 사망자의 유산을 처분할 수 있도록 절대적인 유언의 자유가 인정되었다. 이 시기에 재산상속이 유언에 의하여 규제되었던 여러 지방에서도 ― 그러나 유럽의 과반수 정도에 걸쳐 동산이 유언처리의 주제였다 ― 유언권능의 행사는 과부(寡婦)가 유산의 특정한 분배 몫을, 그리고 자녀들이 그 특정 비율을 받는 권능에 간섭하는 것을 허용하는 예는 그다지 많지 않았다. 그 지급액이 확연히 드러나는 자녀의 상속분은 로마법의 권위에 의하여 정해졌다. 과부를 위한 상속분은 교회에 맡겨졌고, 교회는 남편보다 오래 생존한 처의 이익에 대해 작은 배려만을 한 채 ― 여러 세기가 지난 다음 남편과 혼인관계에 있던 처에게 유산의 일정부분을 인정하였던 모든 서구제국의 관습법(慣習法; Customary Law) 중 과부산(寡婦産; Dower)의 원리가 확립되었는데, 이것은 여성의 지위에 따라 전례 없는 승리의 하나를 이룬 것이었다. 아주 이상스러울 만큼 토지에 대한 과부산은 그 이전부터 존재하였던 과부와 자녀들에게 동산의 일정한 몫을 유보시켜 주는 제도보다 더욱 안정적인 것으로 판명되었다. 프랑스의 몇몇 지방관습법은 이 권능을 혁명시대(革命時代; Revolution)까지 유지시켜 왔으면서, 영국에서도 비슷한 관행이 있었다. 그렇지만 전반적으로 동산에 대해 절대적 유언자유의 원칙은 확립된 견해였으며, 과부의 요구가 계속적으로 존중되었던 시대에서도 자녀의 특권은 법제로부터 삭제되지 않았다. 우리들은 이 변화를 장자상속권(長子相續權; Primogeniture)의 영향이라고 할 수 있을 것이다. 봉건적 토지법(封建的 土地法; Feudal law of land)이 한 사람의 아들을 위하여 모든 자녀들의 상속권을 박탈하는 것이므로, 평등하게 분배되어야 할 이러한 재산의 균등상속은 의무로서 여겨지지 않았다. 유언은 불평등을 만들어 내는 데 활용된 주요한 수단이었다. 이러한 상황 속에서 유언에 관한 고대 및 근대의 개념 간에 드러나는 차이가 발생했다. 그렇지만 유언에 의하여 발생한 유증의 자유는 이와 같이 봉건제도(封建制度; Feudalism)의 우연한 결과였지만, 자유로운 유언처리의 체계와 봉건적 토지법에서와 같이 한정된 범위에서 재산을 넘겨주도록 제한하는 것을 강제하였던 체계(體系) 사이에 있었던 것인 만큼 더 큰 차이는 없다. 이 진리는 프랑스 법전(French Codes)의 입안자들도 잘 몰랐던 것으로 보인다. 이 프랑스법전의 입안자들은 폐지하려고 결의하였던 사회구조 중 장자상속권이 주로 가족의 재산결정에 의존하고 있음을 알았지만, 그들은 유언이 장남에게 가장 엄격한 상속권 한정에서 보류되는 우선권(優先權)을 부여하기 위하여 사용되었던 예가 많았다는 사실을 알고 있었다. 그러므로 그 결과를 확보하기 위하여 그들은 혼인시 상속권의 협정에서 장남을 선출하는 것은 불가능할 뿐만 아니라, 아버지의 사망시 자녀들 사이에 상속재산의 균등분배라는 기본원리를 파괴하기 위하여 사용되지 않은 것처럼 유언상속 역시 법률적으로 약화시켜 버렸다. 그 결과 법전의 입안자들은 유증(遺贈)의 완전한 자유라기보다는 유럽의 봉건체제와 거의 같다시피한 영속적인 한정상속권(限定相續權; entails)의 구조를 만들어 낸 것이었다. "봉건제도의 폐허(Herculaneum of Feudalism)"인 영국의 토지법(the land-law of England)은 유럽대륙 어느 나라의 상속제도보다도 중세의 토지법과 훨씬 더 밀접하게 관련되어 있고, 유언은 장남과 그 계통의 우선권을 도모하거나 모방하는 것을 도와주었고, 이 우선권은 부동산에 관해 혼인시 상속권의 결정에 참조되었던 일반적인 특징이었다. 그러나 이들 여러 나라에서의 감정과 여론은 자유로운 유언집행(遺言執行; practice of Testamentary)에 의하여 큰 영향을 받지 않았다. 그리고 필자는 가족재산보존에 관한 프랑스 사회의 대부분의 감정상태는 영국인의 여론보다도 2~3세기 이전의 유럽 전역에 성행하였던 것과 매우 유사한 것으로 생각된다.

장자상속권

장자상속권(長子相續權; Primogeniture)을 예시하기 위하여 역사법학(歷史法學; historical jurisprudence)의 가장 어려운 문제 하나를 소개하기로 한다. 필자는 지금까지 서술한 여러 명칭(名稱; expressions)을 설명하려고 하였는데, 상속에 관하여 로마법에서의 단독상속인과 동일한 것으로 "공동상속인(共同相續人; co-heirs)"을 취급하는 것은 주의해야 한다. 사실상 상속인, 즉 전체적 승계자의 지위가 하나의 집단인 공동상속인에게 부여되지 않았던 시기가 로마법제에 있었음을 모르고 있다. 이 집단은 단일한 단위로서 승계하고, 유산은 나중에 별도의 법적 절차에 따라 분배되었다. 상속이 무유언(無遺言; ab intestato)에 의하여 이루어지고, 그 집단이 사망자의 자녀들로 이루어져 있는 경우에는 그들은 각자 균등한 상속분을 취득하였다. 남자가 여자보다 다소 우월한 지위를 가지고 있기는 하였지만, 장자상속권의 흔적은 없었다. 이러한 상속재산분배방식은 고대법제를 통해 볼 때도 유사하다. 문명사회가 시작되고, 가족이 일련의 세대를 이어주는 것이 끝나는 시기에 맞추어 생겨난 사고방식은 소유지(所有地; domain)를 함께 지녀온 각 세대의 구성원에게 똑같이 나눠주고 장자(長子; the eldest son) 또는 최연장자(最年長者; the stock)라 하더라도 아무런 특권을 가지지 못하도록 하였던 것이 확실하다. 이러한 현상과 원시사상과의 사이에 밀접한 관련성이 있는지의 모호한 점에 관한 명료한 암시가 로마의 법제보다 좀더 오래된 체계에도 드러나 있음을 알 수 있다. 힌두족(the Hindoos)은 아들이 태어나면 그는 바로 아버지의 재산에 관한 귀속권(歸屬權; rested right)을 획득하게 되었는데, 이러한 재산은 그의 공동소유권(共同所有權; joint ownership)이라는 인지를 얻지 않고는 매각할 수 없다. 남자가 성년에 달하면, 부모의 의사에 반하면서까지 소유재산을 분할할 수 있었다. 그리고 부모의 동의를 얻은 경우라면, 어느 한 명의 아들이든지 다른 형제들의 의사에 반하면서도 분할할 수 있는 것이 보통이었다. 이러한 분할방식이 생겨나면서, 아버지는 하나의 몫이 아니라 둘을 가지는 경우를 제외하고, 그 자녀들보다 우월적인 지위를 가지지 못하게 되었다. 게르만족(the German)의 고대법과 특히 유사하다. 가족의 자주지(自主地; allod), 즉 소유지는 그 아버지와 아들들의 공유재산이었다. 그렇지만 부모의 사망시 그 자주지를 관습적으로 분할되어야 하는 것으로 생각하지는 않았고, 마찬가지로 힌두족의 소유물도 이론적으로는 분할할 수 있었지만, 실제로 분배하였던 것은 매우 드물었으며, 점차 많은 세대가 분할을 하지 않고 그대로 승계하고, 이렇게 하여 인도의 가족법은 촌락공동사회(村落共同社會; Village Community)로 확대되는 영속적 경향을 가지게 되었다. 당시의 상황에 관하여서는 다음의 상황을 보아서도 분명하지 않다. 그 모든 것은 가족의 의존성이 가족해체의 제1단계에서의 사회에 가장 보편적으로 있었던 관행으로서 유산(遺産)을 사망시점에서 남자들에게 절대적으로 균등하게 분할하였던 사실을 아주 충분히 알 수 있는 것이다. 여기에서 장자상속권을 뒷받침할 수 있는 역사적 사실을 확실하게 알면 알수록 우리들은 로마인이나 미개족(未開族)도 재산승계(財産承繼)에서 장자 또는 그 계통에 어떠한 우선권을 주는 관습을 갖고 있지 않다는 지식에 관하여 다소 혼란을 겪게 된다.

은혜적 증여와 봉토, 자주지와 봉토

장자상속권은 미개족이 로마제국에 최초로 운영한 관습이 아니었다. 그 기원은 침입족의 우두머리들이 베풀었던 은혜적 증여(恩惠的 贈與; benefices)에 있는 것으로 알려져 있다. 경우에 따라서는 초기에 이주한 군주들에게 부여되기도 하였지만, 샤르망(Charlemagne)에 의하여 대폭적으로 분배되었던 이 은혜적 증여는 군사상 공로에 상응하는 은혜의 보답으로 주어졌던 로마제국 각 분방(分邦; provincial land)의 토지수여였다. 자주지(自主地; allodial)의 소유자는 그 주권자(主權者; sovereign)를 따라서 옮겨 가거나 힘든 작업을 하지는 않았던 것 같고, 프랑크족의 우두머리들(Frankish chiefs)이나 샤르망(Charlemagne)의 장대한 원정은 궁정(宮廷)에 신분적으로 예속되거나 토지소유권(土地所有權)에 의하여 강제적으로 노역을 하여야 하는 병사로 구성된 군대가 수행한 것이다. 그렇지만 이러한 은혜적 증여는 처음에는 결코 세습적인 것이 아니었다. 그것은 양도인(讓渡人; grantor)의 호의에 의하여 행하여지고, 양수인(讓受人; grantee)이 살아 있는 동안에 한하여 보유할 수 있었다. 그렇지만 처음부터 소유권을 확대하고 그 토지를 사후에도 가족이 계속 보유하게 되면 피양여인들(被讓與人; beneficiaries)은 노력을 아끼지 않았다. 샤르망의 승계자들(Charlemagne's successors)이 미약했었기 때문에, 이러한 의도는 전반적으로 성공을 거두게 되었고, 은혜적 증여는 점차 변하여 봉토(封土; Fief)로 되었다. 그러나 봉토가 세습적이기는 하였지만, 반드시 장남에게 승계되었던 것

은 아니었다. 여기에서 지켜졌던 승계규정은 양도인과 피양여인과의 사이에
서 일정한 조건을 붙여서, 상대방이 약한 경우에는 일방이 해야 하는 조건을
붙여서 전면적으로 결정되었다. 따라서 본래의 소유권은 아주 복잡하였다.
그러나 아무 때나 주장할 수 있을 만큼 임시방편적인 것은 아니었으며, 그것
은 지금까지 서술하여 온 것이 모두 로마인이나 미개족(未開族)과 친근한 승
계방식의 일정한 결합에서도 알 수 있지만, 아주 다양하고 복잡한 것은 어쩔
수 없다. 그 가운데 어떠한 곳에서는 장자와 그 가족이 의심의 여지없이 다
른 사람에 앞서서 봉토를 승계하였지만, 그러한 승계가 일반적이라고 할 수
는 없다. 아주 똑같은 현상은 소유지(所有地; domanial〈로마인〉)와 자주지(自主
地; allodial〈게르만인의〉)를 봉건적 형태의 재산으로 변형시킨 유럽사회의 변화
에서도 그대로 드러나 있다. 자주지는 전부 봉토에 흡수되었다. 자주지의 대
소유자(大所有者)는 그의 각 토지를 자기에게 의존하여 살아가는 사람들에게
나누어준다는 조건으로 봉건제후(封建諸侯; feudal lords)가 되고, 소소유자(小所
有者)는 그 소유지를 유력한 우두머리에게 위탁하고, 전투시에는 봉사하는 조
건으로 당해 소유지를 그대로 보유함으로써 압박적인 공포의 시기를 모면해
나가는 돌파구를 찾았다. 이렇게 변화하는 동안, 그 상태가 노예적 내지 반노
예적이었던 서구의 수많은 민중은 ─ 로마 및 게르만의 인격상의 노예 즉 로
마의 *coloni* 및 게르만의 *lidi* ─ 봉건조직(封建組織; feudal organization)에 한
꺼번에 흡수되었으며, 그 중 어떤 사람은 제후와 농노적 관계를 맺기도 하였
지만, 대다수는 당시로서 굴욕적인 조건으로 토지를 할양받았다. 전반적으로
봉건화가 추진되었던 이 시기에 조성된 소유권은 임차인(賃借人; tenants)이 영
주와 체결하거나 영주가 주문하는 대로의 조건이 어떠한지에 따라서 각각 달
랐다. 은혜적 증여의 경우에서와 마찬가지로 재산은 전부로서가 아니라 부분
적으로 장자상속권의 규칙에 따라서 승계되었다. 그렇지만 봉건적 체계가 서
구 전역에 걸쳐 보급되고 얼마 되지 않아 장자상속권이 다른 승계방식보다
훨씬 선호하는 제도로 된 것은 명백하다. 그것은 유럽 전 지역에 걸쳐서 두

드러질 정도로 급속도로 확장되어나갔고, 그 확산의 주된 매개는 가족의 재산결정(Family Settelments), 즉 프랑스에서의 pactes de familie(家律), 독일에서의 Haus-Gesetze(家律)이었으며, 이것은 일반적으로 기사(騎士)의 공로에 의하여 보유할 수 있게 되었던 토지는 장남에게 승계되어야 된다고 규정하는 것이 거의 전부였다. 결국 법률은 전통 그대로의 관행을 따르게 되었고, 점차적으로 확립된 관습법(慣習法; Customary Law)의 모든 체계에서 장남과 가장이 그 소유가 자유롭고 군사적이었던 재산의 승계에서 우선적 지위를 차지하게 되었다. 노역에 의한 소유권에 근거하여 보유하게 되는 토지에 관하여(그리고 본래 모든 소유권은 노역에 의한 것으로 임차인〈賃借人〉에게 금전을 지급하게 하거나 몸으로 하는 일을 하게 하는 의무를 부담시켰다), 관습에 의하여 규정된 승계체계는 국가에 따라서 그리고 지방에 따라서 큰 차이가 있었다. 좀더 일반적인 규정은 이러한 토지가 보유자의 사망시에 모든 자녀들에게 균등하게 분할되었지만, 어떤 경우에는 장남이나 막내가 우선권을 갖기도 하였다. 그러나 영국에서의 영구대차지(永久貸借地; Socage)처럼 비교적 후대에 생겨났으면서 전적으로 자유롭거나 노역에 의하도록 되어 있지도 않은 소유권에 의하여 보유되는, 어떤 의미에서 가장 중요한 종류의 재산에 관하여 장자상속권(長子相續權; Primogeniture)이 그 상속원리를 지배하는 것이 보통이었다.

장자상속권의 확대

장자상속권의 확산은 봉건적 이유(封建的 理由; Feudal reasons)로 설명하는 것이 보통이다. 봉토(封土)가 이전의 소유자가 사망할 때 여러 사람에게 분배되지 않고, 한 사람에게 상속되는 경우, 봉건영주(封建領主)는 그가 요구하는 군사상 노역에 대한 좀더 나은 안정성을 확보할 수 있었다. 이러한 생각이 부분적으로 장자상속권에 의하여 점차로 획득하게 된 이점을 설명해 줄 수 있음을 부정하는 것이 아니고, 장자상속권이 영주에게 부여한 이득에 의하여

서보다 임차인에 대한 그 인기(人氣)에 의하여서 확실하게 유럽의 관습으로 되었다는 것을 지적하지 않을 수 없다. 더구나 그 기원에 관한 유래는 전혀 설명되고 있지 않다. 법에 있어서 어떤 의미로든지 전적으로 편의성에 의거하여 발생하는 것은 없다. 어느 때든지 일정한 관념이 있었고 그것은 어떠한 편의성을 지니고 있었는데, 그 편의성은 제한적인 새로운 결합을 이루게 할 수 있는 것으로 되어 있다. 사례에서 이러한 관념을 발견하는 것은 매우 중요한 문제이다.

정치적 권력의 상속

풍부한 예시로부터 가치 있는 암시를 제공받는다. 인도(印度; India)에서는 부모의 소유물은 사망시에 모든 아들들에게 분할할 수 있었고, 생존 중에도 분할할 수 있었지만, 이 재산의 균등분배원리는 힌두족의 여러 제도의 각 부분에 영향을 미치고 있었다. 그러나 그 점유자의 사망시 공직 또는 정치적 권력이 귀속한 곳이 어디든지간에, 상속은 거의 장자상속권(長子相續權)의 원리에 따랐다. 그러므로 권력은 장남에게 이전되고, 인도사회의 단체적 단위인 촌락공동사회(村落共同社會; Village Community)의 사무가 한 명의 지배자에게 귀속되는 곳에서는 그 아버지의 사망시에 장남이 관리를 맡게 되는 것이 일반적인 현상이었다. 사실상 인도에서는 모든 임무가 세습적으로 승계되었고, 그 임무의 성질상 허용되는 경우에는 계통의 최연장자(最年長者; the eldest members)에게 승계되는 경향이 있다. 이러한 인도의 승계를 유럽에 최근까지도 남아 있는 조잡한 사회조직의 어떠한 것들과 비교한다면, 가장의 권력은 단지 한 가정내의 문제가 아니며 정치적인 것으로 될 때에는, 그것은 아버지의 사망시에 모든 자손에게 분배되는 것이 아니라, 장남의 생득권(生得權; birthright)이라는 결론에 도달하게 된다. 예를 들어 스코틀랜드 북부 고지(高地; Highland)에 사는 부족의 족장권은 장자상속권의 순위에 따르게 되어 있었다. 사실 조직적 문명사회의 원시적 기록으로부터 우리가 알 수 있는 것보다도 좀더 오래된 가족적 예속(家族的 隷屬)의 어떤 형식이 있는 것 같다. 로마고대법에서 남계친적 근친자(男系親的 近親者)의 연합 및 다수의 유사한 예시는 가족의 분파가 하나의 유기적 전체로 결합되어 있던 시대를 지시해 주는 것이면서, 또한 근친자에 의하여 이렇게 형성된 단체가 그 자체만으로 독립적인 사회를 구성하는 경우에는 그것이 가장 연장의 계통(系統)의 장남에 의하여 통치되었다고 하는 것은 지나친 억측은 아니다. 우리가 그러한 사회에 관하여 실제로 잘 알고 있지 못한 것은 사실이다. 가장 오래 된 원초적 사회라고 하여 우리가 알고 있는 가족집단(家族集團; family-organizations)은 고작해야 제령 내의 제령(*imperia in imperia*)이다. 그러나 그 중의 어떠한 것 특히 켈트족의 씨족(the Celtic clans)의 입장은 역사시대(歷史時代; historical times)의 범위 내에서 충분히 보여 주는 것이고, 또한 그러한 것들은 일단 개별적인 제령(帝領; *imperia*)이었고, 장자상속권이 족장권의 승계를 규제하였다는 확신을 우리들에게 주기에 충분하다. 그렇지만 법적 용어와 근대적 관념에 대하여는 경계를 할 필요가 있다. 우리는 인도사회나 로마고대법에 의하여 알게 된 것보다 더 밀접하고 엄격한 가족관계(家族關係; family-connection)에 관하여 논의하고 있는 것이다. 만일 로마의 가장(家長; Paterfamilias)이 가족 소유물의 명백한 책임자(責任者; steward)였다면, 그리고 만일 힌두족에서의 아버지가 그 아들들과 함께 가족재산에 대한 단순한 공동소유자(共同所有者; joint-sharer)였다면, 그 진정한 가부장적 우두머리(patriarchal chieftain)는 그야말로 단순한 공동자산(共同資産; common fund)의 관리인이라고 할 수밖에 없다.

고대 장자상속권의 형태, 카로빙거제국의 몰락

은혜적 증여(恩惠的 贈與; Benefices)에서 찾아볼 수 있는 장자상속권(長子相續權; Primogeniture)에 의한 상속의 예는, 일반적이라고 할 수는 없지만 침입

족속(侵入族屬; invading races)에 있었던 것으로 알려진 가족정부(家族政府; family-government)의 체계로부터 모방한 것이라고 할 수 있을 것이다. 몇몇 좀더 미개한 부족은 아직까지도 그러한 관행을 그대로 지켜오고 있으며, 아니면 좀더 있을 만한 것으로 사회가 옛날의 상황으로부터 그렇게 많이 변하지 않았기 때문에, 새로운 형식의 재산상속규정을 결정하기 위한 소집 연락을 받았을 때 적지 않은 사람들은 이미 과거에 생각했던 것이다. 그렇지만 어째서 장자상속권이 점차 상속의 다른 원리를 결정적으로 후퇴시켰는가 하는 점이다. 이에 대한 해답은 유럽사회가 카로빙거제국(the Carlovingian empire)의 해체시에 결정적으로 후퇴한 것으로 생각한다. 이 시기의 특징은 군주에 따라서 문명이라는 권위의 약체성 아니면 정체상태였던 것이다. 그러므로 문명사회는 더 이상 맥락을 유지할 수 없게 되었고, 사람들은 전반적으로 문명사회에서 기울였던 것보다도 오래 전의 사회조직에 퇴보한 것 같은 양상을 보여주었다. 9세기와 10세기에 걸쳐서 그의 가신(家臣; vassals)을 거느렸던 영주는 원시시대처럼 입양(入養; Adoption)에 의해서가 아니라, 봉토수여(封土授與; Infeufation)에 의하여 구성된 가부장적 가정(家父長的 家庭; patriarchal household)을 상정할 수 있다. 그러나 이와 같은 연합방식에서는 장자상속권에 의한 상속은 위력성(威力性; strength)과 계속성(繼續性; durability)의 원천이었다. 조직의 전부가 의존하는 토지가 굳건히 유지되고 있는 한, 그것은 방어나 공격을 하기 위해서도 막강한 것이었다. 토지분할은 조그만 사회의 분할이고, 전반적으로 폭력적인 시대에서는 스스로 침략을 불러일으키는 것이기도 하였다. 그러므로 장자상속권을 선호한 이유가 한 사람을 위하여 많은 자녀들의 상속권을 박탈하려는 의도가 있었던 것은 아니었음을 알 수 있다. 누구든지 봉토분할에 의하여 어려움을 겪곤 하였다. 누구든지 결집(結集; consolidation)에 의하여 이득을 얻는 사람이 되었다. 가족은 한 사람에게 힘을 집중함으로써 점차적으로 강력하게 되었다. 상속권을 가지고 있던 영주(領主)가 직무(職務; occupations)나 이해관계(利害關係; interests), 또는 은전(恩典; indulgence)으로 그의 족원(族員; brethren)이나 근친자(近親者; kinsfolk)보다 유리한 지위에 있었던 것으로는 생각되지 않는다. 봉토의 상속인이기 때문에 얻게 되는 특권을 영국에서의 엄밀한 재산결정에서 장자가 차지하는 위치로 평가하는 것은 단순한 시대착오적 발상이다.

초기와 후기의 장자상속권, 통치자의 지위에 대한 근대적 관점

필자는 초기의 봉건적 연대(封建的 連帶)를 가족의 고대 형식으로부터 유래된 것이고, 그것과 아주 유사하다고 서술해 왔다. 그러나 고대사회나 봉건 사회의 혹독한 시련을 겪지 않은 사회에서 성행하였다고 생각되는 장자상속권은 후대의 봉건 유럽의 장자상속권으로 변형되지 않았다. 근친자집단이 세대의 계열을 통하여 세습적인 우두머리가 지배하도록 하였기 때문에 전부를 관리하고 있는 영지는 모든 사람에게 균등하게 나누어졌던 것이다. 그렇다면 어째서 이러한 일이 중세사회에서는 생겨나지 않았을까? 만일 첫 번째 봉건 시기의 혼란스러운 상황 중에 장자가 가족전체를 위하여 토지를 보유하였다면, 봉건적 유럽이 제대로 정합되고 있어야 할 많은 사회가 재건되었을 때, 전체로서의 가족이 로마시대나 게르만사회와 같은 상속권능을 갖지 못하였던 것은 무슨 이유인가? 이 어려운 문제를 풀어 줄 수 있는 열쇠는 봉건제도(封建制度; Feudalism)의 계보를 추적하기에 급급한 저술자들로서는 해결하기 어려운 문제이다. 그들은 봉건제도의 기초재료는 알아내지만 그 접합제(接合劑; cement)를 놓쳐 버렸다. 이 제도의 형성에 기여한 사상과 사회형태는 두말할 필요도 없이 미개하고 고루한 그대로였는데, 법원(法院; Courts)이나 법률가가 이에 관한 해석과 정의를 찾으려 하면서부터 이에 적용하는 그들의 해석원리는 후기의 로마법제의 그것이 되었고, 그러다 보니 아주 세련되고 성숙한 것이었다. 가부장제 사회에서 장남은 남계친의 집단과 통치와 그 재산의 절대적 처분을 계속하였다. 그렇다고 하여 그가 진정한 소유자이었던 것은 아니다. 그는 소유권의 개념에 포함되지 않으면서 전혀 정의되지도 않았고 정의될 수도 없는 상호의무(相互義務; correlative duties)를 가지고 있었을 따름이다. 그렇지만 후기 로마법제는 지금 우리의 법과 마찬가지로 재산에 대한 무제한의 권능을 소유권과 같은 것으로 보았고, 그 개념 자체가 정규의 법에 앞서 있었던 시기에 속해 있을 때와 같은 정도의 의무를 실제로 고려할 수도 없었고, 고려하지도 않았다. 세련된 관념과 미개의 관념의 접촉은 어쩔 수 없이 결과적으로 장남을 상속권의 법적 소유자로 하는 전환을 야기했다. 교회적(敎會的)이면서도 세속적(世俗的)인 법률가들은 이러한 장남의 지위를 최초의 것이라고 정의하였다. 그렇지만 그 동생들이 위험상황에서나 즐기는 데서나 그 일족들과 같은 조건으로 참가하면서부터 목사(牧師)나 피용병(被傭兵; soldier of fortune)이나 저택의 문지기로 격하되었었던 것은 아주 미미한 과정 속에서 이루어졌던 일이다. 법적 변혁은 스코틀랜드의 북부 고원지방에서 소규모로, 더구나 최근에 일어났던 것과 일치하였다. 씨족에게 생활물자를 마련하게 해 주었던 영토에 대한 우두머리의 법적 권능을 결정하는 것을 찾아내려고 하면, 스코틀랜드의 법제는 씨족성원의 요구에 의한 완전한 전유지배(專有支配; dominion)에 대한 막연한 제한을 고려하는 단계는 이미 오래 전에 거쳤고, 수많은 세습재산을 한 사람의 전화시키는 것은 불가피한 일이었다.

장자상속권의 형태, 켈트족의 장자상속권

간단히 언급하자면, 한 명의 아들이나 그 후손들이 가정과 사회에 대한 권위를 승계할 때, 그러한 승계를 필자는 장자상속권(長子相續權; Primogeniture)의 형태라고 지칭해 왔다. 그렇지만 이러한 종류의 승계에 관하여 남아 있는 다수의 오래된 사례에서는 그 대표자가 우리들이 익히 잘 알고 있는 의미로서의 장남만은 아니라는 사실을 주의해야 한다. 서구에 보급되었던 장자상속권의 형태는 힌두족(the Hindoos) 사이에서도 오래도록 지속되어 왔고, 또한 그것이 정상적인 형태라고 믿을 만한 여러 가지 이유도 있다. 이 상속형태에서는 장남뿐만 아니라 그 계통의 사람이 언제나 선발되었다. 즉 장남이 할 수 없게 되면, 장남의 장남이 그 형제뿐만 아니라 숙부들보다 우선하였다. 그리고 그도 상속을 할 수 없게 되는 경우에는 마찬가지의 규칙이 다음 세대에도 그대로 적용된다. 그렇지만 이 승계가 그저 시민적(市民的; civil)인 것이 아니라 정치적(政治的; political)인 권능에 대한 것인 경우에는 어떠한 곤란성은 사회의 결합이 완전성을 잃게 됨에 따라서 한층 더 명백하게 드러난다. 자기가 향유하는 권위를 유지하는 우두머리가 그 장남보다 오래 살게 되면, 본래 승계의 자격이 있고 사회의 실제적 지도 및 그 사무의 관리를 하기에 너무도 미성숙한 자와의 관계가 불편하게 되는 경우도 있게 될 것이다. 이 경우에 안정적인 사회에서 찾아볼 수 있는 대책은 미성숙한 승계자를 그가 통치를 할 수 있기에 적당한 연령에 달할 때까지 보호제도(保護制度; gurdianship)하에 두는 것이다. 보호를 하는 것은 일반적으로 남계의 남자(male Agnates)의 몫이었다. 고대사회에서는 여성에게 어려운 일을 맡기는 것은 드문현상이었고, 이것은 어머니의 숨겨진 요구에 대한 존경으로부터 생겨난 것은 말할 나위도 없다. 인도(India)에서는 힌두족의 주권자(主權者)의 과부가 그 어린 나이의 자식의 명의로 통치하였고, 프랑스의 왕좌(王座)의 승계를 규제하는 관습이 — 그 기원은 생각할 필요 없이 아주 오래되었기 때문에 — 모후(母后; queen-mother)를 다른 누구보다 우선하여 섭정에 끌어들이는 것이면서도 동시에 그것은 모든 여성을 왕좌로부터 배제시키는 것이라고 하지 않을 수 없다. 그러나 주권의 양도를 미성숙한 승계자에게 넘어가는 불편을 제거하는 하나의 방식이 있다. 그것은 의심할 나위 없이 조직화된 복잡한 사회에서 자연 발생적으로 생겨난 것이다. 그 어린 승계인을 전적으로 무시해 버리고, 제1세대에 속하는 생존의 최연장자의 남자에게 수장권(首長權)을 넘겨주는 것이다. 수많은 현상 중에서 시민적 사회와 정치적 사회가 미분화적으로 분리되지 않았던 게르만족의 씨족연합은 이 승계규정을 역사시대(歷史時代)로까지 이어갔다. 이런 측면에서 보면 장남이 자격을 잃게 되는 경우, 그의 다음 동생이 통치권을 이양받는 것은 그 연령과 관계 없이 모든 자손보다 우선한다는 성문률(成文律)의 양식이 있었던 것처럼 보인다. 한 저술자는 켈트족(the Celt)의 관습이 최후의 우두머리를 하나의 뿌리 또는 줄기로 생각하기 때문에, 아주 먼 자손에게서 자손의 승계를 맺어오지 못하면 숙부는 손자보다 근본적 뿌리에 우선한다고 가정하여 이 원리를 설명하였다. 단지 상속체계에 대한 기술로써 논한다면 어떠한 진술도 이러한 주장을 취할 수 없을 것이다. 그렇지만 이러한 규정에 의해 우선 채택하는 규율은 상속에 있어서 봉건체제를 시작할 때로부터 법률가들 사이에서 논쟁이 되었다는 것은 오류일 것이다. 손자보다 숙부를 우선하였던 승계의 진정한 기원은 의심할 나위 없이 소아(小兒)보다는 성숙한 연장자에 의하여 통치를 하고, 막내 동생은 맏형의 장손보다도 연장일 것이라는 사회에서의 우스운 사람들의 단순한 추정일 따름이다. 동시에 우리들은 우리에게 가장 친근한 형태의 장자상속권(長子相續權)이 원초형태였다는 몇몇 증거를 미성숙한 승계자가 그 숙부 때문에 승계순위에서 무시될 경우 씨족의 동의가 필요했음을 통해 알 수 있다. 스코틀랜드의 맥도날드가(the Macdonalds)의 연지(年誌) 중에 이러한 방식이 충분히 설명되는 예가 있다.

이슬람교의 규정, 일부다처제

오래 된 아라비아의 관습법을 상당부분 포함하고 있는 마호메트교[151]의 율법(Mahometan law)에서의 재산상속은 아들들 사이에서 균등하게 분배되고, 딸들은 그 2분의 1을 받게 되어 있다. 그러나 그 자녀 중에서 상속을 받지 못한 채 그 배분 전에 사망한 자가 있으면, 그 손자들은 숙부모에 의하여 상속에서 전적으로 배제된다. 이 원리에 따라서 상속이 정치적 권위에 관련되는 경우에는 켈트족의 여러 사회(the Celtic societies)에 적용되었던 것으로 생각되는 장자상속권(長子相續權; Primogeniture)의 형식에 따랐다. 서방의 이슬람교의 2대 지파에서는 큰형의 아들이 있어도 조카에 우선하여 그 숙부가 왕좌(王座)를 승계하였다. 이 규정이 이집트(Egypt)에서는 아주 최근까지 지켜졌지만, 터키의 주권(Turkish sovereignty)의 양여를 지배하는 데는 다소 의문점이 있었던 것으로 필자는 알고 있다. 군주의 정책은 사실 일반적으로 그것이 적용되는 것을 저지하고, 그 동생들의 섬멸은 왕좌(王座)에 대한 위험한 경쟁자를 일소함과 동시에 그 아들들을 위하여 아주 도움이 되었던 것이라고 할 수 있다. 그렇지만 일부다처제(一夫多妻制; polygamous)[152] 사회에서도 장자상속권이 끊임없이 변화하려고 해온 것은 분명하다. 여러 가지의 사고가 승계나 어머니의 등급이나 예를 들어 아버지의 애정 정도에 대한 요구를 맞추었을 것이다. 따라서 인도에서의 이슬람교도의 주권의 일부는 명확한 유언의 권능을 요구하는 것이 아니라, 승계하게 될 자식을 지정할 권리를 요구한다. 이삭(Issac)[153]과 그 아들들에 관하여 성서에 쓰여 있는 축복은 유언이라고 말할 수 있지만, 오히려 장남을 지정하는 양식과 같은 것이다.

◇ 주(註)

150) 상속신탁유증(Erbschaftsfideikommiß)이란 상속인에 대하여 상속재산의 일부 또는 전부를 일정 기간 후 또는 사망시에 수익자에게 반환할 것을 신탁함으로써 성립하는 유증의 한 형식이다. 원수정 초기에 생겼다고 한다. 독일법에서처럼 시간적으로 한정된 후상속인제도(Nacherbschaft)가 없었던 로마법에서는 다수의 포괄승계인들의 시간적 순위를 정하기 위하여 신탁유증적인 승계를 고안하였다.

151) 7세기 초 아라비아의 예언자 무함마드가 완성시킨 종교. 그리스도교 · 불교와 함께 세계 3대 종교의 하나이다. 전지전능한 알라의 가르침이 대천사(大天使) 가브리엘을 통하여 무함마드에게 계시되었으며, 유대교 · 그리스도교 등 유대계의 여러 종교를 완성시킨 유일신 종교임을 자처한다. 유럽에서는 창시자의 이름을 따서 무함마드교라고 하며, 중국에서는 위구르족[回紇族]을 통하여 전래되었으므로 회회교(回回敎) 또는 청진교(淸眞敎)라고 한다. 한국에서는 이슬람교 또는 회교(回敎)로 불린다.

152) 일부다처제는 한 남편에 여러 명의 아내가 동시에 있는 제도이다. 지금도 전세계적으로 일부다처제를 행하고 있는 나라가 많다. 아시아, 아프리카, 태평양제도, 아메리카인디언 사회에 남아 있는데, 특히 이슬람 지역에 많다.

153) 구약성서에 나오는 아브라함의 아들이다. 40세 때 리브가를 아내로 맞아 쌍둥이아들인 에서와 야곱을 얻었다. 리브가와 야곱의 계책에 넘어가 큰 아들 에서 대신에 야곱에게 축복을 주었다. 이스라엘의 제2대 족장. 이사악이라고도 한다.

❧ 제8장 ❧

초기재산법

취득의 자연적 방법

로마의 법학제요(法學提要; Institutinal Treatises)는 소유권(ownership)의 여러 형태 및 그 변형에 관한 정의(定義)를 하면서, 좀더 나아가 자연적 재산취득 방법(自然的 財産取得方法; Natural Modes of Acquiring Property)을 논하고 있다. 법제사를 잘 모르는 사람들은 이러한 소유권취득의 "자연적 방법"이라는 표현을 보고, 이론적으로나 실제상으로 다량의 소득을 얻기 위한 방법으로 여지기 않았다. 로마법률가들은 덫으로 포획하거나 수렵인에 의하여 잡힌 야생 동물, 하천의 퇴적물(堆積物; deposits)에 의하여 전야(田野)에 쌓인 토양, 토지에 뿌리를 내리고 있는 수목을 취득된 것이라고 한다. 초기 법학자는 의심할 나위 없이 이러한 취득은 그들이 사는 주변의 크고 작은 사회의 관습에 의하여 일반적으로 인정하였으며, 이 후기 법률가들은 고대 만민법(萬民法; Jus Gentium) 중에 이러한 형태가 포함되어 있던 것으로 보고, 또한 이것을 단일한 종류라고 생각하여, 자연(自然)의 일종으로 취급해 버렸다. 이것들이 차지하는 가치성(價値性; dignity)은 근대에 이르러 점차 증가하여 처음의 중요성보다도 훨씬 중요하게 되었다. 이론은 이것을 좋아하는 사람과 그 좋아하는 것들을 실제로 접하게 하여 중대한 효력을 행사하도록 하는 데까지 이르렀다.

선 점

"자연적 취득방법(natural modes of aquisition)" 중 하나인 선점(先占; Occupatio)에 대하여 주의를 기울일 필요가 있다. 선점은 그 순간 누구의 소유물도 아니라는 것을 알고 소유권을 취득하려고 하는(기술적 개념을 추가하자면) 의식적인 점유이다. 로마법률가가 무주물(無主物; res nullius) ― 현재 소유자가 없거나 누구도 소유한 적이 없는 물건 ― 이라고 지칭하였던 물건은 소유권이 확정적으로 취득된다. 소유자가 없는 물건 중에는 처음으로 포획·발견된 야생짐승, 어류, 조류, 보석이라든가 새로이 발견되거나 이전에 경작되었던 적이 없는 토지도 포함된다. 소유자가 없는 물건 중에는 버려진 동산이나 황폐하여 복구되지 않은 토지 및 (예외적으로 있을 수도 있기 때문에 아주 쉽지 않은 항목이다) 적(敵)의 재산도 포함된다. 이러한 물건을 소유할 수 있는 권리는 그것을 자기의 소유로 하려는 의도가 있어야 하고, 그렇지 않은 경우에는 특정한 행위로써 표시되어야만 비로소 의도를 가지고 차지한 선점자(先占者; Occupant)로서 취득하게 된다. 이 선점의 실행에 대해서 어느 시대의 로마의 법률가들이 전체 국가의 공통적인 법으로 자리잡게 하였던 보편성과 다른 법률가들로 하여금 자연법(自然法; Law of Nature)으로 귀속하게 한 단일성을 이해하는 것은 그다지 어렵지 않다고 생각한다. 그렇지만 근대법제사에서는 그 장래에 관한 선험적(先驗的) 고찰만으로는 준비가 부족한 것으로 된다. 로마의 선점원리와 이를 법학자들이 발전시킨 규정은 전시전리품(subject of War) 및 새로이 발견된 국토에서의 주권취득에 관한 모든 근대적 국제법(國際法; Intenational Law)의 원천이기도 하다. 이러한 것은 통속적 이론이면서 아울러 그 형식은 다양하지만, 사변적 법학자(思辨的法學者)들이 동의할 만한 정도의 재산의 기원(the Origin of Property)에 관한 이론도 제공하였다.

전시전리품에 관한 법, 전리품에 관한 고대법, 선점과 전시획득, 발견의 규칙

필자는 로마의 선점원리가 국제법의 전리품에 관한 부분의 근간을 결정하였다고 서술한 바 있다. 전리품에 관한 법은 그 규정을 사회가 적대관계의 발생으로 자연상태로 되돌려 놓는다는 전제와 이렇게 하여 생겨난 인위적 자연상태에서 사유재산제(私有財産制)가 교전국(交戰國)에 관한 한 중단된다는 가설로부터 얻어졌다. 후기 자연법 저술가들은 사유재산이 어떤 의미에서는 그들이 설명했던 체계에 의하여 인정되었다고 주장하기 때문에 적의 재산은 무주물(無主物; *res nullius*)이라는 주장은 그들로서는 사악하고 혐오스러운 것으로 여기고, 이것을 단순한 의제(擬制)로 낙인을 찍어버렸다. 그렇지만 자연법이 그 근원을 만민법에까지 추급하여 찾으려고 하는 것을 보고 나서는 바로 어떻게 하여 적의 물건이 무주물로 되고, 최초의 선점자에 의하여 취득될 수 있는 것으로 볼 수 있는지를 수긍하였다. 이 사상은 승리로 정복군의 조직을 문란하게 하여 병사를 무차별적으로 약탈하게 하였던 시대의 고대적 전투형식을 실행한 사람들에게는 자연적으로 벌어졌던 것으로 생각된다. 그렇지만 이렇게 하여 선점자(先占者; Captor)에게 취득을 허용하였던 것은 본질적으로 동산(動産)뿐이었을 것이다. 어느 권위에 관계없이 피정복국(被征服國)의 영토에서의 소유권의 취득에 관하여 고대 이탈리아(ancient Italy)에서는 아주 여러 규정이 있었고 토지에 대한 적용(언제나 어려운 문제이기는 하지만)은 만민법(萬民法; Jus Gentium)이 자연법(自然法; Code of Nature)으로 바뀌는 시기에 있는 것이라고 보아야 할 것이며, 이것은 전성기 법학자들에 의하여 이루어진 일반화의 결과라고 보아도 좋을 것이다. 전리품취득에 관한 그들의 원리는 유스티니아누스(Justinianus)의 학설휘찬(學說彙纂; Pandects)에 수록되어 있고, 또한 모든 종류의 적의 재산도 상대방 교전국에서는 무주물이며 선점자가 점유한 것을 소유로 인정하는 것은 자연법의 하나의 제도라고 보아야 한다. 국제법학(國際法學; International jurisprudence)이 이러한 상황에서 얻어낸 규정은 전투원의 폭력성과 호전성에 빠져 들어서 생겨난 것이라고 비난을 받기도 하지만, 이러한 비난은 전쟁사(戰爭史)를 모르는 사람이거나 끝내 어떠한 종류에 의해서도 규율로 만들어 그것을 명하는 것이 얼마나 크나큰 공훈(功勳)인지를 모르는 사람일 것이다. 로마의 선점원리를 전시전리품의 근대법에의 전입을 인정할 때, 그 작용을 제한하고 그것에 다수의 종속적 규정을 덧붙이기도 하였다. 그런데 만일 그로티우스(Grotius)의 문헌이 하나의 권위로 되고 난 다음에 벌어진 논쟁을 초기의 규정과 비교해 보면, 로마의 원리가 수용되었는지 아닌지의 다툼에 대해 훨씬 여유 있는 표현을 보여 주었을 것이다. 만일 로마의 선점법(先占法; Law of Occupancy)이 근대 국제법에서 일정부분 해로운 영향을 주었다고 한다면, 어떠한 이유에 근거하여 해를 입게 되었다고는 할 수 없지만, 이는 다른 사람도 마찬가지일 것이다. 로마인이 보석의 발견에 적용하였던 것과 동일한 원리를 새로이 발견된 국토의 발견에 적용함으로써 국제법학자들은 완전히 똑같지는 않지만 선점의 원칙을 적용하려고 노력했다. 15세기 및 16세기의 탐험가들의 점차적인 발견에 의하여 선점은 아주 특별한 중요성을 지니게 되었고, 그것은 풀어야 할 많은 여러 가지 문제를 야기하였다. 그 중에서 가장 불확실한 것은 어느 사람이 발견하여, 그 주권자로서 취득하는 영토(領土)의 범위와 주권자의 소유라는 주장(*adprehensio*)을 완성함에 필요한 행위의 본질이 그렇게 확실하지 않음이 뒤이어 발견된 점이다. 더구나 한 알의 보석에 대하여 단안을 내리는 것과 같이 막대한 이점을 어느 쪽에 주려고 하는 경우에는 이 원리 자체가 유럽에서 두세 번째로 가장 모험을 좋아하는 국민인 네덜란드인(the Dutch), 영국인(the English), 포르투갈인(the Portuguese)에 의하여 근본적 반항을 받았다. 영국인들은 국제법규를 부정하지 않고, 실질적으로 스페인인(the Spaniards)의 확장·주장을 인정하면서 아메리카의 국토를 멕시코만(Gulf of Mexico)의 남쪽까지 확장시키려는 스페인의 요구나 오하이오나 미시시피의 계곡을 독점하려고 하는 프랑스국왕의 요구를 승인하지 않았다. 엘리자베스여왕[154]의 즉위부터 카를 2세의 즉위까지 아메리카 근해에서 완전한 평화가 이루어졌던 시대는 없었고, 프랑스령에서의 뉴잉글랜드(New England) 식민지 개척자의 잠식은 1세기동안 계속되었다. 벤담(Bentham)은 법적 원리의 적용에 뒤따르는 많은 충동을 받고 나서 그 본래의 방식을 포기하고 법의 황제라고 일컬어지는 알렉산더 6세(Alexander the sixth)를 칭송하였다. 이보다 좀더 적절하게 비유할 수 있는 것은 이 세계에서 발견되지 않았던 땅을 스페인과 포르투갈 사이에 아조레스(Azores)[155]의 서방 백 리그(leagues 〈약 3마일〉)까지 끌고 와서 영토를 분할하려고 하였다는 사실이다. 그런데 그에 관한 칭찬은 언뜻 보기에는 이상하게 느껴지기 쉽지만, 교황인 알렉산더의 이 조정으로 수중에서 처리하여 취득할 수 있는 귀중물(貴重物; valuable object)의 재산권 취득에 관하여 로마법제가 요구한 조건을 그 아래 부하가 메꾸어 준 왕자(王子)에게 대륙의 절반을 나누어 준 것이 공법의 규칙(rule of Public law)상 원리적으로 합리적인지 불합리한 것인지는 의심스럽다.

재산의 기원

이 책의 제목과 같은 주제를 연구하는 사람들에 의하여 선점(先占; Occupancy)이 사유재산의 기원을 설명한다는 사변적 법학(思辨的 法學; speculative jurisprudence)에 대하여 일찍이 기여를 한 것은 매우 관심을 기울일 만하다. 선점에 수반되는 과정은 최초 공유(共有)로 되어 있던 토지와 그 과실이 개인 재산으로서 인정된 과정과 동일하였다고 믿고 있는 것이 일반적인 경향이다. 이 가설에 이르기까지의 사상의 과정은 자연법의 고대적 개념을 그 근대적 개념과 구별하는 차이의 높낮이를 파악하면 이해하기가 그다지 어렵지 않다. 로마의 법률가들은 선점이 재산취득의 자연적 방법의 하나라고 단정하고, 인류는 자연제도에서 생활하고 있기 때문에 선점이 그 실행현실의 하나임에 틀림없다고 믿고 전혀 의심하지 않았다. 인류의 이러한 상태가 이전에 있었더라도 어느 정도까지 그들이 확신하고 있었는지는 앞에서 서술한 바와 같이 그들의 용어가 아주 불확정인 채로 남아 있었기 때문에 불분명하다. 그러나 그들은 재산제도(財産制度)가 인류의 존재보다 오래 되지는 않았다는 사실은 분명히 추측할 수 있고, 더구나 이러한 추측은 어느 시대에서나 많은 설득력을 얻어 왔던 것이었다. 근대 법학은 이들이 아무런 유보 없이 모두 받아들이고, 그들이 살았을 것 같은 자연상태에 맞추어 열렬한 호기심을 가지고 확장시키기까지 하였다. 그렇게 되어 근대법학은 토지와 그 과실이 일시적으로 무주물(無主物; res nullius)이었고, 또한 자연에 관한 특이한 견해는 인류가 문명사회의 조직을 확립하기 이전에는 무주물선점이 실제로 행하였다고 상정시키기 위해 선점은 원시세계(原始世界; primitive world)의 무주물이 역사적으로 개인의 사유재산이 되는 과정이었다고 주장하였다. 이 이론에 대해 여러 가지 형태로 설명했던 법학자를 열거하는 것은 의미가 없고, 당시의 표준적인 견해를 언제나 충실히 보여 주었던 블랙스톤(Blackstone)의 저서 제2권 제1장에서 요약하였는데, 그것을 모두 열거하는 것은 그다지 어려운 일이 아니다.

블랙스톤의 이론

블랙스톤은 "토지와 그에 포함된 모든 물건은 창조주(創造主; Creator)로부터 직접 부여받은 인류의 공동재산이었다. 재산의 공유는 초창기에 다른 물건의 소유에 적용되었던 것은 아니고, 이것은 그 사용을 넓힐 수도 없었다. 그도 그럴 것이 자연과 이성의 법칙에 의하여 이것을 맨 처음 사람에게 일종의 일시적 소유권을 취득하게 하는 것이었고, 이 소유권은 물건을 사용하는 동안에만 계속되고 그 이상은 더 이상 존속되지 않는다. 좀더 정확히 말하면 점유(占有; possession)라는 사실행위가 계속되는 동안만 존속하는 것이다. 이러한 의미에서 토지는 공유이고, 그 일부도 특별히 특정한 사람의 영속적 재산(永續的 財産)으로 되지 않았다. 그렇지만 특정의 장소, 휴식, 그늘막이나 이와 유사한 목적을 위하여 누구든지 선점한 경우에는 그 동안은 그에 관한 일종의 소유권을 취득하여 사용하는 것으로 되어 있었으며, 이것을 폭력으로 빼앗는 것은 부정(不正)이고 또한 자연법에 반하는 것이다. 그러나 그가 그 물건의 선점을 사용하고 있지 않는 동안에 다른 사람이 그것을 획득하더라도 이것은 부정행위로는 되지 않는다"라고 하였다. 그리고 그는 "인간이 증가하면서 좀더 영속적인 소유개념이 채용되었고, 개인이 직접 사용할 수 있는 물건이 공급되지 않고, 다만 사용해야 할 긴급한 물건의 소유만 허용할 필요가 발생하였다"라고 말한 바 있다.

이 논증에 나오는 몇몇 표현이 불분명하기 때문에, 블랙스톤은 자기의 권위에 의거하여 지구상의 소유권이 자연법(自然法; law of Nature)에 따라 선점자(先占者; occupant)에게 맨 먼저 돌아가게 된 것이라고 하는데, 그의 권위가 영향을 미치는 범위 안에서 찾아 낸 추출어의 의미를 충분히 이해하지 못했던 것이 아닌가 하는 의심이 든다. 그렇지만 그가 이 이론에서 알아내려고 하였던 한계는 이 이론을 어떻게든 채용하지 않은 형식에 이 이론을 변형시킨 용어의 정확한 부분을 따져서 블랙스톤보다 유명한 많은 저술가들은 무엇보다도 먼저 선점이 자연에 대하여 독립적이었든지 일시적인 향유(享有)의 권리를 처음으로 가지게 되었다가 나중에 이 권리가 독점이 계속되는 가운데 영속적인 것으로 되었다고 단정하였다. 그 이론을 이렇게 저술한 목적은 가장(家長)이 양이나 소의 무리가 모여 지내는 토지를 처음에는 영속적으로 천유(擅有)할 수 없었다는 성서(聖書; Scripture)의 역사에서 인용한 것이고, 자연상태에서는 무주물선점에 의하여 재산으로 된다는 논거와 일치시키고 있는 것이다.

블랙스톤의 이론에 바로 적용되는 비판은 원시사회에 관한 그의 묘사를 구성하는 동일한 환경에서 쉽게 구상할 수 있는 다른 상황에 비추어 가능성이 높고 낮음의 물음에 두고 있을 것이다. 이 검토의 방법을 추급하면, 휴식이나 그늘막을 사용하기 위하여 특정 장소의 한 구역을 선점한(블랙스톤은 이 용어를 보통의 영어의 의미와 같이 사용하고 있다) 사람은 제한을 받지 않고 이를 보유하는 것이 허용되었는가의 여부를 우리는 당연히 물어보게 될 것이다. 점유(占有; possession)하는 권리가 이를 유지하는 힘과 정확하게 같은 정도일 것, 그리고 그 장소를 좋아하는 점유자를 내쫓는 힘이 있다는 자신감을 갖는 새로운 전입자에게 아무런 협박도 따르지 않게 될 수 있는 것은 그대로 말하여 당시의 운에 맡길 수밖에 없다. 그렇지만 그 진실된 것은 이러한 입장에 대한 비난은 그 자체가 근거 없는 것에서 나온 말이라면 아주 혼란스럽게 된다. 인류가 원시상태에서 어떠한 일을 하였는지는 절망적인 연구주제일지 모르지만, 그들이 어떠한 일을 하게 된 동기에 관하여 알려고 한다면 그것은 불가능하다. 초창기 인류의 어려운 처지에 관한 이러한 묘사는 우선 인류가 현재 둘러싸여 있는 환경의 대부분을 제거하고, 그 다음에는 그에 맞추어 구상된 상황에서 인류가 현재 움직이고 있는 것과 동일한 감정과 편향을 그대로 지니고 있는 것을 ― 사실상황에서는 이러한 감정을 가설적으로 인용하여서 그러한 환경 그 자체에 의하여 창조되고 양성(釀成)되는 것이 적지 않다 ― 상정함으로써 행하여지고 있다.

사비니의 경구

블랙스턴에 의하여 요약된 여러 이론과 어느 정도 유사한 재산기원론(財産起源論)을 많은 사람들이 인정하는 것처럼 때로는 그렇게 생각된다는 사비니(S. Savigny)의 경구(警句)가 있다. 이 분야에 관한 한 대법률학자는 모든 재산이 시효(時效; Prescription)에 의하여 완전하고 배타적 점유(排他的 占有; Adverse Possession)를 성립시키는 기초라고 단정지었다. 사비니가 이러한 저술을 한 것은 로마법에 관련해서이고, 이 저술이 충분히 평가되기 전에 사용되었던 표현을 설명하려면 많은 노력과 비용을 들이지 않으면 안 된다. 어떻게 하여 로마인들 사이에서 수용되었던 관념에 의문사항을 끼워 넣을 수 있을까 하면서, 이것을 초기 법에 맞추어 어떻게든 접근시켰으면서도, 규정상 3요소를 포함하는 소유권의 개념 이상의 것은 함입시키지 못하였다고 사비니가 주장하였더라면 그가 주장한 의미는 충분히 정확하게 드러났을 것이다. — 그런데 이 3요소는 점유(占有; Possession), 점유의 배타성(Adverseness of Possession), 즉 자연에 대하여 수동적·종속적으로가 아니라 외계(外界)에 대한 독점적 보유, 시효(時效; Prescription), 다시 말하면 배타적 점유가 장해를 받지 않고 계속되는 기간이다. 이 원리를 사비니 자신이 허용하였다기보다 좀더 일반적으로 규명될 수 있는 것이고, 이렇게 하여 결합된 관념이 소유권의 개념을 구성하는 시기라기보다는 좀더 오래 된 법체계의 연구로부터 무리가 없고 완전한 결론을 이끌어낼 수 없다고도 말할 수 있다. 어떻게 생각하든 재산기원에 관한 통설을 확증함에는 오래 되기는 하였지만 사비니의 규준(Savigny's canon)은 우리가 그 취약점에 주의를 기울이게 하는 것만으로도 특히 귀중하다. 블랙스톤 및 그를 따르는 제자들의 견해로서 그것은 우리 조상들의 뜻을 신비적으로 좌우한 독립적 향유(獨立的 享有)를 가정하는 방법일 뿐이었다. 그렇지만 사비니의 이론에는 신비(神秘; mystery)는 들어 있지 않다. 재산이 배타적 점유에서 시작되었다는 것은 조금도 이상한 일이 아니다. 최초의 소유자가 그 재물을 안전하게 소지할 만한 강력한 사람이었다고 하는 것은 그다지 놀랄 만한 일이 아니다. 시간의 경과가 그 점유에 대한 존경의 감정을 빚어낸 것은 무슨 일인가는 — 이것은 장기간에 걸쳐 실제로 그리하였던 사실에 맞추어 존재하였던 것에 대한 인류의 일반적 존경의 실제적 원천이다 — 현실적으로 가장 철저한 검토를 해야 하는 것이지만, 우리가 지금

하고 있는 연구의 범위와는 너무나 거리가 먼 내용이다.

진정한 선점의 기원

초기 소유권의 역사에 관한 보잘 것 없고 불확실한 자료를 수집하면서 기대할 수 있는 것을 적시하기 전에 필자는 조금 지나치기는 하지만 문명의 최초의 단계에서 선점에 의하여 전개되었던 일반적인 생활모습이 진리를 역전시킨 일면도 있다는 점을 지적해 보고자 한다. 선점은 물리적 점유를 전제로 하는 주장이다. 그리고 이러한 종류의 행위가 "무주물(無主物; *res nullius*)"에 일정한 자격을 부여한다고 하는 관념은 아주 초창기의 사회적 특징과도 그렇게 유사하지 않는 세련된 법제나 법률의 안정된 상황의 산물이다. 단순한 점유가 그 이전에 소유권이 정해져 있지 않는 물품에 대한 소유를 최초의 점유자에게 주려고 하는 것을 허용하는 재산권이 오랜 기간에 걸쳐 실제적인 불가침성(不可侵性)에 의하여 인정되고 있는 경우 및 함유 대상의 대다수가 사유재산제에 따르고 있는 경우뿐이다. 이 학설을 만들어 낸 감정은 문명의 출발을 그 이전과의 단절과 구별하는 소유권의 희소성과 불안정성과는 절대적으로 일치하지 않는다. 그것의 진실된 기초는 재산제(財産制; institution of Property)에 대한 본질적 변경이 아니라 어떤 물건이라도 소유자가 있어야 한다(everything ought to have an owner)는 재산제의 오랜 세월에 걸쳐 지속된 계속(繼續)으로부터 생겨난 가정(假定)으로 생각한다. 무주물, 즉 특정한 소유자에게 귀속되어 있지 않거나 아니면 한번도 귀속된 적이 없는 물건이 점유된 경우, 점유자가 필연적으로 모든 귀중품을 독점적으로 향유하는 주체가 되고 주어진 경우에는 선점자 이외에 소유권을 가질 만한 사람이 없다는 감정에서 소유자로 되는 것을 허용한다. 요약하자면 선점자가 소유자로 되는 것은 어느 물건이든지 누군가의 재산이고, 또한 이러한 특수한 점은 소유권에 대하여 어느 사람도 그 사람보다 더 권리를 가질 수 있다고 지적될 수 없기 때문이기도 하다.

일반적 이론에 대한 반대견해

지금 논의하고 있는 자연상태에서의 인류에 관한 설명에 다른 이의가 없더라도 우리가 가지고 있는 믿을 만한 증거와 결정적으로 다른 한 가지가 있다. 이러한 이론이 상정하는 행위와 동기는 개인(個人; Individuals)의 행위이고, 동기인 사실을 인정할 것이다. 그들 각 개인으로서 사회계약(社會契約; Social Contract)에 동의하는 것은 각각의 개인이다. 홉스의 이론(theory of Hobbes)에 따라서 힘에 맞추어 단련함으로써 사회적 어려움을 극복하게 하는 것은 개인을 모래더미로 삼아서 흐르는 모래로 꾸며진 제방이다. 블랙스톤이 표현한 의상화(擬狀化) 중에서 "어느 특정한 장소를 휴식이나 햇볕쪼이기, 아니면 기타 유사한 목적을 위하여 선점"하는 사람은 개인이다. 그에 따르는 결함은 개인에 대한 설명에서 로마의 민법과 원리적으로 다르고, 고대사회의 권위로부터 개인을 해방시키고 문명화하는 데 큰 기여를 했다. 자연법으로부터 이어져 내려온 모든 이론의 해석이나 적용을 어렵게 한 특이점이기도 하다. 그렇지만 고대법(古代法)을 다시 한 번 돌이켜 살펴보면, 개인에 관하여 전혀 모르고 있는 것은 아니었다. 그것은 개인으로서가 아니라 가족을 문제삼고 한 사람으로서의 인간이 아니라 집단을 문제삼았다. 국가의 법률이 점차적으로 침투하는 권위를 가지지 못하게 되는데 근친자(近親者)의 협소한 권역(圈域) 내에 파고 들어가 만일 성공하더라도, 그것이 개인에 관하여 가지는 의미는 역사상 성숙한 단계에서의 법제에 의하여 포함되어 있는 내용과 아주 다른 것이다. 각 시민의 생명은 출생과 사망에 의하여 한정되지 않는다고 생각하였다. 그것은 그 조상(祖上)의 계속이고, 그 자손의 생존 중에 연장되어가는 것으로 보았다.

로마식 분류의 영향, 인도의 촌락공동체

사람에 관한 법(Law of Persons)과 물건에 관한 법(Law of Things)으로 나누었던 로마식의 구분은 아주 편리하고 완전히 인위적인 것이긴 하지만, 우리가 문제로 삼고 있는 것도 제목에 대한 연구를 정확한 시각에서 넓게 보면 그와 같다고 하지 않을 수 없다. 사람에 관한 법을 연구하여 얻어진 지식은 물건에 관한 법에 관한 연구가 이루어지기 시작하면서 잊혀졌고, 재산(財産; Property), 계약(契約; Contract) 및 부정행위(不正行爲; Delict)는 그 본래의 성질에 관하여 아무런 암묵도 인격의 상황에 관하여 확정된 사실로부터 확보된 것이 아무 것도 없었던 것으로 생각된다. 이 방법이 얼마나 쓸모없는 것인가는 순수한 고대법체계가 오늘날까지 그대로 내려왔고, 이것을 로마의 그 구분에 적용한다는 실험을 한 번 해 보게 되면 더욱 분명해질 것이다. 물건에 관한 법으로부터 사람에 관한 법을 분리하는 데 특별한 의미가 없는 법의 초창기에는 이 두 부분에 관계되는 규정은 불가분적으로 혼합되었고, 후기법학자의 구분은 후기의 법제에서만 적절한 것으로 별도로 구분되었던 것이다. 이 책의 앞부분에서 서술한 것을 다시 한 번 되풀이하면, 만일 우리가 개인의 소유권에 국한하여 주의를 기울인다면 초기재산사에서 일정한 단서를 얻어 내는 것은 아무리 하여도 선험적으로 불가능하였을 것이다. 개별적인 소유권이 아니라 공동소유권(共同所有勸; joint ownership)이 실제로 고대적 제도이고, 우리에게 재산형식의 교훈을 남겨준 것은 가족과 근친자 집단과의 권리에 결합을 도모하는 평범한 가능성 이상이다. 로마법제가 우리에게 아무런 가치가 없다고 하는 것은 자연법이론에 의하여 변형된 개인적 소유권이 재산권의 정상적인 상태이고, 인간집단의 공동소유권을 일반기준에 대한 단순한 예외라는 것과 같은 인상을 근대인들이 갖게 된 것은 실제로 이 로마법제가 있었기 때문이다. 그렇지만 원시사회가 잃어버리게 된 제도를 탐구하는 연구자들에 의하여 언제나 신중하게 검토되어야 하는 하나의 사회가 있다. 이와 같은 제도가 인도(India)에서 오랜 동안 그대로 실시되었던 인도-유럽계(the India-European) 민족의 각 분파에서 어떠한 변화를 겪었더라도 이 종족이 본래 기르던 곡식을 완전히 떨쳐버린 것은 거의 찾아볼 수 없다. 힌두족(the Hindoos)의 사람에 관한 법에서는 우리의 연구가 재산의 본래의 상황에 관하여 그대로 받아들여져서 바로 주목을 끄는 소유권의 한 형식을 발견하게 되었다. 인도의 촌락공동사회(村落共同體; Village Community)는 조직화된 가부장적 사회임과 동시에 공동소유자의 집합이다. 이 조직체를 구성하는 상호간의 인적 관계는 그 재산권과 혼합·융합되어 있는 것이고, 이 두 가지를 분리시키려고 하였던 영국관리의 의도에 영국령 인도의 행정기관(Anglo-Indian administration)은 극히 두려워하면서 실패하여 어느 누군가가 원래대로 돌려놓고 말았다. 촌락공동사회는 아주 오래 된 것으로 알려져 있다. 어떠한 방향에서나 일반적 또는 지방적 역사에 손길을 뻗어보면 현존하는 사회는 항상 진보(進步)의 최종단계로 드러난다. 아주 많은 수의 총명하고 통찰력이 있는 저술가들은, 그 대부분의 성질이나 기원에 관하여 지시할 만한 특별한 식견을 갖고 있지는 않지만, 그 관행을 전혀 변화시키지 않으려고 하여 가장 온전한 제도 자체를 본다는 점에서 전적으로 일치한다. 많은 정복이나 혁명이 촌락공동사회를 망가뜨리거나 휩쓸어 버리지 않고 잠잠히 지나간 듯 그쳐버리는데, 인도에서 가장 은혜를 베푼 정부는 언제나 이렇게 하는 것을 관리의 기초로 인정하였다.

공 유 권

성숙한 로마법과 그 체제를 답습한 근대법제는 공유권(公有權; co-ownership)을 소유권의 예외적·일시적 상황으로 인정하였다. 이와 같은 견해는 어느 누구도 그 의지에 반하여 공동소유권에 결합할 수 없다(Nemo in communione potest invitus detineri)고 하는 서구의 일반적 준칙(準則)에서 명백하게 찾아볼 수 있다. 그러나 인도에서 이 사고방식의 순서는 반대로 되어 있고, 개별적인 소유권은 언제나 공유권으로 되는 과정에 있다고 할 수 있다. 이 과정은 이미 앞에서 언급한 바와 같다. 아들이 태어나면 그는 바로 자기 아버지의 자산에 함유되어 있는 이득을 취득하고, 분열할 수 있는 연령에 달한 경우에는 가족재산의 분할을 요구할 수 있는 것도 법으로 허용되어 있다. 그렇지만 실제로 재산의 분할이 아버지의 사망시까지도 행하는 예가 드물었고, 상속재산은 각 세대의 구성원이 그 중에서 분할되지 않은 잔여분에 대한 법적 권리를 가진 채 여러 세대에 걸쳐 분할되지 않고 남아 있기도 하였다. 이렇게 보유하게 되는 토지소유권은 선정된 관리인에 의하여 관리되는 것도 있었지만, 좀더 일반적으로는, 더구나 어느 지방에서는 언제나 최연장의 남계친에 의하여, 가장 오래된 가계의 최연장의 대표자에 의하여 관리되었다. 이와 같은 공동소유자의 집합, 즉 공동토지소유권(共同土地所有權; domain in common)을 보유하는 근친자단체가 인도의 촌락공동사회(村落共同社會; Indian Community)의 가장 기본적 형식이지만, 이 공동사회는 친족으로서의 형제관계나 동료(同僚; Partners)의 결합관계이다. 그것은 조직화된 사회이고, 공동자산(共同資産)의 관리 이외에 내부의 정치기구나 경찰, 재판의 관리, 과세의 할당, 공적 의무를 위한 직원의 완전한 조직을 구성하고 있다.

촌락공동체

촌락공동사회가 형성된 과정으로서 필자가 서술한 과정은 전형적인 것으로 인정되고 있다. 그렇지만 인도의 모든 촌락공동사회가 아주 간단하게 결합한 것이라고 상정되지는 않는다. 비록 필자가 북부 인도에서 알게 된 기록이긴 하지만, 이 사회는 혈연관계가 거의 모두 한 계통에 속하는 사람들의 집합으로 계속적으로 동일하게 구성되었다는 것이다. 그러나 이 사회는 외부의 계통에 속하는 사람들이 언제든지, 아니면 때때로 그 사회에 접합하고, 미분할 재산의 단순한 구매자(購買者; purchaser)가 특정한 상황하에서는 형제관계에 가입하게 된다는 사실을 알려준 바 있다. 인도의 남부에서는 한 가족으로, 또는 두 가족 이상으로부터 출발하였다고 생각되는 사회가 있고, 그 구성이 전적으로 인위적인 사회도 있으며, 이러한 사실은 실제로 동일한 사회에서의 다른 계급(casters)에 속하는 사람들의 집합이 많은 것은 조상을 같이함으로써 이루어진다고 하는 학설에는 아주 치명적이다. 그렇지만 이들 모든 형제관계에 전승이 보존되고 있다고 하는가 하면, 최초에만 조상을 같이한 바 있다고 하는 가정이 제기되고 있다. 남부의 촌락공동사회에 관하여 상세하게 서술한 마운트스튜아르트 엘핀스톤(Mountstuart Elphinstone)156)은 이러한 점들에 관하여 "통상적인 관념에서 촌락의 토지보유자는 모두 이 촌락에 정착하고 살았던 한 사람 또는 몇몇 사람의 자손이라는 것, 유일한 예외가 그 권리를 획득함으로써, 아니면 동일한 가계의 사람들에 의하여 구성된다. 이와 같은 상정은 오늘날에는 작은 촌락에 토지 보유자의 단지 몇몇 가족이 남아 있고 그리고 크나큰 촌락에 아마도 그렇게 많지 않은 가족밖에 없다는 사실에 의하여 확신할 수 있는 일이다. 그렇지만 그 사람들은 아주 많은 구성원으로 나누어 구성되어 있기 때문에 농업노동의 전부가 소작인(小作人; tenants)이나 노동자(勞動者; labourers)의 도움을 받지 않고 토지 소유자에 의해 경작하게 되는 경우는 거의 없다. 토지 보유자의 권리는 집합적 의미로서 지칭되는 것이며, 그 권리가 거의 언제나 그 중의 다소 완벽하게 사용된다 하더라도, 그에 의하여 전적으로 분리되는 것은 아니다. 예를 들어 일정한 토지보유자는 자기의 권리를 매각하거나 저당잡힐 수 있다. 그러나 그는 우선 촌락(村落; Village)의 동의를 얻어야 하고, 획득자는 그대로 그의 지위를 물려받고, 그의 채무 전부를 부담하여야 한다. 가족이 소멸하면 그 미분할 재산은 그 공동의 가계에 복귀한다"고 관찰하고 있다(History of India, I, p.126).

이 책의 제5장에 적시한 두세 가지의 고찰은 독자들이 엘핀스톤의 설명의 특징을 평가함에 일정한 도움을 주리라는 것을 믿어 의심치 않는다. 원시사회의 어떠한 제도도 본래의 성질에 생기를 불어 넣는 법적 의제(法的 擬制; legal fiction)를 통하여 융통성을 갖추지 못하고서는 오늘날까지 존속하는 것은 거의 없는 것 같다. 그렇기 때문에 촌락공동사회는 반드시 혈연관계를 기초로 하여 성립되는 집합은 아니고, 그와 같은 집합이든가 그렇지 않으면 친족의 결합을 바탕으로 하여 형성된 공동소유자(共同所有者; co-proprietors)의 단체이다. 이와 대비시킬 만한 전형적인 단체는 로마의 가족이 아니라, 로마의 씨족(氏族; Roman Gens) 또는 세대(世帶; House)이다. 씨족은 가족의 전형에 따르는 집단이고, 그 진정한 성격은 아주 오랜 옛날에 없어지고만 여러 가지의 의제에 확대시켜야 할 가족이었다. 역사시대에 들어 와서 그 주요한 특징을 꼽을 만한 것은 엘핀스톤이 촌락공동사회에서 열거한 두 가지였다. 언제든지 기원을 한다는 점, 즉 때때로 명백하게 사실과 들어맞지 않는 가정이 유포되어 있었다. 더구나 역사학자들의 말을 되풀이해 보면, "가족이 소멸하면 그 미분할 재산은 그 공통의 가계에 복귀하였던 것이다"로 된다. 로마의 고대법에서 상속을 청구할 수 없는 경우는 씨족구성원(氏族構成員; Gentils)에게 귀속되었다. 그 역사를 충분히 연구한 대부분의 사람은 이 공동사회(共同社會)가 씨족(氏族)과 마찬가지로 외국인의 전입에 의하여 아주 일반적으로 뒤섞이게 된 것이 아닌가라고 생각하기는 하지만, 이입의 정확한 양식은 오늘날 확정할 수 없다. 현재로서는 엘핀스톤(Elphinstone)이 우리들에게 전해준 바와 같이, 공동사회는 형제들의 동의를 얻어 획득한 미분할 재산과 함께 매각자(賣却者; vendor)가 당해 집단에 지고 있는 책무(責務; liabilities)를 승계한다. 그는 가산매수인(Emptor Familiae)이고, 그가 충당하여야 할 지위에 있던 소유자인 사람의 법적 외양(外樣)을 상속한다. 그의 참여에 관하여 필요하게 되어 있는 모든 형제의 동의는 입양(入養; Adoption)의 법제화나 유언(遺言; Will)의 확정화에서 본질적인 것으로 강조되었던 코미티아 큐리아타(Comitia Curiata), 즉 친족이라고 하는 다수의 형제에 의하여 형성된 의회로 옛날 로마 국가에서의 것을 상기시켜 준다.

공동체의 유형, 러시아의 촌락, 러시아와 크로아티아의 촌락

아주 고대에 속하는 유물(遺物)이 인도의 촌락공동사회에서 매우 유사한 특징으로 발견될 수 있다. 초기 법제를 공유권의 성행(盛行)과 인격적 및 재산적 권리의 미분화, 공적 및 사적 의무의 혼동으로 드러나는 것이 적지 않다고 상정하는 우리는 어쩌면 많다고 할 수 있는 각각의 이유를 가지고 있기 때문에, 비록 같은 모습의 사회를 세계의 다른 지방에서는 찾아볼 수 없다고 하더라도 이 재산과 관련된 형제로부터 다수의 중요한 결론을 이끌어 낼 수 있는 근거를 가지게 되는 것이다. 그렇지만 재산의 봉건적 변형에 의하여 큰 영향을 받지 않았고 서양식이나 동양식과 아주 유사한 유럽의 여러 지방과 똑같은 현상에 관하여 최근에도 지나칠 정도로 주의를 끈 바 있다. 학스타우젠(M. de Haxthausen), 탱고보르스키(M. Tengoborski) 및 그 밖의 여러 사람들이 한 조사에서 러시아의 촌락(Russian Villages)은 여러 사람들이 만든 우연한 집합이 아니고, 그렇다고 계약에 기초한 연합(聯合)이라고도 할 수 없을 만큼 인도의 여러 촌락처럼 자연스럽게 조직화된 공동사회라는 사실을 우리에게 적시해 준 바 있다. 이와 같은 촌락이 언제나 이론적으로 몇몇 귀족소유자(貴族所有者)의 세습재산(世襲財産; patrimony)이고, 농민은 역사시대 이후 영주의 토지에 속하는 농노(農奴) 및 상당 부분이 그의 개인적 농토로 변했다고 하는 것은 틀림없는 사실이다. 그렇지만 이들 귀족소유권의 압력은 촌락의 고대식 조직을 파괴하지 않고 농노제(農奴制)를 도입하였다고 생각하고 있는 러시아 황제의 칙령(enactment of the Czar of Russia)이 그와 같은 협동을 모르는 척하지 않고 농민을 방어·보호하려는 의도를 지니고 있었다고는 할 수 없는데, 이와 같은 협동 없이는 옛날의 사회질서는 그다지 오래 유지되기 어려운 일이다. 촌락민(村落民) 사이의 남계친척과의 관련성을 상정하는 점, 인격상 권리와 소유의 특권을 혼합하는 점 및 내부적 관리를 자연발생적으로 구비하게 되는 점에서 러시아의 촌락은 인도의 공동사회의 거의 정확한 복사판인 것처럼 보인다. 그러나 우리들이 큰 관심을 기울이면서 살펴보려는 하나의 중대한 차이가 있다. 인도에서의 촌락공유자는 그 재산이 혼합되어 있지만, 그 권리는 구분되어 있고, 이와 같은 권리의 분리는 빈틈이 없으며 특별한 제한 없이 지속된다는 것이다. 권리의 분할은 러시아의 촌락에서도 있었는데, 이론적으로는 완벽하였지만 일시적인 일에 지나지 않았다. 주고받음이 지난 다음에, 모든 경우에 똑같은 것은 아니지만, 기원의 만료 후에는 각각의 소유권은 소멸하고, 촌락의 토지는 합쳐져 점차로 공동사회를 구성하는 가족 간에 그 인원수에 맞추어 재분배(再分配)되었다. 이 재분배가 이루어지면서 가족 및 개인의 권리는 다음 순차의 시기가 돌아올 때까지 계속적으로 따라 지켜야 하는 여러 원칙에 따라서 다시 세분하는 것이 허용되었다. 이와 같은 종류의 소유권의 좀 더 진기한 변형도 터키제국(Turkish empire)과 오스트리아의 속령(possessions of the House of Austria) 간에 걸쳐 오랜 동안의 논쟁거리로 되어 온 여러 나라의 어느 곳에서든지 생겨났다. 세르비아(Servia), 크로아티아(Croatia) 및 오스트리아 슬라브(the Austrian Sclavonia)에서의 촌락은 공유자(共有者)이면서 동시에 친족인 사람들의 형제관계(brotherhoods)였다. 그렇지만 이 공동사회의 내적 배열은 앞의 사례에서 논의한 것과는 다르다. 공동재산은 각 경우에 실제로 분할되는 것이 아니고 분할할 수 있다고 생각할 만한 것이 못되고, 촌락민 전부가 협력한 노동에 의하여 경작된 산출물은 어느 시기에는 그 상정된 필요에 따라서, 또한 다른 어느 시기에는 특정한 사람에게 용익권(用益權)의 어느 미분할 재산을 주어야 하는 규정에 따라서 각 개인에게 매년 분배되었다. 이와 같은 모든 관행은 동유럽의 법학자에 의하여 아주 초기의 슬라브족법에 있었던 것이 확실하다고 주장하는 원리와 가족의 재산이 영속적으로 분할될 수 없다는 원리로 추적·발견되었다.

공동체의 종류, 재산기원의 문제

이 책과 같은 연구에서 이러한 현상에 관한 중요한 관심 대상은 재산이 그 형성기원에서부터 보유되었다고 생각되는 집단의 내부(內部; *inside*)에서의 명확한 재산권의 발달에 미친 좋은 사정으로부터 생겨난다. 우리는 재산이 옛날에는 개인에게 속한 것이 아니고, 심지어 따로 떨어져 사는 가족에게 속한 것이 아니었으며, 전형적 가부장제(典型的 家父長制)를 기초로 하여 구성된 보다 큰 고대적 소유권(古代的 所有權)에서 근대적 소유권(近代的 所有權)에로의 전환의 양식은 어쩔 수 없이 불확실할 수밖에 없지만, 만일 촌락공동체의 형태가 발견되지 않고 검토를 거치지 않게 되면 끝내 불분명하게 될 것이다. 인도-유럽계(India-European blood)의 여러 종족 간에 인정되었던 것은 아주 최근까지 가부장적 집단(家父長的 集團; patriachal groups) 내에 남아 있었다. 여러 가지 내부적 지위설정(內部的 地位設定; internal arrangement)에 관하여는 주의해 볼 만한 가치가 있다. 미개의 북부 스코틀랜드 고지대의 씨족장은 그 재판권에 따르게 되어 있는 가장에게 아주 빈번하게, 때로는 매일 식량을 나누어 주는 풍습이 있었다고 한다. 정기적 분배는 오스트리아의 슬라브족(Sclavonian villages of Austrian) 촌락이나 투르크의 여러 지방(Turkish provinces)에서도 그 단체의 최연장자가 행하였지만, 그것은 한 해의 온갖 산출물을 한꺼번에 하는 분배였다. 그렇지만 러시아의 촌락에서는 재산은 분할할 수 없는 것으로 허용되었지만, 개별적인 재산상의 요구는 자유롭게 제출할 수 있으면서도, 분리(分離)의 발전은 상당한 기간이 지난 다음에 강제적으로 멈추었다. 인도에서는 공유재산(共有財産; common fund)의 분할금지제도가 없을 뿐만 아니라 그 각 부분에서의 개별적 소유권은 기한이 제한 없이 연장되기도 하고 이와 유사하게 확보된 여러 가지의 소유권으로 나눌 수도 있지만, 실제상의(*de facto*)의 분할은 전체의 관행이 형제들의 동의 없이는 이방인들의 참가를 허용하지 않는 규정에 의하여 저지되었다. 두말할 필요도 없이 촌

락공동사회의 이와 같은 형태가 여러 지방에서도 마찬가지 상황에서 행하여
진 변형의 과정이 각 단계를 표시하는 것이라고 주장할 수 있게 해주는 의도
를 지니는 것은 아니다. 그렇지만 증거는 그러한 정도까지 주장하는 것을 보
증할 만한 것이 없지만, 우리가 알고 있는 양태의 사유재산(私有財産; private
property)이 주로 분화되지 않은 공동사회의 권리로부터 개인의 뒤엉킨 권리
를 해결함으로써 형성되었다고 하는 억측을 조금이라도 덜 가정적인 것으로
되게 한다. 사람의 법에 대한 연구는 가족을 친족이라는 남계친집단(男系親集
團)으로 확대하고, 그 다음에 남계친집단이 개별적인 세대로 분해하고, 마지
막으로 그 세대는 개인으로 분해되기에 이르게 된 사실을 보여 주는 듯싶다.
이 변화의 각 단계는 소유권의 성질에서의 유사한 변화와 상응하는 점을 암
시한다. 이 암시 중에 조금이라도 진리가 포함되어 있다면, 그것은 재산의 기
원에 관한 이론가들이 일반적으로 제기한 문제에 크게 영향을 주었을 것으로
생각된다. 이들 이론가들이 가장 선동적으로 주장한 문제 — 아마도 풀릴 수
없는 문제로 남을 것이지만 — 는 이것들은 대체로 검토되어 온 것들이고,
결국 맨 처음에 사람들로 하여금 서로의 지참물을 업신여기지 않게 만든 동
기는 무엇일까? 이에 대한 해답을 얻어 내겠다는 기대는 그다지 가지고 있지
않으면서 하나의 합성집단이 다른 집단의 토지소유권에 대하여 관심을 기울
이지 않게 되는 까닭의 질문을 하게 되는지는 아직도 모를 일이다. 그렇지만
사유재산의 역사에서 아주 중요한 거쳐야 할 분기점이 친족의 공유권으로부
터 점차 분리하는 과정이라고 하는 것이 진실이라고 한다면, 문제의 가장 중
요한 점은 모든 역사상 법의 출발점과 동일하다. 즉 근원적으로 사람들을 가
족의 결합으로 모이게 하려는 동기는 무엇인가? 이와 같은 질문에 대하여 법
학(法學; Jurisprudence)으로서는 다른 여러 과학의 도움을 받지 않고는 충분한
답변을 할 수 없다. 사실로서 주의를 불러일으킬 따름이다.

고대사회의 양도의 확대

고대사회에서의 미분할 재산상태는 미분할 재산이 집단의 세습재산(世襲財産; patrimony)과 분할하게 되자마자 보여 주는 분할의 특수한 예민성과 일치한다. 이러한 현상은 의심할 바 없이 재산이 새로운 집단의 소유로 상정되기 때문에 그렇게 분할된 상태로 된 것을 목적물로 삼아 거래를 하는 것은 두 개의 고도로 복합적인 단체 간의 거래라고 하는 사정에 의한 것이다. 고대법(古代法)이 그 권리·의무를 결정하는 여러 단체적 결사의 규모와 복합성에 관하여, 고대법을 저술한 필자는 이를 근대 국제법에 대비시킨 바 있다. 고대법에서 알려진 계약과 거래는 한 사람으로서의 개인이 아니고 여러 사람이 조직화된 집단이 그 당사자인 계약이고 거래이기 때문에 그 계약이나 거래는 아주 의식적이다. 그러므로 이에 참가한 모든 사람의 기억에 그 사무를 인상적으로 남게 하기 위하여 갖가지의 상징적 행위나 어구(語句)를 필요로 한다. 더구나 법이 정한 인원보다 많은 수의 증인의 출석을 요구하기도 한다. 이러한 특성과 이와 관련된 다른 특성으로부터 고대적 형식의 일반적인 비융통적 성격이 생겨났다. 가족의 세습재산이 슬라브족(Sclavonians)[157]에서의 경우와 같이 전적으로 양도할 수 없는 경우도 있고, 그리고 그보다는 다소 빈번하게, 양도는 전면적으로 부적법하게 되어 있지만, 게르만족(the German tribes)[158]의 대부분의 경우에서와 마찬가지로 양수인에 대한 아주 많은 사람들의 동의를 얻을 필요가 있었기 때문에, 실제로는 행하여질 수 없었다. 이와 같은 장애가 없든가 아니면 극복할 수 있는 곳에서는 거래행위(去來行爲; act of conveyance) 자체가 일반적으로 의식의 완전한 이행의 무거운 짐을 지우고, 이 의식의 어떠한 세부사항도 그냥 그대로 위반할 수 없다. 고대법은 획일적으로 아무리 이상스러운 하나의 몸짓도, 또한 그 의미는 잊혀져 버린 한 음절이라도, 그 증거가 표면적인 것으로 되어 있는 한 사람의 증인이라 하더라도 그의 증언이 아무리 꼼꼼하더라도 이를 채택하기를 거절하는 것으로 되어 있었다. 단체의 의례(儀禮)는 법적으로 이에 참가할 수 있는 자격 있는 사람들에 의하여 엄격하게 행해져야 하며, 그렇지 않으면 그 거래는 무효로 되고, 매도인은 헛되이 빼앗겨 버리고 말 뻔하였던 권리를 다시 취득하게 된다.

재산의 종류

사용과 향유의 대상물을 자유롭게 순환시키는 데 대한 여러 장해는 사회가 조금이라도 작동하게 되면 그 자체에서 바로 느껴지기 시작하며, 그리고 전진적 공동사회가 이 장해를 극복하려고 노력하는 방법을 통해 재산이 이루어지는 역사가 만들어졌다. 이러한 사고방식은 아주 많은 초기사회에서 재산을 종류별로 나누는 것을 자연발생적으로 암시한 것 같다. 어떤 재산은 다른 재산보다 낮은 가치를 지니는 위치에 놓여지게 되기는 하였지만, 고대의 사람들이 이 재산에 과하였던 구속으로부터 해방되었다. 이러한 사회변화에 뒤이어 보잘 것 없는 재산의 양도와 전승(傳承)을 지배하는 규정의 갖가지 편의성(便宜性)은 일반적으로 인정되고, 이후의 변혁이 이루어지는 가운데 권위가 낮은 계급의 귀중품의 신축성이 판에 짜맞춘 것 같이 고급인 계급에 교류되는 것으로 바뀌고 만다. 로마의 재산법의 역사는 수중물(手中物; Res Mancipi)과 비수중물(非手中物; Ros Nec Mancipi)과의 동화의 역사이다. 유럽대륙의 재산의 역사는 동산에 관한 로마법화한 법에 의한 봉건화된 토지법의 전복의 역사이다. 영국에서의 소유권의 역사는 거의 완성에 가깝다고 할 수 없지만, 부동산법을 흡수하여 소멸시켜버리려고 하였던 위협이 가해졌던 것은 분명하게 동산법(動産法)이었다.

고대 재산의 종류, 고대의 분류, 하급재산의 강등

향유의 대상인 유일한 분류인 자연적 분류(自然的 分類; *natural classification*), 즉 목적물에 있어서의 본질적 차이에 대응하는 유일한 분류는 물건을 동산 (動産; Moveables)과 부동산(不動産; Immoveable)으로 나누는 분류이다. 이와 같은 분류는 법학에 있어서는 익숙한 것이지만, 우리가 그것을 이어받았던 로마법에 의해서는 아주 느리게 발달되어 오다가 그 후기에 이르러 비로소 채용되었다. 고대법의 분류는 때때로 이러한 점에서 겉으로 보기에는 유사한 것도 있다. 이 분류는 재산을 여러 범주로 나누어 부동산을 그 중의 하나로 다루게 하는데 있다. 그렇지만 부동산은 이것과 아무런 종류의 관계도 가지지 않는 다수의 대상을 포함하는 것이다. 아니면 이것을 밀접한 친근도(親近度)를 가진 여러 종류의 권리와도 떨어져야 하는 것인가? 그러므로 로마법 안에 들어 있는 물건은 토지만이 아니라 노예, 소나 말도 포함하고 있다. 스코틀랜드법(Scottish law)은 어느 종류의 담보물건을 그 위치를 동일시하고, 힌두법(Hindoo law)은 토지를 노예와 관련시키고 있다. 다른 한편 영국법(English law)은 임차권(賃借權; parts lease of land)을 영속적인 기타 토지의 권리와 분리시켜 임대차에 관한 비세습재산(Chatteles real)의 명칭으로 동산에 편입시켰다. 더구나 고대법의 분류는 고급성(高級性)과 하급성(下級性)을 포함하는 분류이다. 그런가하면 동산과 부동산의 구분은 조금이라도 로마법제에 제한하고, 권위에서의 차이에 관한 암시를 수반하는 것은 아니다. 그렇지만 수중물(Res Mancipi)은 처음에는 틀림없이 스코틀랜드에서의 상속될 수 있는 재산과 영국에서의 부동산이 대립하는 것처럼 처음에는 비수중물(Nec Mancipi)보다 확실히 우월하게 다루어졌다. 모든 체계와 관련된 법률가들이 이러한 분류를 어떻게든 납득할 수 있는 원리로 끌어들여 인정하려고 하는 노력을 아끼지 않았다. 이렇게 분류하였던 이유를 법철학(法哲學)에서 찾으려 했다. 그렇지만 그것은 헛수고에 지나지 않는 것이다. 법철학에서가 아니라 법의 역사에 속하는 것이기 때문이다. 대다수의 예증(例證)을 포함하였다고 생각되는 설명에서 향유의 대상이 다른 것보다 우월한 것은 그것이 각 특징이 사회에 처음으로 알려지고, 그러므로 재산의 명칭에 의하여 강하게 권위를 지니게 된 재산형식(財産形式)이었다고 하는 점에 있다. 이에 반하여 좋아하는 대상물에 끼지 못하는 물품은 그 인정가치가 고급의 재산목록을 결정한 시점보다 뒤늦게 밝혀졌기 때문에 가격이 떨어져 있는 것 같다. 그러한 물품은 최초에는 알려져 있지도 않았고, 많지도 않았고 그 사용도 제한되어 있었으며, 그렇지 않으면 특권적 사용물(特權的 使用物; privileged objects)의 단순한 부속물로 여겨졌다. 그러므로 로마에서의 수중물은 많은 가치를 지니는 여러 가지 동산을 포함하고 있었지만, 아주 비싼 보석은 초창기의 로마인들에게는 그다지 알려져 있지 않았기 때문에 수중물로 취급하지 않았다. 이와 마찬가지로 영국에서의 임대차에 관한 비세습재산(非世襲財産)은 봉건적 토지법이 적용되는 상황에서 이러한 재산이 그다지 많지 않았다는 것과 가치가 없다고 다루어졌기 때문에 동산의 가치서열에서 폄하되었다고 할 수 있다. 그렇지만 관심을 끄는 중요한 점은 그러한 물품의 중대성이 증대하고, 그 수량이 증가한 때에도 물건가치의 폄하가 계속되었다는 사실이다. 왜 그러한 물품들은 계속적으로 즐기는 귀중품 속에 포함되지 못하였던 것일까? 한 가지 이유는 고대법이 그 분류에 집착한 완고성에서 찾아볼 수 있다. 일반규정을 실제상 그것과 유사한 당해 규정의 적용물로부터 분리하여 파악할 수 없는 것은 잘 모르는 사람들 사이에서나 초기 사회의 공통적인 특징이다. 그들은 일반적 용어나 공리(公理; maxim)를 일상의 경험에서 부딪치게 되는 특정한 예로부터 구별할 수 없는 사람들이다. 이런 식으로 잘 알려진 재산을 포괄하는 명칭은 향유대상으로서도 권리의 목적물로서도 정확하게 유사한 물품이 아닌 것으로 구별된다. 그렇지만 법의 힘에도 비슷하게 확고부동한 특수한 목적물(目的物)에 행사하였던 이들 세력에 덧붙여 나중에는 일반적 계발(一般的 啓發)에서나 또는 그 개념의 진보에서의 진보에 부합하였던 세력에 영향을 미치는 것으로 되었다.

법정이나 법률가는 어쩔 수 없이 총애를 받는 물품의 이전, 복권(復權) 및 양도(讓渡)에서 필요로 하는 불편한 격식에 매달리기 시작하였으며, 그러면서도 새로운 종류의 재산을 법의 초기에 특징적인 기술적 구속으로 속박한 것을 점차적으로 꺼려하기 시작하였다. 이로부터 이 새로운 종류의 재산을 법제의 배열(arrangement of Jurisprudence)의 맨 밑에 놓이게 하는 조치를 취하고, 먼 옛날의 거래에서 성의에 대한 장애물, 사기에 대한 디딤돌의 역할을 하였던 그것보다도 훨씬 간단한 과정을 통하여 그 주고받는 것을 허용하는 경향이 생겨났다. 우리로서는 대체로 고대의 양도방식(讓渡方式)의 불편함을 잘 모르고 지나치는 경향이 많다. 오늘날의 거래수단은 기술되고, 그렇기 때문에 전문적인 기초자가 숙고한 용어는 정확성을 띠지 않는 경우가 아주 적다. 그렇지만 고대에서의 거래는 기술된 것이 없고, 그대로 행하여졌다. 몸동작과 언어구사는 기술된 전문용어로 갈음하게 되고 형식절차가 잘못되고 상징적 행동이 생략되어야 할지 여부도 어떻게 사용권을 고시할 때나 잔류권(殘留權)을 표시하는 경우에 실질적인 과실이 200년 이전 영국에서의 일정한 절차를 무효로 한 것과 같은 정도만큼이나 치명적으로 그 절차를 무효로 한 것이었다. 사실상 옛날 놀이에서의 악희(惡戲)는 그것만으로는 절반 정도 표출할 수밖에 없었다. 기술하여서든지 행동을 해서든지 정교한 거래가 토지양도에서만 필요하게 되어 있는 한, 잘못이 발생할 가능성은 상당한 조치로서 제외된 것이 아닌 종류의 재산의 이전에는 고려할 만한 것이 아니다. 그렇지만 고대사회에서의 고급재산은 토지만이 아니라 두세 개의 아주 보통의 동산 및 두세 개의 아주 귀중한 동산도 포함한다. 일단 사회의 움직임이 급속하게 변화하기 시작하면, 소와 말이 고대사회에서의 가장 비싼 비세습재산(非世襲財産)인 노예(奴隸; Slave)의 양도에 아주 복잡한 형식을 필요로 한 점에서 상당한 불편이 뒤따라 생겨났었음에 틀림없다. 이와 같은 물품은 계속적으로 또한 일반적으로 완전치 않은 형식으로 거래되었고, 그러므로 거래라고 하는 특정한 명칭이 붙여져 행하여졌던 것도 아니다.

수중물의 정의, 비수중물, 인도

고대 로마법의 수중물(Res Mancipi)은 토지(역사시대에서는 이탈리아 영토의 토지)와 노예 및 소나 말과 같은 운반용 동물이었다. 이 부류를 형성하는 대상은 농업노동(農業勞動)의 사용물이고, 원시적 종족에게 있어서는 가장 중요한 물품이다. 이와 같은 물품이 맨 처음으로 부각되고, 물건(物件; Things) 또는 재산(財産; Property)이라고 지칭되었던 것으로 필자는 상정한다. 그리고 이러한 물품이 이전되는 거래방법은 만키피움(Mancipium) 또는 만키파티온(Mancipation), 즉 악취행위라고 불렀다. 그렇지만 아마도 "이러한 것들이 수중물(Res Mancipi)이라는 물건"으로 특별한 이름을 얻게 된 것은 후대에 이르러 처음으로 비롯된 것이다. 이와 함께 만키피움의 의식 전부를 주장할 필요가 없는 계급의 물건이 존재하고, 성장하였다고 생각된다. 이러한 종류의 물건을 소유자로부터 소유자에게로 이전하는 경우 보통 형식의 일부, 즉 소유권이전(所有權移轉)의 가장 명백한 지표인 현실적인 이전, 물리적 이전 아니면 인도(引渡; tradition)를 수반하여 행하여지면 충분하였다. 이러한 물품이 고대 법제의 비수중물(非手中物; Mancipation)임을 필요로 하지도 않는 물건이었고, 아마도 맨 처음에는 "그렇게 중요시되지도 않고 또한 한 집단의 소유자로부터 다른 집단의 소유자에게로 넘겨지는 경우"는 그렇게 많지 않았다. 그렇지만 수중물의 목록이 변경을 가하지 않은 채로 있었던 점에 반하여 비수중물의 목록은 무한정하게 확대하는 것이 허용되고 있었다. 그리고 이러한 점에서 인간의 물질세계에 대한 새로운 정복이 생겨날 때마다 비수중물의 항목이 늘어나고, 아니면 이미 인정되었던 것에 보정조치를 더해주고 하였다. 그러므로 그렇지 않은 줄 알면서도 그러한 물건은 수중물과 동격의 물건으로 되고, 본질적으로 열등한 물건이라고 하는 인상이 이렇게 하여 없어진다고 그 이전에 수반하는 간단한 방식이 좀더 복잡하고 한층 위엄이 있는 절차에 비하여 분명히 유리하다고 생각하기 시작하였다. 의제(擬制; Fictions)와 형평법(衡平法;

Equity)의 법적 개혁의 두 매개는 로마법률가에 의하여 열심히 활용되어 만키파티온의 실질적 효과를 인도(引渡; Tradition)에 넘겨주었다. 그리고 로마의 입법자들이 수중물의 재산권이 당해 물건을 그대로 넘겨줌으로써 바로 이전되게 하는 것과 법률로 제정하는 것을 오래도록 주저하였지만, 이 단계도 어쩔 수 없이 유스티니아누스(Justinian) 대제에 의하여 무너졌으며, 유스티니아누스 법제에서 수중물과 비수중물의 차이는 소멸하고 인도, 즉 넘겨주고 받는 것이 법률에 알려져 있는 유일하면서도 커다란 거래원리로 되었다. 로마의 법률가가 아주 초기에 명백히 인도를 선호하였지만, 이것이 그의 근대적 추종자들로 하여금 그 진정한 역사를 현혹시키는 점을 그 이론 중에 차지하게 하고 말았다. 그것은 취득의 "자연적" 의식 중에 들어 있지만, 이것이 이탈리아 여러 부족 간에 널리 행하여지기도 하였는데, 그 까닭은 그것이 가장 단순한 기구에 의하여 목적을 달성시키는 방법이었기 때문이다. 만일 유럽 대륙 법학자들의 영어를 억지로라도 사용·적용한다면 그것은 의심할 나위도 없이 자연법(自然法)에 속하는 인도가 시민사회의 한 제도인 만키파티온보다도 더 오래 된 것을 의미하는 것이라고 할 것이다. 그런데 이것이 진실의 정반대라고 하는 것은 두말할 필요도 없다.

고대의 기타의 분류, 상속과 취득, 토지와 동산

수중물과 비수중품과의 구분은 문명이 크게 빛을 덜어준 구분, 즉 물품의 전부를 일관하여 다루기는 하되 아주 근소한 일부만을 한 층 높은 것으로 하고, 다른 것을 하급의 범주로 폄하시켜 구분하는 종류의 전형이다. 하급의 재산은 처음에는 혐오와 경멸에서 원시법이 즐겨 채용하였던 절차로부터 벗어나고, 그 다음에 지적 진보의 한 차원 높은 단계에서 인정을 받아 사용에 이르렀던 이전(移轉)과 복권(復權)의 단순한 방법이 그 편의와 단순성 때문에 옛날로부터 전해 내려온 그다지 도움이 안 되는 철저한 절차로 의례의 위반을 선고하는 모범적인 역학을 하게 되었다. 그렇지만 어느 사회에서는 재산의 구속이 너무 복잡하고 절박하게 얽혀 있기 때문에 그렇게 간단하게 풀릴 수 없다. 힌두(Hindoo)에서 남아가 태어나면 인도법(印度法; law of India)은 필자가 앞에서 지적한 바와 같이 그 집안에 미분할 재산을 주도록 하고 있으면서, 이 경우 그들의 동의를 그 양도의 필요조건으로 하고 있다. 같은 정신에 입각하여 고대 게르만족의 일반적 풍습 — 앵글로색슨족(the Anglo-Saxon)의 관습이 예외인 것처럼 보이는 것은 주의해야 할 사항이다 — 은 남자들의 동의 없이 양도하는 것을 금지한다. 슬라브족(Sclavonians)의 원시법은 전면적으로 양도를 금지시켰다. 이와 같은 장해가 모든 종류의 물품에 곤란을 미치는 한, 재산의 구분에 의하여 극복할 수 없는 것은 명백하다. 따라서 고대법은 일단 개선의 과정에 착수하게 되면 이러한 장해와 성격을 달리하는 구분, 즉 재산을 그 성질에 따라서가 아니라 그 기원에 따라서 좇아서 분류하는 구분방법으로 처리하였던 것이다. 인도에서는 두 가지 체계로 나누었던 흔적이 보이는데, 우리가 고찰해 온 바의 일정한 힌두법(Hindoo law)이 상속물(相續物; Inheritances)과 취득물(取得眒; Acquisitions) 사이에 차별을 두고 있었음이 그것이다. 아버지의 상속재산은 아들들이 살아 있거나 그렇지 않더라도 미분할재산으로 배분되었다. 그러나 많은 다른 지방의 관습에 의하면, 한 사람이 살아 있는 동안에 그 사람이 취득한 취득물은 전부 그의 것이고, 마음대로 이전할 수 있었다. 이러한 구별은 로마법에서 몰랐던 것이 아니라, 가부장권의 최초의 혁신은, 아들이 군무(軍務)에 의하여 취득한 것은 모두 자식에게 그의 몫으로서 보류할 수 있도록 허용해 준다는 형식이었다. 그렇지만 이 분류양식을 가장 광범하게 사용한 것은 게르만족(the Germans)에서였던 것 같다. 필자는 되풀이하여 자주지(自主地; *allod*)가 양도할 수 없는 것으로 되지는 않았지만 보통의 방식으로 이전될 경우에는 최대의 곤란을 수반한다고 서술한 바 있다. 그러면서 이것은 남계친족(男系親族)에게만 물려진다. 그러므로 아주 여러 가지 종류의 구분을 알 수 있고, 모두가 자주지적 재산으로부터 분리시키기 어려운 불편을 감소시키려고 하는 것들이었다. 예를 들면 살인징벌금(殺人懲罰金; *Wehrgeld*), 즉 연고자(緣故者)의 살인에 대한 화해금(和解金)은 게르만족의 법제에서 아주 널리 퍼져 있었지만, 가족이 토지소유권의 일부를 넘겨받지 않고서 하는 경우에는 아주 다른 승계규정에 따르도록 이어져 내려왔다. 이와 마찬가지로 재혼징벌금(再婚懲罰金; *reipus*), 즉 과부가 재혼하는 데 부과되는 징벌금은 이것을 지불한 사람의 자주지에 속하게 되지 않고 부계친(父系親)의 특권이 무시되었던 일련의 권리이전에 따르게 된다. 법은 힌두족 사이에서와 마찬가지로 가장의 취득물을 상속재산과 구별하고 그것을 아주 자유로운 조건에 따라 처분할 수 있도록 해 주었다. 이와 다른 종류의 분류도 인정되어 토지와 동산의 통상적인 구분이 행하여졌다. 그러나 동산은 여러 가지 종속적인 범주로 나누어지고, 이들 각각에는 서로 다른 규정이 적용되었다. 로마 제국을 정복한 게르만족과 같이 아주 미개종족으로서는 기이한 위상의 갖가지의 풍부한 분류는 이를 그다지 의심도 하지 않고 로마 영토의 경계 내에서 오래 체재하고 있는 동안에 흡수한 로마법의 상당한 요소의 체계에 접합하였던 사실에 의하여 설명할 수 있다. 자주지 이외의 물품의 이전과 양도를 통제하는 다수의 규정을 모아 법제에서 찾아내려고 하는 것은 그다지 어렵지 않다. 즉 로마법제로부터 이들 규정은 오랜 기간에 걸쳐서 아마도 단편적으로 이어받아 적용되고 차용되었을 것이다. 재산의 자유로운 순환에 대한 장해물이 이와 같은 편법에 의하여 어느 정도까지 극복되었던 것은, 이 구별이 근대사를 거치지 않았기 때문에, 단순히 추측하는 데 지나지 않는 것이라는 반증을 우리는 갖고 있지 못하다. 필자가 앞에서 설명한 바와 같이 재산의 자주지적 형태(自主地的 形態)는 찾아볼 수 없을 정도로 매몰되고, 봉건제도(封建制度)의 고정화가 일단 완성되었던 때에는 실질적으로 서양에서 알고 지내던 이들 구분 가운데 유일한 구분 ― 토지와 재화, 부동산과 동산의 구분만이 남아 있었다. 외면적으로 이 구분은 로마법이 맨 마지막에 용인하였던 그것과 동일하지만, 중세법은 로마법과 달리 부동산을 동산보다 명백히 중요한 것으로 다루었던 점에서 다르다. 이와 같은 하나의 예만으로도 그것이 속해 있던 종류의 쓰임새로서의 중요성을 보여 주기에 충분하다. 프랑스법전(French codes)[159]의 체계에 의거한 모든 나라에서 즉 유럽 대륙의 대부분을 통하여 어디서든지 로마법이었던 동산에 관한 법이 토지에 관한 봉건적 법을 능가하고 이것을 무력하게 만들었다. 영국은 이 변화가 어느 정도 진행되기는 하였으나 거의 완성을 보지 못하였던 유일한 주요 국가였다. 또한 영국은 동산과 부동산의 분리와 고대의 분리를 본받아 자연에 맞추어 시인하였던 유일한 것을 남겨두었다가 없애버린 동일한 영향에 의하여 저지시킨 유일한 나라였으며, 유럽의 강국이었던 사실을 덧붙여 설명하고 넘어가야 하겠다. 주로 영국의 구분은 토지와 재화(財貨)였는데, 어느 종류의 재화는 토지와 함께 세습부동산(世襲不動産)으로 통하고, 토지에서의 어느 종류의 권리는 역사적 원인으로 말미암아 동산에 흡입되기도 하였다. 이것이 법적 변화의 주류와 떨어져 있던 영국법제가 고대법의 현상을 재현한 유일한 예는 아니다.

시효, 교회법의 영향, 로마의 사용취득

이 책의 본래 계획은 고대에 속하는 것을 서술하는 것으로 되어 있었으나, 필자는 소유권의 고대적 구속이 다소 성공적으로 완화되기에 이르는 한두 가지의 방법을 좀더 나아가 짚어보고자 한다. 특히 그 중 하나에 관하여는 잠시 숙고할 필요가 있다. 초기법제사에 관하여 잘 모르는 사람들은 근대법제가 매우 지지부진하고 아주 대단한 어려움을 거쳐야 그 승인을 얻었던 법학의 초기 이미 현실적으로 잘 알려져 있었던 사실을 쉽게 납득하지 않았기 때문이다. 근대인이 관대한 성격을 지녔다고는 하지만 로마인들에게는 사용취득(使用取得; Usucapion)으로 알려져 있으면서 근대적 법제에 시효(時效; Prescription)라는 명칭으로 하여 전승하였고, 그 결과를 합법적으로 한 것을 비난할 원리는 없다. 물품이 일정한 기간에 걸쳐서 완전히 점유하였다면, 그 점유자의 것으로 된다는 것이 로마법 중에서 가장 오래 된 명확한 규정이고, 십이표법(十二表法; Twelve Tables)보다 오래 된 규정이다. 점유(占有)의 기간은 아주 짧고 — 물품의 성질에 따라서 1년 또는 2년이었다 — 역사적 시대에는 사용취득은 점유가 특정한 의식에서 개시되는 경우에만 효력을 발하는 것으로 되어 있었다. 그렇지만 발달되지 않았던 시대의 점유는 우리가 권위 있다고 생각하는 저서에서 읽었던 것보다도 엄격한 조건하에서 소유권에 갈음할 수 있었다고 생각된다. 앞에서 서술한 바와 같이 필자는 사실의 취득에 대한 사람들의 존경이 법제만으로 설명할 수 있는 현상이라고 주장하는 것을 뜻 깊게 생각하지는 않지만, 원시사회가 사용취득의 원리를 채용함에 있어서 근대인의 수용의식을 방해한 사변상의 회부나 망설임을 갖고 있지 않았다는 사실을 분명히 주의할 필요가 있다. 시효는 근대 법률가에 의하여 처음에는 반감을 지니고 있었던 것도 사실이지만, 점차적으로 혐오감 없이 받아들여지게 되었다. 영국을 포함하여 두세 개 나라에서는 입법(立法)은 과거의 어느 특정적인 시기에는 어느 우세한 당시의 제1년 이전에 그 취급을 받았던 불법(不法)에 기초한 모든 행위를 막을 수 있는 간단한 수단을 넘어서 전진시키는 것을 오랜 동안 거절하고, 우리가 매우 불완전하기는 하지만 진실된 제한의 제정을 확보하게 된 것은 중세가 거의 끝날 무렵 제임스 1세(James the First)[160]가 영국의 왕좌에 오르고 나서였다. 로마법 중 가장 저명한 제1장을 서술함에 있어 이처럼 주저하는 것은, 이것은 대부분의 유럽 법률전문가에 의하여 끊임없이 읽히기는 하였지만, 근대세계의 여러 나라는 교회법(敎會法; Canon Law)의 영향을 받아 그렇게 할 수 있었던 것이다. 교회법을 생겨나게 한 교회의 관습은 신성한, 아니면 신성시 여겼던 관계를 맺고 있기 때문에 아주 자연스럽게 참여하는 특권을 행사하지 않음으로써 그것이 얼마 동안이든지 상실되는 것은 없었던 것으로 생각된다. 그리고 이 견해에 맞추어 상당히 후에 이르러 집성된 교회의 법제는 시효(時效; Prescriptions)에 대한 명확한 의존으로 구별되었다. 제1원리에 특이한 영향을 미친 것은 교회법전문가에 의하여 세속적 입법의 모법으로서 작성된 교회법의 운명이었다. 그것은 유럽 전역에 걸쳐서 만들어졌던 관습의 체계에 로마법이 미쳤던 것보다는 그렇게 명확한 규정을 제공해 주지는 못했지만 놀랄 만큼 많은 수에 걸쳐서 기본적인 점에 관한 전문가의 의견에 특정한 편견을 주었던 것처럼 보이고, 이러한 식으로 하여 드러나게 된 경향은 각 체계의 발달에 따라 점차적으로 세력을 증가하였던 것이다. 그것이 드러낸 경향 중 하나는 시효에 대한 혐오였다. 그렇지만 현실의 입법이 어떠한 전환까지 도모하려고 하였기에, 권리는 아무리 오랜 동안 비슷하게 다루더라도, 사실상 파괴할 수 없는 것이라고 가르쳤던 스콜라 법학자(scholastic jurists)의 이론에 빠졌던 것이 아니라면, 이 편견이 그렇게 힘을 떨쳤던 것인지를 필자는 모른다. 이 감정상태의 잔재는 지금도 그대로 남아 있다. 법철학이 열심히 의논되고 있는 곳에서는 어느 곳에서든지 시효의 사변적 기초에 관한 문제가 언제나 뜨겁게 논쟁거리로 되곤 하였다. 수년 동안 점유로부터 떨어져 있던 사람이 그 해태(懈怠)의 벌칙으로서 그 소유권을 잃게 되는지 아닌지, 아니면 최종권(最終權; *finis litium*)을 얻으려고 하는 희망에 대한 법률의 간략한 간섭에 의하여 잃는지 여부는 프랑스와 독일에서는 최대 관심을 집중시키는 점이다. 그렇지만 이렇게 망설여야 하는 사항은 초기 로마사회의 사람들을 고통스럽게 만들지는 않았다. 그들의 고대 관습은 어느 일정한 상황 아래에서 1년이나 2년간 떨어져 있는 한 다른 사람의 소유권도 직접 박탈하게 되어 있었다. 그 초기에서의 사용취득의 규정의 정확한 의미가 무엇이었는지는 쉽게 알 수 없다. 그러나 이 규정의 기록에 수반하는 제한과 함께 이 규정 자체는 거래의 정리하기 곤란한 장해요인에 대한 가장 유용한 보전책이었다. 사용취득(使用取得; Usucapion)의 은혜를 확보하기 위해서는 배타적 점유가 선의(善意)로, 즉 소지자(所持者)가 법에 들어맞게 재산을 취득하고 있다는 신념을 가지고 시작하였다고 하는 말을 할 필요가 있고, 그리고 당해 물품이 특정한 경우에서의 완전한 자격을 획득함에 부족함이 없다고 하더라도, 결국 법에 의하여 인정되는 양도방식(讓渡方式)

에 의하여 이전될 필요가 있었다. 그러므로 만키파티오(Mancipatio)의 경우에 그 실행이 아무리 조잡하게 행하여졌더라도, 그리고 만일 인도(引渡; Tradition)나 전수(傳受; Delivery)를 포함하여 행하더라도, 이러한 종류의 폐해는 최고 2년 이내에 사용취득에 의하여 정정되었다. 로마의 관행 중 그들이 사용하였던 사용대차(使用貸借)만큼 명백하게 그 법적 순수성을 입증하는 것은 없다. 로마인을 어렵게 하였던 곤란은 영국법률가를 당혹하였던 또한 지금도 당혹케 하고 있는 곤란한 점과 거의 동일하다. 로마인이 재건하는 용기와 권력을 가지지 못하였던 그들의 복잡성 때문에 현실적인 권리는 끊임없이 기술상의 권리로부터 형평적 소유권은 법적 소유권과 지금까지도 이완되어 있는 상태이다. 그러나 사용취득은 법학자에 의하여 교묘하게 짜맞쳐져 재산에 대한 자격흠결의 보완이 언제나 치유책에 걸려 있고, 그런가 하면 일시적으로 분리된 소유권이 다시 아주 간단하게 가능한 연기에 의하여 접합된 자동적 기구를 제공하였다. 사용취득은 유스티니아누스(Justinian) 대제의 개정이 있기까지는 그 이득의 손실이 없었다. 그러나 민법과 형평법(衡平法; equity)이 완전히 혼용되었을 때, 그리고 만키파티오가 로마의 거래관계를 끝을 보게 되고 난 후에는 더 이상 예전의 방법이 필요 없게 되고, 사용취득은 상당한 기간이 지난 다음에 시효(時效; Prescription)로 되어 이것이 결국 거의 모든 체계의 근대법에 채용되는 것으로 되었다.

법정양도

　필자는 간단한 서술을 통하여 지난날의 시효와 현재에도 동일한 목적을 지니는 하나의 방법으로 옮겨 놓고 싶었다. 이것은 영국의 법제사에서 직접 드러나지는 않지만, 로마법에서는 그 기억조차하기 힘든 옛날의 것이고, 그 문명한 시대는 영국법에서의 유사한 점에 의하여, 그 논제에 깃들어 있는 광명을 제대로 모르거나 아니면 몇몇 독일의 민속학자가 이것을 만키파티오보다 더 오래 되었다고 생각하기까지 하는 것이다. 이것은 바로 법정양도(法定讓渡; Cessio in Jure), 즉 법정에서 거래시키려고 하는 재산회복방법이다. 원고는 이러한 종류의 소송절차의 취지를 보통 형식의 소송으로써 요구하고, 피고는 그 흠결을 표시하고, 이렇게 하여 그 물품은 물론 원고의 것으로 되는 판결이 나게 된다. 이러한 종류의 방법이 옛날 영국의 조부의 시대에 존재하여 봉건적 토지법(封建的 土地法)의 지나치게 가혹한 구속을 소멸하게 하였던 그 유명한 징벌금(懲罰金)이나 환수금(還收金)을 다시 만들어 냈다는 것을 영국의 법률전문가에게 상기시켜줄 필요는 없다. 이와 같은 로마 및 영국의 방법은 매우 공통적으로 서로 아주 교훈적으로 설명하지만, 이들 사이에는 다음과 같은 차이가 있다. 즉 영국법률가의 목적은 이러한 문제에 관하여 이미 도입되어 있는 복잡성을 제거하는 데 있고, 이에 반하여 로마법학자들은 흠잡을 바 없는 이전의 의식을 대체시킴으로써 그 복잡성을 방지하려고 하는 데 있었다. 이 편법은 실제로 법정에서 실시하였을 때, 그것이 제시한 바대로의 결과가 나타나지 않고 원시적 관념이 지배하는 바에 그대로 따르고 있는 실정에 지나지 않았다. 법적 관념이 진보한 상태에서는 법원은 공모적인 소송을 소송절차의 남용으로 인정하였지만, 이러한 형식이 빈틈없이 짜여진다면 그들은 더 이상 바랄 것이 없었다.

재산과 점유

법정(法廷; Courts of Law) 및 그 소송절차가 재산(財産; Property)에 미친 영향은 말할 수 없이 넓은 범위에 걸쳐서 미쳤던 것이지만, 이 논제는 이 책의 범위에서 너무 벗어나고, 법제사의 흐름을 훑어 내려오지 않으면 안 되는 것이며, 그것은 이 책의 계획에도 들어맞지 않는 것이다. 그렇지만 이 영향에 소유(所有; Property)와 점유(占有; Possession)의 구분 — 실제로(어느 뛰어난 영국의 민속학자의 용어를 빌어쓰면) 물건에 대하여 행하게 되는 힘과 그것을 이루는 물리적 힘의 차별과 동일인지에 관한 구별의 중요성은 없고 ― 이 법철학에서 얻어낸 특별한 중요성을 충족시키지 않으면 안 된다고 하는 점을 지적한 것이 바람직하다. 교양이 그다지 풍부하지 않은 사람은 점유라고 하는 제목에 관한 로마의 법학자들의 용어가 아주 심한 당혹감을 일으켰다는 것 및 사비니(Savigny)의 저술은 이를 풀어온 해답에 의하여 주로 입증된다고 생각하는 것을 들었던 적이 없거나 적었던 만큼 법학적 문헌에 익숙하기 어렵다. 점유는 실제로 로마의 법률전문가들이 사용하였을 때는 쉽게 설명할 수 있는 의미의 양면성을 만들어냈던 것으로 나타난다. 이 용어는 그 어원에서 찾아볼 수 있는 바와 같이 본래 물리적 접촉 또는 즐김에서 다시 돌이킬 수 있는 물리적 접촉을 의미하였던 것임에 틀림없다. 그러나 실제로 어떠한 좋고 나쁨의 가감 없는 형용사로 사용하는 경우에는 다만 물리적 보유로써만이 아니라 자기의 것으로서 보유하였던 물건을 차지하려는 의도를 수반하는 물리적 보유를 의미한다. 니부르(Niebuhr)[161]를 계승한 사비니는 이러한 변칙은 역사적 기원에서 찾을 수 있다고 생각하였다. 그가 지적하는 바에 의하면 명목적 지대(名目的 地代)에 공적 토지소유권(公的 土地所有權)의 임차인이었던 로마의 귀족시민은 옛날 로마의 중론에 의하면 단순한 점유자이었지만, 당시에 그들은 그 토지를 모든 외입자(外入者)에 대하여 보유하려는 의도를 가지고 있었던 점유자였다. 실제로 그들은 최근 영국에서 교회의 토지를 차지하고 있는 사람에 의하여 진척시키려고 하였던 것과 거의 동일한 요구를 하고 있다. 이론적으로 그들이 국가의 수의임차인(隨意賃借人; tenants-at-will)이었다는 것을 인정하고, 시간적으로 제한 없는 향유가 그 보유를 일종의 소유권으로 변천시켰다는 것, 그리고 토지를 재분배하기 위하여 그들을 물러나게 한 것은 부정이라고 주장하였다. 이 요구와 귀족의 임차권과의 연결적 생각은 영속적으로 "점유"의 의미에 영향을 미쳤다. 그 동안 없어졌거나 권리침해의 위협을 받은 경우 임차인이 이용한 유일한 법적 대책은 점유특별명령(占有特別命令; Possessory Interdict)이라고 하는 로마법의 약식소송(略式訴訟)이었고, 이것은 법무관(法務官; Praeter)에 의하여 그들을 보호하기 위하여 고안되었던 것이든지, 그렇지 않고 다른 학설에 따르면 옛날 시대에 법적 권리의 문제의 결정이 현안으로 되어 있는 경우에 점유의 일시적 계속을 위하여 활용되었다. 그러므로 재산을 자기의 것으로 점유하는 자는 누구든지 특별명령을 요구할 수 있는 권능을 가지고, 고도로 정교한 변명의 체계에 의하여 특별명령의 소송이 쟁점으로 삼고 있는 점유에 대한 우두머리의 쟁송을 재결합에 적용한 자태로 변한 것도 이해된다. 이와 같이 하여 존 오스틴(John Austin)이 지적한 바와 같이 영국법에도 그와 같이 재현된 운동이 시작되었다. 소유자(所有者; domini)는 실제 소송을 오래 끄는 복잡한 의식보다도 특별명령의 단순한 형식이나 단순한 처분을 좋아하기 시작하여, 점유에 의거한 대책을 이용하는 것을 목적으로 하여 그 소유권의 핵심요소에 포함되어 있다고 생각하는 점유에 따랐다. 점유에 기초한 대책에 의하여 그 권리를 옹호하는 자유는 진정한 점유자(占有者)로서가 아니고 소유자(所有者)인 각 사람에게 허용되었던 것이고, 비록 그것이 처음에는 은혜적인 것이었지만 결국 영국과 로마의 법제를 모두 크게 퇴보시킨 결과를 낳고 말았다. 로마법은 점유에 관한 파악하기 어려운 점을 이에 의탁시켰는데, 그것은 상당히 로마법의 신용을 실추시켰고, 다른 한편에서 영국법은 부동산의 복권에 합치시킨 소송이 아주 절망적 혼란에 빠진 후 뒤이어 영웅적 대책에 의하여 모든 뒤얽힌 조치 전부를 제거해 버린 것이다. 거의 30년에 걸쳐 생겨났던 영국의 현실적인 소송의 실질적 제거가 하나의 혜택조치였다는 것은 어느 누구도 의심할 수 없지만, 법제에 민감한 사람들은 진정한 재산상의 소송을 정화하고 개선하고 단순화하는 대신에, 우리는 점유에 따르는 제거를 위하여 희생시켜 버리고, 토지복권(土地復權)의 전 체계를 법적 의제(法的 擬制)에 기초를 잡게 하여야 한다고 애석해 하는 쪽이 적지 않다.

법과 형평, 형평법에 의한 재산

법원은 언제나 우선적으로 재판권(裁判權)의 구분으로서 민법(民法)과 형평법(衡平法)의 구별에 맞추어 소유권의 개념의 형성과 변형을 강력하게 뒷받침해 주었다. 영국에서의 형평법에 의한 재산(equitable property)은 그저 형평법법원(衡平法 法源; Court Chancery)의 재판권 관할하에서 지지된 재산이다. 로마법에서는 법무관고시(法務官告示; Praetor' s Edict)가 어느 상황하에서는 별도의 특정한 행동이나 특정한 항변을 할 수 있다는 약속을 덧붙일 수 있다는 약간 이상한 원리를 도입하였다. 따라서 로마법의 재산 중에 들어 있는 재산(*property in bonis*), 즉 형평법에 의한 재산은 고시에 그 근원을 뒷받침해 주는 대책에 의해서만 보호되는 재산이었다. 형평법에 의한 권리가 민법상 소유자의 청구에 의하여 상실되는 것으로부터 구제할 수 있는 기구는 두 가지 체계였다고 보아도 틀린 것이 아니다. 영국에서는 형평법에 의한 권리의 독립은 형평법법원의 유지청구권(留止請求權; Injunction)에 의하여 확보되었다. 그렇지만 민법과 형평법이 아직 합체되지 않았던 동안에는, 로마의 체계 아래에서는 같은 법원에 의하여 통제되었기 때문에 금령 같은 것은 필요하지 않고 정무관(政務官; Magistrate)이 민법에 기초한 소유자(civil law property)에 의한 행동이나 항변에 따라 형평법에 맞추어 다른 사람에게 속한 재산을 획득할 수 있는 것 같은 행동이나 항변을 허용하지 않는다는 간단한 방법을 채용하고 있었던 것이다. 그렇지만 두 체계의 실제상 기능은 거의 동일하였다. 두 체계는 소송절차의 차이에 의하여 빚어졌던 일종의 일시적인 존재였지만 새로운 형식의 재산을 유지하는 것으로 되고, 이것은 뒤이어 전체적인 법률에 의하여 인정하는 시기가 도래하였다. 이러한 방법으로 로마의 법무관(Roman Prǽter)은 수중물(Res Mancipi)을 단순히 전수에 의하여 취득한 사람에게 사용취득의 완성을 기다리지 않게 하고 직접적인 재산권을 부여하였다. 이와 유사하게 결국 법무관은 맨 처음에는 단순한 "수탁인(受託人; bailee)",

즉 관리인이었던 저당권자(抵當權者)나 영구소작인(永久小作人; emphyteuta), 즉 고정적·영속적 지대(地代)를 내야 하는 임차인에게 소유권을 인정하였다. 이러한 진보방향에 맞추어 영국의 형평법법원은 저당권 설정자(抵當權 設定者; Mortgager), 신용의 이익수탁자(Cetui que Trust), 특별한 종류의 결정에 따른 재산을 향유하는 기혼여성 또는 완전한 소유권을 아직 취득하지 못한 취득자(取得者; Purchaser)들에게 특별한 소유권을 주었던 것이다. 이들 모든 소유권은 명백히 새로운 소유권의 여러 법양식을 인정하고 보존시켜 주었던 예증이었다. 그렇게 하였으면서도 간접적으로 재산은 영국에서나 로마에서나 형평법에 의하여 상당한 종류의 영향을 받았다. 법제의 특별한 일각에서도 입법자가 그에 따르는 방법을 강력하게 적용하는 데 필요한 방법을 재산법에 부착시키거나 접촉시켜서 이것을 많든 적든 실질적으로 변형시켰다. 필자가 앞에서 소유권의 역사에 크나큰 영향을 미치고, 일정한 종류의 고대적 법의 구분 및 수단에 언급한 경우, 필자는 이 영향의 대부분이 형평법체계를 작성한 사람이 알아차렸던 심정적 분위기에서 이 영향에 의하여 융합하였던 개선의 암시로부터 발생한 의미 있는 점을 알아야 한다는 점을 지적한 바 있다.

봉건적 시각에서의 소유, 로마법과 미개법

형평법이 소유권에 미쳤던 영향을 서술하는 것은 그 역사를 오늘날에까지 이르게 한 것을 기술하는 것일 수밖에 없다. 여러 사람의 존경받을 만한 현대의 저작자들이 명백하게 중세의 법을 로마제국의 법과 구별하는 소유권 개념에서의 단서가 로마형평법에 의한 재산과 민법적 재산의 준별에 있다고 밝히고 있기 때문에, 필자는 이에 관하여 단지 원리적으로 암시를 하였을 따름이다. 봉건적 개념의 주된 특징은 영주(領主)의 봉토(封土)에 대한 상급의 소유권이 임차인의 하급적 소유권 즉 재산과 함께 존재한다고 하는 이중의 소유권을 인정하고 있었다는 점이다. 그런데 이 소유권의 이중성(二重性)은 재산권을 시민적(市民的; *Quiritarian*), 즉 민주적인 것(나중에는 기원의 용어로 사용되지만)과 형평법적(衡平法的; *Bonitarian*), 즉 형평법에 의한 것으로 하였던 로마법의 구분이 일반화되었던 형식을 좀 지나치게 드러내는 말이다. 가이우스(Gaius)는 스스로 소유를 두 부분으로 나눈 것은 로마법의 특이성이라고 관찰하고, 명백히 이것을 나머지의 국민이 관습으로 여기고 있던 전체적, 즉 자주지적 소유권(自主地的 所有權)과 대비시켰다. 유스티니아누스 대제는 사실적 소유를 다시 하나로 합체시켰지만, 이것은 서로마제국을 부분적으로 개선시키려고 하였던 체계였지, 오랜 세월에 걸쳐 미개한 여러 족속이 접촉하고 지내온 유스티니아누스 대제의 법제는 아니었다. 미개한 여러 종족은 제국의 변경에 체류하고 있으면서도 오랜 뒤에야 주의하여야 할 결과를 발생시키게 되는 이 구분을 배우게 되었다. 이 학설을 긍정적으로 받아들이면서도 모든 사안에 걸쳐 미개 족속 여러 종류의 관습체계에 끼어 있는 로마법의 요소는 아주 불완전하기 때문에 검증될 필요성이 있다는 사실을 인정하지 않으면 안 된다고 하였다. 봉건제도의 설명에 원용되면서도 잘못되었거나 불충분한 여러 학설은 봉건제도의 조직에 포함되어 있는 부분적 성분으로부터 주의를 게을리하고 있다는 경향을 지니고 있다는 점에서 유사하다. 영국에서 가장 많은 추수제자(追隨弟者)를 거느리고 있었던 구식의 연구자들은 봉건체제가 성숙함에 이르렀던 동란기(動亂期)의 상황에서의 독점적 중요성을 인정한다. 나중에는 이러한 종류의 것이 이미 존재하고 있었던 것을 파악하지 못한 잘못에 당시의 잘못의 근원을 덧붙였다. 즉 독일의 저작자로서 그 조상들이 로마세계에 그 모습을 드러내기 이전에 건립한 사회구조의 완전함을 과장하게 하는 국가적 과풍의 자부심에 그러한 점이 존재한다. 봉건체제의 기초에 관하여 정확한 식견을 가지고 있는 몇몇 영국의 연구자는 그러함에도 불구하고 그 연구에 충분한 결과를 이루지 못하고 말았다. 아마도 그것은 유스티니아누스대제의 편찬법전에 포함되어 서적만을 탐색하였기 때문이 아닌지 아니면 미개족속의 여러 법전 중의 어느 것에 부록으로 기록된 로마법의 발췌서(拔萃書)에 그 주안점을 국한시켰기 때문일 것이다. 그렇지만 만일 로마법제가 미개의 여러 사회에 어떻게든지 영향을 주었다고 한다면, 아마도 그 큰 효과를 일어나게 한 것은 유스티니아누스 대제의 입법 이전이든가, 아니면 그 발췌서가 준비되기 이전이었을 것이다. 필자가 미개의 습속의 이러저러한 해골에 근육을 붙인다고 하는 것은 유스티니아누스의 개선되고 세련된 법제에 의해서가 아니라 서로마제국에 성행하고, 동로마제국의 시민법대전(*Eastern Corpus Juris*), 그 대체에 결코 갈음하지 않았던 미비한 법체계였다. 이와 같은 변화는 여러 게르만족이 정복자로서 로마의 국토를 어느 부분이나 명백하게 차지하기 이전으로 생각할 수밖에 없으며, 게르만족의 군주가 로마의 신하에게서 독문(讀聞)하기 위하여 로마법의 일과표(日課表)를 작성한 것처럼 명령하였는지의 이전에 생겨났던 것으로 생각해 버리지 않으면 안 된다. 이러한 가설의 필요성은 옛날의 법과 발달한 법의 차이를 알 수 있는 사람이라면 누구라도 느낄 것이다. 오늘날 남아 있는 여러 미개족의 법(*Leges Barbarorum*)은 아무리 조잡한 것이긴 하였지만 그 순수한 미개의 기원에 관한 이론을 뒷받침할 만큼 조잡하지는 않았다. 그뿐만 아니라 우리는 기술되어 있는 기록에서 정복족(征服族)의 구성원들에 의하여 그들 사이에 행하여지고 있던 고정된 규정의 단편 이상의 것을 가지고 있다고 믿을 만한 이유를 지니고 있는 것이 아니다. 만일 우리가 일단 질적으로 떨어지는 로마법의 상당한 요소가 이미 미개 족속의 체계에 존재하였다는 것을 알았다면 그 중대한 곤란성을 제거함에 어떻게 해야 할 것인가? 정복자로서의 게르만족의 법보다 그 아래 놓여지게 되어 있는 로마법보다 만일 세련된 법제가 보통 미개족의 관습에 대한 이상의 친근성(親近性)을 서로 가지고 있지 않다고 한다면 결합하지 못하게 될 것이다. 미개 족속의 법전이 어느 모로든지 원시적으로 보이지만, 진실에 맞추어 원시적인 습속을 반분적으로 이해하였던 로마적 규정상의 복합물인 점 및 서로마제국의 황제의 통치하에서 획득된 비교적인 완성구조에서 이미 얼마만큼은 후퇴하고 있었던 로마의 법제와 그러한 것들을 합체시키는 것이 외부적 성분이라는 것은 무리 없이 있을 만한 것이다.

영구소작권, 임차권, 소작인, 보유권의 기원, 봉건제도의 기여

이 모두를 인정하더라도, 어떻게 상충되지 않고 소유권의 봉건적 형태가 토지소유권의 로마적 이중성에 의하여 직접적으로 암시되었었다고 하는 사실을 있을 수 있는지 등의 고려해야 할 몇 가지가 있다. 민법적 소유권과 형평법에 의한 소유권의 구분은 아주 미묘하기 때문에 미개종족들이 이해하여 받아들였을 가능성이 아주 적다. 그에 더구나 법원(法院)이 정상적인 기능을 발휘하고 있다고 생각되지 않는 한, 이것은 도저히 이해할 수 없는 문제다. 그렇지만 이 이론을 반박하는 가장 유력한 이유는 로마법에서 재산의 한 형태 ― 형평법의 산물인 것은 사실이다 ― 의 존재이고, 이것은 어느 사상계열로부터 다른 것으로 옮겨 가는 것을 너무 간단히 설명하는 잘못을 지니고 있다. 그것은 영구소작권(永久小作權; Emphyteusis)이었고, 이것에 기초하여 중세의 봉토(封土)가 만들어지게 되었다는 견해가 많이 있지만, 그것이 봉건적 소유권을 만들기까지에 이르렀다는 정확한 증거는 거의 잘 알려져 있지 않다. 이 영구소작권이 아마도 그리스의 명칭으로 알려지고 있지 않지만 결국 봉건제도에 이르는 사상의 흐름에서의 한 단계를 이루고 있는 것은 진실임에 틀림없다. 가부장이 그 자녀들이나 노예를 거느릴 수 있는 가정에 의하여 경작할 수 있는 이상의 광대한 소유지에 관한 로마 역사상에서의 최초의 기술은 로마 귀족의 보유지에 우리가 접해볼 때에야 드러난다. 이와 같은 대소유자들은 자유소작인(自由小作人)에 의한 경작제도의 개념을 지니고 있었던 것 같다. 이 대사유지(大私有地; latifundia)는 그들 자신들이 노예로서 혹은 해방된 평민으로서의 노예를 다루는 집행관 아래에서 노예집단(奴隷集團; slave-gangs)에 의하여 일반적으로 경작되었던 것으로 생각된다. 그 시도를 추진하였던 유일한 조직은 하급의 노예를 소집단으로 나누어 그들에게 보다 나은 특유재산(個人財産; *peculium*)을 만들어 주고 좀더 믿을 만한 사람으로 되게 하여 그렇게 함으로써 일종의 이익을 취득하는 유일한 조직체였던 것 같다. 그렇다고 하더라도 이 조직은 어느 계급의 토지소유자였던 자치단체(自治團體; Municipalities)에게는 특히 불리하였다. 이탈리아의 관리는 로마 자체에서의 행정에서도 우리를 놀랍게 하였던 것처럼 빨리 변경되었다. 그러므로 이탈리아의 단체에 의한 대토지소유권의 감독은 아주 불완전한 것이었음에 틀림없다. 따라서 자치단체와 함께 임대농지(賃貸農地; *agri vectigules*)를 대여하는 관행, 즉 자유민이 임차인에게 영속적으로 일정한 지대(地代)를 받는 특정한 조건하에 토지를 대여해주는 관행이 처음으로 실시되었다고 한다. 이 방법은 뒤이어 개인소유권자가 널리 모방하게 되고, 그 소유자와의 관계가 처음에는 계약(契約)에 임차인으로 되었던 사람으로 점차적으로 법무관에 의하여 적정한 소유권을 가지는 것으로 인정되고, 얼마 되지 않아 영구소작권으로 알려지게 되었다. 이 시기로부터 임차권의 역사는 두 개의 지류로 나누어졌다. 로마제국에 관하여 우리가 가지고 있는 기록은 아주 불완전하고, 오랜 기간에 걸친 것이면서, 그동안에 로마의 대가족의 노예집단은 소작인(小作人; *coloni*)으로 변하여 지내게 되었다. 이 소작인의 기원과 위치는 모든 역사에서 가장 분명치 못한 문제의 하나로 되어 있다. 우리는 그들의 일부는 노예로 승격하였고, 다른 일부는 자유농민으로 떨어져 생활을 하게 되었으며, 당시는 경작자가 토지의 생산물에 대한 권리를 가지고 있었기 때문에 그들은 토지가 점점 많은 가치를 산출해 내는 것을 알게 되었던 로마제국에서의 부유계급으로 되었던 것으로 생각된다. 그들의 노역(奴役)은 땅과 관련된 것이고, 그렇게 함에는 절대적으로 노예제의 많은 것을 필요로 하였으며, 그들은 지주에게 매년의 수확 중 일정한 부분을 바침으로써 봉사를 한 것으로 알려져 있다. 더 나아가 그들은 고대 및 근대의 모든 변동을 거치면서도 영구적으로 살아남은 것으로 우리는 알고 있다. 봉건적 구조의 하층을 이루는 사람들이기는 하지만 그들은 계속하여 로마의 주인(主人; *dominus*)에게 지불하였던 것과 아주 똑같은 부과료(負課料)를 지주에게 지급하였는데, 그 중의 어느 특정의 사람들 즉 소유자에게 산출물의 절반을 보류케 하는 절반소작인(折半小作人; *coloni medietarii*)으로부터 반타작소작인(半打作小作人; *metayer*)의 임차권이 생겨나게 되고, 이러한 식으로 남유럽의 거의 모든 토지의 경작은 이루어지고 있다. 다른 한편 영구소작권(永久小作權)은 이에 관한 시민법대전(市民法大全; *Corpus Juris*) 중 시사하는 바를 해석한다면, 재산의 인기 있는 시혜적 변형(施惠的 變形)으로 되고, 자유농민이 남아 있는 곳의 토지에 대한 그 권리를 통제하는 것도 이와 같은 종류의 임차권이었다고 추측된다. 법무관은 앞에서 지적한 바와 같이 영구소유권자(*Emphyteuta*)의 진정한 소유권자로 취급되었다. 소유권을 박탈당한 경우에는 소유권의 명확한 표징확인인 대물소송(代物訴訟; Real Action)에 의하여 회복할 수 있게 되어 있었으며, 부역대상금(賦役貸上金; *canon*)을 어김없이 지불하는 한, 지주에 의하여 안전하게 보호되었다. 그러나 같은 시점에서 지주의 소유지가 소멸하였거나 휴경지로 되어 버린 경우에는 그렇지 않다는 것도 생각하지 않으면 안 된다. 그것은 지대를 지불하지 않은 경우 대지반환(貸地返還)의 권능이나 매매의 경우의 선매권(先買勸; power of preemtion)이나 소작방법에 대한 일정한 지배에 의하여 유지되었다. 그것은 지대를 지불하지 않은 곳에 다시 입주할 수 있는 권한에 의하여 매매의 경우에서의 선매권, 그리고 경작방식에 관한 특정한 통제 등에 의하여 그대로 유지되었다. 그러므로 우리는 영구소작권에서 봉건적 소유권을 특징짓는 이중소유권 및 더 나아가 민법적 권리와 형평법적 권리의 병존보다도 훨씬 간단하게, 훨씬 더 용이하게 모방할 수 있는 소유권의 현저한 예를 인정한다. 그렇지만 로마의 임차권의 역사는 여기서 끝나는 것이 아니다. 라인강과 다뉴브강의 유역에 걸쳐서 배치되어 오랜 세월에 걸쳐서 로마제국의 국경을 인접해 있는 여러 미개족으로부터 보호하였던 대요소(大要素)의 사이를 봉쇄하였고, 소구획토지의 연쇄가 넓어졌으며, 이것이 변경농지(邊境農地; *agri limitrophi*)이었고, 로마군의 뛰어난 기술에 의하여 영구소작권의 조건하에 점유되었다. 여기에서 이중소유권(二重所有權)이 존재하였던 것이다. 로마 국가가 이 토지의 지주였지만, 병사는 변경상태의 필요에 맞추어 군역(軍役)에 따라서 준비를 하는 한, 안전하게 그 토지를 경작한 사실에서는 일종의 수위부과(守衛負課; garrison-duty)가 오스트리아와 토로코(the Austro-Turkish)의 국경의 군사적 식민지의 그렇게 혹사하는 조직하에 보통의 영구소작인이 하는 일이 부역대상금으로 대체되었다. 이것이 봉건제도를 설립한 여러 미개족속의 군주에 의하여 모방되었던 선례였던 것은 의심할 나위가 없을 것 같다. 이것은 수백 년에 걸쳐서 관찰의 대상으로 되어 왔고, 변경을 수호하는 다수 정예병사의 것이었던 것으로 보면, 아마도 게르만족의 언어를 사용하고 있던 미개족의 계통에 속해 있었음을 기억하지 않으면 안 된다. 이 정도로 용이하게 모범에 따랐던 친근성이 공적 토지소유권을 분할하고 양도하는 것에 의하여 그 신하의 군역을 확보하는 방책을 프랑크(the Frankish)나 롬바르티아(Lombartia)의 주권자들이 어디로부터 본받아오게 되었는지를 설명해 알 수 있게 해 줄 뿐만 아니라, 최초의 계약조건으로 삼았던 것은 가능한 한 원칙적으로 양수인(讓受人)의 상속인에게 물려주게 되어 있는 것이며, 은혜토지소유(恩惠土地所有)로 드러나기 때문에 세습적으로 되는 경향도 설명한다. 은혜토지소유의 보유자나 나중에 이 은혜토지소유가 봉토의 한 영주가 군사적 식민에 의하여 제공받은 것이 아니라고, 확실히 영구소작인에게서 제공받지 않았든지 일정한 노역을 받은 것처럼 생각하는 것은 얼마든지 있을 수 있는 일이다. 봉건적 우두머리에 대한 존경과 감사에 기초한 의무나 그 여자를 넘겨받아 그 자식을 무장시킴에 조력하는 의무나 미성년의 경우의 보호에 맡아야 할 책임(責任)이나 기타 임차권에 따르는 같은 부수사건은 로마법하에서의 비호자(庇護者; patern)와 해방된 평민(Freedmon), 즉 구지주(舊地主)와 구노예(舊奴隸)의 관계로부터 글자 그대로 차용된 것임에 틀림없다. 그렇지만 초창기의 신하가 영주의 가종(家從)이었던 것이 알려지고, 이 지위는 어떻게 보면 드높은 것 같기도 하고, 처음에는 노예적 양상을 띠었다고 하는 것은 특별한 논쟁거리가 아니다. 군주(君主; Sovereign)의 궁정에서 봉사하는 사람은 자주지적 소유자의 가장 뽑낼 수 있는 특권이었던 절대적인 인격상의 자유를 제한없이 단념하게 되어 있었다.

◇ 주(註)

155) Elizabeth I(1533. 9. 3~1603. 3. 24)

    1558년 11월 17일부터 1603년 3월 24일까지 44년간 잉글랜드 왕국 및 아일랜드 왕국을 다스린 여왕이다. 본명은 엘리자베스 튜더(Elizabeth Tudor)이다. 열강들의 위협, 급격한 인플레이션, 종교 전쟁 등으로 혼란기였던 16세기 초반 당시 유럽의 후진국이었던 조국을 세계 최대의 제국으로 발전시키는 데 이바지하였다. 엘리자베스 1세는 평생을 독신으로 지냈기 때문에 "처녀왕(The Virgin Queen)"이라 불렸고, 그녀를 마지막으로 튜더 왕가는 단절되었다.

156) 포르투갈 서쪽에 있는 화산군도.

157) Mountstuart Elphinstone(1779. 10. 6~1859. 11. 20)

    영국의 행정가로 나그푸르 · 푸나 등의 주재원으로 근무하면서 제1회 카불왕국 방문사절로도 활약하였다. 봄베이에 지사로 재임하면서 교육사업에 진력하였다. 저서로 「인도사; History of India」(1841) 등이 있다.

158) 인도유럽어족의 슬라브어파에 속하는 민족의 총칭. 현재 동유럽과 북아시아의 주된 주민으로 러시아 · 폴란드 · 체코 · 슬로바키아 · 유고슬라비아 · 불가리아의 기간민족이다.

159) 인도유럽어족 중 게르만어를 사용하는 민족의 총칭. 오늘날 스웨덴인 · 덴마크인 · 노르웨이인 · 아이슬란드인 · 앵글로색슨인 · 네덜란드인 · 독일인 등이 이에 속하지만, 4세기 민족대이동 이전 원시 게르만 민족을 뜻하는 경우가 많다.

160) 1804년 나폴레옹 1세 때 제정 · 공포된 프랑스 민법전의 별칭.

161) James I(1566. 6. 19~1625. 3. 27)

    잉글랜드 왕. 청교도와 가톨릭교도를 억압해 국교회를 절대주의의 지주로 삼았다. 왕권 신수설을 주창하며 왕권 강화를 위해 사법 · 행정 · 교회 제도의 개혁을 추진하였으나, 귀족들의 반감으로 암살당했다. 스코틀랜드 여왕 메리 스튜어트의 아들로, 어머니의 퇴위로 인하여 1세 때 스코틀랜드 왕에 즉위하였다.

162) Barthold Georg Niebuhr(1776. 8. 27~1831. 1. 2)

    19세기 독일의 사학자. C. 니부어의 아들이다. 프로이센 바티칸 주재 공사로 쾰른 대주교구 재흥협정을 성립시켰다. 당시의 보수적 경향에 대하여, 문헌학적 · 비판적 방법으로 근대 역사학의 비판적 방법을 확립하였다. 저서로 「로마사」가 있다.

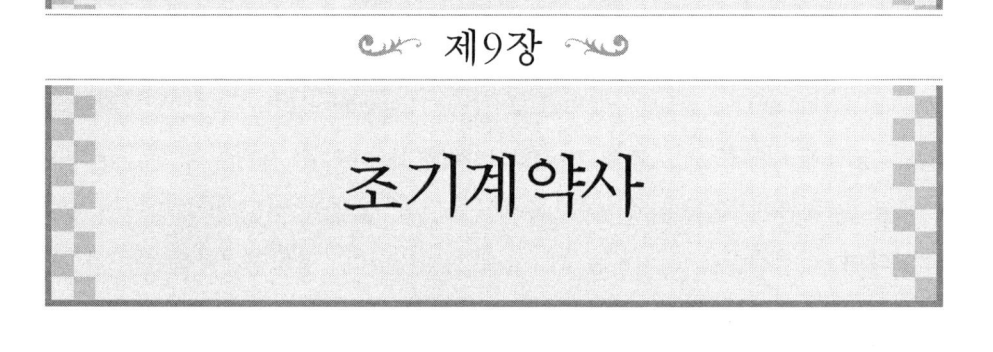

제9장

초기계약사

계약과 정치경제학

우리가 살아가는 시대와 관련된 일반적인 사안 중에서 실제로 오늘날의 사회가 이전의 사회에 비하여 계약(契約; Contract)이 차지하는 비중이 높다는 데 대해 그대로 동의하고 수용하는 견해는 없다. 그 이유는 대부분 논평이나 주석을 다는 데에도 크게 도움이 되었음을 인정하지 않을 수 없기 때문이다. 고대법의 대부분은 사람의 사회적 지위를 바꿀 수 없도록 그 출생에 따라 결정하였던 점에 반하여, 근대법은 각각의 사회적 지위가 약정에 의하여 개별적으로 정해질 수 있도록 변경시켰다는 사실을 모르는 사람은 거의 없다. 더구나 사실상 이 규칙에 들어맞지 않는 적지 않은 예외의 대부분은 끊임없이 되풀이되는 심각한 분개에 의하여 거부되기도 하였다. 예를 들면 흑인(黑人; negro)의 노예적 신분에 관하여 오늘날까지도 이어지는 과격한 논쟁은 노예제도가 옛날부터 나쁜 제도가 아니었다는 점과 근대적 도덕과 신뢰를 바탕으로 한 사용자(使用者)와 노동자(勞動者)의 관계가 계약에 의하여서만 결정되었던 것은 아니라는 점 때문이다. 과거와 현대의 이러한 차이를 인식하는 것은 가장 뛰어난 현대적 고찰의 본질이다. 오늘날 상당한 진보를 본 유일한 정신적 연구(精神的 研究; moral inquiry) 분야인 정치경제학(政治經濟學; science of Political Economy)은, 만일 강행법률(強行法律; Imperative Law)도 한때 차지하고 있던 영역의 대부분을 포기해 버리고, 사람들로 하여금 자기들의 행동규칙을 스스로 자유롭게 결정할 수 있도록 하는 것을 실제로 최근까지 만들어지지 않았다면, 현실생활을 대처하는 데 실패했을 것이다. 정치경제학을 연구한 대부분의 사람들의 편견은 정치경제학이 보편적 과학이 될 수 있는 점에 기초를 둔 일반적 진리(general truth)라고 생각하고, 이를 적용하는 노력은 보통 계약영역을 확대시키고 계약의 실행을 강제하기 위하여 법이 필요한 경우를 제외하고 강행법규의 영역을 축소시키는 것이라고 하는 점이다. 이러한 사고방식의 영향을 받고 있는 사상가로부터 나온 충동은 서양에서는 아주 강렬한 인상을 주었다. 입법으로 발견 또는 발명되거나 축적된 부(富; wealth)의 조작에 있어서 인간행동에 걸맞는 협상을 끼워 맞출 수 없었다. 적어도 법은 진보사회에서 계속하여 몇몇 기본원칙이나 선의를 위반한 경우 처벌되는 경우를 제외하고, 계속 변화하는 계약규칙의 집합에서 단순한 표면층으로 집합(集合; assemblage)하는 양상을 보여준다.

계약에 대한 현재의 견해, 절도와 신뢰위반

사회적 연구가 법적 현상의 고찰에 의존하는 한, 사회발전이 매우 후진적 상황에 놓여 있기 때문에, 그 진보에 관하여 일반적으로 퍼져 있는 상식(常識)에서도 찾아볼 수 있는 진리가 결여되어 있다고 하여 놀랄 필요는 전혀 없다. 이러한 상식은 우리들의 신념에 대하여서라기보다는 대부분 우리가 알고 있는 편견에 대한 응답이다. 많은 사람이 도덕적인 면에서 진보하고 있다고 굳게 믿는 것은 계약이 의존하는 덕목(德目; virtues)이 문제로 되는 경우에 특별히 강하게 드러나며, 많은 사람들은 싫건 좋건 선의(善意)나 신뢰성(信賴性) 있는 것으로 널리 유포되어 있는 것 또는 근대의 태도에서 고대 세계의 충절에 가까운 것이 깃들어 있다고 하는 사실을 인정하는 것을 거의 본능적으로 꺼려한다. 때때로 이러한 선입관(先入觀; prepossession)은 그것을 알기 전까지 듣지도 보지도 못했던 사기와 그 범죄 및 잔인성에 의하여 한층 더 조장된다. 그렇지만 이러한 사기방법은 사기행위가 가능하게 되기 이전에, 그 위반으로 도덕적 책임이 비교적 강하게 확립되었음을 보여준다. 소수자의 불성실에 기회를 주는 것은 다수자들이 가치 있는 신뢰를 당연히 받아야 됨에도 불구하고, 움직이지 않은 불성실의 예측이 보여준 것으로도 어느 정도 심도 있는 성실성(誠實性)이 일반적인 법률행위에 반영되지만 특정한 경우에 범죄자에게 일정한 기회를 준다는 결론까지는 내릴 수 없다. 만일 우리가 법제에 있는 도덕의 역사에 관한 관점을 계약(契約; Contract)이 아니라 범죄(犯罪; Crime)에 관한 법에 입각하여 파악하려면, 이것을 다시 바로잡아 읽어야 함을 주의해야 한다. 아주 오래 된 로마법에서 유일하게 부정행위(不正行爲)로 다루었던 것은 오로지 절도(竊盜; Theft)뿐이었다. 필자가 글을 쓰고 있는 지금 영국의 형법에서 다루고자 하는 최신의 장(章)은 수탁자(受託者; Trustees)의 사기에 관한 형벌을 규정하려고 하고 있다. 이러한 대비로부터 알 수 있는 것은 고대 로마인이 현재 우리보다 보다 윤리적이었다고 할 수는 없다. 우리는 오히려 그때부터 지금까지 이르는 동안 도덕은 아주 보잘 것 없는 개념으로부터 고도의 세련된 개념으로 ― 즉 재산권은 매우 신성한 것으로 보았던 견해로부터, 이 권리가 형법의 보호를 받을 수 있는 자격이 있는 일방적이고 단순한 신뢰를 발생시킨 것이라는 견해로 진보했다고 할 수 있다.

계약이론, 사회계약

법학자의 확립된 이론은 이 부분과 관련하여 여론보다 진리에 가깝지 못한 경우가 많다. 로마법률가의 견해에서 시작한 그 이론이 도덕적 진보나 법적 진보의 진실된 역사와 모순됨을 알 수 있다. 계약당사자의 신의가 유일한 요소인 계약을 그들은 특별히 만민법(*juris gentium*)에 기초한 계약이라고 하고, 이러한 계약은 의심의 여지없이 로마법체제에서 가장 늦게 발생한 것이지만, 그 사용된 표현은 만약 명확한 의미를 추론한다면 계약을 단순한 기술적 절차의 간과나 그 오해나 기망과 같이 그 책임에 결정적이었던 로마법상의 그 어떤 형태의 계약보다 오래 된 것임을 의미하는 것이다. 그렇지만 이러한 계약이 존재하였던 고대에는 불분명하며 간혹 존재하였던 관계로 현재를 통해서만 이해할 수밖에 없다. 그런가 하면 "국가법상 계약(Contract of the Law of Nation)"이 분명 자연상태에 있는 사람들에게 알려진 계약(Contract known to man in a State of Nature)이라고 보게 된 사고방식에 대한 골자(骨子)를 잊고 뒤에 이것이 로마법률가의 용어로 되었다. 루소(Rousseau)는 이를 법학상 오류 내지 일반상식상 오류로 보았다. 예술 및 과학의 도덕에 대한 영향에 관한 논문에서 많은 사람들의 관심을 끌었던 그의 최초의 저술과 그를 이 분야의 기초자로서 만들게 된 가장 일반적인 견해를 피력하였던 논문 중 하나에서는 고대 페르시아인(ancient Persians)의 성실성(誠實性; veracity)과 선의(善意; good faith)가 점차 문명에 의하여 말살된 원시인의 순진성에 대한 특성을 반복적으로 지적하였다. 그 후에 루소는 독창적이고 본질적인 사회계약(社會契約; Social Contract)의 원칙에서 여러 고찰의 기초를 찾아냈다. 사회계약(社會契約; Social Contract or Compact)은 우리가 논의하고 있는 오류에 맞추어 일찍이 가정할 수 있었던 가장 체계적인 형태이다. 그것은 정치적 열정에 의하여 숙성된 중요한 것이지만, 그 모든 활력은 법률가의 고찰로부터 유래한 것이다. 처음에 사회계약설에 매력을 느꼈던 유명인들은 이 학설을 주로 정치적 역할에서 높이 평가하였지만, 필자의 후의 설명과 같이 그들은 정치가들이 오랜 동안 법적 용어에 관한 논쟁에 참여하지 않았다면, 이와 같은 학설을 이해하지 못했을 것이다. 이 학설을 만들어 낸 영국의 창시자들은 그들로부터 이 학설을 계승한 프랑스인들이 사회계약을 너무 강조하였던 특별한 태도를 외면하지 않았다. 이를 저술한 사람들은 사회계약설이 모든 정치현상과 전체적인 사회현상을 설명하는 데 이용할 수 있음을 알게 되었다. 그들은 사람들이 따르는 성문규정 가운데 계약에 의해 성립된 규칙들이 강행법보다 훨씬 많다는 사실을 알게 되었다. 그렇지만 법제상 이러한 두 구성요소의 역사적 관계를 잘 알지는 못했다. 모든 법은 그 기원을 계약에 두고 있다는 이론을 도출해 낸 것은, 강행법이 신성한 원인(divine parentage)을 가지는 것으로 주장하는 원칙을 탈피하면서, 모든 법제를 단일적 원천에 귀속시키려는 사변적 성향을 만족시켜 보려는 것이었다. 다른 사고단계에서 그들은 그 학설의 교묘한 가설 또는 편의적인 표현양식의 상황에서 만족을 얻으려고 하였다. 그렇지만 당시는 법률적 맹신이 성행하였다. 자연상태(自然狀態)가 모순된 것임이 증명될 때까지 지속적으로 주장되었고, 그에 따라 불합리한 학설을 보여줌으로써 사회계약을 역사적 사실로 주장하여 법을 계약의 최초의 형태로 보는 것은 그다지 어려운 것은 아니었다.

여러 사회 현상의 분석, 몽테스키외의 교훈

지금 우리 세대는 잘못된 법학이론을 지적 향상을 통하여, 다른 한편으로는 이러한 논제를 모두 합리화하려는 태도를 중지함으로써 사라지게 되었다. 그렇지만 역사의 도움을 받아야 할 것을 생략하려고 하였기 때문에, 이러한 분석은 무의미하고 산만한 기이현상으로 전락하였고, 특히 그들이 길들여졌던 현상과 너무나 다른 사회상태를 이해하는 데 있어서 무능력하게 되는 경향도 있었다. 오늘날 도덕 기준을 바탕으로 다른 시대의 사람들을 판단하는 오류는 근대사회의 조직에 있어서 모든 구성분자들이 보다 초기사회에서도 그 기능을 할 것이라는 잘못된 가정을 하는 것과 같다. 이러한 영향은 매우 널리 유포되었으며, 근대적 관심으로 쓴 역사서 중에는 매우 이해하기 어렵게 그대로 처리하여 쓰고 있지만, 필자는 법학 영역에서 좋게 생각할 만큼 그렇게 쓰여진 저작물을 찾아낸 바 있다. 그것은 자주 인용되는 몽테스키외(Montesquieu)의 페르시아인의 편지(*Letters Persanes*)[162]에 등장하는 트로글로디트족(the Troglodytes)에 관한 짧은 교훈담(教訓談)이다. 트로글로디트족은 자신들의 계약을 위반하여 전멸한 족속이었다. 만일 이 얘기가 그 저자가 의도했던 도덕성을 지니고, 18세기와 19세기가 위협을 받던 반사회적 이론(異論)을 폭로하기 위하여 사용되었다면, 그것은 아주 평범한 것에 지나지 않았을 것이다. 그렇지만 이것에서 사회는 약정(約定; ypomise)이나 협약(協約; agreement)에 대하여 성숙한 사회에서나 드러나는 존경(尊敬)과 동등한 신성성(神聖性; sacredness)을 덧붙이지 않으면 결합할 수 없다는 귀결을 내렸다면, 그것은 법제사의 전체에 걸친 충분한 이해에 치명적이 될 수 있는 중대한 오류를 갖게 되는 것이다. 사실 트로글로디트족은 계약의무에 관하여 그다지 주의를 기울이지 않고, 강력한 국가의 기초를 닦아 세운 것으로 되어 있다. 여러 원시사회의 구성에서 무엇보다 먼저 이해해야 할 것은 개인은 그 스스로 권리의 대부분이나 전부를 만들어 낼 수 없으며, 마찬가지로 의무 역시 대부분 또는 전부를 발생시키지 못한다는 점이다. 그가 지켜야 할 규정은 우선 그가 태어난 상황에서부터, 다음에는 그가 구성원으로 존재하는 가(家)의 가장(家長)으로부터 부여된 절대명령(絶對命令; imperative commands)으로부터 받아들였다. 이러한 체계에서의 계약은 최소한의 여지밖에 남아 있지 않다. 동일한 가족구성원은 — 이런 식으로 증거(證據; evidence)를 해석할 수도 있지만 — 서로 계약을 체결하는 권능을 가지지 못하고, 가족이면서도 종속적 구성원인 누군가가 체결하려고 하였던 약속(約束; engagements)을 무시할 수 있었던 것이다. 가족은 가족과 가장은 가장과 계약을 체결할 수 있지만, 그 협상(協商; transaction)은 재산의 양도와 같은 성질을 가지는 것이고, 또한 여러 가지 방식을 갖추어야 하는 것도 있으며, 그 이행에 있어서 작은 어느 하나라도 어기게 되면 의무(義務; obligation)에 치명적인 것이 된다. 다른 사람의 말에 대한 신뢰로부터 발생하는 확정적 의무(確定的 義務; positive duty)는 진보적 문명에서 가장 느리게 변화하는 것 중 하나이다.

계약에 관한 초기관념, 고대사회의 계약

고대법(古代法; Ancient Law)이나 다른 근원적 증거에 의하더라도 계약의 개념을 전혀 지니고 있지 않은 사회라고 할 만한 곳은 없다. 그렇지만 이 개념을 처음 접했을때 이는 분명히 미완성의 개념이었다. 약속은 지켜져야 한다는 심리적 습성이 아직 완전히 발달하지 못했음을 알지 못한다면 어떠한 원시적 기록도 읽을 가치가 없는 것이며, 아주 심한 배반행위들은 흔히 아무런 비난 없이 언급되고, 때로는 찬양과 함께 기술되기도 한다. 예를 들어 호메로스의 작품에서는 율리세스(Ulysses)의 간교한 간사함이 네스토르(Nestor)[163]의 신중함과 헥터(Hector)의 성실과 아킬레스(Achilles)[164]의 용감성과 동격의 덕목으로 표현되어 있다. 그러면서 고대법이 계약의 단순한 형태와 그 성숙함을 구별하게 되는 차이점으로써 여전히 미숙한 상태임을 보여준다. 처음에는 계약의 이행을 강제하기 위하여 법이 개입하게 되는 것은 전혀 찾아볼 수 없었다. 법이 인정하는 것은 단순한 약속이 아니라 엄격한 방식을 갖추어 행하여지는 계약이었다. 똑같은 중요성을 가지는 절차들이 계약 그 자체와 관련해서 중요한 역할을 할 뿐만 아니라, 반드시 갖추어져야 하는 것이라면, 더욱더 중요할 수밖에 없다. 한층 더 발달된 법제에서 특정한 구두의 동의를 하게 되는 경우의 심리상태에 적용하게 되는 미묘한 분석은 고대법에서는 그에 수반하는 실행에 있어서의 약속이나 행위로 바뀌어 표현되었다. 만일 일정한 방식 가운데 어느 하나라도 생략되었거나 잘못된 위치에 쓰여지게 되면, 어떠한 계약도 강제로 집행할 수 없게 된다. 다른 한편 방식을 문제 삼지 않고 체결되어도 괜찮다는 것을 알게 되면, 그 약정이 강박이나 허위에 의하여 성립되었다고 주장할 필요는 없다. 계약에 관한 이러한 고대적 견해 가 계약에 관한 편의적인 관념으로 이행한 결과는 법제사 속에서도 명백하게 찾아볼 수 있다. 처음에 그 절차적인 면에 있어서 한두 단계는 불필요한 것 으로 생략되었다. 나머지는 단순화하거나 다른 것들과 구분되며 형식 없이 기록되는 것을 허락받아야 하며, 선정된 계약들은 활동성과 활력에 대한 사 회적 교류가 의존하는 것이다. 지지부진하긴 하지만, 매우 명확하게 심적 약 속이 전문용어 중에 독립적 의미를 갖게 되고, 그 다음에 법학자에게 중심적 인 관심으로 바뀌는 단일의 요소로 된다. 이와 같은 심적 약속은 외적 행동 에 의하여 표시되지만, 로마인은 이것을 약속(約束; Pact) 또는 약정(約定; Convention)이라고 하였다. 그리고 이 약정이 일단 계약(契約; Contract)의 핵심 요소(核心要素; nucleus)로 인정되느냐의 여부는 진보적 법제의 경향으로서 외 부적인 형식이나 의식을 무너뜨리는 것으로 되었다. 이러한 형식은 이후부터 신성한 것으로서의 확증이고, 주의와 신중의 보증을 위한 것이라는 이 양식 은 그렇게 문제되지 않았다. 계약의 이와 같은 개념은 충분히 발달된, 즉 로 마의 용어를 사용하면 계약(契約; Contracts)은 약속(約束; Pacts)에 흡수되었다.

초기 로마법상 계약, 구속행위

로마법에서의 이 변화과정의 역사는 모두 교훈적이다. 법제도가 맨 처음 확립된 시기에 계약이라는 용어는 옛날 라틴어(historical Latinity)의 연구자들 에게는 아주 친숙한 단어였다. 그것은 구속행위(拘束行爲; nexum)이었고, 계 약당사자는 넥시(유대를 지키는 자; nexi)라고 지칭되었고, 이러한 표현은 그것 이 기초를 이루는 비유의 독특한 지속성(持續性)을 위하여 신중하게 주의를 기울이지 않으면 안 된다. 계약적 약속에 관계하는 사람들이 강인한 유대(紐

帶; *bond*)나 관련성(關聯性; *chain*)에 의하여 서로 관계를 맺고 있다는 관념은 후대에 이르기까지 계약에 관한 로마법학에 영향을 미쳤으며, 그 이후에는 근대사상(近代思想; modern ideas)과 뒤섞이게 되었다. 그렇다면 이 유대나 관련성에 무엇이 포함되어 있을까? 고대 로마 라틴연구가 중 한명으로부터 전해들은 정의는 구속행위(*nexum*)는 "저울대를 가지고 하는 의식(*omne quod geritur per aes et libram*)" 즉 구리동전와 돈과 저울로 하는 모든 법률행위로 규정하였는데, 여기에 쓰여진 용어들이 상당한 혼란을 야기했던 것이다. 구리동전과 저울은 앞 장에서 고대의 의식인 악취행위(握取行爲; Mancipation)와 관련된 부수물이었고, 여기서 일정한 방식으로 로마의 재산의 최고 형태로서의 소유권을 한 사람에게서 다른 사람에게로 이전되었다. 악취행위는 일종의 양도방식이고, 그렇기 때문에 어려운 문제가 발생하였다. 왜냐하면 지금 인용된 정의가 법철학에서 단순히 분리되어 있을 뿐만 아니라 현실적으로는 서로 대립하고 있는 계약(契約; Contracts)과 거래(去來; Conveyances)를 혼동하는 것처럼 보이기 때문이다. 물건에 대한 권리(*jus in re*), 대세권(對世權; *right in rem*), 즉 재산권은 제대로 정비된 법제의 분석가들은 물건에 대한 권리(*jus ad rem*), 사람에 관한 권리(*right in personam*), "모든 사람에게 행사할 수 있는(availing against all the world)", "특정한 개인 또는 집단에 대하여 행사할 수 있는(availing a single individual or group)" 권리 또는 의무로부터 이를 엄격하게 구별했다. 여기에서 양도(讓渡; Conveyances)는 재산권(財産權; Proprietary Right)을 이전시키고, 계약(契約; Contracts)은 의무(義務; Obligations)를 발생시킨다. 그렇다면 어떻게 하여 이 두 개가 동일한 명칭, 아니면 비슷한 보편적 개념 속에 포함되었을까? 이것은 많은 유사한 어려움이 그러하듯이, 조직화되지 못한 사회의 속성에서 지적으로 발달한 단계에 속하는 기능, 즉 실제에서는 융합하고 있는 개념을 사변상(思辨上) 구별하는 기능을 보완하려는 오류때문에 발생한 것이었다. 우리는 거래와 계약이 실제에서 혼동되고 있던 사회현상에 관한 확실한 사례를 알고 있다. 그러나 이 개념이 각각 달랐던 이유는 사람들이 계약이나 거래를 달리 취급하기까지 그대로 받아들였기 때문이다.

고대법의 특별한 진전

고대로마법이 초기 법학(法學; Juria Prudence)의 법적 개념에 근거한 법률용어로 변형된 양식에 대해 어떠한 관념을 가지게 되었는지를 잘 알아둘 필요가 있다. 법적 개념이나 법률용어가 변화되어 온 형태는 일반적인 것에서 특수한 것으로 변화되었던 것이다. 즉 표현을 바꾸면 고대의 개념과 고대의 용어는 점진적 특수화과정 속에 묻혀서 해석된다. 고대의 법적 개념은 여러 개의 근대적 개념과 일치한다. 고대의 전문적 표현은 근대법에서 여러 가지 다른 명칭으로 지칭되는 법률현상을 표시하는 데 이용된다. 그렇지만 다음 단계의 법제사를 다루어 보면, 여러 종속적 개념이 점차적으로 되고, 오래된 보편적 명칭이 특수한 명칭으로 바뀌어 가는 것을 알게 된다. 오래 된 일반적 개념이 제거되는 것은 아니었다. 그러나 처음에 함축하였던 몇몇 개념을 뒷받침해 주는 것으로 되고 만 것이다. 그 결과 아주 오래 된 전문용어는 남겨지지만, 그것은 예전에 담당하였던 기능 중 하나만을 갖게 되었다. 우리는 이 현상을 여러 가지 방법으로 예증할 수 있다. 여러 가지 형태로 드러났던 가장권(家長權; Patrical Power)은 과거에는 그 특성상 동일한 것으로 한때 인정되었고, 하나의 명칭에 의해 구별되었음은 의심의 여지가 없다. 선조(先祖)에 의하여 행사되었던 권력(權力; Power)이라는 것은 그 행사에 있어서 가족과 물적 재산 사이에 아무런 차이가 없었다. 즉 양떼나 소와 말이나 노예나 어린아이들이나 처에 대한 경우에 아무런 차이가 없었다. 고대 로마시대의 명칭을 획일적으로 정할 수는 없지만, 수권(手權; *manus*)이라는 단어가 의미하는 힘(*powers*)의 개념을 느끼게 하는 많은 표현으로부터 이를 추단할 수 있고, 고대의 보편적 용어가 마누스(*manus*)였다고 믿을 수 있게 하는 아주 확실한 이유를 가지고 있다. 그러나 로마법이 조금 더 발달하고 나서는 그러한 명칭과 관념은 모두 특수한 것이 되었다. 권력은 그것이 행사되는 대상에 따라 용어나 개념으로 구분되기 마련이었다. 만일 물건이나 노예에 대하여 행사된다면 이는 소유(所有; *deminium*)를 의미하였고, 자녀들에 대하여는 친권(親權; *potestas*)을 의미하였으며, 그 이익이 그들 자신의 선조에 의하여 다른 사람으로부터 보류된 자유민(自由民)에 대한 경우에는 지배권(支配權; *mancipium*)을 의미하였고, 처에 대하여는 부권(夫權; *manus*)이었다. 이 오래된 용어는 완전히 소멸하지 않고, 그것이 이전에 표시했던 권위의 행사 중에 하나로 한정되었던 것이다. 이와 같은 사례는 우리들로 하여금 계약(契約; Contracts)과 거래(去來; Conveyances)의 역사적 관련성을 이해할 수 있게 해 줄 것이다. 모든 엄숙한 협상(協商; transactions)을 할 경우 처음에는 일종의 엄격한 방식이 행하여졌으며, 로마에서 구속행위(拘束行爲; *nexum*)라는 명칭으로 나타났다. 엄격하게 말하면, 재산의 거래가 행하여지는 경우에 사용된 동일한 형식이 계약을 하는 경우에도 마찬가지로 사용되었던 것으로 보인다. 그렇지만 우리는 얼마 되지 않아 계약관념이 거래관념으로부터 벗어나는 시기에 도달하게 된다. 이 두 가지 변화는 이렇게 하여 발생하였다. "저울에 맞추어 하는" 협상(協商; transaction)은 재산의 이전을 그 목적으로 하는 경우에는 악취행위(握取行爲; Mancipation)라는 새로운 특수명칭으로 알려졌다. 종래의 구속행위(拘束行爲; Nexum)는 그대로 동일한 의식을 표시하지만, 계약을 의식화하는 특별한 목적을 위하여 사용되는 경우에 한하게 되었다.

구속행위의 변화

두세 개의 법적 개념이 예전에는 하나였다는 것은 그에 포함된 어느 하나가 다른 것보다 오래 되었다는 것을 의미하는 것도 아니고 다른 것들이 발생되었을 경우에 이러한 것들이 보다 우월하고 선호되었던 것도 아니었다.

하나의 법개념이 몇 개의 법개념을 계속적으로 포괄하는 이유와 하나의 술어가 몇 가지의 술어를 갈음하여 사용되는 이유는 실제상 변화에 맞추어 사람들이 그것에 주의를 기울였던 것인지 혹은 명칭을 붙이는 기회를 가지게 되었던 것인지에 대해 이전의 원시적 사회의 법에서 완성되었던 것임은 의심의 여지가 없다. 필자는 가장권(家長權; Patriachal Power)이 처음에는 그것이 행사되는 대상에 따라서 판별되었던 것은 아니라고 한 바 있지만, 자녀들에 대한 권리가 권력의 오래 된 개념적 기원이었다고 확신한다. 그렇게 생각하면서도 구속행위(拘束行爲; Nexum)의 최초의 사용, 그리고 그에 의존한 사람들이 처음으로 인정하였던 것 중 하나가 재산의 양도에 적절한 의식성을 주기 위한 것임을 의심하지 않을 수 없다. 구속행위를 본래의 기능으로부터 조금이라도 전용하게 되면, 우선 그것은 계약에 사용할 수 있는 것이 되었고, 이 아주 작은 변화가 그것을 평가하고 주의를 기울여야 하는 것을 오래도록 방해하는 것이 될 것이다. 고전적 명칭은 사람들이 새로운 명칭을 알려고 하지 않을 때, 그대로 남아 있게 된다. 오래 된 개념은 어느 누구도 그것을 검토해 보려는 노력을 할 이유를 인지하지 못하기 때문에 마음속에 고착되어 있는 것이다. 이 과정을 유언(遺言; Testament)의 역사에서 명백하게 검증한 바 있다. 유언은 처음에는 단순한 재산의 이전(移轉; conveyance)이었다. 이 특별한 양도와 다른 모든 양도 사이에 드러나는 실제상의 상당한 차이만이 이것을 각각 다르게 볼 수 있게 하였던 것이고, 설령 그렇게 되었더라도 수세기가 지나서야 비로소 개선자(改善者; ameliorators)가 명목상 악취행위(nominal mancipation)에서 쓸모없는 장애요소를 제거하고, 유언자의 의사 표명에서 유언에 관련된 그 어떠한 고려도 할 필요가 없게 된 것이다. 초기 유언의 역사에서와 같은 절대적 확신을 가지고, 계약의 초기를 다룰 수 없는 것은 불행스러운 일이지만, 계약이 처음에는 구속행위를 통하여 새로이 사용되는 것으로 되고, 다음으로 시도의 중요한 실제상 결과에 의하여 명백한 협상으로서 인정받기에 이르렀다는 것을 전혀 부정하는 것은 아니다. 이 과정에 관한 다음과 같은 묘사에는 어느 정도 추측이 덧붙여진 것이긴 하지만, 그렇게 심한 추측은 아니다. 현금매매(現金賣買)를 구속행위(拘束行爲; Nexum)의 정상적인 유형으로 생각하기로 하자. 매도인(賣渡人)이 처분하려는 재산 ― 예를 들면 노예(奴隷) ― 을 가지고, 매수인(買受人)은 화폐로 사용되고 있는 주조되지 않은 구리를 가지고 참여해야 하며, 반드시 있어야 할 보조자(補助者)인 저울소지자(libripens)가 한 조의 저울을 가지고 함께 동행하였다. 때로는 노예가 정해진 방식에 따라 매수인에게 넘겨지려면, 구리가 저울소지자에 의하여 저울에 놓여지면 비로소 노예는 매도인에게 넘겨졌다. 이러한 행위가 계속되는 동안 그것은 구속행위(拘束行爲; nexum)이고, 그 당사자가 계약당사자인 넥시(nexi)였다. 그 행위가 완성된 순간 구속행위는 종료되고, 매도인과 매수인은 동시의 관계에서 얻게 되었던 명칭을 사용하지 못하게 된다. 그렇지만 상업사(商業史; commercial history)를 한 단계를 나아가서 살펴보기로 하자. 노예는 양도되지만, 금전이 지급되지 않은 경우를 상상해 보자. 이 경우에 매도인의 구속행위는 종결되고, 일단 그 재산을 이전한 경우, 그는 더 이상 계약당사자(契約當事者; nexus)가 아니다. 그러나 매수인의 구속행위는 계속된다. 그러므로 매수인에 대해서는 여전히 거래가 종료되지 않으므로 그는 여전히 계약당사자라고 여기게 된다. 따라서 동일한 용어가 재산권을 이전하게 되는 거래의 경우와 아직 지급하지 않은 구매액에 대한 채무자의 인적 의무의 경우 모두 그대로 남게 만드는 셈이다. 여기서 좀더 나아가 아무것도 넘겨주지 않고, 아무것도 서로 이행하지 않은 완전히 형식적인 절차를 상상해 보기로 하자. 우리는 한꺼번에 거래상 활용을 나타내는 취급인 매매계약상 불이행(executory Contract of Sale)을 다루려고 한다.

양도행위와 계약

일반적인 견해 및 전문가의 견해에서 계약(契約; *Contract*)이 미완성의 거래(*incomplete conveyance*)라고 보아왔던 것이 사실이라면, 이 사실적 부분은 여러 가지 이유에서 중요성을 지닌다. 자연상태(自然狀態; state of nature)의 인류에 관한 18세기의 고찰경향은 정확히 "원시사회에서의 재산은 특별한 것이라기보다 채무가 그 전부였다(in the primitive society property was noting, and obligation everything)"라는 원리로 적절하게 요약할 수 있다. 그런데 이제 이러한 견해가 뒤집혀진다면, 현실에 좀더 근접하게 될 것으로 생각된다. 다른 한편 역사적으로 고찰해 보면, 거래(去來; Conveyances)와 계약(契約; Contracts)의 원시사회에서의 관련성은 학자들, 특히 법학자들을 혼돈스럽게 만들었던 원인이라고 생각한다. 그것은 고대법체계상 채무자(債務者; *debtors*)에 대하여 이상할 정도의 엄격성이 부여되며 그것이 채권자(債權者; *creditors*)에게 주는 법외적인 요소이다. 일단 구속행위는 채무자에게 시간을 주기 위하여 인위적으로 연장시켰음을 이해하는 경우, 대중과 법 현실 앞에서의 그의 입장을 좀더 잘 이해할 수 있다. 채무불이행은 의심할 바 없이 불법으로 보이고, 이행지체는 일반적으로 위계(僞計), 틀림없는 규정의 위반으로 볼 수밖에 없다. 그 협상에서 자기의 분담을 완전히 이행한 사람은 특별한 혜택을 받게 되어 있었고, 확실히 권리를 가지고 있어야만 기간을 미루거나 연기하지 않아도 되는 절차의 완성을 할 수 있게 하는 엄격한 능력으로 그를 무장시켜주는 것은 아주 자연스러운 것으로 여겨졌다.

협약에 대한 로마법상 분석, 의무

본래 재산의 거래(去來; Conveyance)를 나타냈던 구속행위(拘束行爲; Nexum)는 언제부턴가 계약(契約; Contract)까지도 표시하는 것으로 되었고, 마침내 이 단어와 계약관념과의 연상은 아주 일상적으로 되어버렸기 때문에, 만키피움(Mancipium) 또는 만키파티오(Mancipatio)라는 특수한 용어가 진정한 구속행위, 즉 재산이 현실적으로 이전하게 하는 협상(協商)을 표시할 목적으로 사용해야만 했다. 그래서 계약(契約; Contracts)은 거래(去來; Conveyances)로부터 분리되고, 그 역사에 있어서 제1단계는 끝났지만, 계약자의 약칭이 그에 수반하는 의식보다도 더 높은 신성성을 가지는 발달단계에 이르기까지는 아직도 먼 상태였다. 이 중간단계를 거치는 변화의 성격을 밝히려고 한다면, 정확하게는 이 장(章)의 범위를 달리하는 논제, 즉 로마법학자들이 연구하였던 협약(協約; Agreement)에서 자세히 살펴볼 필요가 있다. 필자는 로마법학자들의 현명함을 보여주는 가장 빼어난 기념비적인 이 분석에 관해서 약정(約定; Convention), 즉 약속(約束; Pact)으로부터 의무(義務; Obligation)를 이론상 분리하는 것에 의한다는 점 그 이상을 언급할 필요는 없다고 생각한다. 벤담(Bentham)과 오스틴(Austin)은 계약의 2대 주요소를 다음과 같이 설명하였다. "첫째로 약정당사자(約定當事者)가 없거나 아니면 지켜야 할 약정을 지키지 않았거나 아니면 지켜야 할 금압을 지켜야 하는 그의 의도의 약정자에 의한 표시, 둘째로 약정자가 제출하기로 한 약정을 제대로 한 바와 수약자(受約者)가 예기하였던 바와의 수약자에 의한 표시"라고 단정하였다. 이것은 실질적으로는 로마법학자의 학설과 동일하지만, 그들의 견해에 있어서의 이와 같은 "표시"는 계약(契約; Contract)이 아니라 약정(約定; Convention), 즉 약속(約束; Pact)의 효과이다. 약정은 각 개인이 틀림없다고 동의하는 각 개인의 약속의 결과이고, 명백하게 계약에 부합하는 것은 아니다. 결국 그것이 계약인지 아닌지의 여부는 법이 이에 의무(義務)를 부과하는지의 문제에 의존한다. 계약은 약속(또는 약정)과 의무의 결합이다. 약속은 의무를 수반하지 못한 채 있는 동안은 무효(無效; *nude* 또는 *naked*)라고 한다.

의무(義務; Obligation)란 무엇인가? 이에 대한 로마의 법률전문가들은 "이완되어 있는 모든 것을 필연적으로 결합시키는 법제상 유대(紐帶; Juris vinculum, quo necessitate adstringimur alicujus solvendae rei)"라고 정의한다. 이 정의는 의무를 공통의 기초로 삼고 있다는 비유에 따라 의무를 구속행위에 결부시키고 매우 특이한 계보를 우리에게 전수하여 보여준다. 의무는 어떠한 유의적 행동(有意的 行動)에 의하여 법이 사람 또는 사람의 집단을 결합시키는 "유(紐; bond)" 또는 "쇄(鎖; chain)"이다. 의무를 부담하는 행위는 주로 계약과 부정행위(不正行爲; Delict), 협약(協約; Agreement)과 권리침해(權利侵害; Wrong)이고, 그 밖의 여러 가지 행동은 동일한 결과를 가져오지만 정확한 분류에 포함시킬 수는 없다. 그렇지만 행위(行爲; act)를 도덕적 필요에 맞추어 의무를 끌어들이지 않는다는 것은 주의할 필요가 있다. 여기에 지나친 권능을 부가하는 것은 법이었던 때로서, 그 독특한 도덕적이거나 아니면 형이상학적(形而上學的) 이론을 지지하려고 하는 로마 시민법에 근대적 해석자들이 이설(異說)을 주장하고 있기 때문에, 이 점은 특히 주의할 필요가 있다. 구속행위법(*vinculum juris*)에서 생각할 수 있는 것이 계약과 부정행위에 관한 로마법의 각 부분에 드리워지고 유포되어 있다. 이 법은 당사자를 연결시키고, 이러한 연결고리는 해결(解決; *solutie*)이라고 지칭하는 과정에 의해서만 풀어질 수 있다. 이 해결은 어디까지나 비유적인 표현이었고, 영국에서의 "보상(報償; payment)"이 때때로 우연히 이에 상응하게 되었다. 이 비유가 그 자체로서 보여 주는 확고함이 로마의 법적 용어의 이와 같은 설명에 의하지 않으면 이해하기 어려운 특수성, 즉 "의무(obiligation)"가 권리와 함께 의무를, 예를 들어 부채(負債; duty)를 지불할 수 있게 하는 권리와 함께 이를 지불해야 하는 부담(負擔; dobt)을 지고 있다는 사실을 설명한다. 로마인은 사실 "법적 고리(legal chain)"의 상태 전체를 있는 그대로 그 연결고리를 지니고 있었던 것이다.

약정과 계약, 로마법상 계약

좀더 발달한 로마법에서는 약정(約定; Convention)이 체결되면 그 순간 거의 모든 부분에 의무(義務; Obligation)의 문제에 둘러싸이게 되고, 이러한 방식으로 계약이 성립된다. 이것은 계약법(契約法; contract law)이 확실히 의도했던 결과였다. 그렇지만 주의깊게 살펴볼 때, 특히 중간단계(中間段階; intermediate stage)는 — 완전한 협약 이상의 어떠한 것이 의무를 발생시키는 것으로 되어 있다. 이 시대는 계약을 4종류, 즉 — 구두계약(口頭契約; Verval Contract), 문서계약(文書契約; Literal Contract), 사실계약(事實契約; Real Contract), 합의계약(合意契約; Consensual Contract)으로 나누어져 이름이 붙여졌다 — 그 유명한 로마식 분류가 사용되기에 이르기까지, 이 4가지 종류의 계약의 순서가 법적 강제를 할 수 있다는 약속의 종별이 생겨난 것과 그 시기를 같이한다. 4가지 종류의 구분의 의미는 우리가 의무를 약정으로부터 분리하는 이론을 파악하면 그다지 어렵지 않게 이해할 수 있다. 각각의 계약 종류는 계약당사자끼리의 단순한 합의를, 다시 이것을 뛰어 넘고, 필요한 특정한 방식에 의하여 사실상의 이름이 붙여졌다. 구두계약에서는 약정(約定)이 효력을 지니느냐, 그렇지 않느냐의 형식의 문구가 사용되고 있지 않으면 이러한 형식의 문서는 처음부터 의무가 이에 부가되어 있는 것으로 되어 있었다. 문서계약에서는 대장(臺帳)의 기재(記載)가 약정에 의무를 부과하는 효력을 가지게 하기도 하고, 사실계약에서는 동일한 효과가 이전에 한 약속의 목적이었던 재화의 이전에 의하여 생겨났다. 약속을 하면 계약당사자는 여러 가지 양해를 하게 되고, 만일 그렇지 못하게 될 경우에는 그들은 서로 의무를 지지 않고(not obliged), 그 실행을 촉구하거나 또한 신용의 파기에 대한 보상을 요구할 수가 없었다. 그렇지만 계약이 일정한 방식에 의해 체결해야 되면 계약은 바로 성립되어, 일정한 경우 적당하다고 판단되는 특정한 형식에 따라 명칭이 붙여지기도 한다. 이러한 계속된 관행에 대한 예외를 이제 바로 검토해 보기로 하자.

구두계약

필자는 4가지의 종류의 계약을 그 역사적 순서에 따라서 열거·설명하였다. 그러나 이 순서는 로마의 법학제요(Roman Institution)의 저자들이 보편적으로 적용하였던 것은 아니었다. 옛날에는 여러 종류의 구두계약(口頭契約)이 체결되곤 하였지만, 그 중에서 가장 오래 된 것으로 알려지고 세습적인 것은 원시적 구속행위(原始的 拘束行爲; primitive Nexum)였다. 원시사회에서는 그 필요에 따라 여러 가지 종류의 구두계약이 사용되었는데, 이 중에서 가장 중요하고 근대의 권위자에 의하여 논의되었던 유일한 계약은 문답방식(問答方式; stipulation; *Question and Answer*), 즉 약정을 하려는 사람이 표시한 물음에 대하여 그렇게 하겠다는 답변에 의하여 체결되었다. 약정을 하려는 사람이 물어 보면 약정하려는 사람이 그 대답을 하는 것이다. 이 문답이 필자가 앞에서 설명한 것처럼 원시적 관념에 의하여 당사자의 단일적 협약에 대하여 또한 이것을 초월하여 요구되는 부가적 성분(附加的 成分)을 구성하게 된다. 이러한 것들이 의무(義務; Obligation)가 부과되는 매개(媒介; agency)를 이룬다. 이전의 구속행위(拘束行爲; Nexum)는 바로 아주 성숙한 법제에서 무엇보다도 우선하여 계약당사자를 결합시키는 고리(chain)를 전해 주어야 하고, 이것이 의무가 되었다. 좀더 나아가 협약에 부수하여 이것을 신성화(神聖化)하는 의식의 관념을 남기고, 이 의식을 약정화(約定化; Stipulation)로 변화시켰다. 본래 구속행위의 두드러진 특징이었던 엄격한 거래가 단순한 문답으로 변했던 것은, 아마도 로마에서의 유언의 유사한 역사를 모르고 있었다면 아주 불가사이하게 생각되었을 것이다. 유언의 역사에 비추어 보면 어떻게 하여 형식적 거래는 실무 그 자체와 직접적인 관계를 가졌던 절차의 어느 한 부분으로부터 우선 분리되고, 어떤 과정을 거친 후에 전적으로 생략되었는지를 이해할 수 없다. 약정화에 의한 문답이 의심할 내용 없이 단순한 형태를 갖춘 "유결"로 됨에 따라 우리는 그것이 오래도록 전문적 형식의 성격에 관계있어 왔음을 알게 되었다. 그리고 이러한 문답이 협약을 체결하려는 사람들에게 고찰과 반성의 기회를 준다는 점에서, 초기 로마법률가들에게 이와 관련된 것은 많은 논쟁거리였을 것이다. 이러한 것들이 이러한 종류의 가치를 가지고, 점차로 인정되어 자리잡게 되었음은 부정할 수 없다. 그렇지만 계약(契約; Contract)에 관한 기능이 근대의 권위자가 서술한 것에서는 최초에는 형식적, 의식적이고, 언제나 문답이나 약정화를 구성하는 충족조건은 되지 못하고, 특히 특정한 경우에 충당된 술어로써 표현된 문답만이 그 충족조건을 갖춘다고 여겼던 증거가 있다.

구두계약의 약정

약정화가 유용한 보전책으로 인정되기 이전에는 한낱 의식으로서 여겨졌고, 이를 이해해야 하는 것은 계약법역사를 충분히 아는 데 어쩔 수 없는 방법이지만, 다른 한편으로 그 현실적 유용성에 눈을 감아 버리는 것은 그렇게 참조할 만한 것이 된다고 할 수 없을 것이다. 예전부터 전해 내려온 구두계약(口頭契約)의 중요성은 상실했지만, 로마법제의 최후기까지 남아 있었다. 로마법의 어떠한 제도도 현실적으로 아무런 실제상의 이득을 제공하지 못하면, 그대로 존속하지 못하였음은 두말할 필요도 없다. 초기의 로마인은 경솔(輕率)이나 무반성(無反省)에 대하여 그다지 보호조치를 취하지 않고 지냈는데, 이에 대해 영국인이 크게 놀랐다는 것은 영국인의 저서에서 확인한 바 있다. 그렇지만 약정화를 정밀히 검토하고, 서면으로 되어 있는 증거를 찾아볼 수 없는 문제로 삼고 있음을 생각한다면, 이 문답이 만일 명백하게 그것이 사용된 목적이 상응하기 때문에 고안되었다고 한다면, 진실로 아주 교묘한 방법을 표출한 것이라고 인정하지 않을 수 없다. 약정(約定)을 함에 있어서 약정자의 자격을 가지고 계약의 조건을 표현하는 것은 수약자(受約者; promisee)이고, 답변을 하는 것은 약정자(約定者; promisor)였다. "귀하는 이러저러한 노예를 여기나 저기에서 어느 날에 넘겨주기로 하는 약정을 하였습니까?", "약정하였습니다." 잠시 돌이켜보면 질문·응답에 의하여 생겨난 의무는 당사자의 자연적인 지위를 전환시키고, 이 얘기의 취지를 효과적으로 발생시킴으로써 주의가 위험에 대한 보증(保證)으로부터 벗어나도록 방지하는 예도 있다. 근대에 들어서 구두계약은 일반적으로 약정자의 말에서 취합되었다. 고대 로마법에서는 다른 조치가 반드시 있어야 하였다. 즉 협약(協約)이 이루어진 후 수약자(受約者; promisee)가 엄격한 질문의 형식으로 그 어구(語句)를 마무리할 필요가 있었다. 물론 이 증거가 이 심문(審問)에서 해내게 되는 것은 무엇보다도 이 질문과 그에 대한 긍정자료가 되는 것이지, 그 내용에 포함되어 있지 않은 것을 그렇지 못했다. 외관상 중요성을 갖는 특이성(特異性)이 계약법상 용어에 어떻게 큰 차이를 만들어 낼 수 있는지는 로마법을 처음 공부하는 사람에게도 그다지 어렵지 않게 이해되는 것이지만, 그 최초의 장해물 중 어떤 것이든 모두 일반적으로 이것에 의하여 생겨나게 되었다. 영국에서는 계약에 관하여 서술하는 경우 편의상 당사자 일방이 이에 관계하려고 하는 경우에는 ― 예를 들어 만일 일반적으로 계약자에 관하여 서술하는 경우에 편의상 당사자의 일방에 이것을 관계지으려고 할 때에는 ― 말하는 쪽은 언제나 약정자이다. 그러나 로마법의 일반법은 그 방법이 다르다. 언제나 계약을 말할 때 약정자(約定者; promisor)에게 하기 때문이다. 계약당사자에 관하여 언급하는 경우에 암시하는 것은 약정을 하려는 의사를 가지고 있는 사람, 즉 질문을 하는 사람이다. 그렇지만 이 약정화(約定化; stipulation)의 유용성은 고대 로마의 희극작가의 저서에 있는 현실로서의 실례에 들어 맞추는 경우에 아주 생생하게 드러난다. 이것이 드러나는 모든 광경을 읽어 내려면(플라우투스〈Plautus〉[165] 허언자〈虛言者; Pseudolus〉 제1막 제1장, 제4막 제6장, 세 장의 화폐〈Trinummus〉 제5막 제2장 참조), 어떤 약정을 세밀하게 생각하고 있는 사람의 주의가 어떻게 효과적으로 질문에 의하여 알아듣게 될지, 또한 부주의를 하게 되어 후회하게 되는 데 얼마만큼이나 충분한 기회가 있어야 하는지를 알게 될 것이다.

문서계약(文書契約; Literal or Written Contract)에서는 의무(義務; Obligation)가 약정에 부과되는 형식적 행위를 개별적으로 결정한 경우 총액을 대장(臺帳)의 차변란에 기입하게 되어 있었다. 이러한 종류의 계약을 설명함에는 로마 가정 내의 어떤 습관, 즉 고대에 있어서의 부기(簿記)의 성격과 똑같이 들어맞는 것이 있음을 전달해야 한다. 로마법에는 예를 들어 노예의 특유재산(Slaves Peculium)과 같은 두세 개의 어려운 문제가 있고, 이것은 로마의 가정이 엄격하게 그의 수장에게 의무가 있는 몇몇 사람들에 의해 이루어지고, 가정 내의 모든 수입의 세목도 거래장(去來帳; waste books)에 기입된 다음에 비로소 총대장(總臺帳; general household ledger)에 옮겨졌던 것을 상기하면 조금이라도 알 수 있을 것이다. 그렇지만 문서계약에 관하여 우리가 가지고 있는 설명자료에 분명치 못한 것이 있다. 부기(簿記; Keeping books)의 습성은 후기에는 일반적인 것으로 되었고, "문서계약"이라는 표현이 처음에 이해되었던 것으로부터 완전히 다른 형식의 약속을 표시하는 것으로 되었던 것이 사실이었기 때문이다. 그렇기 때문에 우리는 원시적 문서계약에 관하여 의무가 채권자 쪽에서의 단순한 기입에 의하여 생겨나게 되었는지 아닌지, 아니면 채무자의 동의 즉 채무자 자신의 장부에 앞의 기입에 상응하는 기입이 이것에 법적 효과를 부여하게 되는지에 관하여 필요한지 그렇지 않은지에 관하여 말할 입장이 못 된다. 그러나 이러한 종류의 계약에 있어서는 조건(條件)이 따르는 것은 모든 방식은 생략되어 있는 본질적 원리가 확립되어 있었다. 이것은 계약법의 역사에 있어서는 한층 발전된 측면이다.

사실계약

순차적인 역사적 흐름에서 그 다음을 차지하는 계약(契約), 즉 사실계약(事實契約; Real Contract)은 윤리적 관점에서 큰 진보를 보여 준다. 일정한 협약(協約)이 특정한 것을 주고받는 것을 목적으로 하는 경우 ─ 더구나 이것이 대대수의 단순한 약속인 경우에는 ─ 주고받는 것이 현실적으로 행하여지는 순간 의무(義務; Obligation)는 종료하게 된다. 이와 같은 결과는 계약의 아주 오래 된 관념에 중대한 혁신을 일으켰다. 그렇게 의심할 바 없이 원시시대에는 계약당사자가 그 약정에서 그의 동의하는 것을 게을리하는 경우, 약정에 의하여 맺어진 내용은 법률에 의하여 보호받지 못하게 된다. 임대차관계에서 금전을 지불한 사람은 그에 관하여 미리 형식상 약정해 놓지 않았다면 그 반환을 청구할 수 없다. 그렇지만 사실계약에서는 일방 당사자의 이행(履行)은 ─ 명백하게 윤리적 기초(倫理的 基礎)에 의거하여 ─ 상대방에게 법적 책임을 추구할 수 있도록 허용되어 있다. 이 때에야 비로소 도덕적 고려가 계약법에서의 일정한 성분요소(成分要素)로 드러나게 되고, 사실계약은 기술상 형식과 로마의 가정생활상 관습에 따르는 것보다 이 도덕적 고려에 기초를 두는 점에서 앞에 설명했던 두 가지 계약과 다르다.

합의계약

우리는 지금 네 번째의 계약인 합의계약(合意契約; Consensual Contracts), 즉 여러 종류의 계약 중에서 가장 흥미 있고 중요한 계약에 접하게 될 것이다. 네 번째 특수한 계약은 다양한 명칭들로 구별된다. 즉 위임(委任; Mundatum), 조합(組合; Societas), 매매(賣買; Emtio Venditio), 임대계약(賃貸契約; Locatio Conductio) 등이다. 앞에서 어느 계약이 그 약속(約束; Pact) 또는 약정(約定; Convention)에 의무가 부가된 것에서 성립하는 것을 설명한 다음에, 필자는 이 용어를 일반적으로 표현하여 사용해 왔다. 그러나 그것이 적극적인 면과 함께 소극적인 면을 포함하고 있다는 것을 이해하지 못한다면 엄밀한 의미에서는 정확하다고 할 수 없다. 그 이유는 앞에 말한 합의계약(合意契約)의 특수성은 어떠한 방식도 약속으로 그것을 창출하는 것을 필요하지 않기 때문이다. 설명하기 쉽지 않고, 또한 분명치 못한 한층 더 많은 것이 합의계약의 내용에 서술되어 있고, 합의계약에서는 당사자의 동의가 다른 어느 종류의 협약보다도 한층 더 강조되어 왔다는 것이 주장되었다. 그렇지만 합의라는 용어에는 의무라는 것이 이 경우 합의(合意; Consensus)에 포함되는 것을 의미한다. 합의, 즉 당사자 쌍방의 동의는 약정(約定; Convention)에서 종국적이며 절대적 요건이고, 당사자의 동의라는 이 요건을 충족시키게 되면 그 즉시 계약이 성립한다는 것이 매매, 조합, 위임, 임대차에 포함되어 있다는 약정서에서 눈여겨보아야 할 특징이다. 합의가 기타의 계약에서 물건(物件; Res), 질의 답변에 의한 약정(Verbastipulationis), 그리고 문서(文書), 즉 기입됨으로써 지니게 되는 기능을 세분해 보면 이러저러한 협상에서 드러나고 의무를 빚어내게 된다. 그러므로 합의는 아주 미세한 불법도 끼어들어 있지 않는 정확한 사실(事實; Real), 구두(口頭; Verbal), 그리고 문서(文書; Literal)와 유사한 용어이다.

생활의 교류 가운데 이러한 계약 중 가장 일반적이고 중요한 것은 아무런 조건 없이 4가지 유형으로 구성되는 합의계약이다. 각 사회의 집합적 존재의 과반수는 매매나 임대차와 같은 사업목적을 위한 여러 사람의 약정이나 의무에 관하여 구성원 한 사람을 다른 사람으로 바꾸는 협상에 모여 들었다. 이러한 협상을 사실적 참작함으로부터 풀리게 하고 사회적 변동의 가장 효과적인 도약을 방해할 수 있는 한 허용치 않았던 것이 로마인들의 생각이었던 것은 의심할 바 없고, 이러한 대다수의 사회에서도 마찬가지다. 이러한 발단은 물론 로마에 한정된 것이 아니라, 로마 인근 여러 족속과의 상업이 이러한 계약의 상호동의를 그대로 표시함으로써 의무적으로 되는 합의계약으로, 어디에서나 뒤바뀌는 경향이 있는 것을 흔히 볼 수 있는 것과 다르지 않다. 이로부터 그 관례(慣例)에 따라 이러한 계약을 만민법(萬民法; Juris Gentium)상 계약이라고 하여 구별하였다. 그러나 필자는 이 계약이 처음부터 이러한 명칭이 붙여졌다고 생각하지 않는다. 만민법의 최초의 관념은 법무관인 페레 그리누스(Peregrinus)의 취임 훨씬 이전에 로마법률가의 의지에 담겨져 있었던 것이지만, 그들이 기타의 로마 각 사회의 계약적 체계에 익숙해 있던 것은 광범위한 정규의 상업에 걸쳐서 실행되고, 이러한 상업은 이탈리아가 전면적으로 평정되고, 로마의 우월적 지위가 궁극적으로 확정되기 이전에는 상당한 규모였던 것은 아니었기 때문이다. 그러나 합의계약이 로마체제에서 마지막으로 생겨났다고 하는 강한 가능성이 있고, 또한 만민법이라고 하는 명칭이 그 기원의 새로운 낙인(烙印)을 찍히게 하였음은 익히 아는 바이다. 그렇지만 이 표현이 바로 "여러 나라 사이의 법(Law of Nations)"이 자연법(自然法)으로 뒤바뀔 때 합의계약(合意契約; Consensual Contracts)이 자연상태에 가장 잘 어울리는 협약의 유형을 의미하는 것이라고 보았기 때문이다. 그러나 이 간단한 신념이 좀더 새로운 방법을 만들어냈다면, 보다 간단한 계약형식이 자리잡았을 것임에 틀림없다.

자연적 의무와 시민법상 의무

합의계약은 앞으로 살펴보겠지만 수적으로 아주 제한되었다. 그러나 이러한 계약이 계약법역사에 있어서, 모든 근대적 계약 개념의 단서를 이로부터 이끌어내게 만들었다는 점은 의심의 여지가 없다. 협약을 하려는 의지의 발동은 이제 완전히 사라지고, 단지 개별적 논제로 되고 말았다. 형식(形式; forms)은 거의 모두 계약의 관념으로부터 제거되고, 외면적 행위는 내면적 의지의 상징으로 보아 넘기는 데 지나지 않게 되었다. 더구나 합의계약은 만민법으로 분류되고, 얼마 되지 않아 이 분류는 합의계약이 자연(自然; Nature)에 의하여 시인되고, 자연법 중에 포함되어 있는 약속을 드러내는 협약의 한 종류라는 귀결을 함께 얻어냈다. 이러한 점이 일단 확립되었을 때에는 로마법률가의 두세 가지 유명한 원칙과 구별이 발생했다. 그 중 하나는 자연적 의무(自然的 義務; *Natural Obligation*)와 시민적 의무(市民的 義務; Civil Obligation)

의 구분이다. 지적으로 충분히 성숙한 사람이 신중하게 고려하였거나 약속을 한 경우, 그는 필요한 어떤 방식을 생략하거나 일정한 종류의 기술상 장해 때문에 공정한 계약을 체결할 수 있는 형식적 능력을 갖추고 있지 못하더라도 자연적 의무를 지게 되는 것으로 되어 있다. 법(그리고 이것이 아무리 다른 것을 의미한다고 하더라도)은 의무를 강제하지 않으면서도 절대적인 거부도 하지 않았다. 자연적 의무는 단지 공허한 의무이거나 종류이고 만일 특별하게 계약능력이 점차로 획득된다면, 그 의무가 시민적으로 확보된다는 점에서는 특이한 면이 있다. 법학자의 매우 독특한 학설은 약정(約定; Convention)이 계약의 기술적 요소로부터 분리되었던 시기보다 그것의 기원이 더 오래라는 것은 아니다. 그들은 어쨌든 계약만 소송의 기초가 될 수 있고, 단순한 약속(約束; Pact) 또는 약정(約定; Convention)은 항변(抗辯; *plea*)의 기초가 될 수 있을 뿐이라고 가르쳤다. 이로부터 어느 누구도 규정된 형식에 의한 계약으로 완성되지 않은 협약에 의거하여 소구(訴求)할 수는 없었지만, 그럼에도 불구하고 공정한 계약으로부터 발생하는 요구는 반대협약(反對協約)을 입증함으로써 반박할 수 있었는데, 이 반대협약은 단순한 약정의 범위를 벗어날 수는 없었다. 부채의 회복에 대한 소송은 지불을 거절하거나, 연기하는 단순한 약식의 협약을 제시함으로써 대리할 수 있었다.

계약법의 변화

앞에서 설명한 원칙에서는 법무관(法務官; Praetor)들이 혁신적 개혁에 망설였음을 보여준다. 그들의 자연법이론은 합의계약(合意契約)이라는 것이 그 특이한 예에 속하는 약속 또는 약정을 특별한 호감을 갖고 보게 만들었다. 그러나 그들은 한꺼번에 모든 약정에 합의계약의 자유를 확장시키려고 하지는 않았다. 그들은 로마법의 최초의 출발점으로부터 그들이 신뢰하였던 절차에 대한 특별한 관리를 중요시하였다. 그렇지만 여전히 형식적 계약에 기초를 두지 않은 소송을 허용하려는 데 치우쳐 있는 한, 그들은 여기서 최고의 단계를 향해 전진하는 협약에 관한 이론을 충분히 이루어냈다고는 할 수 없다. 그러나 그들이 이렇게 진보시켜 왔기 때문에, 앞으로 더 진보할 것은 당연한 것이다. 계약에 관한 고대법(古代法; ancient law)의 혁명은 당해 연도의 법무관이 그 고시(告示)에서, 계약까지 전적으로 성립시킬 수 없는 약속에 대하여 그것이 어떤 사려(思慮)에 근거하는 조건(條件; *causa*)으로 형평법(衡平法)에 의한 행동을 허가한다고 선언한 때 완결되었다. 이러한 종류의 약속은 선진화된 로마법에서는 강제력을 지니게 된다. 이 원리는 합의계약(合意契約; Consensual Contract)이 그 적정한 결과에 도달할 수 있도록 하기 위한 것이다. 사실 로마인의 전문적 용어가 그 법이론과 마찬가지로 유연성을 지니고 있었더라면 법무관에 의하여 이루어졌던 이들 약속은 새로운 계약, 새로운 합의계약이라는 양상을 띠게 되었을 것이다. 그렇지만 이 법적 술어(法的 述語; legal phraseology)는 고쳐지기 어려운 법의 일부분이고, 형평법적으로 강제력이 주어진 약속은 단지 법무관에 의한 약속(Praetorian Pacts)이라고 하는 것은 별다른 변화 없이 그대로 지칭되었다. 이러한 약속에 일정한 사려가 가해지지 않았다고 한다면, 새로운 법제에 관한 한 전례 그대로(*nude*)이었을 것이다. 여기에 효과를 부여함에는 약속을 약정(約定; stipulation)에 의하여 구두계약(口頭契約; Verbal Contract)으로 전환시킬 필요가 있음을 주의해야 한다.

계약법의 발달

수많은 잘못된 생각에 대한 보호책으로서 계약의 역사상 아주 중요한 문제는 이 난관을 이렇게까지 장황하게 논의해 온 것에 대한 필자의 변명이기도 하다. 그것은 법제의 커다란 경계로부터 다른 쪽으로의 사상의 진전에 대한 완전한 해명을 제공해 주는 것이기도 하다. 계약과 거래(去來; Conveyance)가 섞여 있고, 협약에 수반하게 되어 있는 의식이 협약 자체보다도 훨씬 더 중요성을 지녔던 구속행위(拘束行爲; Nexum)로부터 시작해 보자. 구속행위로부터 약정체결(約定締結; Stipulation)로 바뀌는 과정을 이미 살펴보았고, 이는 고전적 의식을 단순화한 형식이었다. 문서계약(文書契約; Literal Contract)이 그 다음에 나타나고, 협약(協約; agreement)의 증명이 로마가정의 엄격한 계율(戒律)에 의하여 제공될 수 있는 한, 여기에서 모든 의식이 받아들여지는 것은 불가능하다. 사실계약(事實契約; Real Contract)에서 도덕적 의무가 처음으로 인정되고, 협약의 실행에 참가하거나 혹은 그 부분적 실행에 동의하였던 것은 형식적 결함을 이유로 이를 부정하는 것을 막으려고 하였다. 마지막으로 합의계약(合意契約; Consensual Contracts)이 나타나고, 이 계약에서 계약자의 심적 태도는 각각 개별적으로 나타나고, 외적 환경은 내적 의도의 증거로서만 인정될 뿐 더 이상 인정되지 않았다. 로마사상의 거대한 개념으로부터 세밀한 개념으로의 진보가 어느 정도까지 계약에 관한 인간사상의 필요한 진보를 가능케 했는지 검증해 주는 것인가는 물론 명확하다고 할 수 없다. 이는 로마의 그러한 영역을 제외한 기타의 모든 고대사회의 계약법은 단지 보고를 할 수 있을 정도의 자료만을 가지고 있을 뿐이기도 하고, 전혀 찾아볼 수 없는 곳도 있기 때문이다. 그런데 근대법제는 로마법적 관념에 의하여 아주 전면적으로 변형되었기 때문에, 당해 법제는 그로부터 우리가 찾아 얻을 수 있는 교훈이라든지 비교적인 것을 제공해 주지 못한다. 그렇지만 필자가 서술한 변화에서 난폭으로, 또는 불가사의하거나 이해하기 어려운 점은 적지 않게 있었기 때문에, 고대 로마법의 계약사는 일정부분까지 여러 고대사회에서 이러한 종류의 법적 개념의 역사의 전형적인 것임을 믿을 만한 이유가 있다. 그러나 로마법의 진보가 다른 법체계의 진보를 나타낼 수 있는 것은 몇 가지에 지나지 않는다. 자연법(自然法; Natural Law)은 어느 법보다도 로마법적이다. 법적 구속행위(*vinclum Juris*)의 개념은 필자가 아는 범위에서는 전적으로 로마적인 것이다. 이 두 사상에 연결되어 있는 계약(契約)과 부정행위(不正行爲; Delict)와 발전된 로마법과의 여러 가지 특이성이 단독으로 발생한 것인지 결합에 의한 것인지의 여부는 개별적 사회의 독특한 산물이다. 계약과 부정행위에 관한 법적 개념은 중요하다. 왜냐하면 비록 그러한 것들이 모든 사회에서의 진보적 사상의 필연적 결과를 전형적으로 보여 주는 것이 아니긴 하지만, 그 각각의 것은 근대세계의 지적 근간(知的 根幹)에 아주 놀라운 영향을 끼쳤기 때문이다.

로마계약법의 영향, 제국에서의 국가사상, 동양과 서양의 사상

로마법에서 특히 로마의 계약법(契約法; Contract Law)이 사고방식, 추론과정의나 전문용어에 걸쳐서 다른 학문영역보다 크게 놀라운 것이 많았던 것은 아니라고 필자는 생각한다. 근대인의 지적 욕구를 자극한 논제 중에서 로마법제와 관련이 없는 것은 자연과학(自然科學; Physics)을 제외하고는 거의 없을 정도다. 더구나 순수형이상학(純粹形而上學; science of pure Metaphysics)은 로마를 기원으로 하는 것보다도 그리스를 기원으로 하는가 하면, 정치학(政治學; politics), 정신철학(精神哲學; moral philosophy), 심지어 신학(神學; Theology)까지도 로마법에서 표현방법뿐만 아니라 그 아주 심원한 연구의 상당부분이 진보하여 성숙한 근원(根源; nidus)이 될지를 찾아냈다. 이 현상을 설명하기 위하여 언어와 관념과의 신비한 관계를 논의해 온 인간의 심리는 이전에 지니고 있던 언어의 적당한 축적과 적절한 논리적 방법의 구조원리(構造原理)를 갖추지 않으면, 어떠한 논제도 굳이 어렵게 생각할 이유를 설명할 필요가 절대적으로 있었던 것이 아니다. 동양세계(東洋世界; Eastern Words)와 서양세계의 철학적 관심사가 분리되었을 때, 서양사상의 창시자들은 라틴어로 말하고, 라틴어로 사고하면서 살아가는 사회에 속해 있었다는 사실을 서술하면 그만이었다. 그러나 서양의 여러 지방에서 철학적 목적에 상응하기에 충분한 정확성을 함유하고 있는 유일한 언어는 로마법의 언어이었고, 이것은 있는 그대로 사용되는 라틴어가 다른 양태의 미개족에 접합되어 변질되어 가면서도 특이한 행운을 만나 아우구스투스 시대(Augustan age)의 거의 모든 순수성(純粹性)을 지니고 있는 것이다. 그렇지만 만일 로마법학이 표현에서의 유일하고 정확한 수단을 제공하였다면, 여기에서 좀더 강조되고 사상적인 정확성, 치밀성 또는 깊이 있는 유일한 수단을 갖추고 있었던 것이라고 하지 않으면 안 된다. 적어도 3세기에 걸쳐서 서방에서 정점 없이 떠돌았다. 형이상학과 형이상학적 신학이 로마의 여러 신민(臣民)의 정신적 세력을 북돋아 주었지만, 그러한 용어가 실제의 경우에서 사용되는 예는 그리스어에 뒤떨어졌고, 그 사용영역은 로마제국의 동쪽으로의 절반이었다. 실제로 때로는 동양의 논쟁자의 결론이 매우 중요하게 취급하고, 각 사람의 이에 대한 동의 또는 이에 대한 반박이 기록되지 않으면 안 되었고, 그 후 서양은 동양의 논쟁에 개입하였다가 일반적으로 별 관심도 없고 반박도 없을 때 동의하는 것으로 될 뿐이었다. 이렇게 해 오는 동안 심각한 어려움과 아주 깊이 파고드는 미묘함과 매우 세련됨을 지니고 있는 자에게도 상당히 섬세한 연구의 일부분이 여러 서양지방의 교양 계급자들에게 매력을 잃었던 것은 아니다. 아프리카, 스페인, 프랑스 및 북부 이탈리아의 교양 있는 시민들에게는, 시(詩)나 역사, 철학이나 아니면 과학의 지위에 있는 것은 법학이고, 법학 이외의 다른 것은 없었다. 초기 서양사상의 노력이 분명하게 법학적 색채를 띠고 있었던 점에 전혀 이상하게 생각할 점이 없었기 때문에, 만일 이와 다른 형태를 띠었다고 한다면 아주 놀라운 것일 수밖에 없다. 필자는 새로운 특수한 요소의 출현에 의하여 생겨난 서양사상과 동양사상과의 차이, 서양신학과 동양신학과의 차이에 참여함이 너무나도 적음에 놀라움을 표하지 않을 수 없을 뿐이다. 콘스탄티노블(Constantinoble)의 창립에 뒤이어 생겨난 동로마제국(Eastern Empire)으로부터의 서로마제국(Western Empire)의 분리가 철학사(哲學史)에서의 새로운 기원(紀元)을 이루게 된 것은 분명 법학의 영향이 컸기 때문이다. 그렇지만 대륙의 사상가들은 로마법에서 받아들인 관념이 이들의 일상사상과 뒤섞여 있는 혼합의 친근성(親近性)때문에, 이 사태의 중요성을 평가하기 어렵다는 것은 의심의 여지가 있다. 다른 한편 영국인은 로마 문명의 지적인 전래품의 하나인 근대적 지식의 유류의 너무나도 풍부한 근원에 관하여 그들이 스스로 고백한 바와 같이 이상스러운 무지(無知)때문에 그 사태의 중요성에 대하여 맹목적이었다. 동시에 고전적 로마법에 대하여 열성적인 노력을 기울였던 영국인은 이 문제에 대하여 종래 보여 주었던 관심이 별로 없었기 때문에 필자가 계속적으로 주장해온 가치에 관하여 프랑스인이나 게르만인보다도 나은 판단자라고 할 수 있을 것이다. 현실적으로 로마인이 따르는 로마법제가 어떻게 될 것인가를 안다든가 최초의 서양의 신학(神學; theology)과 철학(哲學; philosophy)이 이에 선행하는 사상의 형성과 그 특징을 어떻게 달리하는지를 관찰하는 사람이면 누구라도 사고방식에 침투하여 지배하기 시작한 새로운 요소가 어떠한 것일지를 안심하고 선언할 수 있는 것이다.

유사계약

부문을 달리하는 논제에 대하여 아주 광범한 영향을 끼친 로마법의 부분은 의무(義務; Obligation)에 관한 법, 아니면 거의 동일하게 구성되어 있는 계약과 부정행위에 관한 법이었다. 로마인 자신들은 그 체제의 이 부분에 속하는 매우 많으면서도 유연성(柔軟性)이 있는 용어가 적용, 풀어낼 역할에 관하여는 모르고 있었다. 이는 유사계약(類似契約; Quasi-Contract)과 유사부정행위(類似不正行爲; Quasi-Delict) 등의 표현에 있어서의 특이한 접두어(接頭語)인 유사의 접합에서 입증된다. 이러한 형태로 사용된 "유사"(類似; *Quasi*)는 특수한 분류를 위한 용어이다. 영국의 비평가는 유사계약을 준계약(準契約; *implied contracts*)과 동일한 것으로 보는 것이 보통이었지만, 이것은 큰 잘못이었다. 왜냐하면 준계약은 진정한 계약이지만, 유사계약은 그렇지 않기 때문이다. 준계약에서는 행동과 상황이 명백한 계약에서 표징(表徵)하는 동일한 요소(要素)를 뜻하는 것으로 되어 있다. 그리고 어느 사람이 일정한 정리된 표징 또는 다른 것을 사용하는가는 협약(協約; agreement)의 이론에 관한 한 관련이 없는 사항이라고 할 수 없다. 그렇지만 유사계약은 전적으로 계약이 아니다. 이러한 종류의 계약으로서 흔히 볼 수 있는 예는 두 사람 사이에 존재하는 관계로써 그 중의 한 사람이 다른 사람에게 오인(誤認)하여 금전을 지불한 경우이다. 법은 도덕적인 이해관계를 따질 때에는 수령자(受領者)에게 반환의 의무를 부과하지만, 이 협상(協商)의 진정한 성질은 계약의 가장 본질적 요서인 약정(約定)이 결여되어 있기 때문에 그것이 계약이 아니라고 계시하고 있다. 로마법으로서의 용어에 관한 한 "유사"라는 말은 색인(索引)으로 사용되던 개념이 표면적인 상한 비슷함, 즉 유사성에 의하여 대비를 하게 되는 개념과 관련을 가지는 것으로 되어 버렸다. 그렇더라도 이 두 개념이 동일하든지, 아니면 동일한 보통개념(普通槪念; genus)에 속하는 것임을 뜻하는 것은 아니다. 이와 달리 그 개념 사이의 동일성을 부정한다. 그렇지만 그 개념 중 어느 한 개념이 다른 개념에 대한 결과로 분류됨에는 아주 유사하고, 또한 법의 어느 한 부분에서 채용된 용어(用語; phraseology)가 다른 부분으로 이전될 수 있고 다른 방법에 의해서는 불완전하게 표현될 수밖에 없는 규정의 서술에 지나친 억측을 가하지 않고도 채용될 수 있음을 적시해 주고 있다.

사회계약, 정치와 로마법

진정한 계약인 준계약과 전혀 계약이라고 할 수 없는 유사계약과의 혼동이 피치자(被治者)와 치자(治者) 사이에서의 본래의 약속(Original Compact)에 정치적 권리의무를 인정하는 잘못과 많은 공통점을 지니는 것은 신중하게 되짚어 볼 만한 일이다. 이 이론이 그 자체로서 확정적인 내용을 갖추기 훨씬 이전에 로마계약법상 용어는 사람들이 주권자(主權者)와 신하(臣下) 사이에 언제나 존재한다고 생각하는 권리의무의 상호관계를 서술하는 데 아주 많이 인용되었다. 맹목적으로 따르는 신하에 대한 왕의 요구를 아주 적극적으로 주장하는 준칙(準則)은 ― 신약성서(新約聖書)에 그 기원이 있다고 하지만, 사실은 로마황제의 전제제도의 잊혀지지 않는 기억에 유래하는 준칙으로 세계가 그렇게끔 되어 있는 한에서는 통치자가 가지고 있는 상관적 권리의식은 만일 의무에 관한 로마법이 그저 불완전하든가 발달하지 못한 관념을 나타낼 수 있는 어법(語法)을 제공하지 않았더라면 전혀 그 표현의 수단을 갖추지 못하였을 것이다. 군주의 특권과 그 신하에 대한 의무와의 상반되는 점은 서양역사가 시작된 이래 찾아볼 수 없었던 것으로 생각하지만, 그것은 봉건제도가 유럽 대부분 주권자의 지나친 이론적 주장을 뒷받침해 주는 관습에 의하여 적절하게 통제되고 있었기 때문에 봉건제도가 성행하고 있는 동안에는 몇 안 되는 사변적 작가(思辨的 作家)를 제외하고 그다지 관심을 기울이지도 않았다. 그렇지만 봉건체제(封建體制; Feudal System)의 붕괴가 중세적 조직으로 하여금 그 활동영역에서 배제하게 되자마자 종교개혁(宗敎改革; Reformation)으로 교황(the Pope)의 권위가 실추되었을 때 군주의 신권(神權)에 관한 교설은 바로 이전에 이르지 못했던 중요성을 갖게 되었다. 그것이 확보한 성행(盛行)은 로마법의 용어에 무엇보다도 계속적으로 의거한 결과였고, 본래는 신학적 색채를 가졌던 논쟁은 점차 법학적인 토의의 양상으로 바뀌게 되었다. 여론(輿論)의 역사에서 반복적으로 드러나는 현상이 이 경우에도 나타났다. 왕의 권위에 관한 논의가 필머(Filmer)의 확정적인 학설로 집대성되었을 때에 계약법(契約法; Law of Contract)에서 차용하여, 신하의 권리를 옹호하기 위하여 사용되었던 용어가 왕과 일반인과의 사이에 현실의 근원적 계약(actual original compact)이 있었다고 하는 학설, 즉 이것은 처음에는 영국의 법역에서 존재하였다가 점차로 특히 프랑스의 법역에 자리잡으면서 사회와 법의 모든 현상의 포괄적 설명에 확대·적용되는 학설로 자리잡게 되었다. 그렇지만 정치학과 법학의 유일한 진정한 관계는 계속적으로 이어져 왔지만, 법학이 정치학에 대하여 특히 신축성(伸縮性)을 지니는 용어의 정점을 넘겨주게 되었다. 계약에 관한 로마법제는 주권자와 신하의 관계에 대하여 비천한 영역에서 "유사계약"의 의무에 의하여 결합하는 사람들의 관계에 부과되었던 것과 동일한 역할을 해냈던 것이다. 그것은 점차 정치적 의무라는 주제에서 형성된 관념에 아주 정확하게 접근하는 어구(語句)의 체계를 만들어 냈다. 본질적 계약(本質的 契約; Original Compact)의 학설은 휘웰(Wheewell)이 그다지 건전한 표현으로 제시한 것은 아니지만 "그것이 도덕적 진실의 표현에 적당한 표현일 것이다"라고 암시한 바에 따라 그가 지적한 지위 이상으로 평가되기는 어려울 것이다.

윤리학과 로마법

근원적 계약의 발견에 앞서서 정립된 정치학적 논제에 관하여 법학적 어법(語法)을 광범위하게 사용하는 것, 그리고 이 근원적 계약의 가설이 미치는 강력한 영향은 로마 법학의 독점적 창조물인 용어나 개념이 정치학에도 매우 많다는 것을 충분히 설명할 수 있다. 정신철학(精神哲學; Moral Philosophy)에 이들 용어나 개념이 많이 들어 있다는 것에 관하여는 약간 다른 설명을 하지 않으면 안 된다. 윤리학적 저작들이 정치학적 고찰보다도 훨씬 직접적으로 로마법을 채용하였고, 그 저자들이 그 임무의 범위에 걸쳐서 의식적이었기 때문이다. 정신철학이 로마 법학에 힘입었다는 점이 크다고 말할 때는, 필자는 그 정신철학이 그 역사상 칸트(Kant)[166]에 의하여 무너지기 전에 이해했던 것처럼, 즉 인간행위를 규율하는 여러 규정이나 그 적절한 해석이나 그에 따르는 한계에 관한 배움을 의미하는 것을 이해하여야 한다고 제안하지 않을 수 없다. 비판철학(批判哲學; Critical Philosophy)의 출현 이후 정신과학은 거의 그 고전적 의미를 상실하고, 로마 카톨릭 신학자(Roman Catolic theologians)에 의하여 지금까지 구명되어 온 궤변론(詭辯論; casuistry)이라고 지칭되는 형태로 잔존해 있는 경우를 제외하고, 거의 일반적으로 존재론적 연구(存在論的 研究)의 일부분으로 보는 것으로 되었다. 휘웰을 제외하고 근대 영국의 단 한 사

람의 저술가도 그것이 형이상학(形而上學)에 의하여 흡수되기 이전에 당해 규
정의 기초가 규정 그 자체보다도 중요한 고려가 흡수되기 이전에 이해되었던
그대로 정신철학을 이해하는 사람은 없었다. 그렇지만 윤리학이 실제적으로
지배적인 행위를 문제로 삼는 한, 그것은 로마법에 의하여 침윤(浸潤)될 수밖
에 없다. 근대사상의 모든 큰 논제들이라고 하더라도 그것은 본질적으로 신
학과 결합되어 있다. 도덕적 신학의 과학(science of Moral Theology)도 처음에
는 지칭되었으면서도 로마 카톨릭의 신학자(Roman Catholic divines)에 의해서
그렇게 지칭되고 있기도 하지만, 그것은 그 주창자들이 충분히 아는 가운데
행위의 원리를 교회의 체계에서 차용하였고, 법학의 어법(語法)과 방법(方法)
을 그 표현과 확장에 이용하여 구성된 것이라고 할 수 있다. 이 과정이 진행
되는 동안 법학은 단지 사상의 매개로 취급되면서 사상, 그 자체에 그 색채
만을 전할 수 있을 뿐이었다. 법학적 개념과의 접촉에 의하여 받아들여진 특
색은 근대세계의 최초기의 윤리학에 관한 문헌에 그대로 인정되고 있는 권리
와 의무의 상호작용과 그 불가분적인 관계에 기초를 두고 있는 계약법이 그
대로 전적으로 도덕적 의무를 신의 나라(the Civitas)[167]의 시민의 공공적 의무
로서만 보았을지 알 수 없는 저작자들의 성향에 비추어 전면적으로 올바른
것으로 받아들여졌던 것으로 생각해도 괜찮다. 그렇지만 로마법의 도덕신학
(道德神學)에서의 결과는 스페인의 대철학자에 의하여 그것이 진전된 시대에
는 그 영향이 그렇게 크지 못했다. 학자끼리 비평하는 법적 방법에 의하여
발달한 도덕신학은 그 자체의 영어를 채용하였다. 고전학파(古典學派;
academical school)의 도덕에 관한 논쟁에서 특별한 의심 없이 아주 많은 것을
받아들인 아리스토텔레스적(Aristotelian) 추리와 표현의 특이성이 로마법을 잘
아는 그 누구도 반대하지 않고 사상과 표징의 특수한 동향으로 변하였다. 만
일 스페인파(Spanish school)의 도덕신학자들의 신뢰가 계속되었더라면 윤리학
에 있어서의 법학적 요소는 그다지 중요하지 않은 것으로 되었을 것이지만,
이 논제에 관한 다음 세대의 로마 카톨릭의 저작자들이 내린 결론을 보게 되

면 거의 그러한 내용전개를 거의 전면적으로 그 영향을 받아들이지 않고 있다. 궤변론(詭辯論; Casuistry)에 빠져 있던 도덕신학은 유럽의 사변적 지도자(思辨的 指導者)들에게 모든 관심을 잃게 하고, 전적으로 프로테스탄트(Protestants)[168]의 손바닥 안에 있던 정신철학의 새로운 학풍이 도덕신학자들이 밟아 오던 길을 크게 변형시키고 말았다. 이에 따른 효과는 윤리학적 문제에 대한 로마법의 영향을 크게 증대시키는 것으로 되었다.

도덕철학, 그로티우스와 그의 학파, 궤변론

종교개혁(宗敎改革; Reformation)이 발생하고 얼마 되지 않아, 그 사이에서 이 논제의 부류를 나누는 사상의 커다란 두 학파가 있었음을 우리는 찾아볼 수 있다. 두 학파 중에서 유력한 것은 처음에 궤변론자(詭辯論者; Casuists)로 알려져 있던 부류 또는 학파였고, 이들은 로마 카톨릭교회와 정신적 교류를 하고 있던 것이 거의 전부였고, 이 교회의 일정한 승급(僧級)을 지니고 있었다. 다른 한편에서는 일단의 저작자들이 「전쟁과 평화의 법에 관하여(*De Jure Belli et Pacis*)」의 저자인 위대한 휴고 그로티우스(Hugo Grotius)의 동일한 후예(後裔)들임을 이유로 교류를 하고 지냈다. 이 후자의 대부분은 종교개혁의 신봉자들이었다. 그리고 그들이 형식적으로나 공공연하게 궤변론자들과 투쟁관계에 있었다고는 할 수 없지만, 그들 체계의 기원과 목적은 궤변론과 본질적으로 달랐다. 이 점에 관하여는 주의를 환기시킬 필요가 있다. 왜냐하면 그것은 두 체제가 관계를 맺고 있는 사상의 부분에 관하여 로마법의 영향의 문제를 포함하고 있기 때문이다. 그로티우스의 저서는 비록 각 부분에서 순수한 윤리학의 문제를 다루고 있고, 또한 비록 형식적 도덕성에 관한 무수히 많은 직접 또는 먼 근간이지만, 주지하는 바와 같이 정신철학에 관한 전문적인 문서는 아니다. 그것은 자연원리에 관한 법(Law of Nature) 또 자연법(自然法; Natural Law)을 정립시키려는 목적이었다. 여기에서 자연법개념이 로마의 대법학자의 독점적 창작인지 아닌지의 문제에 들어가지 않더라도, 우리는 그로티우스 자신이 인정까지 한 바와 같이, 이미 알고 있는 어떠한 자연법의 부분으로 섭렵되었는가에 관하여, 로마 법학의 의미에 잘못된 인식이 전혀 없다고는 할 수 없겠지만 어쨌든 아주 심심한 존경의 마음으로 받아들이지 않으면 안 된다는 생각은 누구도 할 수밖에 없다. 그러므로 그로티우스의 체계는 그 정점에 있어서 이미 로마법의 복잡한 관계를 함축하고 있었고, 이 관계는 ― 이러한 필자의 법학적 훈련은 이와 같은 사정이 없어도 시작·계속되었을 것이지만 ― 각 절에서 용어나 추리, 정의, 설명의 양식을 본받아 구사하는 것은 불가피하였다고 할 수밖에 없으며, 이것은 간혹 각 사항이 유쾌한 원천을 잘 모르는 독자들에게 논의의 의미를, 또한 언제나 그 자체의 위력과 설득력을 숨기고 있음에 틀림없다. 다른 한편 궤변론은 로마법으로부터 아무것도 모방하지 않고, 그 논쟁한 도덕성(道德性)에 관한 견해는 그로티우스의 하고자 하는 바와 아무런 공통점이 없었다. 궤변론의 명칭 아래 유명하게 되었거나 아니면 명성이 떨어져버리게 된 선악(善惡; right and wrong) 철학은 모두 그 기원을 용서할 수 없는 죄(Mortal sin)와 용서할 수 있는 죄(Venial sin) 사이의 구분에 두고 있다. 특정한 행위를 용서받고 죄를 받지 않아도 되는 죄로 결정하는 것에서 생겨나는 두려운 결과를 회피하려는 자연적 불안과 똑같은 지성적 차원에서 불편한 학설에서 그것을 벗어나게 함으로써 프로테스탄티즘(Protestantism)[169]과 투쟁하는 로마 카톨릭 교회를 도우려는 것과 마찬가지로 납득하기를 바라는 욕망은 부도덕 행위가 될 수 있는 많은 경우에 용서받을 수 없는 죄부터 제외시키고, 이것에 용서받을 수 있는 죄의 낙인(烙印)을 찍어 주려는 의도를 가진 표준의 정교한 체계의 발명을 궤변론 철학의 추종자들에게 강제하려는 동기가 깔려 있었던 것이다. 이 실험의 운명은 일반 역사의 관심 거리다. 궤변론의 특성은 목사 등으로 하여금 여러 종류의 인간의 성격에 정신적 제어(精神的 制御)를 적합화시킴으로써, 종교개혁 이전의 시대에는 알고 있지도 못했던 제후(諸侯), 정치가나 장군 등을 수

반하는 세력을 사실상 도움 위에 또한 사실 프로테스탄티즘의 최초의 성공을 방해하고 협소화시켰던 대반동(大反動)에 크게 기여하였다는 것을 잘 알고 있다. 그러면서 건설하는 쪽과 관련하여서는 참여하지 않고 회피하며 ― 원리를 발견하려고 하는 것이 아니라 정해진 규준을 도피하고 ― 선악의 본질을 결정하는 데서는 무엇이 특정의 잘못이 되지 않는지를 따지는 데서 시작하고, 궤변론은 교묘한 정밀성을 지니고 그것이 진행해 온 도덕적 양상(道德的樣相)을 그치게 하고, 또한 인간의 도덕적 본능을 속임으로써 결국 인간의 양심을 돌연히 그에 반대하여, 그 체계와 그 학자들을 한편의 폐해로 되게 하고 말았다. 오랜 동안 계속된 타격은 파스칼(Pascal)[170]의 시골집에 살고 있는 친구에게 보내는 편지(*Provincial Letters*)에서 마지막 장막을 내리고, 이들을 기억하여 쓰여진 수필이 출현한 이후 아주 미미한 도덕학자도 공언하면서 궤변론의 족적(足跡)에 관심을 기울이지 않았다. 윤리학의 전 영역은 이렇게 하여 그로티우스의 이론과 관련하여 때로는 오류라고 하여 지나쳐 버리기도 하고 때로는 최고의 로마법의 장점과 연계되었던 점은 아주 있었던 그대로 보여 준다. 그로티우스시대 이후 다수의 연구자가 그의 이론적 원리를 수정하고 또한 많은 사람들이, 물론 비판철학(批判哲學; critical Philosophy)이 생겨난 이후의 일이기는 하지만, 이를 전적으로 저버렸다. 그러나 그의 기본적 전제와 크게 떨어져 있던 사람들까지 그의 서술방법이나 사고방식 또는 설명방법의 많은 것을 물려준 이러한 것들은 로마법학을 잘 모르는 사람들에게는 의미를 가지는 것도 아니고 특별한 요점도 되지 않는다.

윤리학과 로마법, 형이상학과 로마법

자연과학(自然科學; physical sciences)을 제외하고 형이상학으로서 로마법에서 영향을 받은 지식의 계통은 그렇게 많지 않다는 것을 필자는 앞에서 지적한 바 있다. 그 이유는 형이상학에 관한 논의가 언제나 그리스어로 되어 있으면서 처음에는 순수한 그리스어로, 나중에는 명백히 그리스적 개념을 표현함을 나타내기 위하여 구성된 라틴어의 방언(方言)으로 구성되었기 때문이다. 근대적 어법(近代的 語法)은 라틴어의 방언을 채용함으로써 혹은 그 형성에 본질적으로 따라 붙었던 과정을 모방함으로써 형이상학적 연구에 적절하게 들어 맞췄다. 근대에 들어서의 형이상학적 논의에 언제나 사용되는 용어의 원천은 아리스토텔레스(Aristotle)가 사용한 라틴어의 번역이었다. 여기에서 아라비아 번역(Arabic versions)에서 따온 것인지 아닌지는 따지지 않고, 번역자의 의도는 라틴어 문헌의 일정한 부분에서 유사한 표현을 찾아내려고 하였던 것이 아니라 라틴어의 근원에서 그리스의 철학사상의 표현과 일치하는 어구(語句)의 체계를 새로이 구성하려는 데 있었다. 이 과정에 관하여 로마법의 용어는 거의 영향을 줄 수가 없었다. 기껏해야 소수의 라틴어의 법률용어가 변화된 형태로 형이상학적 어법에 그 사용법을 맞추어 갔을 뿐이었다. 동시에 형이상학적 논제가 가장 강하게 선풍을 일으켰을 때, 그 어법으로는 그렇지 않더라도 사상적으로는 법적 유래를 폭로한 사실은 주목할 만하다. 그리스어를 알지 못하는 일반인이 자유의지(自由意志; Free-will)와 그 필요성(必要性; Necessity)과 같은 중대한 문제에 의하여 스스로 당혹감을 느낀 것보다 더 인상적인 것은 일찍이 사상의 역사상 없었다. 필자는 이에 관하여 요약적인 설명도 하지 않으려고 생각해 왔지만, 그리스인도 이러저러한 언어를 사용하여 자기들 언어로 생각하였으며, 어느 사회든지 법철학(法哲學)을 꾸며내는 능력을 조금이라도 보여주지 않는다고 하여 그것이 사실관계가 없다고 생각하지는 않는다. 법학은 로마의 창조물이고, 우리가 형이상학적 개념을 법적 견해로 파악하려고 할 때, 자유의지의 문제가 발생한다. 결과가 변할 수 없음이 필연적 관련성과 동일한지 그렇지 않은지는 어떻게 하여 문제가 되는 것인가? 필자는 로마법이 진전함에 따라 강력하게 되고 이러한 경향이 부동의 필연성에 의하여 법적 원인에 따라 붙는 것으로서 법적 결과는 빚어내는 것이라고 말할 수밖에 없다. 더구나 이러한 경향은 필자가 되풀이하여 인용한

"흩어져 있는 모든 것을 필연적으로 결합시키는 법률상의 유대(Juris vinculum quo necessitate adstringimur alicujus solvendae rei)"라고 하는 의무(義務; Obligation)의 정의에서 아주 명료하게 검증되는 것이다.

신학과 로마법, 라틴교회와 그리스, 서양교회의 문제, 서양에서의 로마법

자유의사(自由意思)의 문제가 철학적인 문제로 되기 전에 그것은 신학적인 문제였다. 만일 이 용어가 법학에 의하여 영향을 받게 되면, 그것은 법학이 신학에 영향을 주었기 때문인 것으로 되었다. 여기에 암시되어 있고 음미해 보아야 할 것으로 아주 명확하게 밝힐 만큼 충분히 중요하다고 볼 수 없다. 결정해야 할 것은 법제(法制)가 신학적 원리의 관점을 매개로 하여 일정한 역할을 하였는지 그렇지 않은지, 특별한 어법(語法)이나 개별적인 추리방법, 또는 특이한 많은 생활문제의 해결을 제공함으로써 신학적 사변(神學的 思辨)이 유출·확장할 수 있는 새로운 생활변화를 법제가 만든 것인지의 여부이다. 해답을 얻기 위해 신학이 최초로 합체된 지적 집산(知的 集散)에 관하여 가장 우수한 저작자 등에 동의를 얻는 것을 생각해 보는 것이 필요하다. 그리스도교 교회의 가장 오래 된 언어가 그리스어이고, 그것이 맨 처음 드러낸 문제가 후기 형태의 그리스 철학이 준비를 한 인간심의(人間心意)는 신적인 사람(Divine Persons), 신의 본체(Divine Substance), 그리고 신의 본성(Divine Natures)에 관하여 심오한 논쟁에 임하는 수단을 몸에 익힐 수 있게 되었다. 라틴어와 나약한 라틴철학은 그 함께 뒤섞이는 과정에서 아주 열세였으며, 따라서 라틴어를 사용하였던 서로마제국은 동방의 결론을 논의하거나 비판하지 못했다. 수석사제 밀만(Dean Milman)은 다음과 같이, 즉 "로마 그리스도교"는 "그 협소하고 열약한 어휘를 적합한 용어로 거의 받아들일 수 없는 신조(信條)를 받아들였다. 그렇지만 전체로서 로마와 동방의 점착은 서방에서 이들 잘 모르는 것을 강력하게 다른 힘을 빌리지 않으면서 검토를 하기보다도, 동방의 학자들의 뜻 깊은 신학에 의하여 연마된 교설체계(教說體系)를 소극적으로 동의한 바에 있었다. 아타나시우스(Athanasius)[171]는 로마 교회의 충실한 참여자이면서 연구자였다." 그러나 동방과 서방의 분열이 광범위에 걸쳐 일어나고, 라틴어를 사용하는 서로마제국이 그 자체의 지적 생활을 하기 시작하였을 때, 그 동방에 대한 복종은 한꺼번에 동방적 사고에는 전혀 없었던 많은 문제를 불러일으키는 것으로 변해 버렸다. "그리스 신학(神學)의 신성(神性; Godhead)이나 그리스도의 본성"을 아주 정교하게 정의 내려가는 중에도 지지부진한 논의가 그대로 계속되고 있고, 취약한 공동사회로부터 교파를 내쫓아 버리는 상황이 계속되고 있으면서(Milman, Latin Christianity, Preface, 5) 서양의 교회는 강열한 열정을 띠고, 논의의 새로운 질서에 내던져버렸고, 당시로부터 아직까지 어느 때인지 라틴교회에 포함되어 버린 인류의 관심을 저버린 적은 없다. 죄의 본성과 그 답습에 의한 유전 ― 부채(負債)와 그 대리에 의거한 변제 ― "속죄(贖罪)"의 필요성과 충족조건 ― 무엇보다도 "자유의지(自由意志)"와 "신의 범역"과의 명백한 대립 ― 이러한 것들은 동방이 그것과 특수한 개별적 신조에 관하여 논의하였던 것보다 훨씬 열렬하게 서방이 의론을 벌인 문제점들이었다. 어째서 그리스어를 사용하는 지방과 라틴어를 사용하는 지방을 구분하는 경계의 양측에 서로 아주 현저하게 다른 두 종류의 신학적 문제가 존속하게 된 것일까? 교회의 역사가들은 새로운 문제가 동방의 그리스도교를 분열시킨 것보다도 훨씬 "실제적"이었다고 하면서 서방 그리스도교를 무너뜨린 것보다도 절대적으로 훨씬 사변구현적(思辨具現的)이지 못하다고 말하면 그 해답에 가까워질 수는 있지만, 필자가 아는 범위에서는 이 문제에 관한 역사가로서 그에 관하여 전반적으로 답변을 할 수 있는 사람은 한 사람도 없다. 필자는 아무런 망설임 없이, 두 신학체계 간의 차이가 동양으로부터 서양으로 옮겨가는 중에 신학적 사고가 그리스의 형이상학(形而上學)의 풍토로부터 로마법의 풍토로 바뀐 사실에 의하여 설명되어야 한다고 생각한다. 이러한 논쟁이 전반적인 중요성을 띠고 떠오르기까지 몇 세기에 걸쳐서 서로마인의 모든 저적 활동은 전적으로 법학에 쏠려 있었다. 그들은 생활환경이 정비될 수 있는 모든 생활단체에 특수한 원리의 체계를 적용하려는 데 온 힘을 기울였다. 어떠한 외부적인 추구도 취미도 이처럼 점차로 증대하는 심적 집중(心的 集中; occupation)으로부터 그 주의를 빼돌리지 못하고, 이와 같이 속행시키기 위하여 그들은 풍부하고도 정확한 어휘, 엄밀한 추리방법이나 행동에 대한 적지 않은 경험에 의하여 검증된 보편적 논의의 축적과 더불어 엄격한 정신철학(精神哲學)을 가지고 있다. 그들이 그리스도교의 기록에 의하여 표시된 문제의 중핵(中核)으로부터 그 익숙해온 사고준칙(思考準則)에 혹은 친근성(親近性)을 가지는 문제를 선출하게 되고, 이 문제를 논구하는 그들의 태도가 그 응벽습속으로부터 약간을 따온 것은 있는 것으로 쳐주지도 않았다. 로마의 계약이나 부정행위에 의하여 확립된 의무에 관한 로마의 학설이나 부채와 그 발생, 소멸, 이전의 의식에 관한 로마의 견해나 포괄승계(包括繼承)에 의한 개인적 생존의 계속에 관한 로마적 개념을 평가함에 충분한 로마법에 관한 지식을 가지는 거의 평범한 사람도 서방 신학의 문제에 성질이 부합된 심리구성(心理構成)이 어디에서 생겨난다든가, 이러한 문제가 서술된 어디에서 따온 말이니, 그 해결에 사용되는 추리가 어디에서 유래하였는가를 마음 놓고 말해도 무방할 것이다. 다만 서로마에 주입된 로마법이 오래된 체제(體制)라고도 할 수 없고, 동로마제국 황제의 제도를 제대로 갖춘 법제도 아니고, 법규의 집적이지만 물론 근대적 민법(近代的 民法)의 명칭으로 통용되고 있는 근대의 사변적 교설의 기생적으로 무성하다가 거의 매몰된 것 중에서는 없어진 물건이 제일 잊혀지지 않는다. 필자가 논급하고 있는 것은 유스티니아누스 대제의 학설휘찬(Pandects)으로부터 부분적으로 재생시켰다고 생각되는 안토니누스 시대(Antonine age)의 대법학자에 의하여 연구된 법철학(法哲學), 즉 사람의 법이 한정시키려고 하는 한계를 끝점으로 하여 인간사상(人間事象)이 허용하는 이상으로 고도의 뛰어난 아름다움, 확실성, 정밀성을 목적으로 하는 것을 제외한다면 거의 결함이 인정되지 않는 체계임에 틀림없다.

신학과 로마법, 그리스어와 라틴어를 사용하는 지방, 로마법 발전의 원인

명성과 신망이 있는 많은 영국의 저술가들이 로마의 제정시대(帝政時代)에 인간의 이지(理智: intellect)의 상태에 관한 가장 지지하기 어려운 역설을 드러 내고 있는 것은 영국인이 그렇게 부끄럽게 생각지도 않으면서 쉽게 지껄이는 것, 때로는 부끄러운 줄도 모르고 로마법에 자만하게 대하는 무지의 결과에 지나지 않는다. 아우구스투스시대(Augustan era)의 말기부터 그리스도교의 교 조(教條)의 여러 요점에 관한 관심을 매혹시켰던 점에서의 각성의 기간에 걸 쳐서 문명세계의 심리적 세력이 그 의존에 의하여 약화시켰던 사실은 어떻게 라도 확언할 수 있지만, 이러한 제언을 함에 있어서는 아무런 소홀함도 없어 야 하는 것이지만 끊임없이 주장되어 왔다. 이제 여기에서 우리가 가지고 있 는 역량을 통하여 제시할 수 있는 사상의 두 과목으로 ─ 자연과학을 제외하 고나면 두 과목뿐이다 ─ 그 하나는 형이상학적 연구(形而上學的 研究)이고, 이것은 사람들이 만족스럽게 생각하여 그것에 따르는 한 그 한계를 모르는 것이고, 다른 하나는 법이며 인류가 관계되는 여러 사상(事象)과 범위(範圍)를 확장시킨다. 앞서 말한 시기에 우연하게도 그리스어를 사용하는 여러 지방은 형이상학에 전념하고, 라틴어를 사용하는 여러 지방은 법학에 전념하였다. 필 자는 알렉산드리아(Alexandria)와 동양에서의 사고(思考)의 결과에 관하여는 아 무 할 말도 없지만, 로마와 서방이 기타의 어떠한 심적 단련(心的 鍛鍊)이 제 대로 이루어지지 않은 것을 충분히 대충할 수 있는 일을 가지고 있었다는 것 을 확신하고, 뿐만 아니라 우리가 알고 있는 한에서는 성취된 결과는 그것을 만들어 내는 데 들어간 계속적이고 배타적인 노동력보다 가치가 떨어지는 정 도는 아니었다. 법조인이 아니고서는 누구라도 아마 어떤 지위에 있든지 간에 개개인의 지적 역량이 얼마만큼 법이 받아들여줄 것인가를 완전히 알 수 있는 사람은 없을 것이지만, 보통 사람으로서 왜 로마의 집합적 지적 역량의 유별난 몫이 법학에 의하여 증대되었는지를 이해하기에 어렵지 않다. 특정사회의 법학에 관한 숙련은 결국 다른 학문영역의 연구의 진보와 동일한 조건에 의존한다. 그 조건의 주된 것은 거기에 전념한 그 나라 사람의 지식인(知識人)의 비율과 이들이 전념한 시간의 장단이다. 그런데 어느 한 과학의 전진과 완성에 기여한 직접·간접의 모든 원인의 결집이 "십이표법(十二表法; Twelve Tables)"으로부터 동·서제국의 분열에 이르는 전체 기간을 통하여 로마법학에 계속적으로 영향을 주었고 — 그리고 정규적으로나 아니면 주기적으로는 아니지만 — 착실하게 적용력을 증대시켜, 끊임없이 그 수를 증가시켰다. 건설된 지 얼마 되지 않은 국민이 전념하는 가장 초기의 지적 단련은 법의 연구라는 것을 돌이켜 생각해 보지 않으면 안 된다. 사람들이 그것을 보편화(普遍化)시키려고 하였던 최초의 의식적 노력을 하고 나서는 일상생활의 관계사상(關係事象)이 일반규정이나 포괄적 법의식에 함유되는 최초의 것이다. 전체적인 젊은 국가세력이 경주한 추적목적의 인기는 처음에는 그렇게 신통치 않았지만, 그것은 얼마 되지 않아 멈추게 된다. 심의(心意; mind)가 법의 포로처럼 되어 있던 것이 끝나 버리고 만다. 로마 대법학자의 아침 강의에 모여드는 군중의 수는 감소한다. 영국법학원(英國法學院; English Inns of Court)172)에서의 학생 수는 천 명에 갈음하여 백 명으로 계산된다. 미술, 문학, 과학 및 정치학이 국가적 이지(理智)의 자기들의 몫을 요구하고, 법학의 훈련은 하나의 직업권 내에 폐쇄되어 이 직업권은 실제로 국한되고 미미한 것으로 되었지만, 이 학문에 대한 고유의 선호성에 의하고 동일한 보수(報酬)에 의하여 매력을 지니게 되었다. 이 변화의 추세는 영국에서보다도 로마에서 훨씬 더 두드러지게 드러났다. 공화제(共和制)가 끝나기까지 법학은 수장이 될 수 있는 특별한 사람을 제외하고, 모든 능력 있는 사람들의 독무대였다. 그렇지만 지적 진보의 새로운 단계가 어쩌면 영국의 엘리자베스시대

(Elixabethan era)와 마찬가지로 아우구스투스시대에도 시작되었다. 장식문학(裝飾文學; ornamental literature)의 전개와 함께 자연과학의 승리를 최촉하는 경향을 출생시키려고 하는 전야(前夜)에 걸쳐 있었던 다른 종류의 새로운 흐름이 있었음을 주의할 필요가 있다. 그러면서 이러한 흐름은 로마 국가에서의 심리의 역사가 심리적 발전 이후에 부딪치게 되는 과정과 병행하게 하는 것을 멈추게 하는 점이기도 하다. 로마 문학의 짧은 기간은, 그것은 엄격하게 잘라 말하는 것으로, 부분적으로는 그러한 점을 뒷받침해 주는 점이 없지 않지만, 여기에서 분석하는 것은 부적당한 종류의 다양한 영향 아래 갑자기 문을 닫고 말았다. 고대의 지적 영향력은 그 고대의 규범적 과정에 강제적으로 복귀시키고, 로마인이 철학이나 시(詩)를 자녀들의 장난감으로서 치부했던 시대에 차지하였던 고유한 재능의 영역을 다시 배타적으로 차지하게 되었다. 제정시대에 능력 있는 자를 법학자의 추구하는 역할을 하게 하였던 외부적 유인이 어떠한 성질을 지니는 것인가는 직업을 선택함에 있어서 실제 그에게 주어진 선택권(選擇權)을 고려하여 가장 좋다고 이해할 수 있을 것이다. 그들은 수사학(修辭學)의 교사로도, 전선주둔사령관(戰線駐屯司令官)으로도, 전문적 송사작가(專門的 頌辭作家; professional writer of panegyrics)로도 될 수 있을 것이다. 그에게 열려 있는 다른 유일한 활동적 직업은 법에 관한 직무였다. 이 직무를 통하여 재력, 명성, 지위를 얻거나 궁중의 회의실에 드나들 수 있었다. ─ 어쩌면 왕좌(王佐)도 그것으로의 통로이었을지 모른다.

동로마제국의 로마법, 서로마제국의 형이상학적 로마법

법학연구의 이익은 매우 많기 때문에 제국의 어느 곳에든지, 심지어 형이상학의 본거지에까지 법률학교가 있었다. 그렇지만 수도(首都)인 비잔티움(Byzantium)[173]에의 이전이 동방에서의 법학의 개척에 상당한 원동력(原動力)을 제공하기는 하였지만, 법학이 그곳에서 경쟁을 벌였던 탐구(探求)를 무너뜨리지는 못했다. 법학의 용어는 라틴어인데, 동로마제국에서는 ― 다른 나라의 방언(方言)이었다. 법학은 희망을 품고 포부를 안고 있는 사람의 심적 양식(心的 糧食)이었을 뿐만 아니라 모든 지적 활동의 영양물이었다는 것은 서로마제국에 국한해서만 단정할 수 있다. 그리스 철학은 로마의 지식계급에 있어서 일시적으로 유행한 취미 이상의 것이 아니고, 새로운 동쪽의 수도가 세워지고, 제국이 둘로 나누어진 때, 각 서쪽의 그리스적 사고로부터의 분리와 법학에로의 치우친 전념은 이전보다 훨씬 더 결정적이었다. 이때 바로 서쪽 여러 지역이 그리스인의 아래에서 벗어나 자기 자신들의 신학을 깊이 생각하기 시작하였고, 얼마 되지 않아 웅변술의 관념(forensic ideas)에 파고들어 웅변적 용어(forensic phraseology)로 표현되기에 이르렀다. 서양신학에 있어서 법학이 아주 깊이 깔려 있는 것은 확실하다. 그리스 여러 학설의 새로운 체계, 즉 아리스토텔레스 철학(Aristotelian philosophy)은 나중에 서로마제국에 진출하여 거의 전면적으로 그 고유의 학설을 매몰시켰다. 그렇지만 종교개혁이 일어나게 되면서 이러한 영향으로부터 서로마제국이 벗어났을 때 서로마제국은 기회를 잃지 않고 법학에 그 장소를 제공하였다. 칼뱅(Calvin)[174]의 종교체계 또는 아르미니우스(Arminians)[175]의 종교체계가 보다 두드러지게 법적 특성을 가지게 되었는지의 여부는 쉽게 말하기 어렵다.

계약법과 봉건제도

로마인에 의하여 생겨난 계약(契約; Contract)에 관한 특수한 법제가 근대법의 그것에 상당부문에 미친 영향은 이 책과 같은 논문보다도 차라리 완전한 법제사(法制史)에서 다루어져야 할 문제이다. 그러한 움직임은 볼로냐(Bologna)[176] 법학교가 근대 유럽의 법학(法學; legal science)을 정립하기까지는 생겨나지 않았다. 그렇지만 로마인이 제국의 몰락 이전에 계약의 개념을 충분히 발달시켰다는 사실은 이것보다 훨씬 앞선 시기에 중요한 문제가 아닐 수 없다. 필자가 되풀이하여 주장한 바 있지만, 봉건제도는 원시적 미개습속과 로마법과의 합성물이었다. 기타의 설명은 지지할 만한 것도 아니고 아니면 이해할 수 없는 것까지 있다. 봉건시대의 맨 처음의 사회형태는 원시적 문명을 지니고 살아가는 사람들이 어디에서나 결합하고 있던 보통의 단체와 아주 조금밖에 차이가 없었다. 봉토(封土; Fief)는 그 재산상 및 인격상 여러 권리가 불가분적으로 결합되어 있는 사람들과 본래부터 완전한 동친관계였다. 그것은 인도의 촌락공동체나 스코틀랜드 고지대의 민족과 많은 공통점을 가지고 있었다. 그렇지만 아직까지 그것은 문명화되면서 이 창시자에 의하여 자연발생적으로 형성된 단체에서는 발견할 수 없는 일정한 현상을 보여준다. 진정한 원시적 공동사회는 노정법규(露呈法規; express rules)에 의해서가 아니라 감정에 의하여, 아니면 우리대로 말하면 본능에 의하여 결합되어 있다. 이 동친관계에 새로 참여하는 사람은 이 동친관계에서 자연적으로 출생하였다고 하는 인위적 위장에 의하여, 이 본능에 의하여 결합하는 권역내(圈域內)에 참여시켰다. 그렇지만 맨 처음의 봉건적 공동사회는 단순한 감정에 의하여 결합된 것도, 아니면 의제(擬制)에 의하여 편성된 것도 아니었다. 그들을 결합시킨 유대는 계약이고, 그들은 새로운 결합을 자기들과 계약하는 것에 의하여 획득하였다. 영주와 신하의 관계는 본래 명확한 약속에 의하여 결정되고, 은혜(恩惠; commendation), 아니면 봉토사급(封土賜給)에 의하여 그 동친관계에 바쳐지기를 바라는 것은 그가 알고 있어야 할 조건에 관하여 명확하게 이해시켰던 것이다. 그러므로 봉건제도를 여러 원시종족의 순수한 습속으로부터 원리적으로 구별하는 것은 계약에 의하여 이것을 차지하는 영역이다. 영주는 가부장권의 여러 가지를 가지고 있지만, 그의 특권은 봉토사급이 행하여질 때 약속된 명확한 조건에 덧붙여질 수 있는 갖가지 종류의 결정된 관습에 한정되었다. 여기에 봉건사회와 진정한 원시적 공동사회를 동일한 종류로 분류하는 것을 못하게 하는 주된 차이가 있다. 이러한 차이는 오래도록 계속되고 다양하였다. 계속적이었던 것은 성문법규가 본능적 습성보다도 흩어져 있어 어렵기 때문이고, 다양하게 분류되어 있는 것은 그것이 기초를 두고 있는 계약이 토지를 수용하거나 아니면 토지를 내려주는 사람들의 아주 세밀한 상황과 의지에 따랐기 때문이다. 후자에 관한 고찰은 근대사회의 기원에 관하여 우리 일반 사람들에게 통설로 되어 있는 통속적 여론이 어떻게 대폭적으로 수정되지 않으면 안 되는가를 보여주는 실마리이기도 하다. 근대문명의 불규칙성으로 말미암아 잡다한 외견상의 여러 게르만족의 충만한 변화에 능한 천재성에 의존한다고 하는 것이 대부분이고, 흔히 로마제국의 단조로운 획일성과 대비된다. 미개족속의 관습 및 제도가 다른 것에 비하여 명확한 특징을 가진다고 하면 그것은 그들의 아주 드문 획일성이다.

◇ 주(註)

163) 프랑스의 사상가 몽테스키외의 소설. 1721년 익명으로 출판. 이 책은 유럽을 방문한 두 페르시아인이 그 인상을 친구에게 써 보내는 형식으로, 모두 160통의 편지로 이루어졌다. 하렘의 소동이라는 소설적인 줄거리도 있으나, 작품의 중심은 당시의 프랑스 사회에 대한 신랄한 비판으로, 18세기 초기의 정치 · 경제 · 종교 · 재판제도 등을 비롯하여 각종 풍속에 이르기까지 차례로 풍자의 대상이 되었으며, 특히 전제정치에 대한 공격은 같은 저자의 「법의 정신」(1748)을 예고하였다. 서간체소설이나 이국인의 입을 통해 사회와 풍속을 비판한 것으로서, 비록 이 저자가 처음 시도한 것은 아니지만, 18세기에 이 수법이 유행한 것은 이 작품의 성공에 힘입은 바 크다.

164) 그리스 전설에 나오는 영웅으로 필로스의 왕. 넬레우스와 도리스의 아들이다.

165) 그리스 신화의 영웅. 라틴어로는 아킬레스. 호메로스의 서사시 「일리아스」의 중심인물이다. 바다의 여신 테티스와 펠레우스왕의 아들로, 어머니인 바다의 여신이 그를 불사신(不死身)으로 만들려고 황천(黃泉)의 스틱스 강물에 몸을 담갔는데, 이때 어머니가 손으로 잡고 있던 발뒤꿈치만은 물에 젖지 않아 치명적인 급소가 되고 말았다. 아킬레스힘줄이라는 이름도 여기서 유래하였다.

166) Titus Maccius Plautus(BC 254~BC 184)
고대 로마의 희극작가로 운율의 극적 효과를 탐구하고 사랑의 고백이나 욕설, 임기응변의 대답 등에 라틴어 표현력의 새 분야를 개척하였다. 대표작은 「포로」, 「밧줄」 등이 있다.

167) Immanuel Kant(1724. 4. 22~1804. 2. 12)

독일의 철학자. 서유럽 근세철학의 전통을 집대성하고, 전통적 형이상학을 비판하며 비판철학을 탄생시켰다. 저서에 「순수이성비판」, 「실천이성비판」, 「판단력비판」 등이 있다.

168) 중세 초기의 주교 도시. 원래 로마 말기부터 자치를 허용받은 고대 도시의 후신이다. 뒤에는 로마와의 역사적 관련이 없는 경우에도 주교구를 가진 도시는 모두 키비타스라고 불렸다. 옛 게르만인의 소국가.

169) 16세기 루터, 칼뱅 등의 종교개혁의 결과로 로마 가톨릭에서 분리하여 성립된 그리스도교의 분파. 로마가톨릭교회 및 동방정교회와 더불어 그리스도교의 3대 교파를 이룬다.

170) 프로테스탄티즘은 루터 · 칼뱅 이후 17세기에 정통주의를 낳았는데, 18세기의 계몽주의 이후 근대사상과 조화를 이루는 새로운 신학사상의 전개를 보게 되었다.

171) Blaise Pascal(1623. 6. 19~1662. 8. 19)
프랑스의 수학자 · 물리학자 · 철학자 · 종교사상가. "파스칼의 정리"가 포함된 「원뿔곡선 시론」, "파스칼의 원리"가 들어있는 「유체의 평형」 등 많은 수학 · 물리학에 대한 글들을 발표하고 연구를 하였다. 또한 활발한 철학적 · 종교적 활동을 하였으며, 유고집 「팡세」가 있다.

172) Athanasius(295~373)
그리스의 정통파 교부(敎父)이자 성인이다. 아리우스의 이단설(異端說)을 매섭게 논파함으로써 명성을 얻었다. 알렉산더 주교가 죽자 알렉산드리아 주교가 되었다.

173) 역사적으로 법학교육을 담당해온 런던에 위치한 유서 깊은 4개의 교육기관(Lincoln's Inn, Gray's Inn, Inner Temple, Middle Temple). 각 학원에는 평의원회라는 통솔기관이 있어서 변호사의 자격부여에 관해 독점적인 권리를 행사한다. 법학원은 자발적인 단체이며, 정관도 없고 비법인이며 기부받은 재산도 없다. 따라서 그 초창기의 역사는 모호하다. 그러나 이들 학원은 중세에 생긴 이래로 대학에서 가르치던 로마법보다는 영국법에 대한 실무교육을 위주로 했다.

174) 고대로부터 보스포루스해협의 서해안에 번영한 옛 도시. BC 8~BC 7세기에 메가라왕국의 수도로서 메가라라 불렸으나, 그리스에 정복된 뒤에 이 이름으로 고쳤다.

175) Jean Calvin(1509. 7. 10~1564. 5. 27)
프랑스의 종교개혁가. 제네바에서 종교개혁에 성공하고 신정정치적 체제를 수립하였다. 저서에 복음주의의 고전이 된 「그리스도교 강요」, 「로마서 주해」 등이 있다.

176) Jacobus Arminius(1560. 10. 10~1609. 10. 19)
네덜란드의 개혁파 신학자로 암스테르담에서 설교자로서 인기를 얻었다. 레이덴대학교 교수를 역임했다. 신학적으로는 처음부터 비교적 자유로운 입장에 섰다. 네덜란드명은 야코프 하흐멘센.

177) 이탈리아 에밀리아로마냐주의 주도. 아펜니노산맥 북쪽 기슭, 로마시대부터 있는 에밀리아 가도에 있다. 기원은 로마시대 이전이다.

ⓒⱮ 제10장 Ɱⓒ

불법행위와 범죄의
초기 역사

고대법전에서의 법과 형법

튜토닉족(the Teutonic)[177]의 법전에는 앵글로 색슨의 법전이 포함되어 있는데, 이것은 그 본래적 범역(範域)에 관한 정확한 관념을 알려주고 전해주는 세속적 고법(古法)의 특유한 체계이다. 로마와 그리스의 법전 중에 지금 남아 있는 단편적인 부분만으로도 그 일반적 성격을 증명할 수 있지만, 그것이 정확하게 포함하는 중요성이나 각 부분 상호의 영역을 정확하게 확정하기에는 충분하지 못하다. 그러나 지금까지 일반적으로 알려져 있는 고대법(古代法)의 전부를 수집하여 만든 체계적인 법제와 구별되는 점에서 명확한 특징이 있다. 형법과 민법의 담당영역은 매우 다르다. 게르만족법전(the German codes)에서 민법의 영역은 형법에 비하여 아주 적은 영역에 지나지 않는다. 드라코법전(code of Draco)에서 가혹한 형벌이 가해졌다는 것은 당해 법전의 그러한 특징을 잘 보여 주는 것이 아닌가 생각된다. 그런데 아주 뛰어난 천재와 온건한 방식을 따르기 시작했던 집단에 의하여 만들어진 십이표법(十二表法;

Twelve Tables)에서만 민법은 그것이 근대에서 드러나게 되었던 우위성 같은 점을 함유하고 있었다. 그러나 권리침해(權利侵害; wrong)의 결과를 없애주는 일정한 총액에 관계있는 금액은 아주 많은 것 같지만 그렇게 많은 것은 아니었던 것 같다. 법전이 오래 된 것일수록 그 형법적 입법이 내용적으로 풍부하고 정교하다고 단정하더라도 괜찮을 것이다. 이러한 현상은 여러 곳에서 찾아볼 수 있고, 처음으로 그 법을 성문화한 사회에 그대로 발생하는 부정행위(不正行爲)에 대하여 대부분 정확히 들어맞는다. 입법자들은 미개생활에서의 일정한 종류의 빈발성(頻發性)에 맞추어 각 부문의 규정을 정립하였다고 한다. 그렇지만 필자는 이 설명이 전적으로 완전하다고는 생각하지 않는다. 지금까지 남아있는 고대의 제도를 수집하여 고대법제의 다른 특징들과 일치되는지의 여부를 비교하여 볼 때, 민법이 상대적으로 빈약하다는 점은 다시 생각해 보아야 한다. 여러 문명사회에서 시행된 민법의 90퍼센트는 인격에 관한 법, 재산과 상속에 관한 법, 계약에 관한 법으로 구성되어 있다. 그렇지만 초기의 사회적 단체로 거슬러 올라갈수록 이들에 관한 법제의 전반적인 내용은 어쩔 수 없이 협소한 범위에 국한되었던 것이 명백하다. 모든 형태의 신분(身分)이 가부장권에 무조건 복종하게 되어 있는 한, 처(妻; Wife)가 그 남편(男便; Husband)에 관한 권리를 가지지 못하고 자식(子息; Son)이 그 아버지(Father)에 대하여, 그리고 미성년의 피후견인(被後見人)이 그 후견인인 남계친(男系親)에 대하여 아무런 권리도 가지지 못하는 한, 신분법(身分法) 이외의 다른 어떤 조치가 없는 인격에 관한 법은 아주 좁은 범위에 한정될 수밖에 없었다. 토지나 재화가 가족 내에서 이전되고 분배되는 경우에는 그 범위가 제한되기 때문에, 재산이나 상속에 관한 규정이 그다지 많이 있을 필요가 없음도 마찬가지다. 그렇지만 고대 민법의 가장 큰 차이는 언제나 계약이 존재하지 않는 것을 중심으로 하여 발생한다. 계약에 관하여 고대법전 중 어느 것은 전혀 언급이 없고, 다른 어느 법전은 계약의 기초를 마련해 두고 있는가 하면, 도덕관념이 제대로 뒷받침하고 있지 못한 점은 선서(宣誓; Oaths)에 관한 정교한 법제로써 그 결함을 보충시킴으로써 명백하게 증명하도록 하고 있다. 그런데 형법의 빈약함은 앞에서 설명한 바에 상응하는 보충조치는 찾아볼 수 없고, 따라서 설령 국가형성의 초기를 모두 부정행위가 언제나 통제받지 않는 시기라고 지칭하는 것은 다소 지나칠지 모르겠지만, 돌이켜보면 형법의 민법에 대한 근대적 관계는 고대법에서는 반대로 되어 있었던 것이 아닌가 하는 점을 그런대로 이해할 수 있을 것 같다.

범죄와 권리침해

필자는 원시법제가 형법에 관하여 후대에는 쉽게 알 수 없는 장점을 제공하고 있음을 서술한 바 있다. 이렇게 집어서 말하는 것은 편의상의 서술일 따름이고, 실제로 고대의 여러 법전을 검토해 보면, 그 중에 다수의 법이 진정한 형법이 아님을 알 수 있다. 모든 문명사회의 조직체계는 국가나 사회에 대한 침해(侵害; offence)와 개인에 대한 침해를 구별하는 점에서 일치하고, 이렇게 구분된 두 종류의 부정행위를 범죄(犯罪; crime)와 불법(不法; wrong), 즉 범죄(犯罪; *crimina*)와 비행(非行; *delicta*)으로 구별하여 지칭하는데, 그렇다고 하여 이러한 용어가 법학에서 계속적으로 사용되어 왔다고 주장할 수는 없다. 이렇게 보면 고대사회의 형법(刑法)은 범죄(犯罪)에 관한 법만은 아니다. 그것은 불법(不法; Wrong)에 관한 법, 즉 영어식 표현으로 사법상 불법행위(私法上 不法行爲; Torts)에 관한 법이다. 부정행위의 피해자는 일반적인 민사적 절차에 따라서 가해자에게 소송을 제기하고, 승소하게 되면 금전적 손해에 따라 배상을 받게 된다. 가이우스(Gaius)의 법학제요(法學提要; Commentaries)에서 필자가 십이표법(十二表法; Twelve Tables)상의 형법을 다룬 부분을 보면, 로마법에서 민사상 불법으로 인정하는 첫째는 절도(竊盜; *Furtum or Theft*)인 것을 알 수 있다. 우리가 전적으로 범죄라고 인정하는 것은 특별한 침해가 첨부되어 사법상 불법행위(私法上 不法行爲)로 취급되는 것인데, 절취(竊取)뿐만 아니라 폭행(暴行; assault)이나 강도(强盜; violent roberry), 권리침해(權利侵害; tresspass), 명예훼손(名譽毁損; libel)이나 비방(誹謗; slander)도 이 대법학자는 범죄로 편입시켜 다루고 있다. 이와 같은 것은 모두 의무분(義務分; Obligation), 즉 유결(紐結)의 법(vinculum juris)에 의거하여 생겨났고 모두 금전지불(金錢支拂)에 의하여 배상을 받았다. 그러면서 이 특이성은 게르만 여러 종족의 법 중에 아주 명료하게 드러나 있다. 이와 같은 여러 법은 예외 없이 살인에 대한 금전적 배상에 관한 방대한 체계를 규정하고, 또한 아주 미세한 불법행위에 대한 배상에 관한 거대한 기구에 관한 규정을 두고 있다. 켐블(Kemble)은 "앵글로색슨법(Anglo-Saxon law)은 각 자유민(自由民)의 생명침해에 대하여 그 계급에 맞추어 일정한 배상금액이 정해져 있고, 그 인격에 가해지는 특정한 부정행위에 대하여서도 그에 상응하는 금액이 정해져 있으며, 이 금액은 부수적 상황에 따라서 증감되기도 한다"고 하였다(*Anglo-Saxsons*, i. 177). 이와 같은 사고에 따른 배상은 귀중한 소득원이 되었는가 하면, 그에 맞추어 그 권리와 책임에 관한 아주 복잡한 규정이 마련되어 있다. 앞에서 서술한 바와 같이 사람의 사망시에 무죄로 되지 않는 경우에는 그 배상이 아주 특이한 방식에 따라 이루어졌던 경우가 많았다. 그러므로 법제형성의 초기 비행(非行), 불법(不法)이나 사범(私犯)의 경우에 피해를 입은 것이 국가가 아니라 개인인 때에는 그 폭행 또는 사기가 있는지 여부의 표준은 형법(刑法)에 의해서가 아니라 사법상 불법행위법(Law of Tort)에 따라서 결정되었다고 해도 괜찮을 것이다.

권리침해와 죄악

사법상 불법행위는 원시적 법제 아래에서는 아주 널리 확장되어 있었다. 그리고 이 법제에서는 당해 불법행위의 성립에 죄악(罪惡; Sin)도 알고 있어야 한다는 것이 덧붙여졌다. 튜톤계의 여러 법전(the Teutonic codes)에서는 이러한 주장은 굳이 필요없다. 왜냐하면 이들 법전이 우리에게 전해지고 있는 형식으로서는 그리스도교도의 입법자에 의하여 편찬·개정되었기 때문이다. 그렇지만 고대법의 비그리스도교적 체계가 어느 종류의 작위(作爲)나 부작위(不作爲)를 신성한 규정이나 훈령의 위반으로 취급하여 형벌을 부과한 것도 사실이다. 아테네(Athens)의 아레오파구스의 원로원(Senete of Areopagus)에 의하여 통제된 법은 아마도 특히 종교적 법전이고, 로마에서는 아주 일찍부터 신관(神官)의 법제가 간통이나 신성한 물건의 모독이나 살인을 처벌하였다. 이로 미루어 보아 아테네사회나 로마사회에서는 범죄를 처벌하는 법이 실제로 있었다. 또한 사법상 불법행위로 처벌하는 법도 있었다. 신(神)에 대한 침해의 개념은 상위를 차지하게 되는 종류의 법령을 만들어 내고, 이웃에 사는 사람에 대한 침해는 그 다음의 법을 태동시켰는데, 그렇다고 국가나 집합적 지역공동체에 대한 침해의 관념이 최초로 진정한 형법적 법제를 만들어 냈다고는 할 수 없다.

범죄개념, 고대의 범죄개념

국가에 대한 일정한 불법행위에 관한 불법개념과 같은 아주 단순한 기본적 개념이 원시사회(原始社會; primitive society)에 없었다고 상정할 수는 없다. 오히려 이 개념을 명확하게 이해하는 것이 초기 형법발전을 저해한 실제원인이었던 것처럼 보인다. 어쨌든 로마의 지역공동사회가 그 자체로서 침해되었다고 인정하는 경우에는 개인이 입은 불법의 원리가 엄격하게 문자 그대로 유추·적용되어 그 효과가 발생하게 되었으며, 국가는 개인의 가해자에 대하여 단순한 소송에 의하여 보복하였다. 그 결과 국가의 초창기에는 그 안정과 이해에 치명적으로 저촉되는 모든 침해는 각 입법자의 칙령(勅令)에 의하여 처벌되었다. 그리고 이러한 것들이 범죄, 즉 국가가 그 재판권을 민사법원(民事法院; civil tribunal)이나 종교법원(宗敎法院; religious court)에 위촉하지 않고 심판자로 하여금 특권(特權; *privilegium*)을 발포할 수 있다고 할 만큼 고도의 소(訴)와 관련된 최초의 개념이다. 그러므로 어느 고발(告發)이든지 소장형식을 갖추고, 범인에 대한 판결은 언제든지 필요에 따라서 제정법규나 확정되어 있는 상태와는 완전히 독립된 절차였다. 따라서 재판을 집행하는 판사는 지상의 국가와 같은 존재였고, 또한 이 시기에는 법규로 제정되어 있거나 아니면 금지된 행위의 구분이 불가능하다는 두 가지 이유 때문에, 범죄에 관한 법(*Law of crimes*)이나 어떠한 형법도 없었다. 소송(訴訟)은 보통의 법령을 발포하는 형식에 따라 개시되고 진행되었다. 즉 그것은 같은 사람들이 행한 대로 개시되어 같은 의식에 맞추어 행하여졌다. 그러나 법원의 조직을 갖춰야 하는 정규의 형법과 이를 집행하게 되어 있는 존재하게까지 되었을 때의 옛날 소송절차(訴訟節次)는 이론과 맞출 수 있을 만큼 맞춰서 그대로 엄격하게 시행되었던 것으로 보아야 한다. 이와 같은 수단에 의존하는 여러 방법이 믿을 수 없게 되고 나서도, 로마인들은 주권(主權)에 대한 침해를 특별법(特別法; special law)에 의하여 처벌할 수 있는 권능을 그대로 가지고 있었다. 고전(古典)을 연구하는 학문의 후광을 업고 그러한 제도로서의 아테네의 형벌소장 (Athenian Bill of Pains and Penalties), 즉 에이산겔리아(εἰσαγγελία)가 정식의 법원 설립 이후에도 남아 있었다. 그런가 하면 튜톤족(the Teutonic)의 자유민이 입법을 위하여 모였을 때 그들도 특별히 흉악하거나 높은 지위에 있는 범인에 의하여 행하여진 침해를 처벌하는 권위를 요구하기도 하였다. 앵글로색슨 최고회의(Anglo Saxon Witenagemot)의 형사재판권(刑事裁判權)은 이러한 성격을 그대로 지닌 것이라고 할 수 있다.

고대의 절차

형법에 관한 고대와 근대의 견해 사이에 존재한다고 필자가 주장하였던 차이는 단순한 언어상 차이라고 생각하여도 괜찮다. 지역공동사회는 입법적으로 범죄를 처벌하는 이외에 초창기 이후 법원을 통하여 가해자에게 그 권리침해에 의하여 발생한 손해를 배상하는 것을 강제하였다고 하여도 괜찮을 것이다. 그리고 만일 그랬다면 언제나 그 가해자의 침해에 의하여 사회 자체가 권리침해를 당한 것이라고 생각할 수밖에 없다. 그렇지만 원시적 고대인들에게 있어서 이러한 경우의 실제적인 귀결은 어떻게 행하여졌는지의 여부는 뭐 그렇게까지야 하는 점이 있지만, 매우 의심스럽다. 별스럽지 않던 지역 공동사회에 대한 판결의 관념이 초창기 국가의 법원을 통한(*through its tribunals*) 개입이 그다지 관계가 없었던 점은 법관이 점차적으로 이것을 집행함에 있어서, 그 절차가 처음에는 사적 생활분야에서 (다툼을 벌이고 있는 사람 사이에서) 논의되지만, 나중에는 이 논쟁을 완화시키는 사람들에 의하여 행하여짐으로써 그럴 듯한 일련의 행위로 근접시켰다는 특이한 방법으로 설명된다. 정무관(政務官; magistrate)은 조심스럽게 우연히 불려온 개인적인 것처럼 하곤 하였다.

로마의 소송행위

로마의 소송행위에 관한 이 설명이 그저 단순하게 떠올린 이상한 발상이 아니라는 것을 보여 주기 위하여, 필자는 이를 뒷받침하기 위하여 추려낸 몇 가지 증거를 들어 보기로 하겠다. 아주 오래 전 우리에게 잘 알려진 재판상 소송절차는 로마인의 신성별식(神聖別式)에 의한 소송행위(Legis Actio Sacramenti)였고, 이로부터 로마 후기의 모든 소송법이 생겨나게 되었다고 생각된다. 가이우스(Gaius)는 이 의식을 진중하게 묘사하고 있다. 언뜻 보아서는 의미도 없고 특이하게 보이기만 하지만 조금만 주의를 기울여 보게 되면 이것을 판별하고 해석하는 것이 된다.

소송의 객체는 법정(法廷; Court)에 제출해야 한다. 만일 그것이 동산(動産)이라면 실제로 거기에 내다 놓아야 한다. 부동산(不動産)이라면 그 일부 또는 견본(見本)을 법정에 제출하여야 하는데, 예를 들어 토지는 흙을, 가옥은 기와 한 조각을 제시하여야 한다. 가이우스가 골라낸 예에 들어 있는 한 고소(告訴)는 어느 사람의 노예에 관한 것이다. 소송은 원고가 한 자루의 몽둥이를 가지고 뛰어나감으로써 시작된다. 이 몽둥이는 가이우스가 말한 바에 의하면, 창(槍)을 상징하는 것이 명백하다. 원고는 이 몽둥이를 잡아들고 "나는 이 노예가 로마 시민법상 취득원인에 의하여 취득한 개인의 소유인 것을 주장한다 (*Hunc ego hominem ex Jure Quritum meum esse dico secundum suam causam sicut dixi*)"라고 말함으로써 당해 노예에 대한 권리를 주장하고, 그 다음에는 "이봐 나는 몽둥이를 가지고 있다(*Ecce tibi Vindictam imposui*)"라고 말하면서 그 창으로 그 사람을 찌른다. 피고도 똑같은 행위와 몸짓을 한다. 이렇게 하는 과정에 법무관(法務官; Præter)은 관여하게 되고 분쟁당사자들에게 그 분쟁을 그치라고 다음과 같이 즉 "당신들 쌍방은 노예를 풀어주시오 (*Mittite ambo hominem*)"라고 명한다. 그들은 이 명령에 따르고, 원고(原告)는 피고(被告)에게 그가 방해한 바의 이유가 무엇인지 밝히라고 한다. "나는 자네 가 어떠한 원인에서 회수(回收)의 주장을 하는지 여부를 묻는 것이다(*Postulo anne dicas quâ ex causâ vindicaveris*)"라고 하면, 이 질문은 "나는 몽둥이를 들고 있는 것처럼 권리를 행사하고 있다(*Jus peregi sicut vindictan imposui*)" 라고 하는 권리의 재확인에 의하여 답변된다. 이 때 최초의 요구자는 신성결 금(神聖結金; Sacramentum)이라고 지칭되거나, 아니면 일정 금액의 화폐를 자 기 측이 옳다는 것을 위하여 내걸고, "자네가 불법이라고 하면서 그에 따른 손해의 회수를 주장하니 나는 할 수 없이 5백 아스의 신성결금으로 자네에 대적 하겠네(*Quando tu injuriâ provocasti, D œris Sacramento to provoco*)"라 고 말한다. 피고는 "나도 자네에 대하여 마찬가지로(*Similiter ego te*)"라고 말 하면서 그 결금(結金)의 제시를 용인한다. 그 다음의 절차는 더 이상 의식적 인 것은 아니었지만, 법무관이 신성결금을 확보하고 이것은 언제나 국고(國庫)에 귀속하게 되어 있다는 것을 주의할 필요가 있다.

소송행위의 내용, 호메로스의 고대소송

앞에서 서술은 고대 로마의 모든 소송에서 갖추어져야 할 서두 행사였다. 이 중에 재판의 기원(Origin of Justice)의 극화(劇化)를 인정하는 기본 구상에 수긍하지 않는 사람들은 동조하지 않을 것으로 생각한다. 두 사람의 무장한 남자들이 어느 계쟁(係爭) 중에 있는 재산을 둘러싸고 서로 다투고 있다고 하자. 이러한 경우 경호할 수 있는 독실하고 돈후한 사람(*vir pietate gravis*)인 법무관이 나타나 그 분쟁에 개입하여 이를 그치게 한다. 계쟁자가 여러 사정을 그에게 말하여 그가 분쟁을 판정함에 참조하기도 한다. 빚을 지고 있는 사람이 계쟁의 대항은 포기하고 심판자에게 그 노역과 시간의 손실로 인한 보상으로서 일정한 금액을 지급하도록 요구할 수도 있다. 가이우스에 의하여 소송법(訴訟法; Legis Actio)에 있어서의 소송절차의 절대명령적 순서로 묘사되었던 의식이 호메로스(Homer)에 의하여 아킬레스의 보호막의 한 부분을 이루는 것으로서 헤파이스토스(Hephæstus)[178]가 드러냈던 두 화제의 하나와 의외로 일치하여 동일한 것으로 되어 버리면, 앞에서 설명한 해석은 어쩌면 납득하기 어려운 것이 되고 말지도 모른다. 호메로스가 그려낸 재판에서는 마치 원시사회의 특징으로 그려내려고 아주 명백하게 의도하여 논의한 것은 재산이 아니라 살인에 대한 배상에 관한 것이었다. 한 사람은 배상금을 지불하였다고 주장하고 다른 사람은 그 돈을 받은 적이 없다고 주장한다. 그렇지만 고대 로마의 관행상 관련상대물(關聯相對物)의 정황(情況)을 검증하는 실질적 내용은 심판자에게 주어야 할 보수였다. 금화(金貨) 2 탈란트(talent)[179]가 청중에게 가장 만족을 주는 판결의 기초를 설명하는 심판자에게 제출하는 뜻으로 맨 가운데에 놓여진다. 신성결금의 액수가 얼마 되지 않는 것에 비하여 그 금액이 상당히 많은 것은 일정하지 않은 관행과 법적으로 고정된 관행과의 차이를 보여 주는 것이라고 생각된다. 영웅시대(英雄時代; heroic age)에서의 도시생활의 유일한 특징은 아니지만 실상 그대로의 우연의 풍상으로 시인에

의하여 소개된 이 광경은 민사소송의 역사의 개시에 있어서 비로소 소송사건
에서 정규적으로 갖추어야 할 의식으로 자리잡게 되었다. 그러므로 소송법(訴
訟法; Legis Actio)에서 심판자의 보수는 합리적인 금액으로 줄여 한정되어야
하고, 일반적 선언에 의하여 다수의 재결자(裁決者)에 의하여 일반적인 평가방
식에 따라 선고된 금액에 갈음하여 집정관(執政官; Prætor)이 대표하는 국가에
속하도록 지불되어야 하였던 것은 당연하다. 그렇지만 호메로스에 의하여 그
대로 생생하게 묘사되었고, 또한 가이우스에 의하여 보통의 용어로 보다 훨
씬 정교한 술어로 그려진 사안은 실질적으로는 동일한 의미를 가지는 것임에
틀림없다. 그리고 이 견해를 좀 더 확실하게 하기 위하여 근대 유럽의 가장
초기의 재판관행을 지켜봤던 다수의 사람들이 법정에 의하여 침해자에게 부
과된 과료(科料)는 기원적으로 거슬러 올라가면 신성결금(神聖結金)이라고 인
정하였다. 국가는 피고로부터 얼마가 되든지 간에 불법에 대하여 적절치 않
다고 인정되는 판별서는 보상(補償)을 수행하지는 않고, 피고에게 선고된 보
상의 일부를 단지 그 시간과 노력의 적정한 대가로서 청구할 수 있을 뿐이었
다. 켐블(Kemble)은 이에 관한 성격을 앵글로색슨족의 반눔(*bannum*) 또는 프
레둠(*fredum*)에 확실하게 연결시켰다.

절차에 관한 고대의 시각, 절도에 대한 고대로마법, 고대법에서의 처벌방법

고대법은 재판의 맨 처음 집행자가 사적 분쟁 중에 있는 사람들의 개연
적인 행위를 실험하여 별도의 증거로 삼기도 한다. 배상되어야 할 손해액을
정함에 있어서 그 집행자들은 그러한 상황에서 벌어질 수 있을 것으로 생각
되는 보복수단까지 고려하기도 한다. 이것은 현행범이나 그 직후 체포된 침
해자와 상당한 시간이 지난 것으로 판명되는 침해에 대하여 고대법이 부과하
였던 형벌이 다름을 사실 그대로 설명해 주는 것이다. 이 특이성과 관련하여

그럴듯한 예증이 절도(竊盜; Theft)에 관하여 로마법에 포함되어 있다. 십이표법(十二表法; Twelve Tables)에서는 절도를 확정적인 것(Manifest)과 비확정적인 것(Non-manifest)으로 구분하고 그 침해가 확정적인지 비확정적인지에 따라 형벌에 차이가 있다고 파악한다. 확정적 절도자(確定的 竊盜者; Manifest Thief)는 절취하고 있는 가옥 내에서 체포된 자나 도품(盜品)을 가지고 숨겨 놓을 장소로 도주하다가 체포된 자가 있을 수 있고, 십이표법은 그 사람이 노예이면 사형에 처하고, 자유민이면 당해 재산의 소유자의 노예가 되게 하였다. 비확정적 절도자는 앞에 서술한 사정에 맞춰서 판정된 사람이고, 십이표법은 이러한 침해자로 하여금 절취한 물품의 가치 배액(倍額)을 반환하도록 규정하고 있다. 가이우스시대에는 확정적 절도자에 대해 십이표법에서 너무 엄격하게 규정되었던 것이 대부분 저절로 완화되었지만, 법은 그대로 이러한 종류의 절도자에게 도품 가치의 4배의 금액을 과료(科料)로 부과함으로써 고대의 원리를 유지하려고 하였는가 하면 확정적 절도자는 옛날 그대로 단순히 배액을 지급하도록 하고 있었다. 고대의 입법자는 의심의 여지 없이 침해를 받은 소유자가 그 스스로 떠나 버린 경우에는, 절도자가 상당한 시간이 지나고나서 발각된 장소에서 내려지는 처벌에 따라서 아주 다른 처벌을 가하였던 것으로 생각하고, 이러한 계산 기준에 맞추어 형벌의 법적 척도를 조정하도록 하였다. 이 원리는 앵글로색슨족(Anglo-Saxon)이나 그 밖의 게르만족의 여러 법전에 전해 내려온 것과 별 차이 없는 동일한 것이고, 이러한 법전은 추적된 도품과 함께 체포된 절도자는 그 장소에서 교수(絞首) 또는 참수(斬首)시키도록 하고, 추급이 중단된 후 이 절도자를 살해한 자에게는 살인의 극형을 내리도록 하였다. 이러한 원시적인 분류는 우리로 하여금 미발달된 법제로부터 세련된 법제가 얼마만큼이나 떨어져 있는가를 아주 분명하게 이해할 수 있게 해 준다. 재판과 관련하여 근대의 집행자들은 동일한 기술적 분류에 포함되는 침해에 속하는 범죄성(犯罪性)의 정도를 판명하려고 함으로써 아주 곤란한 일에 직면하게 되었다. 어떤 사람이 살인, 절도나 중혼(重婚)을 하게 되면 유죄(有罪)가 당연하지만, 그가 어느 정도의 도덕적 죄를 지었더라도, 그에 따라 어느 정도의 처벌을 받아야 하는지를 결정하는 것은 매우 곤란한 경우가 많다. 옳고 그름을 따지거나 그 동기를 참고하여 분석한다 하더라도, 그 귀결사항을 정확하게 결정하려고 하면 반드시 어려움에 부딪치게 된다. 따라서 오늘날의 법은 이러한 제목에 관하여 제정법규로 확정지으려고 하는 것을 될 수 있는 한 회피하려고 하는 경향이 강하다. 프랑스에서는 저질러진 침해가 수반하는 사정의 여부의 결정을 배심원(陪審員; Jury)에게 맡기고 있다. 오늘날까지 영국은 처벌의 선택에 있어서 거의 무제한의 재량권을 판사에게 주고 있다. 그런가 하면 국가가 저지른 모든 법적인 잘못에 대한 최고의 대책수립을 보통 주석판사(主席判事)가 가지고 있는 불가침의 작량경감(酌量輕減)의 권한에 부여시키고 있다. 원시시대의 사람들이 이러한 편의책(便宜策)을 어떻게 받아들이며 살아왔는지, 피해자의 충동에 맞추어 요구할 수 있는 권능과 그에 따라 행하는 보복을 어떠한 근거에서 적당한 표준이라고 전적으로 확신하였는지, 또한 처벌의 정도를 정함에 있어서 일어날 수 있는 감정의 높낮이를 어떻게 글귀로써 나타낼 수 있었는지를 관찰하는 것은 어려운 일이 아닐 수 없다. 필자는 그들 나름대로의 입법적 방법은 거의 모두 소멸되었다고 생각한다. 그렇지만 갖가지 특정한 근대적 법체계에서는 중대한 부정의 경우에 당해 부정행위를 한 사람이 피해자가 그에게 법적이 아닌 처벌을 용서한 행위를 그대로 받아들이는 사실 ― 즉 표면적으로는 이해한 것처럼 보이지만 ― 그러한 점을 필자는 아주 보잘 것 없는 도덕성에 기초를 두고 있는 것으로 생각할 따름이다.

순수한 형법법제, 입법의 범죄재판권, 배심제

고대사회에서 실제적으로 적용되었던 진정한 형법법제의 형성을 고찰하는 것보다 더 단순한 것은 없다고 필자는 말한 바 있다. 국가가 불법을 당한 것으로 생각하는 경우, 일반의회(一般議會; Popular Assembly)는 그 입법적 절차에서 취하는 것과 동일한 조치에 의하여 그 침해자를 직접 처벌하였다. 좀 더 덧붙여 말하면 초창기의 형사법원이 입법부의 단순한 하나의 부서(部署) 내지 그 위원회였다고 하는 사실은 ― 필자가 나중에 지적하는 바와 같이 정확히는 근대적 세계에 대하여는 똑같이 들어맞지 않지만 ― 고대사회에 있어서는 그대로 들어맞는 것이다. 어느 경우에나 이것은 두 가지의 위대한 고대 사회의 법제사에 있어서 전자의 경우에는 상당히 명백하게, 후자의 경우에는 아주 확실하게 드러나는 결론이다. 아테네의 원시형법은 침해의 일부의 처리를 집정관(執政官; Archons)에 맡겼는데, 이렇게 되면 이에 관한 침해를 사법상 불법행위(私法上 不法行爲; torts)로 처벌하였을 것으로 보이고, 일부는 아레파구스(Areopagus)의 원로원(元老院)에 맡겨졌고, 이 경우에는 이에 관련된 침해를 범죄(犯罪; sins)로 처벌하였던 것이다. 이 두 재판권은 실질적으로는 결국 고등법원(高等法院; Heliaea)에 이양되어 집정관과 최고법원(最高法院; Areopagus)의 기능은 단순히 보조적인 조치를 취하였다가 소멸하고 마는 것이다. 그러나 "고등법원"이라는 용어는 집회를 뜻하는 유일한 용어이다. 고전시대(古典時代)의 헤리아에아(Heliaea)[180]는 단순한 재판상 목적을 위하여 소집된 일반의회였고, 그 유명한 아테네의 심리직(審理職; Dikasteries)은 그 소속부서나 배심관(陪審官)에 지나지 않았다. 로마에서 이에 상응하여 생겨난 변화는 아주 쉽게 이해할 수 있다. 왜냐하면 로마인은 그러한 방법을 형법에 한정하고 아테네인처럼 민사재판 및 형사재판을 함께 하는 일반법정(一般法廷)을 구성하지 않았기 때문이다. 로마의 형법사는 고대의 시민재판(市民裁判; Judicia Populi)에서 시작되고, 이 재판에는 군주가 참석했었다고 한다. 이 재판은 입법적 형식에 따라서 그대로 진행되는, 흉악한 침해자에 대한 엄중한 심판이었다. 그런데 이미 오래 전부터 의회(議會; Comitia)는 그 형사재판권을 배심위원회(陪審委員會; Quaestio)에 위임하였고, 이 배심원은 의회에 대하여, 하원위원회(下院委員會; Committee of the House of Commons)가 하원(下院)에 대하여 가지는 것과 동일한 관계를 가지고 있었으며, 의회에 보고(報告; *report*)하는 것을 제외하고는, 의회 자체가 행사하는 모든 권능을 행사하여 범인에게 선고까지 할 수 있게 되어 있었다. 이러한 배심위원회는 특정한 침해자를 심판하기 위해서만 지정·임명되었던 것이지만, 두세 개의 배심위원회가 그에 맞추어 발촉되는 경우에도 이를 금지하는 조치는 없었다. 그리고 지역공동사회에 대한 중대한 불법행위가 동시에 발생하는 경우에는 그에 따라 여러 개의 배심위원회가 한꺼번에 임명·구성되는 것도 가능하였다. 또한 때로는 이러한 배심위원회가 영국의 상임위원회(常任委員會; Standing Committees)의 성격에 가깝다고 할 만한 사례가 있는데, 이 경우에는 배심원이 정기적으로 임명되기도 하였지만 그렇다고 하여 그것이 어느 중대한 범죄를 위탁해야 하는 사례의 발생을 예기하고 하는 것은 아니었다. 아주 오래 전 고대에 속하는 협상에 관하여 서술하고 있는 고대 존속살인 배심위원회(Quaestores Parricidii)는 존속살인 및 살인의 모든 사건의 심판(혹은 어느 해석에 의하면 수사·심판하는 것)을 위임받았던 것이고, 그 배심원이 매년 규칙적으로 임명되었던 것으로 생각된다. 국사범배심이인위원회(國事犯陪審二人委員會; Duumviri Perduellionis), 즉 국가에 대한 중대한 침해를 심판하기 위한 이인제위원회(二人制委員會; Commission of Two)도 저명한 몇몇 저작자를 그 위원으로 정기적으로 임명하였던 것으로 생각하는 것이 보통이다. 이 후자의 관직에 대한 권능의 위탁은 우리가 생각하는 것보다 일보 전진한 것이었다. 국사범(國事犯; state offences)이 발생하였을 때 위원회의 위원으로 임명되는 것이 아니라 침범할는지도 모르는 국사범에 대처하기 위하여 일시적일지라도 일반재판권(一般裁判權)을 가지고 있었던 것이다. 정식의 형법에 접근한 점은 범죄의 분류에 유사한 것에의 접근을 보여 주는 "존속살인(尊屬殺人; Parricidium)"과 "국사범(國事犯; Perduellio)"의 일반적 용어에 의해서도 드러난다.

상설배심법원

진정한 형법은 엘 칼푸르니우스 피조(L. Calpurnius Piso)[181]가 불법이득에 관한 카르푸니우스법(Lex Calpurnia de Repetundis)으로 알려진 율령을 발포한 기원전 149년에야 비로소 생겨나게 되었다. 이 법은 반환청구금의 경우(cases Repetundarum Pecuniarum), 즉 주총독(州總督)에 의하여 부당하게 징수당한 금전에 대하여 주민의 환급요구에 맞추어 적용하는 것이지만, 이 율령의 크나큰 영속적 중요성은 최초의 상설배심위원회(常設陪審委員會; Quaestio Perpetua)를 설립한 점에 있다. 상설배심위원회는 사건의 발생에 수반하는 위원회나 일시적인 위원회와 달리 상설위원회(常設委員會; *Permanent Commission*)였다. 그것은 정식의 형사법원(刑事法院; criminal tribunal)이었고, 이 법원은 이것을 설립하게 한 율령의 발포시부터 역할을 하고, 이를 폐지하는 다른 율령이 발포될 때까지 계속되었다. 그 구성원은 옛날과 같이 위원회의 위원처럼 지명되었던 것은 아니다. 특정계급을 관장하는 재판자가 선택하는 일정한 방법에 재판담당자를 바꾸는 주요 의도가 이것을 구성하는 법 속에 맞추어 반영되어 있었다. 이 위원회의 재판권침해 역시 이 율령에 지정·규정되어 있었고, 이 위원회는 그 행위가 이 법에 의하여 규정되어 있는 범죄의 정의에 합치되는 모든 사람을 그대로 심판하고 선고하는 권위를 가지고 있었다. 그러므로 그에 의한 심판은 진정한 형법을 관리하는 정식의 형사재판이었다.

형법의 역사

형법의 원시적 역사는 4단계로 구분된다. 범죄(犯罪; Crime), 즉 사법상 불법행위(私法上 不法行爲; *Wrong or Tort*)나 죄악(罪惡; *Sin*)과 구분되는 범죄의 개념이 국가 내지 집합적 공동사회(集合的共同社會; collective community)에 대한 불법행위의 관념을 포함하는 것으로 이해한다면, 국가가 그 개념에 문자 그대로 들어맞게 그 받은 해악의 범인에 보복하기 위하여 그 자체 직접적으로이든가 개별적인 소급(遡及)에 의하여 관여하였던 것이 우선적으로 드러난다. 이것이 우리가 알아보려고 하는 시발점이고, 각 고발장(告發狀)은 여기에서는 형벌을 나타내는 증서이며, 범인을 처벌할 수 있게 하는 단행법(單行法)이다. 제2단계는 범죄의 증가 때문에 입법부가 그 권한을 특정의 배심위원회(陪審委員會; Quaetions or Commissions)에 대행하게 하여, 이들 각 배심위원회가 특정한 고발사건을 조사하고 입증하면, 특정한 침해자를 처벌하는 위임을 받음으로써 성립하게 되는 순차이다. 그렇게 하면서 최근의 동향은 입법부가 배심위원회를 임명하는 경우에 그 범죄 그 자체에 상당하는 범죄에 들어맞는 위임위원을 예기하는 것이 아니라, 특정한 계급의 범죄가 벌어지는 경우에 또 다른 범죄가 발생하리라는 것을 예상하여 존속살인배심위원회(尊屬殺人陪審委員會; Quaestors Parricidii)나 국사범배심이인제위원회(國事犯陪審二人制委員會; Dumbiri Perduellionis)의 위원을 정기적으로 임명하여 처리해 나가는 것이 보통이다. 맨 마지막 단계에서는 배심위원회가 정기적 내지 사건의 발생에 맞추어 구성되는 것이 아니라 영구적인 판사석(判事席; Benches) 또는 판사실(判事實; Chambers)이 되어 ― 재판자가 위원회를 지명하는 특정한 방식에 맞추어 장래 벌어질 일까지 내다보아 일정한 관직으로 선임되고 ― 특정행위가 일반용어로 규정된 범죄라고 선언하고, 그 침해의 경우에는 그 범행자는 각 규정에 의하여 특정한 형벌의 처벌을 받게 된다.

상설배심위원회

아주 오랜 역사를 거쳐 오면서 상설배심위원회가 확정적 제도로 되었다는 것은 의심할 바 없고, 그렇다고 하여 그 제도와 코미티아(Comitia)에 대한 관계는 영국에서 법정(法廷)의 이론상 근원인 주권(主權; Sovereign)에 대한 관계만큼은 밀접하지 않았던 것으로 생각된다. 그러나 제정시대의 전제제도

(Imperial despotism)가 이 상설배심위원회의 연원이 완전히 잊혀지기 전에 이 제도를 폐절시켰고, 그렇게 되고 나서는, 그대로 남아 있는 상설배심위원회도 로마인에게는 위임받은 권한의 단순한 수탁자(受託者)로만 보일 따름이었다. 범죄의 심판은 입법부의 자연스러운 특성으로 여겨졌고, 시민들의 심리는 그들이 독자적으로 행사할 수 있도록 넘겨받은 기능의 행사를 배심위원회로부터 위임받은 코미티아의 그것으로 복귀시키는 성향을 잃게 되고 말았다. 배심위원회의 심판이 영속적인 것으로 되어 있었을 때에도 단순한 일반인의 모임체로 되어 있었으며 — 보다 상급의 권위 있는 기관을 보좌하는 단체에 지나지 않는 것으로 여겨지기는 하였지만 — 아주 후기에 이르기까지 형법에 그 영향을 끼쳤고, 중대한 법적 결과를 낳게 되었다. 하나의 직접적 결과는 코미티아가 배심위원회의 설립 후 오래토록 형벌의 증서에 의하여 형사재판권(刑事裁判權)을 계속적으로 행사하도록 되었던 것이다. 입법부는 그 권한을 필요에 맞추어 외부적인 단체에 대행시키기도 하지만, 그 단체에 복속하였던 적은 없다. 코미티아와 배심위원회는 침해자를 서로 관련 있게 심판·처벌하고, 더구나 시민의 격분은 공화제(共和制)[182] 말기까지 그 대상에 대한 고발을 코미티아에 제출하게 하였던 것이 확실하다.

배심제이론, 사형

공화제의 가장 두드러진 특성 중 하나는 배심위원회의 코미티아에 대한 의존성에 있다고도 할 수 있다. 로마공화국의 형법에서 사형(死刑)이 없어진 것은 이전 세기의 저작자들이 특히 좋아한 논제였으며, 이들 저작자들은 지속적으로 이것을 로마적 성격 또는 근대의 사회경제이론을 보여 주는 것이라고 원용하여 왔다. 자신 있게 이렇게 귀결시킬 수 있는 이유는 그것이 순수하게 명문으로 남아 있기 때문이다. 로마의 입법부가 점차적으로 채용한 상기 세 조직 중의 하나로서 널리 알려져 있는 것은 백인회의(百人會議; Comitia

Centuriata)로서, 군사적 기능을 해내는 것이고, 한편 이 조직을 국가를 대표하는 기구로 생각하는 것이 전반적인 경향이다. 그러므로 군대의 총사령관(總司令官; Assembly of Centuries)은 그에게 합당하게 맡겨졌다고 생각되는 모든 권한을 가지게 되어 있었고, 그 중에는 병사가 규율위반으로 처벌을 받는다든가 마찬가지의 징벌을 받게 되어 있는 모든 범법자를 굴종하게 하는 권위까지 포함되어 있었다. 그러므로 이 의회는 극형(極刑)을 내릴 수도 있다. 이에 반하여 부족회의(部族會議; Comitia Curiata or Comitia Tributa)는 그렇게 할 수 없었다. 이들 조직은 두 가지 점에서 도시의 내부에서는 로마 시민의 인격이 종교 및 법에 의하여 부여된 신성성(神聖性; sacredness)에 덧붙여지게 되어 있었다. 코미티아 트리부타(Comitia Tributa)에 관하여는 그것이 기껏해야 일정한 과료(科料)를 부과할 수 있는 것이 고유권한으로 되어 있었다고 우리는 알고 있다. 형사재판권(刑事裁判權; criminal jurisdiction)이 입법부에 속하였고, 코미티아 켄토리아타(Comitia Centoriata)와 코미티아 트리부타(Comitia Tributa)가 동등한 권한을 계속적으로 행사하는 한, 중대범죄에 대한 고발을 입법부가 조사하기 이전에 그 중죄 여부를 가려내는 것은 그다지 어렵지 않았다. 그러나 다음에 좀더 민주적 의회로서의 코미티아 트리부타가 거의 전면적으로 다른 조직을 능가하고, 공화제 후기에는 합법적인 입법부로 되고 말았다. 그런데 공화제의 붕괴시기는 정확하게 상설배심위원회가 설립되었던 때와 일치하였고, 그러므로 이 위원회가 만들어 내는 율령(律令)은 정식회의에서 사형의 죄를 범하였다고 하며 범인을 그렇게 처벌하도록 입법부가 발령하였던 것들이다. 그렇지만 상설배심위원회는 위임된 권위를 지니고 있으면서 그 특성과 능력에 맞추어 그 권위를 넘겨준 단체(團體; Assembly)에 관하여는 잠정적으로나마 그 권능이 일정한 한계에 국한되었다고도 할 수 있다. 이 단체는 코미티아 트리부타가 할 수 없는 것을 할 수 있게 되어 있지는 않았다. 그리고 그 단체가 사형의 판결을 할 수 없었던 것과 마찬가지로 당해 위원회도 치명적인 처벌을 내릴 수는 없게 되어 있었다. 그러므로 일정한 결과를 빚어내는 이례적인 사태라 하더라도, 고대에는 그것이 근대인들에게 있어서 수입을 확보해 주는 총애물(寵愛物)로 보지를 않았고, 실제로 로마적 성격이 이를 가능하게 해 주었는지는 문제이지만, 로마의 기본법(基本法; Constitution)이 좋지 않게 만들어지는 데 적지 않은 역할을 한 것은 확실하다. 인류의 발전사에 수반하는 기타의 모든 조직제 아래에서도 사형은 문명화 과정의 일정단계에서 사회에 필요한 것으로 다루는 것이 보통이다. 이것을 폐지하려고 시도하려면 모든 형법의 근본에 깔려 있는 두 가지 본질에 저해를 가하게 되는 어려운 단계도 맞게 된다. 사형이 없어지게 되면 지역사회공동체(地域社會共同體; community)는 범인에 대하여 충분하게 보복을 했다고 생각하지도 않고, 그 처벌의 실례가 이 범인을 다른 사람이 모방하는 것을 저지하는 데 적당하지도 않다고 생각하게 된다. 로마법원이 사형을 제대로 집행할 수 없는 것은 공적 선언(公的 宣言; Proscription)으로 알려져 있는 일종의 공포(恐怖)의 혁명적 중절단계(革命的 中絶段階)를 넘어서, 이 기간에는 모든 법이 단순히 당파(黨派)의 폭력이 열망하는 보복의 돌파구를 찾지 못하도록 중지시키는 것일 따름이었다. 법의 이와 같은 정기적 중단만큼이나 로마인의 정치능력의 쇠퇴에 강하게 영향을 준 원인은 없다. 일단 발동되면 로마인의 자유가 없어지게 되는 것은 시간문제로 되어 버리고 만다고 하여도 결코 지나친 말이 아니다. 만일 법원의 결행 여부가 사람들의 격분에 적당한 분출구를 만들어 주게 되면, 재판절차의 형식은 의심의 여지없이 영국의 후기에 존재하였던 스튜어트가(the Stuarts)[183]가 세상을 지배한 것과 같이 두드러지게 잘못된 길로 빠져들겠지만, 실제로 국가적 성격이 고난스러운 궁지에 함몰되는 것도 아니고, 다른 여러 가지의 로마제도의 안정이 그다지 중대한 타격을 입지도 않았다.

배심제의 고찰결과, 배심제재판, 범죄의 분류

필자는 사법상(司法上)의 권위에 관한 것과 같은 이론에 의하여 구성된 로마형법체계의 두 가지 좀더 특이한 점을 서술해 보려고 한다. 그것은 로마의 형사법원(刑事法院)이 아주 많이 있었다는 점과 역사의 모든 과정을 통하여 로마형법을 특징짓는 범죄의 이례적이고 변칙적인 분류이다. 영속적이든가 그렇지 않은 모든 배심위원회도 이 기원을 확정적 율령 중에 포함시켰던 것으로 전해지고 있다. 이것을 만들어 낸 법 자체에서 그것은 그 권위를 얻어 냈던 것이다. 그것은 그 면허장에 규정되어 있는 한계는 엄격하게 지키게 되어 있고, 면허장에 규정된 대로 한 행위는 어떠한 형식의 범죄에도 걸리지 않기 때문이었다. 그리고 후에 여러 종류의 배심위원회를 구성하는 율령은 각각 그 특정한 경우의 필요에 맞추어 생겨나는 것이기 때문에 시대상황이 꺼려하는 것이거나 특히 위험한 종류의 행위를 처벌하기 위하여 실제로 발령된 것이고, 이러한 법령은 그 자체끼리는 아무런 관계도 가지고 있지 않고, 일정한 공통원리도 지니고 있지 않았다. 이심 내지 삼심의 형사재판제도가 갖춰져 있으면서 각각 그 필요에 따라 적용되었으며, 이에 수반하는 정확하게 동수의 배심위원회가 이를 관장하게 되어 있었다. 공화제가 실시되는 동안에는 이러한 개별적인 사법상의 체계를 하나로 합치시키려고 시도하였던 적은 없고, 그렇게 할 것을 지정하고 그 의무를 규정하는 율령의 조항에 어떻게 해야 하는지의 시도도 하지 않았다. 이 시대의 로마의 형사재판의 상태는 이를 영국보통법법원(English Courts of Common Law)이 의례적 주장을 그 영장(令狀)으로 변형하여 도입하였는데, 이렇게 한 것은 서로의 특정 영역을 침해하지 못하도록 하였던 시대의 영국에서의 민사적 대책의 수립과 어느 정도 유사성을 보여 주는 것이라 할 수 있다. 배심위원회와 마찬가지로 형사법원(刑事法院)이나 민사법원(民事法院; Common Pleas)이 아니면 상급법원(上級法院)은 모두 고차원적인 이론의 산물이고, 그리고 각각의 재판권의 근원에서

부탁이 있을 수 있다고 상정되는 특정한 사건은 별도로 취급하였다. 그러나 로마의 배심위원회는 3인 이상이고, 웬스트민스터 홀(Wenstermister Hall)의 세 법정의 각 분야를 구별하는 방법보다도 각 배심위원회의 심판에 그대로 따르는 행위를 판별하는 것이 훨씬 더 어려웠다. 여러 배심위원회의 관할 영역 사이에 정확한 분한점을 정하는 데 따르는 어려움은 로마법원의 숫자가 많다는 단순한 불편 이상의 문제였다. 다음의 사실을 읽어 보면 조금이나마 그 이유를 알 수 있을 것이다. 어느 사람의 명백한 침해가 어느 일반적 종류에 해당하는지가 직접적으로 분명하지 않은 경우, 여러 위원회가 어떻게 하든 그 사건을 판결하겠다고 선언하면, 그것은 여러 위원회에 의하여 이런 저런 사유로 판결되어 버리기도 하고, 그렇게 하지도 않고 계속적인 고발(告發)도 뒤따르지 않으면, 한 위원회의 고발이 다른 재판관할권(裁判管轄權)을 박탈하게 되더라도 이러한 위원회의 한 사건에 관한 기각은 다른 고발에 변명의 여지로 되지 않았다. 이 사건은 로마 민법의 규정에 정면으로 역행하는 것이다. 법제에서의 변칙 혹은 그 명확한 용어를 사용하고 있지 않아서 불순(不純; inelegancies)이라고 한다면, 그것을 로마인 정도로 예민한 사람은 배심위원회의 비장한 역사상 범죄의 징벌을 위한 영속적 제도로서라기보다는 한 파벌의 수중에 안겨 있는 일시적 무기쯤으로 여기는 것으로 보아야 할 것 같다. 여러 황제들이 바로 재판권의 잡다함과 이관혼잡을 폐절하려고 하였지만 법정(法廷)의 수와 밀접한 관계를 지니고 있는 각 형법의 특이성을 없애지 못한 것은 주목할 만한 사실이다. 유스티니아누스 대제의 시민법대전(市民法大全; Corpus Juris)에까지 포함되어 있는 범죄의 분류는 매우 자의적이다. 각 배심위원회는 실제로 그 면허장(免許狀; charter)에 따라서 행해진 범죄의 심판을 제한하기도 하였다. 그런가 하면 이러한 범죄는 그에 해당하는 율령에서 각 종별이 나누어져 있기도 하였는데 그것은 단지 이러한 범죄가 이 율령이 발령된 시점에서 때를 넘기지 않고 징벌을 구할 수 있는가의 여부 때문이었다. 그렇기 때문에 그런 범죄들은 어느 것이나 예외 없이 공통의 요인을 지니고 있지 않았다. 그러나 특정의 배심위원회의 자리에서 심판의 특정한 주제를 강조하였다는 사실이 자연스럽게 민중의 관심에 강한 인상을 심어 주고, 같은 율령에 서술된 침해 사이에는 연결적인 상관관계가 아주 깊었으며, 로마의 형법을 구성하려고 하였던 슐라(Sylla)와 아우구스투스 황제(Emperor Augustus)에 의하여 형식적 시도가 행하여졌을 경우에도 입법자들은 옛날의 분류를 그대로 유지시켰던 것이다. 실라와 아우구스투스의 율령은 제국 형법의 기초가 되었던 것이고, 그 나머지 분류의 상당수는 후대에 전해진 것보다 중요한 것이라고 할 수 없다. 필자는 다음의 사실 중에서 그저 하나의 예증을 끄집어 낼 수 있으면 그것으로 족하다. 즉 위증(僞證; *perjury*)을 언제나 절단(切斷)이나 부상(負傷; *wounding*)과 독해(毒害; *poisoning*)와 같이 분류하는데, 이것은 실라법이 살인과 독해에 관한 법(Lex Cornelia de Sicar iis et Veneficis)이 이 세 종류의 범죄에 대한 재판권을 동일한 상설배심위원회에 주었기 때문이라는 것은 의심할 바 없다. 이 자의적 범죄 분류는 로마인들이 사용하는 순수한 언어에도 영향을 미쳤던 것 같다. 사람들은 스스로 하나의 법에 열거된 모든 범죄를 그 표시의 최초의 명칭에 의하여 판별하는 습성에 젖어 있다. 더구나 이러한 형태에 따르다 보니 그저 아무런 의심도 하지 않고 법정은 이러한 모든 것의 심판을 위임받을 자격이 주어져 있는 것으로 여겼다. 이렇게 하여 간통에 관한 배심위원회(Quaestio De Adulteriis)에서 심판하는 모든 침해는 간통(姦通; Adutery)이라고 지칭되게 되었던 것이다.

범죄에 관한 후기의 법

필자는 로마의 배심위원회의 역사와 특징에 관하여 상세하게 설명하기는 하였지만, 그것은 그러한 방식으로 형법이 생겨나게 되었음을 예증하는 것으로 그 이상의 교훈적인 것은 아니다. 마지막의 배심위원회가 아우구스투스 황제에 의하여 부가되었으며, 그때부터 로마인들은 상당히 갖춰진 형법을 보유하게 되었다고 할 수 있을 것이다. 이 발달과 때를 같이 하여 유사한 형법의 발전이 있었다. 이것을 필자는 권리침해(權利侵害; Wrongs)로부터 범죄(犯罪; Crimes)에로의 변천이라고 지칭하였다. 왜냐하면 로마의 입법부는 아주 악한 침해에 대한 민법적 보상을 소멸시키지 않고, 피해자가 확실히 선택한 배상을 공여하도록 하였기 때문이다. 아우구스투스가 그 입법을 마친 후까지도 계속적으로 여러 침해를 "불법"으로 보아왔지만, 이들 침해를 근대 사회에서는 전적으로 범죄로 보았다. 그러나 이러한 것들은 후기에 이르러 그 연대는 분명히 밝혀지지 않지만 학설휘찬(學說彙纂)에서 이상범죄(異常犯罪; criminn extraordinaria)라고 부르게 하였던 새로운 종류의 침해로 돌려 생각하기 시작하게 되기까지는 범죄로 처벌할 수 있는 것이 아니었다. 이러한 점이 특별한 의미를 가졌던 것은 아니고 범법자에게 금전적 손해의 지불 이외에 아무것도 과하지 않는 것에 대한 반항이 생겨나고, 따라서 피해자는 그가 원한다면 입은 피해를 이상(異常; extra ordinem), 즉 일반적인 절차와 다른 배상방법(賠償方法)에 의한 범죄로서 당해 행위를 추급하는 것을 허용하였던 것 같다. 이와 같은 이상범죄가 처음으로 인정된 때로부터 로마 국가에서의 범죄의 종류는 근대세계의 어느 지역공동사회에서와 마찬가지의 생명력을 지니게 된 것으로 볼 수 있다.

주권자의 법의 기초

로마 제국의 치하에서 형사재판이 어떻게 행하여졌는지를 자세하게 서술하는 것은 그다지 필요하지 않지만, 당시의 학설이나 관행이 근대사회에 강력한 영향을 미친 사실에는 주의를 기울이지 않으면 안 된다. 황제들은 직접 배심위원회를 폐절시키지 않고, 처음에는 광범한 형사재판권(刑事裁判權)은 원로원(元老院; Senate)[184]에 위임하였으며, 이 원로원에서 그 재판권이 실제로 어떠한 방식으로 실행되었는지에 관계없이 황제도 명목상으로는 다른 의원들

과 마찬가지로 원로원의원에 지나지 않았다. 그렇지만 일정한 종류의 특별한
형사재판권은 처음부터 원수(元首)가 가지는 것으로 되어 있었으며, 자유국가
의 기억이 쇠퇴함에 따라서 그 이전의 법원처럼 축소되어 이에 상응하는 체
제를 갖추는 경향을 띠게 되었다. 점차적으로 범죄의 처벌은 황제가 직접적
으로 임명하는 정무관(政務官; magistrates)에게 옮겨지고, 원로원의 특권은 황
제의 추밀원(Imperial Privy Council)[185]으로 넘겨지고, 이 추밀원은 동시에 형사
상 기소할 수 있게 되어 있는 최고법정(最高法廷)이 되기도 하였다. 이와 같
은 영향 아래 근대인(近代人)에게 친근한 주권자(主權者; Sovereign)는 모든 재
판권(裁判權; Justice)의 근원이었고, 모든 은총의 보관자라고 하는 학설이 생겨
나기도 하였다. 이것은 아첨이나 추종을 많이 한 결과라기보다는 오히려 이
당시에 완성된 제국의 중앙집권화(中央集權化)의 결과였다. 형사재판에 관한
학설은 실제로 거의 그 출발점을 달리하게 되었다. 그것은 그 수하에서 불법
을 보복하는 것이 집합적 공동사회(集合的 共同社會; collective Community)의 할
일이라고 하는 신념에서 시작되었다. 그리고나서 그것은 범죄의 징벌이 그들
집단원의 대표자이고 수임자인 주권자에게 특별한 의미에 속한다고 하는 학
설로 끝을 맺는다. 새로운 견해와 옛날 견해의 다른 점은 주로 재판의 수효
가 주권자의 인격을 표출하는 것처럼 보려는 풍조에 있다.

범죄의 근대역사, 범죄에 대한 교회의 원칙

재판과 주권자의 관계에 관한 로마 후기의 견해는 필자가 배심위원회의
역사를 중심으로 일련의 변화를 여기저기 돌아보아야 하겠다는 필요성에 맞
추어 근대사회를 훑어보는 데 적지 않게 도움을 준 것은 확실하다. 서양에
기틀을 잡고 있던 거의 모든 종류의 원시법(原始法; primitive law)에서는 범죄
의 처벌이 자유민(自由民)의 일반의회(一般議會; general assembly)에 속한다고
하는 옛날 관념의 흔적이 발견되고, 근대적 재판의 시초가 입법부의 위원회

(委員會; Committe)까지 거슬러 올라갈 수 있는 - 스코틀랜드(Scotland)는 그러한 곳 중의 한 곳임 - 두세 국가가 있다. 그러나 형법의 발달은 로마 제국의 기억과 교회의 영향, 2가지의 요인에 의하여 일반적으로 촉진되었다. 그한 예로는 샤르만가(the House of Charlemagne)의 일시적인 등극에 의하여 영속적인 것으로 되어 버린 황제권위의 전승이 단순한 미개종족의 우두머리가다른 방법으로는 획득할 수 없었던 휘광을 가지고 주권자를 에워싸고, 최소한의 봉건군주(封建君主)에게도 사회의 수호자임과 동시에 국가의 대표자라는성격을 부여하였다. 다른 한편 교회는 피비린내 나는 잔인함에 억제력을 가하려는 열망에서 중대한 비행을 처벌하는 권위를 구하고, 이것을 최고행정관에게 위임하였던 처벌의 권한을 시인하는 성서(聖書)의 문구 중에서 발견하였다. 세속의 지배자가 해악을 저지를 자를 두렵게 하기 위하여 존재한다고 하는 사실을 증명하는 것으로서 신약성서(新約聖書; New Testament)가 인용되곤하였다. 구약성서(舊約聖書; Old Testament)는 "누구든지 다른 사람의 피를 흐르게 한 자는 어느 사람한테서든지 피를 흘리게 된다"라고 기술함으로써 수긍의 고리를 되돌리고 있다. 근대의 사상이 범죄에 관하여 암묵시대(暗默時代; Dark Ages)의 교회가 서로 일치를 보지 못하였던 그 가설에 의존하였음은 의심할 바 없다고 필자는 믿고 있다. 즉 첫째로 각 봉건적 지배자는 그 계급에따라서 성 바울(Saint Paul)[186]이 말한 바의 로마의 정무관(Roman Magistrates)에유사하다고 말할 수 있고, 둘째로 그가 징벌하지 않으면 안 되는 침해는 모세의 십계명(Mosaic Commandment)[187] 중의 금지령, 혹은 교회가 어떻게 하여도 심판할 수밖에 없음을 뽑아들었던 것이다. (십계명 중의 제1 및 제2에 포함되어 있다고 생각되는) 이단(異端; Herecy), 간통(姦通; Adultery), 위증(僞證; Perijury)은 교회에 관계있는 침해이고, 교회는 이상한 벌의 가중의 경우나 가혹한 처벌을 과하려고 하는 경우에만, 세속의 무력과의 타협을 인정하였다. 동시에 교회는 살인(殺人)이나 강도(强盜)도 반드시 그러한 것은 아니지만 지배자가 처한 입장으로부터 생겨난 우연의 발생사로서가 아니라 신의 명백한

명령에 의하여 지배자의 재판권에 따라야 한다고 가르쳤다.

알프레드왕의 형사재판권

국왕 알프레드(King Alfred)[188]의 저서 중에는 (켐블〈Kemble〉ii, 209) 형사재판권의 기원에 관하여 당시 유행하고 있던 갖가지 사상의 각축을 아주 명백하게 표출하고 있는 구절이 있다. 알프레드가 이것을 일부는 교회의 권위에, 나머지 일부는 최고회의의원(最高會議議員; Witan)의 권위에 돌려주고, 다른 한편 그는 분명하게 주권자에 관한 로마법이 통상규정으로부터의 면제를 황제에 대한 대역죄(大逆罪)에 해당시켰던 것과 마찬가지로 그것을 영주(領主)에 대한 대역죄로 하겠다는 것을 요구하고 있다. 그는 또한 다음과 같이, 즉 "그 후 다수의 국민이 그리스도(Christ)의 믿음을 받아들여 지상에 소집된 다수의 종교회의(宗敎會議)가 있었다. 그리고 잉글리쉬민족(English race) 중에도 그리스도의 믿음을 받아들인 후 신성한 주교(主敎)의 회의와 신분 높은 집회인으로 구성되는 최고회의(最高會議)가 있었다. 그리고나서 그들은 그리스도가 가르친 자비(慈悲)에 의하여 세속의 군주가 그 허가를 얻어야 했고, 어떠한 부정에 대하여도 그 명령 받은 금전으로의 배상금(賠償金; bot)을 받아 가는 데 과실이 없어야 함을 명령하였다. 다만 군주에 대한 대역죄(大逆罪; treason)의 경우에는 예외였는데, 이 경우에는 전지전능한 신(Almighty God)을 모욕한 것에 자비를 베풀지 않아 그리스도가 그를 팔아 죽음에 이르게 하였고, 이렇게 하였기 때문에 사람들은 자비를 베풀지 않았다. 신(神)은 군주가 신과 마찬가지로 사랑을 하여야 한다고 명하였다"고 적어 남기고 있다.

◇ 주(註)

177) 유틀란트반도를 원주지로 하는 게르만의 고대민족.

178) 그리스신화에 나오는 불과 대장간의 신.

올림포스십이신의 하나로, 신들의 무기와 장구(裝具)를 만들었다. 주신(主神) 제우스와 그의 아내 헤라와의 사이에 태어났다고 하고, 제우스와 관계없이 헤라 혼자서 낳았다는 설도 있다.

179) 달란트는 헬라어 "탈란톤(talanton)"의 번역으로, 고대 서아시아과 그리스(헬라)에서는 질량과 화폐의 단위로 쓰였다. 화폐의 단위로 사용될 때의 달란트는 금 1달란트(은달란트를 쓰기도 함)의 가치를 말한다. 전문가들에 의하면 한 달란트는 20kg에서 40kg정도이며, 보통은 33kg 정도라고 말한다.

180) 고대 아테네의 대법원.

181) Lucius Calpurnius Piso Frugi(consul 133 BC)

로마시대의 집정관 · 역사가 · 고대 로마연대기편집대표자였다.

182) 로마 공화정은 고대 로마 시대에서 기원전 510년경 왕정을 폐지하고, 이후 450여 년간 로마 정치를 이끌었던 공화정 정체와 그 정부를 일컫는다. 로마 공화정은 과두정의 성격을 띄었다. 로마의 정체는 민주주의와는 거리가 멀었고, 다만 귀족 계층이 권력을 전횡하지 못하게 억제하는 법과 제도를 두어 주로 귀족들이 통치행위를 균등하게 분담한 정체였다.

183) 1603년 튜더 왕가의 엘리자베스 1세가 죽자, 후사가 없어 스코틀랜드왕 제임스 6세가 헨리 7세의 후예라는 이유로 즉위하여, 제임스 1세라 칭한 이래 6대를 계속하였다.

184) 고대 로마의 입법 · 자문기관. 로마 건국자 로물루스가 설치하여 로마 건국 때부터 존재하였다고 한다. 왕정 때 씨족의 장로로 구성된 것이 아닌가 생각된다. 공화정기에는 의원수가 300명, 뒤에 600명이 되었다(카이사르 때는 900명). 의원의 임기는 종신이었다. 처음에는 귀족(파트리키)만으로 구성되었으나 차차 평민(플레브스)도 참가하였으며, BC 3세기경부터는 임기 만료된 정무관이 자동적으로 의원이 되었다. 의원은 점차 최상급 신분이 되었으며, 연령제한과 재산자격까지 생겼다. 또한 공화정 때 민회 · 정무관 등과 함께 로마를 지탱하는 3개 기둥이 되었다. 국정운영의 실질적인 중심기관이 되었고, 원로원 결의는 법률과 똑같은 효력을 가졌다.

185) 영국의 행정 · 사법기관. 노르만왕조 이후부터 영국에는 국왕의 정치 자문기관인 귀족 집단이 있었는데, 전원이 소집되는 경우는 극히 중요한 국사에 한하고, 일상적인 문제는 소수 측근 귀족과의 상의만으로 처리되었다. 그러다 13세기 후반부터 귀족 전원의 집회는 의회로 발전하고, 국왕 측근의 소수 귀족집단인 자문기구는 1536년 크롬웰에 의해 추밀원으로 개칭되었다. 출범 당시의 인원은 19명으로 구성되었고, 집행기구로서 1540년 이후에는 정책의 입안 처리, 법원 감독, 회계청 재정 관리, 지방행정 조정 등 광범위한 영향력을 행사하였다.

186) 파울로스(그리스어: Παυλος)는 초기 기독교의 포교와 신학에 주춧돌을 놓은 사도이며, 첫번째 신약성서인 데살로니가전서(51년경 저술)를 저술한 신학자이다. 천주교(Roman Catholic Church)에서는 바오로, 개신교(Protestant Church)에서는 바울이라는 이름으로 잘 알려져 있다.

187) "모세의 십계" 또는 "십계"로도 불리는데, 원래 두 개의 돌판에 새겨졌었다고 한다. 그 내용은 구약성서의 「출애굽기」 20장과 「신명기」 5장에 거의 비슷한 형태로 쓰여 있다. 이 계명은 후대 이스라엘의 모든 율법의 기초가 된 것으로, 이집트에서 탈출한 이스라엘 민족이 농경문화

를 이루고 있던 가나안의 토착민들과의 대결에서 필연적으로 자기들의 사회의식·종교의식·윤리의식 등의 고유 전통을 보존하는 데 중요한 역할을 하였다. 이 십계명은 이스라엘 왕국시대는 물론, 초대교회 이후 오늘날까지도 모든 그리스도인들의 기본 생활규범이 되고 있다.

188) Alfred(849~899)

앵글로색슨계의 잉글랜드왕(재위 871~899). 대륙으로부터의 침공에 잘 방어하였고 각종 개혁을 단행하였다. 각지에 성채를 축조하고 지역의 행정조직을 재구성하였으며 앵글로색슨 제왕의 법을 집대성하여 법전을 편집하였다. 앨프레드대왕이라고도 한다. 웨식스왕 애설울프(재위 839~856)의 다섯째 아들이다.

역자후기

이 책은 메인(Sir Henry Sumner Maine)의 저서인 「고대법(古代法: Ancient Law, John Murray, 1861)」을 번역한 것이다. 메인의 경륜, 연구내용과 그가 남긴 영향, 특히 고대법의 핵심적 내용, 그 정리방법을 간추려 무한히 적시함으로써 길어질 수 있는 후기에 갈음할까 한다.

메인은 케임브리지대학의 로마법 교수, 법조학원에서 로마법 및 일반 법률학 강사를 지냈으며, 그 당시의 강의내용을 모은 명저, 「고대법」을 펴냈다. 또 인도 총독평의회 법률위원, 옥스퍼드대학의 법사학·비교법 교수, 케임브리지대학의 국제법 교수를 각각 역임하였다. 메인은 사비니(Friedrich Karl von Savigny) 같은 독일역사법학파와 예링(Rudolf von Jhering)의 「로마법정신 : Der Geist des römischen Rechts auf den verschiedenen Stufen seiner Entwicklung」, 다윈(Charles Robert Darwin)의 「종의 기원 : On the Origin of Species by Means of Natural Selection or the Preservation of Favoured Race in the Struggle for Life」 등에 영향을 받았다. 이러한 영향 아래 자신만의 독특한 법해석과 법제사적 방법과 비교법적 방법을 기반으로 하여 많은 명저를 펴냈는데, 이 「고대법」도 그 중의 하나이다. 그 목적은 고대법에 나타난 인류 초기의 관념이 근대문화와 어떠한 관계를 갖는가를 연구하려 함이었는데, 그 중에서도 특히 근대문명형성의 요인인 질서와 자유의 기원을 로마법에서 구하고 그 발전과정을 서술한 점은 두드러진 특색이라고 하지 않을 수 없다.

이후에도 「촌락공동체(村落共同體 : Village Communities), 1871」를 출판하였는데, 이 책에서는 인도법과 로마법에 관한 지식의 가치를 강조하고 있다. 그는 인도법은 인도·유럽계통의 종족의 법의 근원이 되는 것으로 여겼으며, 로마법은 바로 그것을 근대적 법관념에 연결시키는 가교적인 존재라고 보았다.

메인은 그 후에 계속적으로 강의한 것을 모아서 「초기제도사 : Lectures

on the Early History of Institutions, 1875」를 출판하였는데, 이 책에서는 아일랜드의 고법(古法)과 인도에 있는 아리안부족의 관행을 연구하여 이 양자의 유사성과 관련성을 지적하면서 법제사적·비교법적 연구방법의 우수성을 주장하였다.

또한 1883년에는 「초기법과 관행 : Early Law and Custom」을 출판하였다. 그리고 종래 오랫동안 소원이었다고 자신이 말한 바 있는 역사적 방법을 정치적 문제에 적용함으로써 1885년에 「민주통치론(民主統治論; Popular Government)」을 출판하였다.

메인은 고고학·인류학·민속학·역사학 등을 흡수하여 이전의 법학자들이 시도하지 못했던 연구방법을 확립시켰다고 할 수 있다. 한편 영국은 독일과 같이 근대화에서 낙후되어 있었던 민족의 통일을 부르짖을 필요성은 없었고, 로마법을 그대로 계수한 것이 아니라 독자적인 법체계를 형성하여 이것을 실무를 통하여 현실적 필요성에 맞춰 나갔으며, 근대적 개혁의 입법에 의하여 점진적인 변화·발전을 이루어낼 수 있었다. 이러한 배경 속에서 메인은 사비니와 몽테스키외의 법사상에서 영향을 받아 법학방법론으로서 끊임없이 비교법적·법제사적 방법을 강조하였다.

이와 같이 전례없이 탄탄하고 방대한 지식을 바탕으로 메인은 로마법, 힌두법 등을 대상으로 한 법제사적·비교법적 방법에 의하여 원시사회의 법으로부터 차원을 달리하는 현대사회의 법으로의 발달을 섭렵하는 일반법칙을 규명·정립하고자 몰입하였다. 그는 이러한 현상을 표징적인 것이 될 만한 대상을 설파하는 일환책으로 정체적 내지 정지적 사회와 진보적 사회를 구별하고 있다. 전자는 개인의 사회생활관계가 신분에 의해 정해져 있는 사회나 가부장적 가족을 구성단위로 하여 가족적 집단이 법적으로 중시되는 사회이다. 이러한 정체적 사회에서 진보적 사회로의 이행은 동양의 인도와 중국에는 없었으며, 유럽제국에서는 특수한 형태로 발생했다고 한다. 여기에서는 정지적인 법과 사회변화의 필요성 사이의 간극이 생겨나고 자칫 사회적 혼란으로 이어질 수 있는 상황에 대처하는 법적 방법으로, 본래는 다른 것을 법적으로 동일하다고 간주하여 마찬가지로 취급하는 기술인 의제(擬制), 구체적 정의의 시점에서 기존의 법을 보정하는 방법으로서의 형평법(衡平法)이나 자연법(自然法), 직접적인 법제정의 수단인 입법(立法)이라는 세 가지 방법이 역사적·순차적으로 전개되었다. 그리고 진보적 사회에서는 종래 신분적인 예속 아래 놓여 있었던 개인이 가족에 대신하여 법적 주체로 되고, 개인 간의 자유로운 합의로서의 계약에 의하여 법질서가 형성되며, 이러한 사회의 변모 양상은 「신분(身分)에서 계약(契約)으로: from Status to Contract」라는 정식(定式)으로 주창되어 자연스럽게 수용되었다. 이것은 법의 진화의 일반법칙이고 다윈의 「종의 기원」과 동시기에 전개되고 있는 점이 흥미롭다. 이러한 변화의 과정에 맞추어 고용주와 피고용인 사이의 자유로운 계약관계가 생겨나고 확대·전개되었다. 그렇게 하여 전반적인 사회생활 속에서 개인의 행동의 자유가 가중적으로 신장되었던 것이다. 이 발전을 요약하여 메인은 "발전적인 사회의 변동은 지금까지 신분에서 계약으로의 이행이었다고 말할 수 있을 것이다"라고 한다. 이 표현은 뒷날 「자본가 아래에 놓여지게 되는 피용자」의 출현을 정당화시켜주는 정당하고 합법적인 밑받침이 되었다는 것을 덧붙여 말해두고 싶다.

이 한 가지 예로만 보더라도 메인은 갖가지 법적 제도와 온갖 개념의 역사적 발전의 계속성을 가정하고, 그 배후에 있는 보편적인 법칙을 발견하고자 했다. 그러한 반면 그의 법의 비교법적·법제사적 연구는 17·18세기의 자연법론, 자연상태론, 사회계약론의 비판뿐만 아니라 오스틴(John Austin)의 분석법학(分析法學)의 비판적 시점을 함양하는 것이었다. 실제로 메인은 고대법 가운데서 오스틴의 분석적 방법에 대하여 다루었는데 분석적 방법에 뒤떨어지지 않고 법제사적 방법이 필요한 것, 그리고 「법·주권자명령설」에서는 원시법이 정확하게 파악할 수 없는 것을 지적하고자 한 바 있다.

이 책은 150여 년 전에 저술된 책으로 긴 세월이 흘러갔지만, 오늘날까지도 사회과학분야에서는 대단히 중요한 지위를 차지하고 있으며, 각 분야의 필요에 맞추어 광범위한 영향을 주고 있다. 특히 법학, 사회학, 인류학 기타의 사회과학분야에 관한 저술에서 메인의 이 「고대법」이 많이 언급되고 있음은 이 책이 차지하는 중요성을 그대로 말해주는 것이며, 「고대법」이 고전적 명저임을 증명하여 주는 것이라 하겠다. 그 가운데 법학적 관점에서 보면 이 책은 법의 기원과 그 해석의 방법을 설명하고 있음을 주목할 만하다. 법제사적인 측면에서 그러한 결과적 산물로 로마법의 기원, 그 중에서도 특히 가족법에 관한 사항을 언급하고 있음은 옛날에나 지금이나 인간생활의 원천적 근간을 마련해 주고 있는 가족(家族)의 심원성(深源性)을 감지케 하는 것이기도 하다.

로마시대의 법과 그가 살고 있었던 시대의 법의 비교를 통해 법의 근원, 인도의 힌두법과의 비교법적 고찰을 한 점에 의거하여 우리는 법제사적 지식과 비교법적 지식을 폭넓게 습득할 수 있다. 이와 더불어 이 책의 더욱 중요한 가치는 학문의 방법론적 연구를 주창하였다는 점이다. 법학뿐만 아니라 기타 사회과학분야와 다른 학문분야에서도 그가 주장하는 학문적 접근방법은 앞에서 말한 법학적 지식을 뛰어 넘는 것을 우리에게 직접 또는 암묵적으로 시사해 주고 있는 셈이다.

그리고 메인의 저서를 시발점으로 하여 영국의 역사법학파뿐만 아니라 법사학, 비교법학의 기초도 태동하였으며 1880년대 이후 메이틀런드(Frederic William Maitland), 폴록(Frederick Pollock), 비노그라도프(Paul Gavrilovitch Vinogradoff) 등에 의하여 두드러진 많은 연구업적이 나오게 되었다. 또한 그의 연구의 일부는 래드클리프-브라운(Alfred Reginald Radcliffe-Brown), 말리노프스키(Bronisław Kasper Malinowski) 등의 법인류학의 연구에 의하여 계속되어 발전을 거듭한 바 있다.

필자가 뜻하는 바를 조금이라도 정확하게 표현하고자 하는 의도와 원문에 충실하고자 하는 욕심에 원문 그대로의 직역을 통하여 소기의 성과를 얻을 수 있으리라 기대하였으나, '표현상 한계와 시차에서 오는 이해의 정도' 등은 고전번역의 어려움을 다시 한번 느끼게 하였다. 이러한 어려운 한계성을 알면서도 원문이 지니는 특성을 살리기 위해 원문 그대로 번역하였음을 밝혀 둔다. 이러한 부분에 대해 독자 여러분께서 충분히 양해하여 주시리라 믿고 아울러 송구스러운 마음을 간직하고 있음을 표함과 더불어 관련있는 분야의 연구에 소중한 참고자료가 되어주었으면 하는 마음 간절하다. 그리고 독자의 편의를 위하여 원서에는 기술되어 있지 않은 역자주를 첨가하였다. 역자주가 원서의 의미를 방해하지 않고 독자의 이해에 도움이 되었으면 한다.

끝으로 최근의 어두운 사회·경제상황하에서도 손익의 분기점을 소주 한 잔으로 때우면서 흔쾌히 출판의 결정을 내려 준 이방원 사장님, 임길남 상무님께 심심한 감사를 드리고, 아울러 갖가지 잡스러운 일을 어렵지 않게 처리해 준 세창출판사 직원 여러분께 정겨운 고마움을 잊지 않고 있음을 전해드립니다.

2009년 12월
번역자 일동

찾아보기

ㅂ

ㅅ

ㅇ

ㅈ

| 역자약력 |

정동호(鄭東鎬)

고려대학교 법과대학 졸업, 동 대학원 법학석사, 법학박사
법제처 법제조사위원회 참사, 전문위원 역임
강원대학교 법과대학 조교수, 부교수 역임
한양대학교 법학전문대학원 교수 정년퇴임
역서: 고대사회(古代社會), 현암사, 1978.
　　　인류혼인사(人類婚姻史), 박영사, 1981.
　　　비교법(比較法)과 사회이론(社會理論), 고려대학교출판부, 1983.
　　　법(法)과 사회변동(社會變動), 나남, 1986.
　　　재산의 기원과 촌락공동체의 형성, 세창출판사, 2007.
　　　원시사회(原始社會), 세창출판사, 2008.
　　　한국가족법의 개변맥락, 세창출판사, 2014.
　　　권리를 위한 투쟁, 세창출판사, 2015.
　　　법학제요, 세창출판사, 2017.

김은아(金銀雅)

한양대학교 법과대학 대학원 졸업
법학석사(民法上의 遺留分과 返還請求에 관한 考察 - 1997)
법학박사(財産相續上 配偶者의 地位에 관한 考察 - 2005)
현재 순천향대학교 초빙교수
역서: 재산의 기원과 촌락공동체의 형성, 세창출판사, 2007.
　　　원시사회(原始社會), 세창출판사, 2008.

강승묵(姜昇默)

한양대학교 법과대학 대학원 졸업
법학석사(共同不法行爲에 있어서 關聯共同性에 관한 硏究 - 2003)
법학박사(社會變動과 相續財産에 관한 硏究 - 2009)
현재 한양대학교 법학연구소 연구원
역서: 권리능력론, 세창출판사, 2004.
　　　재산의 기원과 촌락공동체의 형성, 세창출판사, 2007.
　　　원시사회(原始社會), 세창출판사, 2008.
　　　법학제요, 세창출판사, 2017.

고대법

2009년 12월 30일 초판 1쇄 발행
2019년 3월 2일 초판 2쇄 발행

저　자　Henry Sumner Maine
역　자　정동호 · 김은아 · 강승묵
발행인　이 방 원
발행처　세창출판사
　　　　서울 서대문구 경기대로 88 냉천빌딩 4층
　　　　전화: 723-8660　　　팩스: 720-4579
　　　　E-mail: edit@sechangpub.co.kr
　　　　Homepage: www.sechangpub.co.kr
　　　　신고번호: 제300-1998-3호

정가 32,000원

ISBN 978-89-8411-293-3　93360

이 도서의 국립중앙도서관 출판시도서목록(CIP)은 서지정보유통지원시스템 홈페이지(http://seoji.nl.go.kr)와 국가자료공동목록시스템(http://www.nl.gp.kr/kolisnet)에서 이용하실 수 있습니다. (CIP제어번호: CIP2009004075)